太平洋战争

青梅煮酒——著

Ⅱ 铤而走险

中国出版集团
现代出版社

图书在版编目（CIP）数据

太平洋战争．二，铤而走险 / 青梅煮酒著．—北京：现代出版社，2017.1

ISBN 978-7-5143-5362-4

Ⅰ．①太…　Ⅱ．①青…　Ⅲ．①太平洋战争－史料　Ⅳ．①E195.2

中国版本图书馆 CIP 数据核字 (2016) 第 218470 号

太平洋战争．二，铤而走险

作　　者：青梅煮酒
责任编辑：姚冬霞
出版发行：现代出版社
通信地址：北京市安定门外安华里 504 号
邮政编码：100011
电　　话：010-64267325　64245264（传真）
网　　址：www.1980xd.com
电子邮箱：xiandai@vip.sina.com
印　　刷：三河市国英印务有限公司

开　　本：710mm×1000mm　1/16　　印　　张：23
版　　次：2017 年 1 月第 1 版　　印　　次：2022 年 12 月第 5 次印刷
书　　号：ISBN 978-7-5143-5362-4
定　　价：45.00元

目录

第一章　诺门坎战役 //001

牛刀小试张鼓峰 //002
豺狼参谋 //011
烽烟四起诺门坎 //020
调兵遣将 //027
越境攻击 //037
死亡幽灵 //042
河畔鏖兵 //046
最大规模的炮战 //061
摧枯拉朽的反攻 //075
一战打出来6年和平 //088

第二章　三国同盟 //095

臭味相投 //096
近卫出山 //112
柳暗花明 //131
开启地狱之门：日军进占法属印度支那北部 //148

美国很生气，后果很严重！ //154

第三章　北进？南进！ //173

野村出使 //174
外相荣归 //188
北进？南进！ //206
热脸贴上凉屁股 //236

第四章　和？战！ //269

东条英机横空出世 //270
最后的外交努力 //282
《赫尔备忘录》//307
毫无胜算的国力对比 //328
一个都不能少 //340
今生不再入此门 //349

参考书目 //353

第一章

诺门坎战役

牛刀小试张鼓峰

就在中日双方百万大军枕戈待旦，准备在中国的荆楚大地展开殊死搏杀的关键时刻，中国东北与朝鲜、苏联的接壤处，一场突如其来的危机悄然来临。

在人类历史或军事史上，有许多著名的城池或隘口，在战争的攻防过程中有着举足轻重的地位。这些地方我们通常会用这样一句话来形容，那就是“自古为兵家必争之地”，这样的地方不胜枚举。

但也有这样一些地方，它们本来静静地待在一隅，默默无闻，却因为一次突然降临的战役成为举世瞩目的焦点，并从此闻名遐迩。它们因为经历炮火的沐浴和鲜血的浇灌而载入史册，可谓实至名归。

这样的地方却并不多见。在中国，有台儿庄、孟良崮、青化砭、陈官庄；在世界，有滑铁卢、诺曼底、阿拉曼、托布鲁克、中途岛、瓜达尔卡纳尔岛，等等。

现在我们要去的正是这样两个小地方：一个叫张鼓峰，另一个叫诺门坎。

1934年初，斯大林在苏联掀起一场轰轰烈烈的“大清洗”运动，也称作“肃反运动”。“大清洗”使得许多苏联开国的政治家，特别是优秀的军事将领，被无情杀戮。此处不详表。这里只简单看一下结果：苏联红军失去5位元帅中的3位，15个集团军中的13位司令，85个军中的57位军长，195个师中的110位师长，406个旅中的220位旅长。中高级军官中超过70%的人被捕或被杀，整个军队陷入空前的恐慌之中，部队战斗力急剧下降。为了使指挥系统不至于完全瘫痪，苏军不得不紧急提拔一大批年轻人填补巨大空缺，一时间，苏军中充斥着大量的少校师长、上尉团长，这些人很多刚刚从军校毕业，根本没有能力担任如此重要的职务。连英国绥靖首相张伯伦都说：“大清洗使苏军彻底丧失了战斗力。”张伯伦都能知道的事，日本人肯定也很清楚，特别是驻扎在中国东北的关东军。

进入 20 世纪，一直到诺门坎战役结束之前，日本陆军对苏俄军队始终有一种先天性的心理优势。这种优势来自 1905 年的日俄战争，作为战争胜利者的日军一向瞧不起俄国军队以及后来的苏联红军。“大清洗”使得苏军战斗力大幅下降，导致日军原来对苏军的不屑一顾又加深了好几层。关东军参谋、战争狂人辻政信甚至放出狂言：日军一个师团能打三个苏军师，日军士兵一人能打十个老毛子。关内日军与中国军队打得激烈，捷报频传，而号称“皇军之花”的关东军却窝在东北无所事事，因此几乎所有的官兵都急切希望与苏军交手，借以建功立业、青史留名。日军心理咨询机构的调查表明：“几乎所有参战的日本士兵都热切盼望与苏军交手，90% 以上的日军军官对苏军的情况一无所知，却毫无理由地轻视对手。”不管是关东军还是驻朝鲜日军，均在一种病态的“亢奋”中蠢蠢欲动。

1938 年 5 月，徐州会战结束之后，日本试图通过更大规模的武汉会战一举结束在中国的战事，迫使中国彻底屈服。让日本最担心的是，一旦大兵南下，势必造成北方防务空虚，来自苏联的威胁始终挥之不去。因此，大本营一直有意寻找一个恰当的机会，对苏军发动一场小规模的进攻来试探苏联的战意。

在朝鲜、苏联和中国交界处有一座连地图上都几乎找不到的小山，发源于长白山天池的图们江从它身边流过，这个海拔只有 155 米的小山叫张鼓峰。因为原来在峰顶有一块形状如刀的岩石，故又名刀山。山的东面是仅有 2.23 平方公里的长池，俄罗斯称作哈桑湖，北面是波谢特平原，西北与沙草峰相连。沙草峰位于张鼓峰西北两公里处的中国境内，海拔 77 米。这里四处长满亭亭玉立的东北美人松。由于位于高寒地区，这里的冬天长达 8 个月，一年中有 200 多天都被冰雪覆盖。可是到了 4 月以后，长池就成了丹顶鹤等众多候鸟的理想家园。蓝天碧湖，青松丹鹤，好一派如画的北国风光！

张鼓峰以东 130 公里处，就是苏联远东军最大的军事基地海参崴（符拉迪沃斯托克）。

张鼓峰自古以来就是中国的领土。1858 年，沙俄与清政府签署了中俄《瑷珲条约》，条约中文文本标示张鼓峰为中国领土。但俄国人在俄文文本上做了手脚，将张鼓峰划归沙俄。这样的情况可以随时引发争端，也可以在那里静静地躺上几百年。

日本占领东北并建立伪满洲国之后，把张鼓峰划入珲春县界。苏联仍主张规定的边境线是通过哈桑湖西侧，张鼓峰当然属于苏联领土。

日军敢在这里试探老毛子，还有一个不容忽视的因素。几个月前，有一个叫留希科夫的苏联人叛逃到了伪满洲国。

这个留希科夫，光看其陆军大将的军衔就知道不是一般人，他是苏联内务人民委员会远东局局长，也就是苏联远东最大的特务头子，同时也是远东地区“大清洗”活动的总负责人。在他任职的短短一年内，远东地区有 20 万人遭逮捕，其中被处决者超过了 7000 人。即使再残酷的刽子手也会有发抖的时候，他接到莫斯科的朋友悄悄送来的消息：“注意安全。”寥寥几字，老牌特务头子留希科夫当然清楚这意味着什么，他没有坐以待毙，而是选择了匆匆出逃。连肃反工作的负责人都被迫亡命海外，可见“大清洗”运动是何等冷酷无情。借到边境视察的名义，留希科夫越过边境，逃到伪满洲国。

对于留希科夫的“弃暗投明”，日本方面当然会不遗余力地大肆宣传，甚至还为此专门刊出了号外，登载《留希科夫亡命记》等文章，陆军参谋本部还以上宾待遇把留希科夫迎进日本国内。留希科夫立即向日军提供了“有关苏联远东集团军的宝贵资料”。早已蠢蠢欲动的日军感到机会很快就要来了，现在需要的仅仅是找一个说得过去的借口。

留希科夫无疑是个重量级的政治人物，他的反水立即让苏联高层陷入恐慌之中。莫斯科立即要求苏联远东方面军迅速加强苏、中、朝三国之间的边境防务，核心举动就是尽快占领处于三国边境的制高点张鼓峰。1938 年 7 月 9 日，十几名苏联士兵登上张鼓峰，开始挖掘战壕，拉起铁丝网。两天后，张鼓峰上的苏军增加到 40 人左右。日本国内媒体立即以“苏军侵入满洲领土”，“占据军事要地”等骇人听闻的文字做了报道。触目惊心的文字同时也让一直寻找借口的日军大喜过望——教训苏联人的机会终于来了。

1938 年 7 月 15 日，驻朝鲜日本军第十九师团松岛伍长和伊藤军曹等三人伪装成朝鲜农民，由朝鲜居民金海南和高云八带路，携带望远镜和照相机等器材，秘密进入苏联境内刺探军情。到达预定区域后，两名朝鲜人把风，三名日本人分头绘制边境军事设施图。一行人很快被苏联士兵发现，冲突中松岛伍长被当场击毙。

日本陆军参谋本部（以下简称参谋本部）闻听此信，怒不可遏，老毛子欺人太甚！在他们看来，蒋介石被打得如此狼狈还拒绝投降的主要原因，在于苏联不但站在后边给他撑腰，还在中苏边境布下重兵威胁日军的侧后。如果不是苏联的精锐之师在牵制，而让关东军悉数入关作战的话，蒋介石早趴下了。必须借机给苏联人一个教训，顺便也试探一下苏军的战意。7 月 16 日，参谋本部对驻朝鲜日军司令官中村孝太郎中将下达命令，要求其将尾高龟藏中将的第十九师团主力集结到边境一带，准备随时向苏联发起进攻。参谋本部也知道下边这些师团长最擅长拿着鸡毛当令箭，干出一些无法无天的事情，所以又下了一个附带的命令：“严禁擅自出战。”参谋本部认为先礼后兵还是必要的，是否发起主攻要看外交斡旋的结果。

7 月 20 日，日本驻苏联大使重光葵针对苏军在张鼓峰一带的活动，向苏联政府提出强烈抗议，要求苏军立即撤出张鼓峰，然后双方共同商定国界，否则由此产生的一切后果由苏联负责。苏联人一听这话就乐了，难道老子是被吓大的？苏联外交人民委员李维诺夫的答复同样铿锵有力：“任何威胁都吓不倒莫斯科。”

同日，苏联边防军开始在沙草峰构筑阵地，边境公路上苏联的军用汽车骤然增多，波谢特港口也开进了 30 多艘运输舰。

日本陆军强烈要求借此机会教训一下外强中干的苏联人，他们的想法却没有得到海军的支持。海军认为即将展开的武汉会战需要大批的军舰护卫，以保证武器和兵员的运输，因此要尽量避免两线作战，但陆军还是执意要打一场有限的局部战争。

尽管战场不大，但面对的毕竟是军事大国苏联，参谋总长闲院宫载仁亲王虽然贵为天皇的叔叔，但这种大事也必须跟侄子打个招呼。鉴于中国战场已经陷入无休止的持久作战，内大臣汤浅仓平、元老西园寺公望均反对在张鼓峰挑起新的事端，深以为然的裕仁断然拒绝了陆军的开战请求。前方急于建功立业的第十九师团是干着急，没办法。

按照中村中将的命令，第十九师团主力应于 7 月 28 日前返回原驻地朝鲜罗南。但素来敢作敢为、被称为“勇足将军”的师团长尾高中将，却一直拖到 29 日才依依不舍地离开。就在尾高中将怅然若失，回眸远望那会儿，他失落的眼神刹那间变成了惊喜：数十名苏联兵占据了沙草峰。

张鼓峰属于“界限不明地区”，但苏方承认沙草峰是伪满洲国领土，尾高立即下令守备队出兵，将沙草峰的苏军驱逐出去。当天下午，守备队派出两个小队分路向沙草峰进击。随着日军的出击，沙草峰上的零星苏军像兔子一样，一溜烟跑了。但两个小时后，又有近百名苏联士兵在坦克的掩护下，重新回到沙草峰，局势瞬间变得剑拔弩张。

上级的命令是“不能打”，当前的局势是“可打可不打”，但是不打就没有立功的机会。尾高想起此时已经是陆军大臣的板垣征四郎和名震天下的石原莞尔。当年九一八事变，他们要是听从上峰命令不动手的话，能获得今天的“伟大成就”吗？不冒险就肯定没有扬名立万的机会，人生能有几回搏？违令不要紧，关键是一定要赢。

尾高武断地认为不用战斗，只要做出一副进攻的姿态，苏军就会乖乖撤走。一年前，也就是 1937 年 6 月的“干岔子岛事件”中，苏军就是这样铩羽而归的。在那次事件中，苏军的三艘巡江炮舰，被日军击沉一艘，重创两艘，苏军不但没有进行报复，还很快撤出了有争议的地区。这一事件给了日本人一个错觉，苏军其实并没有想象中那么强大。一旦出现边境纠纷，只要果断出手，只要够硬够狠，它就必然会乖乖地缩回去。

尾高师团长立即决定把正在回撤的部队召回一部分，于当晚发起夜袭，夺回两峰。他打破常规，直接在电话里给自己最信任的佐藤幸德联队长，下达了进攻命令。顺便提一句，这个佐藤幸德在今后的英帕尔战役中还要有“惊艳”表演，主导了日本陆军最大的抗命事件。尽管苏军在人数和装备上占有明显优势，但由于猝不及防，加之日军士兵擅长夜战，7 月 31 日黎明到来的时候，日军已经占领了张鼓峰和沙草峰。初战苏军伤亡超过 400 人，日军伤亡不到 200 人，但有一名大队长和两名中队长在战斗中阵亡。

前线传来胜利的捷报。听到大日本帝国皇军打败了宿敌老毛子，裕仁天皇是龙心大悦，早已忘了之前说过“不准开战”的话。他不仅对已经发生的事态进行了追认，还给予至高无上的口头嘉奖："朕甚为满意。"消息传出，上自陆军省参谋本部，下到驻朝鲜日军和第十九师团一片沸腾：能让天皇陛下高兴，那才是真正的忠诚啊！

基于中国战场的巨大压力，裕仁还是不想把事情闹大，他随即向参谋本部追加了指示："事已至此，无可奈何，望前线将士坚守边界，切忌越轨行动。"

高兴劲儿还没过去，前线的危机已经来临。随着苏军不停地调兵遣将，到1938年8月1日，进入张鼓峰战场的苏军步兵已增至10个营，日军用于对敌的只有4个步兵大队。苏军有坦克战车150辆、火炮60门、飞机130架。由于参谋本部不肯"扩大"，日军的飞机、坦克均未参战，火炮也只有可怜的17门，兵员和装备均处于绝对劣势。

苏联远东方面军的司令员就是赫赫有名的瓦西里·康斯坦丁诺维奇·布柳赫尔，我们之后称呼他的中国名字——加伦。加伦是苏联1935年第一批授衔的五大元帅之一，由于在"中东路事件"中大败张学良的东北军，被苏联人誉为"远东军魂"。但是"军魂"在"大清洗"面前也只能变成颤抖的"鬼魂"。8月2日，仅仅指挥了一天战斗的加伦就被参谋长施特恩接替了职务。随着援兵不断到来，远东方面军组建了步兵第三十九军，拥有兵力2.3万人、火炮237门、坦克285辆，直接负责张鼓峰作战，另有250架飞机随时提供空中支援。

祸惹大了，捅了马蜂窝的尾高中将只好硬着头皮将第十九师团留守罗南的第七十三联队、第七十六联队及部分特种部队统统调到前线，连留守的长勇联队也奉命前来增援。这个长勇在临近结束的冲绳岛战役中还要"领衔主演"。至此，第十九师团已大部分集结于张鼓峰地区，战争顿现愈演愈烈之势，尾高强烈要求参谋本部派出航空兵进行支援。

此时在莫斯科，日苏两国已重开谈判，中国的武汉会战即将全面打响，参谋本部为了避免战事扩大，不愿意投入航空部队。陆军省甚至提出了撤兵的建议，遭到了参谋本部的断然拒绝。参谋本部作战课长稻田正纯大佐振臂高呼："不光彩的撤退不仅玷污皇国军队传统，还将受到苏联的侮辱。"

8月6日，苏联第三十九军按计划对张鼓峰实施总攻。苏军以一个师搭配一个坦克营分别从南北两面发动进攻。火力强、速度快的苏军T-26轻型坦克在坡度不大的张鼓峰战场如鱼得水，所向披靡。16 时，随着连日笼罩在张鼓峰上空的浓雾逐渐消散，苏联空军也赶来凑热闹，重型轰炸机出动超过 200 架次，对张鼓峰和沙草峰进行反复无间歇轰炸。连张鼓峰峰顶那块著名的刀形岩石也被炸得不知去向，看来以后只好叫“无刀山”了。

尽管日军不乏全身绑满手榴弹和炸药包与敌军坦克同归于尽的勇士，但精神终究无法战胜物质，血肉之躯断然无法抵挡横冲直撞的钢铁怪兽，日军无法有效阻止苏军的突进。夜幕降临之后，苏军飞机、坦克的作用减弱，尾高急调两个大队至山顶增援，通过夜袭才把进至山顶的苏军赶走。

8 月 7 日，天一亮，苏军的立体进攻再次展开。防守南面“52 高地”的日本军官全部阵亡，尾高派出敢死队出击才勉强守住阵地。实施进攻的苏军伤亡更大，当天苏军的最大收获就是以舟艇横渡哈桑湖控制了张鼓峰东坡。

8 月 8 日，长勇联队以及关东军增援的野炮、高炮部队全都到达战场。一天的激战，徒增无数伤亡，谁都没有取得实质性进展。随后，双方不约而同地准备了夜袭，苏军夜袭峰顶日军的企图被挫败，日军驱逐占领张鼓峰东坡的苏军的夜袭作战同样无疾而终。

从 7 月 31 日开始，在张鼓峰坚守了 9 天的日军，早已是强弩之末。苏军炮火和飞机的轰炸使得日军伤亡惨重，但是 8 月 9 日和 10 日的激战仍要继续。苏军以张鼓峰东坡为基地，通过舟艇不断向张鼓峰运送部队、装备和物资，同时利用这一制高点向炮群指示攻击目标，使得苏军的火炮攻击更加精确。苏军的增援源源不断，而日本守军却越打越少。

天公也不作美。连日的暴雨导致洪水暴涨，使得日军从图们江南岸到达张鼓峰必须使用舟艇，可图们江面已被苏联太平洋舰队封锁，军令部调来的几艘舰艇相继被击沉。后继援兵和补给只能通过庆兴桥提供，这座桥也很快被苏军控制。驻守山峰的日军陷入了内无粮草、外无救兵的绝境。尾高手边已无兵可用，所有预备队都已经投入战斗。之前信誓旦旦的尾高已经到了山穷水尽的地步，胜负已成为一个时间问题。

第十九师团参谋长中村美明大佐只好向朝鲜军和参谋本部提出，“目前本师团作战能力已到了最后极限”，希望参谋本部能通过外交途径尽快实行停战。这时候开始下软蛋了。

闻讯的参谋本部大惊失色，赶紧下令关东军做好应急准备，同时紧急将原计划参加广州会战的一个师团调回，作为第十九师团的预备队。

1938 年 8 月 10 日夜，苏军占领张鼓峰山顶的一角。局面马上面临崩溃，但就在这天晚上，日、苏停战谈判终于取得了实质性进展。

能够停下来的真正原因，是双方都不愿意把战事扩大。日本方面由于武汉会战已经打响，军备需求格外紧张，国内生产力早已透支。据参谋本部测算，假如爆发对苏全面战争的话，现存弹药不足 15 个师团一次会战所需。所以军部虽然调兵遣将，实际上并没有决心和准备进行两线作战。而苏军刚刚经历“大清洗”，元气大伤，希特勒在欧洲的崛起在西线对苏联的威胁更大，斯大林的眼睛一直紧盯欧洲，瞥向远东的只是余光而已。8 月 10 日午夜，日本驻苏联大使重光葵和苏联外交人民委员李维诺夫分别代表本国在停战协定上签字。停战协定并没有重新划定边界，只是规定日苏两军须双双撤离张鼓峰山顶。

张鼓峰一战，日军 526 人阵亡、914 人受伤，苏军 792 人阵亡、3297 人受伤，但是苏军已完全掌握了战场的主动权。战场形势可谓是“苏军惨胜，日军小败”，谁也不服谁。日军随后公布，在刺刀拼杀中，双方的伤亡数字为日军 4 人、苏军 110 人，损失率为 1∶28。由于双方都以擅长虚报战功著称，所以这个比例存疑。除非身材远比苏军士兵矮小的日军士兵都是少林寺武僧出身。

8 月 12 日，莫斯科塔斯社发布消息：“苏联远东红军歼灭入侵日军 8000 余人，击落飞机 24 架，击毁坦克 47 辆，苏联红军有决心捍卫苏维埃领土之完整。”殊不知，日军的坦克和飞机几乎就没有参战，参战的日军也只有 7000 人左右，都死了的话，数量还差 1000 人。

陆军参谋本部则对外逞强说，张鼓峰战役中，日军以少数兵力顶住大量苏军的进攻，根本不能算打了败仗。军部由此却得出结论：苏联并无大举出动之意。“现在看来，认为斯大林宁可使苏军流血牺牲也要拖日军‘后腿’的看法，似乎过高地估计了中苏关系的密切程度”。于是日军得以消除后顾之忧，放心大胆地实施武汉会战和广州会战。

蒋介石也在一直紧盯张鼓峰，渴望这边的战事扩大，以减轻中国抗战的压力。但事与愿违，“张鼓峰事件”的草草收场让蒋介石怅然若失。据说听到苏、日签订停战协定的消息后，蒋介石生气地骂了句“娘希匹，老毛子真是孬种”。但“张鼓峰事件”还是改变了日军进攻武汉的时间表。

撤退到图们江南岸的第十九师团战斗力已严重不足，可是军部也没有再增派其他部队强化张鼓峰地区的防务，理由是“边境上的几个破丘陵没有任何留恋的必要，不应该继续近距离对峙，以免播下冲突的种子”。9月8日，大本营以“大陆令第215号”将张鼓峰方面的防卫由驻朝鲜日军移交关东军，作为对积极求战的驻朝鲜日军之惩罚。

苏联人对那几个丘陵却是很在意，第十九师团这边刚刚撤离，那边苏军就迅速控制了张鼓峰和沙草峰。

1938年8月31日，加伦奉召到莫斯科参加中央军事会议，会议中心议题就是“张鼓峰事件”有关责任的追究。尽管仅指挥了第一天的作战，加伦还是被定性为导致这次“重大失误”的罪魁祸首，并以“人民的敌人”被逮捕入狱。1938年11月9日，在漫长军事生涯中18次负伤都侥幸活下来的加伦，在牢房中被自己人拷打致死。他死后4个月，法庭才以莫须有的“日本间谍罪”追加了宣判。

加伦和中国有着不解之缘。他曾作为孙中山的军事顾问参加过北伐战争，还参加过中国共产党领导的南昌起义，不久前还打败了张学良。由于加伦威望太高，斯大林甚至不敢宣布他死亡的消息。很多人都以为神秘失踪的加伦又去中国当军事顾问了。还真差点有这事，第二年，也就是1939年，蒋介石向斯大林请求再派名将加伦来华援助时，却被告知加伦早已不在人世，蒋介石闻之，唏嘘不已。曾经当过加伦学生的叶剑英，在1957年访苏时也曾挥笔写下纪念诗篇：“不见加伦三十年，东征北伐费支援。我来伯力多怀旧，欲到红河认爪痕。”

打了胜仗的被处死，还是最残酷的“拷打致死”。打了败仗的第十九师团师团长尾高带着“勇将”的名誉，升任日军驻中国山东的第十二军司令官。世事不公，莫过于此。

对于不久之后发生的战斗，这里的冲突不过是牛刀小试而已。

张鼓峰战败的消息传到满洲，关东军一个少佐作战参谋怒不可遏，拍案而起！

豺狼参谋

1944 年 9 月 26 日，一架美国轰炸机在缅甸北部执行任务时被日军的高射炮击落，飞行员本杰明·帕克跳伞后不幸被日军俘虏。可怜的帕克并没有受到优待，一名日军参谋带领士兵先是用炸弹的碎片横切了帕克的脸颊，然后用一把缅甸钝刀连砍三次，将帕克的头颅切下，然后下令将帕克的尸体大卸八块下锅煮熟，随后带着士兵一起把肉吃掉。

据说这个参谋并不是第一次干这事。在中国东北，他曾强迫日军士兵吃人胆。在马来亚，也曾下令要日军生吃英军人肉。可能这一天他心情不错，大家才有了熟肉吃。

读者可能认为老酒（笔者自称，下同）编造恐怖镜头，但这一切都是真的。那个带头的日军参谋就是“昭和三大参谋”之一，被称为“战争之神”“豺狼参谋”的辻政信。

辻好战。不管是哪里发生了战事，屁颠屁颠最先跑到现场的肯定有他，这些地点包括中国的东北、上海、武汉、北平、天津、山西、海南、南京、台湾，以及远东和太平洋地区的泰国、马来亚、新加坡、菲律宾、瓜达尔卡纳尔岛、巴布亚新几内亚、新不列颠、缅甸，等等。可以说这是一个在今后正文中出镜率极高且每次出镜必有惊人之举的人物。

辻残暴。他由此给亚洲各国包括中国、菲律宾、马来亚、新加坡、缅甸、泰国人民带来了无穷无尽的灾难，他所到之处，无不尸横遍野、血流成河。他杀人如麻，杀平民、杀战俘，甚至杀皇军，臭名昭著的“新加坡华人大屠杀”以及“巴丹死亡行军”均与其直接相关，惨死在他屠杀令之下的战俘、平民，以数十万计。如果扣一顶大帽子的话，这畜生绝对属于“反人类”，并由此成为战后被美、苏、英、法、中五国悬赏捉拿的甲、乙、丙“全级战犯”，英国人甚至扬言“就是翻遍世界上的每一根草，也要找出辻政信”。

辻克主。几乎所有当过他长官的人都霉运连连，其中包括东条英机、植田谦吉、矶谷廉介、山下奉文、本间雅晴、西村琢磨、河村参郎等，这些领导过辻政信的人，轻则丢官免职，重则丢命，甚至很多人被送上了绞刑架。

辻狂妄。“皇军以一当十，皇军一个师团打苏军三个师”就是他的发明，甚至到了战后的1952年8月，在竞选日本众议员的演说中，他还狂妄地说：“我和俄国人、支那人、美国人、英国人、法国人、印度人、澳大利亚人、爪哇人、菲律宾人、缅甸人都打过，负过七次伤，身上有二十几颗子弹和三十多处伤疤。”

辻胆大。由他主导的“诺门坎事件”是昭和年代日本陆军三大“下克上”事件之一，仅仅排在石原莞尔、板垣征四郎导演的九一八事变之后。除了天皇之外，其余所有人他都敢冒充，经常以大本营和参谋本部的名义下达各种骇人听闻的命令，拿着鸡毛当令箭，指挥这个、驱使那个是他的拿手好戏。日本陆军内部无人不知辻政信善于制造事端的特点，有人甚至说，辻政信还是一个少佐的时候就已经开始指挥整个日本陆军了。

1902年10月11日，辻政信出生在石川县山中町东谷奥村一个贫穷的农民家庭，在六兄妹中排行老三。由于家里人口太多，父亲辻龟吉靠着家里的六亩薄田无法养活这一大家子，就开发了一个烧炭的第二职业来增加收入，业余帮村里人张罗一些红白喜事弄点外快，就这样日子仍然过得紧紧巴巴。辻政信幼年的理想是成为一名乡村教师。由于家境极度贫寒，小学毕业后，辻政信无法继续深造，只好去报考免费的日本陆军幼年学校。1917年春天，15岁的辻政信参加了名古屋地方陆军幼年学校的入学考试，考试成绩是第五十一名，可学校只录取前五十名，辻政信就这样意外地名落孙山。落榜后灰心丧气的辻政信只好到大阪的一家航运公司当了学徒。一个月后好消息传来，他又幸运地被学校录取。原因是前面有一名考生体检不合格，这样他就自动替补了最后一个名额。不知道那个不合格的考生叫什么名字，如果他身体好一点的话，未来会有数十万人因此得以活命。

1920年3月24日，入学时最后一名的辻政信以第一名的成绩从名古屋地方陆军幼年学校毕业，随后进入东京中央陆军幼年学校。当时在东京有个石川县同乡会，可是两年时间里同乡从来没有在聚会中看到过辻政信的身影，他在利用一切可以利用的时间努力学习。两年后，在全日本少年精英荟萃一堂的中央陆军幼年学校里，辻政信以首席的成绩毕业。

之后辻政信回到家乡，加入石川县第九师团金泽步兵第七联队。辻政信是一个精力极其旺盛的家伙，他对自己的要求近乎残忍。老酒在1988年参加过短期的军训野营训练，晚上急行军要背着行李卷绕武汉的东湖跑一圈。尽管当年老酒弄虚作假，将行李里的被子换成了一个分量很轻的军大衣，但跑下来，身体几乎还是散了架。这位辻政信倒好，急行军的时候还要在行李里塞上两块砖头增加分量。在一次行军训练中，同行官兵的水都喝完了，疯狂的辻政信竟然拿出两个水壶。发现大家断水之后，他把大家叫到一起，当着大家的面把他剩下的一壶水倒掉，然后继续行军。

半年后，辻政信到了著名的日本陆军士官学校第三十六期学习，1924 年 7 月 18 日毕业时仍然是首席，可谓是连中三元。

1928 年 12 月，辻政信考取日本陆军大学第四十三期。从进校那一天起，他的目标就是继地方幼年学校、中央幼年学校和陆军士官学校后再次获得“陆大首席”的桂冠，但这次却未能如愿。和他的前辈石原莞尔一样，并不是因为成绩，而是他那恃宠而骄、目中无人的性格得罪了教官。在校期间，辻政信和任课教官发生过三次激烈冲突，甚至因此上了被开除的名单。1931 年 11 月，辻政信以第三名的成绩从陆军大学毕业。尽管也属于“军刀组”，但还是让目标“四连冠”的辻政信感到无比失落。

和他的偶像石原莞尔不同，石原莞尔是天才，吊儿郎当，轻松取得陆大“次席”的成绩，天资并不出众的辻政信靠的是勤奋。在陆大三年的学习中，他几乎没有好好睡过一个囫囵觉，往往困了在课桌上趴一会儿就继续起来学习，也总是要求自己比别人学得更多、做得更多。

要说第三名也不错了，但是极爱面子的辻政信却将此当作奇耻大辱，他必须找到一个理由来为自己开脱。后来有人问及此事时，他的解释是“同级生中有天皇的亲弟弟秩父宫雍仁亲王”。其实谁都知道皇族成员在陆大的学习成绩是不参加名次排列的。实际上那一届的首席和次席是天野正一和岛村矩康，最后都官至陆军少将，而辻政信终其一生，最高军衔只到大佐，倒是和河本大作有些类似。

陆大毕业后，前途远大的辻政信出人意料地和乡下一个邮政局局长的女儿结了婚。这家伙还有家庭暴力倾向，对老婆经常是拳脚相加。他老婆也不简单，偷偷到一家柔道场去练习柔道。后来一次，辻政信动手打老婆时，他老婆突然出手，将辻政信结结实实摔了一个大背跨，从那以后，辻政信在家里就老实多了。

由此看来，对付家庭暴力，“以暴制暴”是最好的解决办法。

辻政信在中下级军官和士兵中享有较高的威望，他不贪财也不好色，甚至可以说很清廉。在上海、哈尔滨、武汉，辻政信都曾亲自带领宪兵去砸饮酒嫖娼的高级军官的汽车。在泰国曼谷，辻政信到任后的第一个命令就是禁止军官坐汽车兜风。因此，他给同事和下级留下的印象是“勇敢、正直、清廉”。

毕业以后，辻政信还是回到了家乡第九师团金泽第七步兵联队，这个师团的师团长就是随后即将出场的植田谦吉。此言不全对，前文已经提到过，植田谦吉参加上海作战，还在虹桥公园被朝鲜义士尹奉吉炸成了“金鸡独立”。辻政信回到部队不到两个月就赶上了打仗，那就是1931年上海一·二八淞沪抗战，这是辻政信第一次参加实战。在1932年2月20日的战斗中，当时已经是中队长的辻政信和大队长空闲升少佐亲自坐在装甲车上冲锋，不料装甲车却在国民党第十九路军的阵地前突然熄火。大队长没有回来，左膝盖受伤的辻政信中尉却拄着军刀一步一步地瘸着回来，在这次战斗中，辻政信损失了他手下的16名士兵。

大队长空闲升少佐并没有死，只是受重伤做了国民党军的俘虏。对于侵略者，中国军人充分展示了军人应有的风度，他们将空闲升少佐治好后，又放了回来。日军最不能容忍的就是俘虏，况且是做了他们最看不起的中国人的俘虏。后来空闲升少佐只好跑到吴淞口大哭一场，自我了断。

淞沪抗战让辻政信见识了真正的中国军人。后来他有了一个很特别的见解，说假如大家武器一样，而单纯比较士兵优劣的话，最强的是日本兵，其次就是中国兵。

后来，在侵略上海江湾镇韩家塘的时候，辻政信的联队长林大八大佐中弹身亡。战争结束后，负了伤的辻政信得到了他的第一枚勋章“五级金鵄勋章”。也就从这时候起，他引起了师团长植田中将的特别注意。

淞沪抗战结束后，第九师团返回日本国内，辻政信被植田师团长选为介绍实战情况的代表，到全国各地向国民进行励志演讲。在陆海军参战部队中，被选为演讲代表的共有12人，其中最耀眼的就是辻政信。辻政信长得还算比较帅，个头也有一米七左右，在日本人当中基本算是鸡立雀群了。要知道，山下奉文一米七四的个子已经被形容成巨无霸的“步兵炮”了。关键还在于辻政信口才极佳，是所有参加演讲的人中最能侃的。左膝盖中弹的那段经历被他演绎得活灵活现、栩栩如生。辻政信说，他中弹后仍然不肯撤下阵地，只返回阵中做了简单处理，随后便奋不顾身地跛着腿继续指挥本中队进行第二次、第三次、第四次冲锋……

这些编造的噱头吸引了所有人的眼球，特别是新闻记者，这些人最喜欢这类故事了。报纸在刊登相关新闻报道时，特地加上了辻政信的特写照片，称他是“军人的楷模”“阵中之花”“令阵中将士惊叹之猛将”。

1932 年 9 月，辻政信奉调到参谋本部总务部第一课，也就是动员编制课。在这里，他遇到了一生中的大贵人，当时还仅仅是陆军大佐的东条英机。1933 年 8 月，参谋本部进行“苏联对新疆的渗透情况之调查”项目，辻政信在甘肃的兰州、肃州等地活动了一个多月。奇怪的是，1934 年 8 月 1 日，他奉调至陆军士官学校当学员中队长。

让辻政信到陆军士官学校当一个默默无闻的中队长，是当时属于“统制派”骨干的东条英机的一个阴谋。就是利用辻政信在战场上受过伤的光荣经历来控制士官生的思想，肃清“皇道派”。但当时“统制派”还没有取得对“皇道派”的绝对优势地位，东条英机起用辻政信的企图很快被“皇道派”领导人教育总监真崎甚三郎识破。于是，在发布辻政信调令后不久，东条也被发配到驻久留米的步兵第二十四旅团当了旅团长。

没有了后台的支持，辻政信还是凭着自己的本事在学校闹出了名堂。他派人打入“皇道派”内部刺探消息，鼓动对方阴谋发动政变，然后自己再去告发。结果所有政变人员，包括辻政信派出的奸细都被抓起来开除学籍。辻政信为了出人头地，采用卑鄙手段捏造“政变阴谋”的企图也很快被识破。虽然东条大佐交给的任务基本完成了，但行动却属于“老头靠墙喝稀饭”——卑鄙无耻下流，辻政信为此得到了停职反省一个月的处分，1935 年 4 月更是被发配到驻水户的步兵第二联队去了。

跌入低谷的辻政信甚至动过离开军队的念头，但第二联队联队长横山勇大佐还是鼓励这位年轻人继续努力，安排他给联队的年轻军官上课。其间，失意的辻政信曾经去第二十四旅团找了老领导东条英机，但是东条也帮不上忙，连他自己都要到中国满洲去当更没意思的宪兵司令了。

“二二六事件”给失意的师徒二人带来了命运的巨大转机。当时任关东军宪兵司令的东条英机一得知事件的消息，立即出动宪兵把在满洲的“皇道派”人员一网打尽，从此开始崭露头角。扫空了“皇道派”，就空出不少的工作岗位，辻政信的机会也就来了。前文提到过的，协助石原莞尔、板垣征四郎发动九一八事变而走红的关东军第三课课长花谷正少佐，想起了这个几乎被人们遗忘的辻政信。就这样，在1936年4月，辻政信来到了关东军参谋部第三课。

课长花谷正是陆军士官学校二十六期毕业，比辻政信高了整整十届。虽然在校期间的成绩和名气都远远不如辻政信，但他在九一八事变中靠来回跑腿打杂也混出了点名堂。后来甚至有人把他和石原莞尔、板垣征四郎一起称为发起事变的关东军“三羽乌”。能够和那俩人并肩，的确让花谷跟吃了蜜蜂屎一样，舒坦了许久。花谷也属于给点阳光就灿烂的主儿，从此就常常以事变“核心领导人”自诩。对于新来的毛蛋孩子辻政信，花谷往往是居高临下，以一种先哲的姿态和口气教训他说：“你虽然在学校里学到了一些知识，可是也别太骄傲了。与大学知识相比，懂得实战更重要。”言外之意就是说，尽管你学习成绩好一点，比起老子你还差得远着呢。

说到这里，花谷得意扬扬地进行了语重心长的举例说明：“比如‘满洲事变’，如果只会纸上谈兵就不可能取得成功，所以你要好好学习，今后的路还长着呢！”

一贯喜欢较真儿的辻政信，本来对九一八事变就极有兴趣，从此开始埋头研究有关事变的档案资料，并从中发现了诸多疑点。

辻政信带着这些疑点去问花谷。由于花谷在九一八事变中不过是个跑龙套的小角色，很多事他根本就不知道，也就无法回答辻政信提出的一系列稀奇古怪的问题，只好挠挠头皮，显得颇有点尴尬。

辻政信马上明白了，花谷不是不回答，而是根本就不清楚。“解铃还须系铃人”，要想弄清楚那些问题，必须找那个当时已经是陆军参谋本部作战部部长，如日中天的石原莞尔。

辻政信也知道自己不算个什么，天神一般的石原会接见他？但心有不甘的辻政信还是想试试。大人物的举动总是会出人意料，石原不但屈尊接见他，还说单位乱说话不方便，特意抽出时间让辻政信到他家里详细恳谈。比起那半瓶子咣当的花谷，人家好几瓶子都满着的石原才是真正的“大师”风范哪！

之后就是我们在许多武侠小说中经常看到的情节，一个初出茅庐的晚辈小子到武林盟主或前辈那里诚惶诚恐地去聆听教诲，然后茅塞顿开，从此一发不可收拾。

见面宾主寒暄落座，受宠若惊的辻政信鼓足勇气，一五一十地倒出了心中的那些疑问。面对这个比自己小 13 岁的后辈，石原像他的名字那样“莞尔”一笑，对辻政信提出的问题一一做了回答。石原强调：要拿下满洲不错，但关键是如何拿，只有做好充分的思想和行动准备，才能确保一举成功，此即为“谋而不妄动，动则一击致命”。

对于后辈的提携，石原可谓是不遗余力，毫不藏私。他又给辻政信讲述了他的“满洲国建设思想”，告诉他武力不能解决一切问题，必要的时候也要适当示好，以便更好地达到侵略和统治中国东北的目的。此即为“攻城为下，攻心为上”。

一语惊醒梦中人。石原的点拨使得辻政信顿觉拨开乌云见青天，一下子打通了任督二脉，同时也为自己的幼稚无知感到羞愧难当，“过去的想法是多么幼稚，如果地上有洞真想钻进去”，他后来回忆起这段经历时说，“先觉的导师对物体的观察方法，对中国、东亚的思维方式，使我从权益思想到道义思想来了个一百八十度的大转弯”，原来“见识的不同，其力量竟是如此可怕”。从此他便奉石原为自己的精神导师，对其百般推崇，并俨然以石原的传人自居。

后来的事实说明，辻政信此举更大的目的是利用石原的名气给自己脸上贴金，并借此引起世人的关注。他从石原那里学到的仅仅是胆大包天等皮毛功夫而已，石原独有的冷静、深远的判断力他一点都没学到。相比于谋略大师石原莞尔，辻政信不过是个跳梁小丑而已。战略家的素质是天生的，并不是所有人都能当，包括像辻政信这样的牛人。

辻政信后来还真做了一件让人刮目相看的事。辻政信的父亲在老家帮村里人办红白喜事，辻政信也要学着过把瘾——给张作霖办丧事。1937 年 6 月 3 日，他花费 10 万日元在满洲举办了一个盛大的葬礼，把败家儿子跑了没人管，扔在海林寺的张作霖风风光光地埋在了张家墓地。辻政信此举可谓是技惊四座，在一定程度上让关东军的形象有所改善。时任“满洲国经济大臣”的汉奸韩云阶对辻政信说：“辻君，你以十万日元就办成了花十亿日元都不一定能办成的事，真是高明啊。整个满洲三千万民众，自九一八事变以来，这次才算笑逐颜开了。即使花上几亿日元进行宣传安抚也根本不会有今天这十万日元取得的效果。”

辻政信办了这一件事还不过瘾。几年后，1943 年 11 月 24 日，他以派遣军司令官畑俊六大将的名义，在浙江奉化溪口镇举行了一次公祭蒋介石母亲的仪式。一个月后，重庆方面报纸以“日寇祭蒋太夫人”的标题，在头版头条大篇幅报道了这一怪行。很多人认为，战后蒋介石能够瞒天过海地收留被五国联合通缉的辻政信，也正因为此。

除了大张旗鼓地埋了老张之外，辻政信受关东军参谋长板垣征四郎的委托多方奔走，于 1937 年 9 月促成了“满洲建国大学”的成立。辻政信在满洲的“剿匪”工作也差强人意，成功地招降了有 5000 多人的吕绍抗日武装。

看似辻政信真的得到了石原莞尔的真传，但是七七事变立刻让辻政信现出了原形。石原是典型的“不扩大派”，大家都认为辻政信会坚定不移地支持自己的导师。出乎大多数人的意料，急于建功立业的辻政信却是彻底的“扩大派”，他甚至一阵风似的跑到天津、北平去煽风点火。

辻政信的狐狸尾巴终于露了出来。他对石原的思想纯属一知半解，所谓的服膺和崇拜也完全是叶公好龙、装模作样而已。也就是说他真正从内心里羡慕和希望得到的，只是石原发动九一八事变所获得的耀眼光环而已。

辻政信到了“北支那方面军”当了作战参谋，后来又被派往山西，在板垣征四郎的第五师团负责联络。这个惹事精到哪里似乎都不受欢迎，他最终还是被板垣送回关东军，当了他梦寐以求的作战参谋。

等他再次回到关东军时，才发现这里的形势有了根本的改观。此时的关东军司令官植田谦吉大将，是原来辻政信服役过的第九师团师团长，参谋长东条英机也是辻政信在参谋本部编制动员课时的老课长，东条英机卸任以后接任的矶谷廉介中将更是当过辻政信所在步兵第七联队联队长，副参谋长矢野音三郎少将是辻政信从陆军中央幼年学校毕业时的第七联队联队长，所有的上级全是老上司。

这些人对辻政信统统是信任有加。

作战课内部也一样，高级参谋寺田雅雄大佐和辻政信一样是从参谋本部编制课出来的，而且也是第九师团出身，只不过不是同一个联队而已。作战主任参谋是刚从参谋本部编制课来的服部卓四郎中佐。还有个岛贯武治少佐是从参谋本部作战课转过来的，也是辻政信"陆士""陆大"的同期同学。放眼一看皆战友，辻政信在此可谓左右逢源，如鱼得水。军衔只是少佐的辻政信在所有作战参谋里排在第七位，但因为到关东军时间最早，还有参加过实战立功的辉煌经历，辻政信在作战课还是具有一定的发言权和说服力。

在关东军参谋部，作战主任服部卓四郎中佐是个需要多说两句的人物。这个陆军大学四十二期的"军刀组"成员比辻政信高一届，算是辻政信的师兄，就是他之后与辻政信一起导演了"诺门坎事件"。服部卓四郎很会做人，几乎和所有人的关系都很好，战后还迅速与麦克阿瑟的蹩脚情报官威洛比少将打得火热，并因此逃过一劫。他今天为人熟知的最大原因是，躲过审判之后，他以亲历者的身份写了一本叫"大东亚战争全史"的书，里边不乏胡说八道之语，但这部洋洋洒洒一百五十万言的书，至今仍然是研究第二次世界大战的重要资料之一。

一直以来，辻政信都是从纯粹功利的角度去理解石原莞尔，他的人生理想就是要像石原那样争取在最短的时间内走红，从而成为日本的"民族英雄"。让他朝思暮想的，就是一个类似九一八事变那样的机会。

张鼓峰地区的冲突刚刚发生不久，辻政信就兴致勃勃地跑了过去，在第十九师团一个参谋的陪同下察看了战场，并代表植田司令官慷慨表态："喂，去把那个张鼓峰给我拿下来，关东军在必要时会支援你们的！"

张鼓峰日军的战败，气得辻政信拍案而起。这是日本皇军的奇耻大辱，必须"以血还血，以牙还牙"，为皇军找回丢掉的面子。驻朝鲜日军不行，关东军一定可以去教训苏联人。这样的天赐良机，怎么不垂青关东军呢？

1939 年 4 月，关东军司令官植田谦吉大将签发了一个题为"满苏国境纠纷处理纲要"（以下简称《纲要》）的重要文件，这是一个用以指导关东军各作战部队处理边境冲突的行动指南。在这份文件的第四条中明确写着："各部队在执行边境侦察、巡逻任务时，为达目的可攻入苏联境内。在国境线不明确的地区，防卫司令官有权自主进行国境线的认定。不论兵力多寡，在冲突过程中必求胜利。”这就是明确地告诉驻守边境的各师团长，当你们遇到与张鼓峰类似的问题时，用不着再瞻前顾后，也用不着来回汇报，你们完全可以自行划定边境线，然后自主决定是否动用武力。

不用说大家肯定已经猜到了，这个《纲要》的起草人就是胆大包天、唯恐天下不乱的关东军作战参谋辻政信。

《纲要》下发到各部队，关东军上下一片欢呼雀跃。各部队长官对《纲要》的实质心领神会，这基本上就是鼓励大家在边境挑衅、大打出手并以此建功立业的命令呀。植田司令官真是太伟大了，早就憋得够呛的关东军各部队刹那间莫名地亢奋起来。

正打盹儿呢，马上有人递上了枕头，《纲要》刚刚出台，前面就已经出事了。这次出事的地方更邪乎，很多人拿着放大镜在地图上找，都找不到那地儿在哪儿。

这个之前几乎无人知晓的小地方叫诺门坎。

烽烟四起诺门坎

1939年5月4日早晨，一支外蒙古的马队在一个名叫锡林陶拉盖的小村子附近渡过了哈拉哈河。在哈拉哈河东岸有一片肥美的草原，而河西岸以及东岸其他广袤地区都是近乎戈壁的连绵沙丘，所以哈拉哈河西岸的蒙古人很早以前就习惯了东渡牧马。

蒙古族中有许多不同的部落。居住在哈拉哈河西岸的是喀尔喀部落，居住在东岸的是巴尔虎部落。为了这片肥美的草原，同为蒙古人的这两个部落历史上曾发生过无数次争斗。1734年，两部落之间的官司最后打到了大清雍正皇帝那里。手心手背都是肉，两岸的蒙古人都是大清的臣民，于是他大笔一挥，在哈拉哈河东岸那片草原中划出来一块给西岸的喀尔喀部落放养牲口，其余的仍然留给巴尔虎部落。皇上的旨意就是最终判决，不能上诉，矛盾貌似一下子得到彻底解决。

两百年之后，1924年，这里的情况发生了重大变化。苏联怂恿外蒙古从中华民国脱离，喀尔喀部落随着外蒙古的叛变离开了中华民国的怀抱，而巴尔虎部落留了下来。原来的人民内部问题刹那间变成了“国家”矛盾。后来，这里又有了伪满洲国，苏联、外蒙古认为分界线在哈拉哈河以东15公里处，而日本按照“有山以山为界，有河以河为界”的原则，将“国境线”定在哈拉哈河中线。尽管“公说公有理，婆说婆有理”，但哈拉哈河两岸成吉思汗的子孙并没有因边界纠纷发生激烈争斗，一直到1939年5月4日。

这一天的特别之处在于，伪满洲国兴安北警备军第七团第三骑兵连连长贡布扎布中尉是个新来的家伙。他还有一个特殊身份，那就是警备军总司令乌尔金中将的女婿。这个天不怕地不怕的家伙，看到一大群外蒙古人从西岸渡河而来时，立即下令开枪阻击，一直和平共处的外蒙古人被突如其来的枪声吓得丢下马群，仓皇逃回西岸，当发现是对岸的伪满洲国兵所为后，立即向上司做了汇报。于是双方开始不断增兵，你叫二舅我叫三叔，你叫七姑我叫八姨，冲突因而不断升级。还是西岸的外蒙古人先沉不住气，搬来了“外人”——苏联老大哥。在老大哥装甲部队的帮助下，外蒙古兵一口气将伪满洲国兵赶出了锡林陶拉盖。

你有大哥我也有靠山，伪满洲国兵立即向日本人求援。日本人见到前面的小弟——伪满洲国兵被打得鼻青脸肿，立即认定对方是“打狗欺主”。负责海拉尔地区防御的是关东军第二十三师团，师团长小松原道太郎中将曾在日本驻苏联使馆当过武官，专门从事苏联情报的收集和分析工作，自诩“苏联通”，是当时日本陆军将领中为数不多的“苏联通”之一。

小松原立即派出师团骑兵联队联队长东八百藏中佐，率领200名日本骑兵，会合兴安北警备军骑兵第八团的部分人马，共700多人，在几辆九五式轻型坦克的压阵下，气势汹汹地往锡林陶拉盖冲杀过来。这还不够，小松原还派出了5架轻型轰炸机前来助威，一口气甩下了60枚炸弹。在对手的陆空立体打击之下，外蒙古兵撤回到哈拉哈河西岸。东八中佐敲着得胜鼓打道回府。

尽管知道上级领导一定会同意，小松原在派出兵力之后还是向关东军司令部做了汇报。唯恐天下不乱的辻政信立即以特派员的身份一阵风似的跑到了第二十三师团司令部。

消息传到莫斯科，苏联立即要求驻远东苏军部队依据1936年签订的《苏蒙互助协定》介入冲突。最近的第十一坦克旅立即出发，开往哈拉哈河地区，驻乌兰乌德的摩托化步兵第三十六师一部也迅速向哈拉哈河集结，第五十七特别军司令部也从乌兰巴托前移至距哈拉哈河只有125公里的塔木察格布拉格。有了强有力的后盾，外蒙古军骑兵第六师等部队再次渡过哈拉哈河并架起浮桥。

东八中佐发来的捷报让小松原中将大感欣慰，同时觉着好像酒没喝尽兴一样意犹未尽。按照不久前收到的《满苏国境纠纷处理纲要》，他有权在哈拉哈河这一个边境线不明的地区自行判断和划定国境线，并且可以自主决定是否使用武力。植田司令官真是深谋远虑呀，早就预见了这里要出事，就未雨绸缪地提前颁发了《纲要》。小松原马上决定，派出两个联队的兵力一举消灭再次回到哈拉哈河东岸的苏联、外蒙古联军，奉命出征的除了刚刚凯旋的东八百藏骑兵联队之外，还有师团的绝对主力第六十四步兵联队。

此时耐不住寂寞的辻政信已经亲自坐飞机到前线进行了一次越境侦察，回来后他用肯定的语气告诉小松原，河东的苏联、外蒙古军只有400人，而且没有什么重武器。

接到出击命令，第六十四联队联队长山县武光大佐大喜过望。英明神武的辻少佐已经去看过了，对面的苏联、外蒙古军才数百人。山县大佐认为，对付这点人根本不需要兴师动众，出动一个大队足矣，再说不是还有东八的骑兵吗？东八的想法和山县如出一辙，也只带了一个中队前往。因为对面有苏联人，小松原还给特意给东八增加了一个战车中队的12辆装甲战车。在他们看来，这简直是杀鸡用牛刀。

山县的作战计划还是日本人的老一套，“正面进攻加迂回侧击”：由他率领主力部队实施正面进攻，东八骑兵联队进行侧翼夹击。两人一致认为，一旦山县步兵大队进攻正面，骑兵中队和战车中队进行侧后包抄的话，被截断后路的苏联、外蒙古军肯定会在瞬间土崩瓦解。

可是他们的对手——哈拉哈河东岸的苏联、外蒙古军联军绝对不是辻少佐所讲的“只有400人”，而是足足有3000多人，其中还有相当部分的装甲和坦克部队。山县的主力部队约为1600人，东八的骑兵有220人，加上450人的伪满洲国兴安北警备军第八骑兵团，总兵力也不到2300人。按照进攻一方至少两倍于防守一方的规律，这点兵力要想围歼苏联、外蒙古军明显是不够的。山县和东八将进攻时间定在了5月28日早上5时30分。

在陆上战斗打响之前，空中的搏杀已经提前展开。5月22日至24日，苏联远东空军的150架飞机与日本关东军第二飞行集团的120架飞机在诺门坎上空发生了第一轮空战。空战中，苏联空军明显不支。据苏联贝加尔第二十二航空歼击机飞行大队副大队长、苏联英雄斯科巴里钦回忆，5月23日的空战中，苏军就有一个歼击机大队几乎全军覆没。24日，斯科巴里钦率领他的伊尔-16飞行大队与另一支苏联空军的伊尔-15歼击机大队协同行动，由于伊尔-15飞行速度较慢，斯科巴里钦率队到达预定空域时，因未见友军踪影不得不返航。回到基地才知道，这个伊尔-15飞行大队在飞往预定区域途中被日军全部击落。

虽然在数量上稍占上风，但苏军参战飞机在性能上明显落后于日军。苏军飞行员的素质也远不如日军的飞行员。日军的这些老鸟大都在中国战场上淬过火，一般都有1000小时以上的飞行时数，技战术能力均在苏联飞行员之上。空战的连续失利迫使在后方督战的伏罗希洛夫元帅不得不下令暂停一切空中行动，苏联远东空军基本退出了5月的揭幕战。

1939年5月27日午夜，关东军第二十三师团骑兵联队指挥官东八百藏中佐信心十足地率领着他的一个骑兵中队和装甲车中队开出了营地，往哈拉哈河进发，执行迂回包抄东岸苏联、外蒙古军的任务。虽然先期出发的山县联队送来情报说对岸发现有苏军的坦克，但东八中佐根本没把这消息当回事，因为他的部队装备了充足的反坦克手雷。东八认为这里松软的沙丘地带上根本不利于坦克作战，再说他还有一个装甲中队呢。这条路已经走过好几次，驾轻就熟的东八连前卫哨兵都没派，整个骑兵中队成四路纵队，12辆战车一字长蛇紧随其后，鱼贯前进，东八感觉此行不啻一次野游。

5月28日拂晓，东八联队已经偷偷摸到了哈拉哈河岸边。他惊讶地发现前面不远的地方有一座竖着天线的堡垒，后来才知道那就是外蒙古军骑兵第六师的师部，也是苏联、外蒙古联军的前线指挥所。经过“大清洗”的苏军已经堕落到如此地步，连指挥部心脏地带必须部署侧翼警戒阵地的基本规矩都忘了。

兴奋劲并没有持续多久，东八很快在望远镜里发现为数不少的苏军坦克和装甲车，还有河西岸高地上苏军火炮阵地上那一排排黑洞洞的炮管。他马上明白，对面的敌人不是软弱无能的外蒙古边境守备队，而是正规的苏联、外蒙古联军，看样子对方对日军的进攻早有准备。

东八对自己没有将整个联队的兵力全部带来感到有些懊悔。更要命的是，他以为很快就会得胜回营，根本没有进行无线电联络的必要，因而索性将无线电通信小队留在了海拉尔的营房，现在连刚摸清的敌情也无法向担任正面进攻的山县联队通报了。实际情况是，除了他和山县要面对的3000多兵力之外，苏军第十一坦克旅正从温都尔汗马不停蹄地往这里赶来。

时间已经来到了和山县大佐约定的5时30分，东边的枪声准时响起，担任主攻的山县联队按时发起了正面攻击。东八中佐只好硬着头皮下达了“攻击前进”的命令。一时间战车轰鸣，战马长啸，战车上的重机枪像泼水一般向敌人的阵地倾泻出弹雨。

正在指挥部里的外蒙古军骑兵第六师师长沙日布少校被突如其来的袭击打蒙了，他做梦也想不到，战斗刚刚打响，自己指挥部旁边就钻出来这么大一支突击力量。还好沙日布很快醒过神来，立即命令警卫员护送政委和苏联顾问撤离，自己带领警卫排和师部其他人员拼死抵挡日军的进攻。寡不敌众的抵抗力量很快被日军全歼，沙日布也成为外蒙古军在诺门坎战役中阵亡的最高级军官。

东八中佐踌躇满志地走进了外蒙古军第六骑兵师的指挥部，胜利唾手而得，连他自己都觉得有点意外。巡视完胜利战场的东八立即下达了两条命令：一是派人快马加鞭地回师团指挥部报捷，二是命令部队原地休整准备继续战斗，夺取哈拉哈河上的浮桥，切断东岸苏联、外蒙古联军与后方的联系。后来的事实证明，这是东八见好就收的最后机会，可对于一向轻视苏联的日本军人来说，那是想都不用想的事儿。

还没等东八联队扩大战果，外蒙古军第六师的装甲营赶到了。36辆装甲车一字排开，车载45毫米加农炮，打得日本骑兵人仰马翻，另一个方向上又冲过来一个苏军喷火坦克连，战场瞬间攻守易势，日军12辆薄皮大馅的装甲战车，眨眼间冒出白烟，变成了12堆废铁。

这东八百藏能干到联队长也绝非浪得虚名，他当即下令骑兵变步兵，所有人员就地成散兵线部署，用反坦克手雷对付苏联、外蒙古联军的战车和坦克。放弃战马的日军骑兵迅疾展开了“肉弹攻击”，这一战术乃前辈“军神”乃木希典在旅顺攻坚战中首创，端的是威猛无比、有去无回。日军士兵利用坦克的视野死角奋不顾身地将反坦克手雷塞进苏军坦克的肚皮底下，苏联、外蒙古联军的战车接二连三被炸起火。面对这种不要命的贴身肉搏，苏联、外蒙古联军的坦克和战车只好掉头后撤，脱离与日军“骑兵”的接触。但是他们并不走远，很快在远距离形成了对日军的包围，然后不停地用炮火骚扰日军。东八百藏现在不单无法扩大战果，连撤退都办不到了。由于正面山县联队的进攻吸引了苏联、外蒙古联军的注意力，东八命令士兵迅速修筑战壕固守待援。

下午，东八终于等来了援军，一小队日本步兵呐喊着，冲开苏军包围来到东八跟前。原来这是一支执行其他任务，因为迷路误打误撞跑到这里的一支小部队。虽然来的只是60多个步兵，但多个蛤蟆四两气，来了总比没有好。大喜过望的东八马上命令扩大阵地，等到夜间再采取新的行动。

已经一整天没吃没喝的东八联队，默默地等待着夜幕的来临。晚上，当他们从地上爬起来准备发动进攻的时候，几股强烈的电光已经将他们死死罩住，紧接着无数炮弹铺天盖地打了过来。企图发起夜袭的日军伤亡惨重，不得不重新回到散兵坑中。一夜炮声不断，随着黎明的悄悄来临，东八已经彻底丧失了逃生的机会。自顾不暇的山县也曾派出小股增援部队，均在路上就被苏联、外蒙古联军打回去了或就地歼灭。

第二天上午，外蒙古军骑兵第六师第十七团团长丹达尔中尉率领骑兵在苏联、外蒙古联军坦克和装甲车的掩护下，潮水般向东八的散兵线冲过来了，一下子就冲开数道缺口，闯进敌阵。骑兵混合着战车在日军阵中左冲右突，势不可当，日军士兵在马刀的挥舞之中纷纷倒下。见大势已去的东八百藏率领残存的士兵发起了自杀式冲锋，这最后的一击，很快在苏联喷火坦克喷出的火焰中烟消云散。东八百藏联队全军覆没，东八阵亡。

相比东八来说，正面的山县联队也不轻松。他们从5月23日清晨出发，用了整整四天才走完200公里的路程，准时于5月27日夜晚到达了预定的攻击位置。

5月28日，清晨5时30分，山县联队准时发起了进攻。正像侧翼的进攻一样，猝不及防的苏联、外蒙古联军很快败退，山县迅速攻破了守军的第一道防线，占领了一个名字为“742”的小高地。之后山县大佐命令立即构筑战壕和掩体，建立防御体系。

后撤到哈拉哈河西岸的苏联、外蒙古联军火炮在站稳脚跟之后，立即向被日军占领的“742”高地发泄出愤怒的炮火，随后，坦克和装甲车的车载火炮也加入了攻击的行列。当对岸的火炮停止怒吼时，苏联、外蒙古联军的战车已经攻到了“742”高地的山脚下。严阵以待的日军反坦克速射炮充分发挥了近战特长，三辆苏军坦克相继中弹起火，其他迅速后撤脱离了战场。

很快就有一架苏军飞机飞过了“742”高地，飞机飞得非常低，几乎是在日军的头顶上飞过的。面对四处隐蔽躲避的日军士兵，飞机并没有射击或投弹，绕了一圈，大摇大摆地飞走了。经验老到的山县似乎意识到了什么，就在他醒过神来准备对炮兵发出迅速转移的命令时，已经晚了。对岸的火炮已经开始吼叫，炮弹准确地落在日军速射炮阵地上，速射炮连同5名炮手瞬间飞上了天。原来那架飞机是来测定攻击点的，以后的战斗，日军只能靠肉弹攻击对抗苏联、外蒙古联军的坦克了。

5月29日上午，山县武光下达了攻击令。日军士兵端着亮闪闪的刺刀向外蒙古军骑兵第六师第十五团的阵地冲去。苏联、外蒙古联军的大炮再次发出怒吼，但顽强冲锋的日军很快穿越炮火，和苏联、外蒙古联军的士兵纠缠在一起。苏联、外蒙古联军的火炮优势瞬间消失，双方短兵相接的近战随之展开。

贴身肉搏本来也是蒙古人的强项，但新组建的外蒙古军队根本不是训练有素的日军的对手，整个防线很快接近崩溃。危急时刻，苏联、外蒙古联军的装甲部队及时赶来，加入了战团，一时间枪炮声、喊杀声、爆炸声震天动地，激烈的拼杀使战场上死尸遍地、一片狼藉。苏军的火炮虽然无法支援正在肉搏的外蒙古士兵，但可以阻止日军的增援。经过一个上午的浴血奋战，中午时分，日本人的攻势终于被遏制下去。

对于“742”高地上的日军来说，最痛苦不是死亡和搏斗，而是没有水喝，士兵的嗓子干到冒烟。一个干渴难忍的士兵情急之下抓起汽油当水来灌，结果中毒而死。山县也安排人员利用晚间轮流挖井，可是不管挖多深，也见不到一滴水的影子，很多士兵因为长时间缺水而昏迷。

此后几天，双方都没有大打出手。苏联、外蒙古联军只是用火炮不断地轰击日军的阵地，给日军造成重大伤亡。西岸地势远比东岸要高，苏军基本上属于居高临下。加上苏军火炮的口径和攻击距离大大高于日军，使得日军只剩下挨打的份儿。不过由于同样损失惨重，苏联、外蒙古联军也没有再发动大规模的地面进攻。当时苏联、外蒙古联军的坦克和战车使用的是汽油发动机，车载油箱一旦中弹，很快就着火燃烧。这一重大缺陷被日本士兵充分利用，他们自制的简易燃烧弹几乎成了苏联坦克的克星。

前线变成了纯粹的挨打。1939年5月31日上午，小松原中将给山县发来电令，让他在天黑后撤离战场返回海拉尔。为了帮助山县撤退，日军轰炸机群对哈拉哈河两岸的苏军阵地进行了轰炸。山县还利用小松原派来增援的两个山炮中队进行压制性炮击，这才在当晚将部队依次撤出“742”高地。

出发时1600人的部队，只剩下400人。更糟糕的还是同去的伪满洲国部队，战斗一打响，除了日本军官之外，那些士兵很快就跑得一个不剩。在未来发生的殊死搏斗中，他们的战斗力几乎可以忽略不计。

派出的两支部队，一支损失惨重，一支全军覆没，日军可谓是出师不利。

相比较之后的大规模战斗，这仅仅是大餐之前的开胃汤而已。

调兵遣将

前线传来的不是捷报而是噩耗，这让小松原中将不由得倒吸了一口凉气。看看回到海拉尔的山县联队残兵的那副狼狈相，小松原知道首次交锋自己是彻头彻尾地失败了。

“一定不能让上峰知道，否则我的前途就会到此为止。”小松原在心里暗暗告诫自己。他想起了一年前在张鼓峰一役中表现同样蹩脚的尾高龟藏，这家伙在战后利用渲染战绩、隐瞒损失的办法逃过了大本营的追究，还晋升为第十二军军长。小松原认为好事与坏事之间并没有绝对界限，关键看怎么去把握。

小松原马上做了两件事。第一就是立即向上级部门报捷，他把东八百藏成功袭击苏联、外蒙古联军河东指挥部，击毙外蒙古军骑兵第六师师长沙日布的辉煌战果一再渲染，再想当然地加上了全歼第六师第十五骑兵团的“赫赫战果”，结尾才将东八百藏中佐不幸罹难的事一笔带过。报告中，小松原还使用了极其煽情的语言，“白刃突击战，壮哉，东八队长之战死”。对于东八所部全军覆没，他只字未提。本来就不是，就没全去，怎么能全军覆没？小松原认为关东军就是知道了也不会点破，东京大本营更不会派人来核实，一切都是自己说了算。

小松原所做的第二件事，就是立即安排井置荣一中佐重建师团骑兵联队。尽管骑兵在战斗中的作用已经大大减弱，但作为一个古老的兵种在师团这种编制中没有还是不行的，更大程度上这是实力的一种象征，部队检阅时更是必不可少。小松原还要感谢一下东八百藏，轻敌的东八只带走了一个中队，正好留下一个中队来当种子。要是都带去，全军覆没了，这重建起来还真不那么容易呢。

关东军不可能不知道第二十三师团在诺门坎前线的失败，他们的特派员辻政信就在前线蹲着呢。可能是辻政信没好意思说，也可能是关东军护犊子，他们竟然相信了小松原的“捷报”，还直接把小松原的电报原封不动地发给了东京。

东京到底是远一点，他们确信前线打了胜仗。打胜仗肯定是好事，很快关东军便收到了参谋本部发来的“参字 547 号电”。电报除对第二十三师团取得的伟大“胜利”表示热烈祝贺之外，还亲切地询问了参战部队的情况。更让关东军司令官植田谦吉感激涕零的是，不但参谋本部询问前线是否需要总部的支援，陆军大臣板垣征四郎还亲自授意关东军的态度“要更加积极一点”。这不就等于说，要前线想方设法进一步扩大事态吗？看人家板垣，当初冒死发起九一八事变，现在都坐上陆军大臣的宝座了。“撑死胆大的，饿死胆小的”，这话真是一点都不假呀。

来自东京的鼓励又让植田大将觉得前线并不是真打了败仗，充其量是“胜负各半”，双方等于打成了平局。首先是空战日军取得了辉煌的胜利，打得苏军飞机都不敢出来了。至于陆上，也不能算输，主要是出动兵力太少，也没带重武器。如果两个联队长都带上全部人马，胜利还说不定是谁的呢。

骑兵出身的植田大将，出生于明治时代 1875 年，现在已经 64 岁了。日本陆军规定大将的退役年龄是 65 岁，元帅则是终身制。如果想在军界继续干下去的话，植田必须在这半年的时间内立下不朽功勋，获得晋升元帅的机会才行。植田大将不但独腿，而且独身，为了当好军人，他连老婆都没娶，把毕生精力都奉献给了皇军的“伟大事业”。植田清楚，日本可以批准一个瘸子担任大将司令官，但绝不会允许出现拐子元帅。晋升元帅的机会可以说是微乎其微，除非有奇迹出现，现在，可能出现的奇迹就在眼前。

既然是因为兵力少遭受了挫折，这次多去点人一定就可以找回面子，关东军参谋部很快就制定了扩大战争的作战方案。对于首战失利的第二十三师团来说，已经在一定程度上失去了参谋部的信任。两大牛人服部卓四郎和辻政信，因此去找了参谋长矶谷廉介中将，认为如果务求必胜的话，就必须换掉刚刚吃了败仗的第二十三师团，改由关东军最精锐的第七师团亲自出马，拿不定主意的矶谷参谋长就去和植田司令官商量。植田踌躇再三，说了句很经典的话：“还是第二十三师团上吧，换了第七师团，小松原的面子不好看。”之后还意犹未尽地加了几句：“越到这个时候，越是不能不信任小松原。否则的话，如果我是小松原，是会切腹自杀的。”这几句话等于把第二十三师团彻底送上了黄泉之路。

关东军的作战方案很快报到了东京。对于是否扩大在诺门坎地区的作战，陆军省和参谋本部也存在不同的意见。最后还是一贯主战的陆军大臣板垣征四郎站出来说话了，“就是一个师团的事情，不必过于斤斤计较，让关东军自己搞去吧”。

有了陆军省和参谋本部的首肯，植田谦吉感觉到这可能就是让他名垂青史的重大转机，按捺不住激动心情的植田大将，立即在 6 月 20 日向在伪满洲国的关东军下达了集结的命令：第二十三师团和第七师团第二十六联队、第二十八联队一个加强大队调往诺门坎一线；第二飞行集团前出海拉尔一线；驻扎在公主岭的第一战车团调往诺门坎一线，以对付苏联的装甲部队。

命令一经下达，奉命参战各部立即动身向着指定地点集结。

最积极的当然是急于找回面子的小松原第二十三师团，在接到集结命令的当天，便浩浩荡荡开出了位于海拉尔的营地。但是问题很快就来了，照样还是没有水喝。由于第二十三师团的军需官在地图上看到这一带有很多大大小小的湖泊，就自以为是地判断行军路线上水源充足，也就没有从营地带出足够的饮用水。谁知路上那些湖泊都是咸水泡子，平时连牲口都不喝，更不用说人了。6 月下旬，即使在东北，中午的温度也超过了30摄氏度，阳光下负重行军的士兵不到一天就喝完了所带的饮用水，一个个渴得喉咙冒火，眼睛喷血。一些聪明一点的士兵就利用夜晚宿营时挖坑，把头伸进去吮吸沙坑里的湿气解渴。还好此时是多雨季节，天空不时还下一点雨，这才使第二十三师团经过一周地狱式的跋涉终于到达了预定集结地点。这多雨有利也有弊，第二十三师团受益了，可害死了那边的第一战车团。

接到进军诺门坎命令的第一战车团是成立以来第一次成建制作战，终于有大显身手的机会了，何况对手还是宿敌老毛子，战车团上上下下都兴奋无比。第一战车团是当时日本唯一的装甲部队，因此被称为日本陆军的“天之骄子”。日本资源匮乏，制造坦克和战车所必需的钢材基本上依赖进口。在坦克的设计和制造技术上，日本与德、美、苏等国都存在较大差距，因此日军坦克不论是火力、马力和装甲厚度，都与世界先进水平差了一大截。这种坦克吓唬吓唬更穷的中国人还凑合，一旦遇到真正的坦克强国就变得不堪一击。正因为日本坦克生产能力有限，所以数量很少，平时只是在阅兵或者庆典的时候才拉出来亮亮相，根本不舍得投入实战。这次出动也是第一战车团的处女秀。可以说为了在诺门坎打败苏联人，植田司令官真是押上了棺材本。

6月25日，第一战车团乘火车来到了距指定集结地点还有180公里的一个名叫阿尔山的地方，然后要自行前进180公里到达诺门坎。不知道是谁为坦克装甲部队选择的蹩脚路线，他们所走的路多半在大兴安岭以南，山南地区有大量的原始森林，正是多雨的季节，一路上河水泛滥，泥泞的道路不堪坦克重负，很快变成了两道深深的泥沟。坦克在泥水里行驶，故障频出，有些甚至连履带都拗断了。战车团司令官安冈正臣中将心疼地看着他的那些“宝贝”在泥浆中打转转，气得顿足捶胸。土路被坦克履带碾轧后，形成了泥浆沟，后面跟着的那些油罐车、弹药车、给养车可倒了霉了，经过时全都陷了进去。同行的坦克兵不得不停下来，钻出坦克帮助运输兵推他们的汽车。一辆陷入泥沟的载重汽车往往需要20多个人，才能够把它推出来。更让这支皇军精英难堪的是，他们的工兵联队居然没有将重型的舟桥设备带来，一旦遇到稍大一点的河流就必须绕行。安冈中将是小松原陆军大学的同班同学，一个夏季行军忘了带水喝，一个在多雨的森林地带长途行军忘了带重型舟桥设备，真不愧是一个师父带出来的同门师兄弟。

6月29日，历经千辛万苦的第一战车团，终于到达指定的集结地点。一天的行进距离只有可怜的40公里，还是在没有战斗的情况下和平行军，连步兵急行军的速度都比不上。这情景要是让古德里安和隆美尔看到了，估计能笑得晕过去至少三回。

姜还是老的辣，精锐的第七师团集结任务完成得非常顺利。第七师团因其编组地为北海道的旭川因此又名“旭川师团”，士兵大都来自盛产优秀战士的北海道和南库页岛地区。该师团第二十六联队以及第二十八联队的一个加强大队乘坐关东军汽车联队的400辆汽车顺风顺水地来到了集结地点。第七师团是关东军的陆军王牌，曾经在日俄战争有过惊艳的表演。其中第二十六联队更是王牌中的王牌，基本相当于北伐军中的叶挺独立团。这里曾经是日本士官学校学生毕业前的实习地，连从军入伍的日本皇室成员也往往选择这里来给自己镀金。第二十八联队也同样是骁勇善战。后来瓜达尔卡纳尔岛战役中，一木清直支队就由重建后的第二十八联队为基干组成。植田大将连第二十六联队、第二十八联队也派出来，确实是不打算以后再过日子了。

相对于日军中那些骄傲蛮横、对苏军嗤之以鼻的将领，第七师团师团长园部和一郎陆军中将倒是一个少有的另类。冷静的园部对战事的前景并不看好，甚至可以说相当悲观。第二十六联队出发前夜，园部悄悄叫走了联队长须见新一郎大佐，告诉他最好把联队的军旗留下。前面我们说过，日本陆军联队的军旗都由天皇亲自授予，战后军旗在则编制在，军旗亡则编制撤。园部中将预感到第二十六联队此行凶多吉少，十有八九是回不来了，日军精锐的第二十六联队绝不能消失在他园部手里。

后来事实证明，园部中将的决策无比正确。随着战事不断深入，第七师团几乎所有步兵联队都陆续被抽调到前线投入战斗，最后也几乎都没有回来。战争末期，留在园部身边的只剩下第七师团师团部和一个大队，园部基本上成了光杆司令。值得庆幸的是，由于园部眼光独到，各联队的军旗均按他的指示留在了军营，所以第七师团虽然人差不多都变成尸体留在了诺门坎，但是原来的编制却幸运地完整保留下来。

集结最顺利的是第二飞行集团，还是天上跑得快——这条路不缺水也没有泥。在集结命令下达之后的第二天，也就是6月21日，嵯峨彻二中将率领集团总部便已经抵达了海拉尔机场，集团第七、第九、第十二、第十五飞行旅团也先后到达，一时间海拉尔机场的停机坪上停满了日军的各型战机。

此时在诺门坎前线的日军兵力为：4个步兵联队，第十三师团的第六十四联队、第七十一联队、第七十二联队和第七师团的第二十六联队，外加第二十八联队的一个加强大队；大半个骑兵联队，就是在5月揭幕战中被打残的东八百藏骑兵联队；两个坦克联队，第一战车团的第三联队、第四联队；两个炮兵联队，独立野炮第一联队和第十三联队；两个工兵联队，工兵第二十三联队、第二十四联队；一个汽车联队外加一个飞行集团。总计步兵36000人、坦克182辆、装甲车51辆、大炮112门、汽车400辆、飞机180架。可以说除了步兵，关东军的其他家底基本都在这里了。

一时间诺门坎前线大军云集，中将、少将要数过来，得用上脚指头。按日军的传统，一个战区内如果出现同等军衔的情况，则以授衔早的为主官。在这里，小松原道太郎中将资格最老，加上他的第二十三师团是作战主力，前敌总指挥一职便非他莫属。不但因为有驻苏使馆武官的经历，小松原还曾经根据苏军的战术特点写过一本叫“如何与苏军作战”的册子，被参谋本部专门加印并秘密下发到关东军各部队，所以说让他当总指挥也算是实至名归。

一个师团长能指挥近一个军的兵力，还有数量如此之多的飞机、火炮和坦克助阵，小松原不由得意气风发。他估计，不，他确信他小松原的名字很快被写入大日本帝国的历史乃至世界军事史，被无数后人传颂。用一句俗话来形容小松原此时的感受，那简直是“得劲他娘哭半夜——得劲死了”！

指挥部里竟然还出现了德国人和意大利人。原来此时日本正寻求与这两个国家结成军事结盟，大家都认为这场战役日军必胜无疑，很有必要让未来的同伴来观摩一下，看看大日本帝国陆军是如何打得老毛子哭爹喊娘的，于是主动邀请两国派出军事观察团到现场视察、学习。

1939年的欧洲大陆已经是战云密布。这一年的5月底，为了应对可能随时爆发的大战，苏联明斯克军区司令部正在举行一场大型的“沙盘演习”，演习科目是装甲军团“如何由防御迅速转入进攻”。6月1日，刚刚参加完演习的军区副司令员朱可夫上将接到来自莫斯科的电令，要求他立即到国防人民委员会报到。接到命令的朱可夫刹那间全身冰凉，呆若木鸡。

在那个年月，接到这样一纸电令基本上相当于接到死刑的判决书，数不清的高级将领就是接到这样一纸命令后，便在战友的视野里完全消失了。有人被关进了监狱，有人被处死，其中很多人过了很久才被公布罪名，还有的人一直就下落不明，不知所终。朱可夫所熟识而尊敬的基辅军区司令员雅基尔将军、白俄罗斯军区司令员乌鲍列维奇将军、兵团司令科夫秋赫将军以及骑兵军军长罗科索夫斯基将军都是这样神秘消失的，不过罗科索夫斯基最后又幸运地活过来了。

害怕也不能不去，那样就会死得更惨，感觉后脖子冷飕飕的朱可夫乘坐一架小型军用飞机直飞斯摩棱斯克军用机场。在那里已经有一辆专车在等着他，小汽车直接把他送到了莫斯科的国防人民委员会。惴惴不安的朱可夫并没有见到伟大的领袖、统帅和导师斯大林同志，接待他的是国防人民委员伏罗希洛夫元帅。

伏罗希洛夫先是礼节性地问候了朱可夫的健康情况，之后元帅告诉他，在中国、外蒙古边境诺门坎一带，蒙古人民共和国的军队已经与日本帝国主义的军队打了一段时间小规模的仗，其间苏联红军有一个不满员的军参加了战斗。日军陆续有了一些损失，但他们不接受教训，不服输，还想大打出手。统帅部已经决定调集精锐人马奉陪到底，先成建制地消灭他一两个师团再说。

元帅的话让朱可夫如释重负，一身的冷汗刹那间退了。尽管朱可夫此刻还不知道那个诺门坎在什么地方，但是可以肯定的是，去那里应该不会经过奈何桥。

伏罗希洛夫同时指出，苏联最高统帅部对联军5月的战事十分不满。当时苏联、外蒙古联军占据着兵力和火力的明显优势，虽然打退了敌人的进攻，也付出了沉重的代价，飞机、坦克、人员均有重大损失。苏军高层预计日军将会卷土重来，诺门坎还有爆发更大规模战争的可能。伏罗希洛夫指着地图说：“一场严重的军事冒险正在酝酿，无论如何，事情不会就此结束。”说到这里，他问朱可夫：“你能立即动身飞到那里，并在必要时接管部队的指挥吗？”

朱可夫马上明白这个询问就是实际的作战命令，他立即立正敬礼：“元帅同志，朱可夫已准备好马上起飞！”

元帅马上表示“很好，很好”。朱可夫离开时，伏罗希洛夫说了一句让他非常舒坦的话：“请放心，你将得到你想要的任何东西。”朱可夫立即明白，前线的战事没有止境，可以无限制地扩大之——建功立业的机会来了。

6 月 5 日上午，朱可夫飞抵乌兰巴托，外蒙古军最高统帅、人民革命军总司令乔巴山大元帅亲自到机场迎接。

朱可夫随后来到了第五十七特别军指挥部。让他非常意外的是，这个指挥部离前线的距离足有 120 公里之遥。更让朱可夫惊讶的是，听着军长费克连科、军参谋长库谢夫汇报起来那磕磕巴巴、三问两不知的劲儿，他知道这些人肯定都没有到过前线。司令部的高级军官中只有军政委尼基舍夫去过一次前线。费克连科军长的解释是，不是他不愿意到前方指挥，是因为那里实在找不到构筑指挥所的木料，他们现在正在筹集木料。

气愤的朱可夫扔下一句：“在距离战斗地点 120 公里以外的地方指挥部队，你不会觉得有困难吗？”之后，甩开费克连科等人直接去了哈拉哈河东岸。

凭着敏感的职业嗅觉，初到前线的朱可夫立即闻到了还没有完全消散的火药味。经过实地考察以及对苏联、外蒙古联军前线官兵的询问，朱可夫确认刚刚过去的战役绝不是普通的边境冲突。正如伏罗希洛夫元帅所言，日军没有被打服。在退出“742”高地后，他们一定还会再次发起“严重的军事冒险”，而以第五十七特别军现有的精神状态和实力根本无法取得胜利。

苏联、外蒙古、中国东北边境长达 3000 公里。在这样漫长的边境上，任何一个地方都可能受到日军的攻击，朱可夫不敢贸然抽调远东各段的苏军部队。诺门坎地区现有的苏联、外蒙古联军用于防御都很紧张，用于进攻则显然不够。6 月 8 日，他向伏罗希洛夫元帅递交了自己的调查报告，将这里曾经发生的真实情况向莫斯科进行了说明，提出了对局势的判断分析以及下一步的行动计划：增加兵力坚守哈拉哈河东岸的阵地，同时准备从纵深进行反突击作战，歼灭敌军。朱可夫请求最高统帅部加强驻蒙古一线的军事力量，至少增加三个步兵师和一个坦克旅，同时要求调派先进的飞机和最优秀的飞行员到前线参加战斗。

报告第二天就得到答复：完全同意朱可夫同志对前线情况的判断和下一步的行动计划，同时宣布了新的人员调整命令。费克连科中将因“丧失战斗意志”被撤去军长职务，朱可夫兼任第五十七特别军军长。答复中还说，将尽一切可能满足朱可夫提出的要求。

朱可夫立即下令将军指挥所前移至哈拉哈河西岸，第五十七特别军迅速占领了河东的所有战术要点，并开始昼夜不停地构筑永久性防御工事。

朱可夫早已注意到，别说诺门坎，就是整个外蒙古，都无法提供未来战斗所需的大量物资。诺门坎远离苏联的欧洲中心，而距离日本占领下的满洲则要近得多，在这里作战，苏联基本算是客场。在他的要求下，苏联开始通过西伯利亚铁路向距离诺门坎最近的博尔集亚火车站运送大量作战物资。最初是几列军列为一批，之后时间间隔变得越来越短，军列也越来越密集，有时甚至多达 30 列军列为一批。货物卸在博尔集亚后，还要继续运到诺门坎，这段距离长达 750 公里，其间只有一条土路连接，汽车来往一趟需要整整 5 天的时间。

这样的情况日军不可能不清楚。日本陆军的常识是，大兵团作战，陆地兵站线的长度一般不得超过 200 公里至 250 公里。战争狂人辻政信以此判断，博尔集亚到诺门坎 750 公里的距离将使苏军根本无力在诺门坎集结和动用大兵团作战，而日军后方基地海拉尔到诺门坎只有 180 公里路程，并且有较好的野战公路。辻政信认为，至少从兵力的集结和补给上日军已经是稳操胜券。

但辻政信使用的是日本人的标准，他忽略了一个重要问题，那就是日军运送补给和弹药主要依靠牲畜和大板车，这些过时的玩意儿朱可夫根本看不上眼。苏军的军事装备经过第二个五年计划后都已更换，他们使用的是日本稀缺的载重汽车。朱可夫将驻外蒙古的苏军的所有载重汽车，包括火炮牵引车都动员起来，采用歇人不歇车的方式，昼夜不停地从博尔集亚往诺门坎运送战略物资，只花了十天时间，就储备了可使用半个月以上的作战物资，远远超出了日军的预计。

远在莫斯科的斯大林这会儿基本把兄弟“清洗”得差不多了，他的注意力已经转向了诺门坎。其间他得到红色间谍佐尔格来自远东的重要情报：由于中国战场已经进入持久战，日本根本没有力量同时在北方展开大的战役，尽管日本在诺门坎采取了主动进攻的态势，实际上并未做好与苏联大规模作战的准备。这一宝贵的情报让斯大林吃下了定心丸。

斯大林认为，尽管来自德国的战争威胁更大一点，但远东的日本同样不可小觑。对待虎狼之国的挑衅，软弱退让无济于事，只有出重拳把它打疼才可能让它安静下来。短期内欧洲的战争还打不起来，目前正是利用自己相对先进和充裕的军备资源对日本实施狠狠打击的好机会。他特意关照伏罗希洛夫，给朱可夫他想得到的一切支援，彻底把小鬼子打垮。

斯大林的话那是比圣旨还要管用很多，伏罗希洛夫马上完全照朱可夫的要求将精锐部队陆续从欧洲调往远东。除了增调步兵第八十二师和第五十七师之外，装甲兵司令巴甫洛夫大将带来了两个新型坦克旅和一个装甲旅，与已在当地的两个坦克旅组成了临时坦克部队。这是朱可夫最喜欢也最擅长指挥的部队。炮兵司令沃罗诺夫大将带来了三个远程重炮团，其火炮最大射程为30公里，远远超过了日军的火炮射程。空军代理司令鲍尔吉金少将也带来了三个新型战斗机大队。

大量战机的来到，使得苏军迅速在塔木察格布拉格、桑贝斯等地开辟出新的野战军用机场。为了改变5月揭幕战中与日军空战中的不利局面，苏联空军还向诺门坎前线派出了一个由48人组成的教练班。这些人大部分是在中国和西班牙经过战争淬火的老鸟，具有丰富的实战经验。在很短的时间内，前线的嫩鸟们都被安排轮训了一次。

随着力量不断增强，早已退出作战的苏联空军再次变得积极起来。从6月17日起，他们不时出动机群对日军的前线目标进行袭击。6月19日，苏联飞机轰炸了阿尔山、甘珠尔庙和阿木古郎附近的日军集结地，日军囤积在前线的500桶汽油以及大量粮秣被炸焚毁，给日军造成了较大损失。

外蒙古也实施了紧急动员。总人口不足百万的外蒙古在乔巴山的号召下全民动员，坚决捍卫国土，誓与来犯的日军决一死战。6月17日，乔巴山到哈拉哈河前线视察了作战部队并与朱可夫再次会面。双方召开了联合军事会议，宣布苏联、外蒙古联军联合指挥部正式成立。

6月下旬，当前线报告诺门坎一线发现大量日军正在集结的情况后，朱可夫下令坦克部队主动出击以迟滞敌军的集结，争取更多的准备时间。第十一坦克旅根据朱可夫的命令以营、连为单位多次袭扰日军的步兵集结地。6月28日，苏军一个坦克营忽然向将军庙实施奇袭。将军庙这时已成为第二十三师团的指挥所，在苏军T-26坦克的横冲直撞下，将军庙外围的日军阵地很快陷入混乱。幸好当时一队日军速射炮刚刚赶到，连忙将炮口瞄准冲过来的坦克一通乱轰，苏军坦克才悻悻撤走。

诺门坎前线大军云集，局势刹那间剑拔弩张，真正的参战者是远东的一对世仇——俄罗斯和日本。一场大战即将打响。

越境攻击

苏联远东空军在 5 月揭幕战中几乎完败。随着大批新型飞机的来到和飞行员整体素质的提高，苏联空军急于通过作战来一雪前耻。因此在地面战斗尚未展开之前，空中的战斗已率先打响。

6 月 22 日，之前几乎畅通无阻的日军第二飞行集团便遭到了苏联空军的迎头痛击。日军的 120 架战机与苏军的 150 架战机在哈拉哈河上空狭路相逢。一场激烈的空战之后，哈拉哈河两岸到处都是被击落飞机的残骸。断断续续的战斗持续了整整三天，日军损失战机 30 架，苏联的损失大约是 40 架，战斗中，日军王牌飞行员森本重信大尉阵亡。

三天的空战虽然仅仅算和对手打成平手，但在此之前，苏联空军在诺门坎上空从未战胜过敌人，这一轮空战使得苏联空军重新树立了战胜对手的勇气和信心。苏联战斗机大队副大队长斯科巴里钦上尉在空战中表现尤为突出，他一人击落数架日机，战斗结束后立即被提升为大队长。

虽然并未在战斗中落败，但日军第二飞行集团还是感到了前所未有的压力。面对苏军迅速强大的空中力量，嵯峨彻二中将不禁焦急万分。他最害怕的就是打消耗战，日本航空队猛则猛矣，却后继乏力，飞机只能越打越少。日本国内有限的飞机制造能力使得前线几乎得不到及时的增补，飞行员的补充则更加困难。相反，苏联远东空军拥有数量上的绝对优势。由于有了斯大林的首肯，苏军出现的损失能够源源不断地得到及时补充，升空作战的飞机始终有增无减。第二飞行集团为此头疼不已，只好靠加大起飞频率来弥补飞机和飞行员的短缺，但兵力的调度依然是捉襟见肘，那些身经百战的飞行员更是疲于奔命。如果就这样和对方耗下去的话，第二飞行集团迟早会彻底丧失战斗力。

为了彻底解除苏军的空中威胁，第二飞行集团司令部大胆地拟订了一个对外蒙古重要机场塔木察格布拉格、桑贝斯、坦赫阿依拉等地实施空袭的作战计划，预定的攻击时间是 6 月 30 日。

突袭计划上报关东军司令部，以辻政信为首的一帮参谋们认为，之前，苏联空军已经越过边境进入伪满洲国境内，对阿尔山、甘珠尔庙和阿木古郎等地进行过攻击，属于不折不扣的越境攻击行为，日军这样的作战计划纯粹属于正当防卫、礼尚往来。不过他们也预计，东京那帮胆小如鼠的官僚们很可能不会批准这个作战计划，报来报去耽误的都是工夫，还不一定能批下来，干脆打了再说。辻政信、服部卓四郎一帮人就决定先斩后奏，现在的关键问题是要确保打赢，只要打赢了一切都好说，就像以前的九一八事变那样。

本来天衣无缝的计划还是走漏了风声。关东军内部也并非铁板一块，参谋部第四课课长片仓衷中佐从第一课课长寺田雅雄大佐那里得到了消息，趁着回东京出差的机会将这一消息透露给了自己的好友、陆军省军事课课长岩畔豪雄大佐。岩畔本来就不赞成将战事扩大，他立即汇报参谋本部，关东军正在谋划越境攻击，请立即采取措施加以制止。

参谋本部闻讯，大吃一惊。空袭外蒙古塔木察格布拉格机场属于典型的越境攻击，参谋次长中岛铁藏中将感到此举过于冒险，很可能会引起更大的外交纠纷，在军事上也面临更大的风险。当时在中国战场，双方已经进入相持阶段，战事的结束遥遥无期。此时在中国的中南部地区，围绕湖南长沙的一场会战即将打响，战役必然导致大量的物资消耗。这些物资很大部分是中国东北的工业基地生产的。中国东北与苏联、外蒙古的边境线长达 3000 多公里，如果苏联对此实施报复性空袭，对中国东北的工业基地威胁很大。对于苏联和外蒙古而言，日军战机的作战半径之内，几乎都属于不毛之地，就是想报复也找不到可炸的地儿。再说以苏联的经济实力，日本就是能报复也属于隔靴搔痒。

基于以上原因，中岛次长随即给关东军参谋长矶谷廉介中将发去电报，提出不能实施越境轰炸。矶谷参谋长很快就有了回电：关东军在上述问题上的看法和将要采取的手段与参谋本部有所差异，希望“贵部”将诺门坎战役的一切事务交给关东军自行处理。中岛纳闷，这到底谁能管住谁呀？无奈的中岛只好派出作战参谋有末次中佐直接到长春传达东京的旨意。

让中岛想不到的是，实际上给他发出那封电报的根本不是矶谷参谋长，而是关东军作战参谋辻政信。在这份电报的批准表上，课长、参谋长、军司令官几栏内签署的全是辻政信的大名。辻政信本来以为这样就算办妥了，但是听说参谋本部要派人来长春，就知道来了大麻烦，看来不汇报是不行了。

那份给参谋本部的回电尽管是辻政信擅自发出，但回电的内容却正合植田司令官和矶谷参谋长之意，于是大家就在一起策划应对之策。后边也有好消息传来，老天真是给面子，本来6月25日到达关东军司令部的有末次中佐，因天气出行计划推迟。

6月30日是第二飞行集团预定的远程轰炸时间。植田急忙指示嵯峨彻二，将攻击时间提前到有末中佐到来之前的6月27日。

同时关东军司令部指使自己的傀儡伪满洲国立即对外发出“严正声明”：“在之前短短五天的时间里，苏联和外蒙古空军多达十一次侵入我兴安北省境内诺门坎一带，炸死炸伤我民众多人，在我国的照会和多次声明下，他们的侵略行为不但没有收敛，而且变本加厉。为此，我军势必对其进行坚决还击。”

6月26日，有末中佐一行飞抵大连。和九一八事变之前的建川美次少将一样，在矶谷参谋长的亲自部署下，有末得到了十分殷勤的接待。接待人员拉着急着要去长春的有末，先是参观了大连市容，然后视察了旅顺基地，还安排了黄金山、老虎尾的景点精品路线游，还瞻仰了日俄战争的胜利纪念物——俄国旗舰的大铁锚，最后在白沙滩尽情地游了泳。晚餐是形容不出的美酒海鲜，晚饭后陪伴有末的还有几个妖艳的俄罗斯美女，简直令有末中佐神魂颠倒、流连忘返。快乐的时光总是那么短暂，一天很快过去了。

利用这一天的时间差，嵯峨彻二进行了最后的准备。飞行集团对外蒙古境内的各大军用机场进行反复侦察，把目标锁定在塔木察格布拉格空军基地。这个基地位于哈拉哈河以西约130公里，机场上停满了苏军的各型战机。

就在有末中佐风流快活之时，6月26日晚，海拉尔第二飞行集团司令部里秘密会议正在召开。午夜时分，嵯峨彻二中将发布了作战命令：6月27日清晨越境空袭，消灭敌军飞行基地的全部飞机。具体计划：第七飞行旅团旅团长宝藏寺少将率领重型轰炸机20架；第九飞行旅团旅团长下野少将率领重型轰炸机27架，轻型轰炸机10架；第十二飞行旅团旅团长东少将率领战斗机80架。总计137架飞机参加对塔木察格布拉格空军基地的越境轰炸。

6月27日凌晨4时，海拉尔机场和甘珠尔庙机场格外繁忙热闹，57架轰炸机和80架战斗机在黎明的微光中一架接一架腾空而起，30分钟后迅速在空中完成了菱形编队：第一组为战斗机群，第二组为重轰炸机群，第三组为轻轰炸机群，第四组仍为战斗机群。为避免被苏军发现，各机群始终保持3000米的飞行高度。黑压压的机群向着外蒙古境内的塔木察格布拉格机场猛扑过去。

早上6时左右，日军机群按预定时间准时抵达塔木察格布拉格上空。此刻的苏军正在晨操，只有防空哨兵的眼睛还在注视着远方的天空。这正是一天中机场警戒最薄弱的时刻，关东军对于攻击时刻的选择也确实是煞费苦心。

随着日军轰炸机的俯冲投弹，空袭警报声和爆炸声震惊了这片宁静的大地。停机坪上一架接一架的苏军飞机相继中弹起火燃烧，机场弹药库中弹引起连环爆炸。苏军的防空火炮向进攻的敌机喷出愤怒的反击炮火，4架值班的伊尔-16战机顽强地冲向日军的轰炸机群，向日机连发火箭弹，6架日军轰炸机被打得凌空爆炸。这是世界空战史上航空火箭弹的首次运用。但日军轰炸机还是将携带的炸弹全部倾泻在苏军的机场上，整个机场一片火海，地面上到处都是被炸毁的飞机残骸，油库中弹引发的熊熊大火直冲云霄！

据日军随后公布的战果显示，共有124架苏军飞机被击毁，还包括苏军的机库、营房和油库等重要设施，日军损失轰炸机6架。实际上塔木察格布拉格基地所有飞机加起来也没有124架，数字显然被扩大了。连当时轰炸机群的带队机长第七飞行旅团指挥官宝藏寺少将后来也说："由于地面的炮火异常猛烈，加上苏军战斗机的袭扰，后边的轰炸被迫采用了高空水平投弹方式，无法精确命中目标，至少有一半的炸弹投到了空地上，关东军宣传的战果明显被夸大了。"

不过就空袭行动本身而言，日军获得了巨大成功，前线苏军飞机损失惨重。虽然损失数字没有日军说的那么多，但苏军机场被袭瘫痪确凿无疑。此后很长一段时间，苏军飞机再次暂时退出诺门坎的上空，日军的空袭基本上达到预期目的。这次成功的空袭也创下了战史上第一次用大机群成功突袭敌方机场的战例。

从此以后，袭击敌方机场成为开战时交战双方的“第一必修课”。

名将也并非都是完美无缺，这绝对属于朱可夫的严重失误，这样的失误随后也还会有。收到机场遭受空袭损失惨重报告的朱可夫大发雷霆，将手下一个个骂得狗血淋头，但这丝毫改变不了战局。两年后，在菲律宾，同样是名将的麦克阿瑟还要重蹈朱可夫的覆辙。

6 月 27 日傍晚，当疲惫的有末中佐乘坐火车到达长春见到矶谷参谋长时，矶谷未等有末开口就直言相告：“关东军对塔木察格布拉格的远程轰炸已经在今天上午结束。”然后搓搓手，一脸遗憾地对有末中佐说：“下不为例吧。”泡妞泡累了的有末中佐也无可奈何，只好发电报向上司汇报。这一幕简直就是九一八事变的重演，不过那次是“建川美次”，这次换成了“有末次”而已。后来事实证明，对于习惯自行其是的日军来说，这不是第一次，也绝对是“没有末次”。

捷报传来，关东军作战课长寺田雅雄大佐立即眉飞色舞、添油加醋地向参谋本部作战课稻田正纯课长汇报了整个行动的全过程。本来以为会得到一顿表扬的寺田，得到的却是一通臭骂：你关东军也太不把参谋本部放在眼里了，老子不让你炸你偏要炸。骂完之后，稻田大佐还有难题需要处理：这么重要的事情，参谋本部该如何向天皇他老人家汇报呢？

这种丢人的事，作为皇族的参谋总长闲院宫载仁亲王肯定是不会去的，黑锅还要中岛次长来背。无奈，中岛只好硬着头皮去皇宫上奏，结果被裕仁劈头盖脸地骂了一顿：“随意轰炸外蒙古境内，这叫干什么？责任由谁来负？”中岛嗫嚅半天，说：“眼下战斗正在进行，等告一段落之后，将使关东军明确责任。”之后，中岛吊着黑脸窝窝囊囊地回到了参谋本部。

被天皇臭骂的中岛立即将火撒到了关东军的头上，再次痛骂寺田的稻田骂着骂着不过瘾，连电话都摔了。看着被骂得脸都变形了的寺田课长，旁边的辻政信少佐火了，他问旁边的参谋：“参谋本部究竟是日本人还是俄国人？”接着，他从寺田手里抢过话筒，一个电话又重新打给了稻田。

“是苏联飞机先炸我们，关东军只是采取适当的战术手段予以还击。对这种行动，植田军司令官批准就行了，没必要报送天皇。”言外之意，老子告诉你参谋本部都是看得起你，你还真上脸啦？最后辻政信还抛下一句：“如果有问题，所有责任由我一人承担。”不管那边还有没有话，辻少佐把电话一撂，转身走了，牛啊！

其实最委屈的还不是辻政信，而是第二飞行集团嵯峨彻二中将。为了确保轰炸成功，他把手下三个少将旅团长都派去亲自扔炸弹了，舍命换来的显赫战绩不但得不到表扬，反而挨了一顿臭骂，窝囊到家了，飞行集团自此再也没有主动出击的积极性。正赶上最近的空战损坏飞机也确实不少，嵯峨干脆以飞机需要维修为理由拒绝出战。其实这正是日本空军乘胜追击的绝佳时机，这样的良机就在互相埋怨的纠结中白白丧失了。

苏军的损失虽然惨重，但只是飞机和机场的地面设施损坏严重。不幸中的万幸是当时飞行员大部分都不在飞机上，因而伤亡非常轻微。在工程兵的昼夜努力下，机场的地面设施很快修复。苏联有的是飞机，补充的飞机也在半个月内迅速赶到。旧的不去新的不来，补充来的飞机大部分还是性能优良的新战机，朱可夫真可谓塞翁失马。等到日军第二飞行集团完成休整和维修，再想在空战中讨些便宜的时候，形势对他们已经完全不利了。日本空军在随后诺门坎的战斗中渐落下风，逐渐失去了支撑作用。

打了胜仗的日本空军主动休战，给苏联重整空军力量留出了宝贵的时间。而苏联远东空军要增补损失的飞机，暂时保持克制。那些天，诺门坎的天空暂时恢复了难得的宁静。

死亡幽灵

与其他部队耀武扬威、大张旗鼓地来到前线不同，1939 年 6 月底，诺门坎前线又出现了一支来去无踪的幽灵部队，它的恐怖让你一听名字就会不寒而栗，瞬间出一身鸡皮疙瘩，这就是今天我们熟知的那支变态部队，大名鼎鼎的黑太阳“七三一”。

这支部队的草绿色军服与其他日军的军服完全不同，臂带上还有“山”字形的袖章，胸前佩戴着星形标志，纯粹一身特种兵的打扮。这次来到诺门坎前线的七三一部队只有 200 人，仅相当于一个步兵中队，却已经是这支部队的半数力量。这支部队的驻地戒备森严，周围布满了岗哨，即使是日军自己的其他作战部队也不准随意接近这片氤氲着恐怖气氛的死亡之地。当时官方给出的这支部队的名字是“关东军防疫给水部”。

关东军防疫给水部部长是医学博士石井四郎大佐，所以日军内部习惯称他们为“石井部队”。号称日本“细菌战之父”的石井为了日本的细菌战事业，可谓是“殚精竭虑”呀！早年他曾经自费到欧洲各国学习，为了筹集研究经费，连自己家里的地都卖了，这种敬业精神如果用到正经地方，估计获诺贝尔医学奖都不是不可能的。石井认为，缺乏资源的日本要想在战争中击败对手，细菌战是最有效的作战方式之一。他还提出，“军事医学不仅仅是治疗和预防，真正军事医学的目的在于进攻”。由于日军军医的最高军衔是中将，石井立志要成为第一个军医中的陆军大将。毋庸讳言，对于人类来说，石井大佐无异于一个变态的魔鬼。这种部队大家一般都是敬而远之，能够破例同意“魔鬼部队”到诺门坎战场参战，植田司令官也真是着急了。

早在 5 月初双方冲突刚刚发生的时候，石井四郎就已经向关东军司令部递交了请战报告。他把诺门坎视为进行细菌战试验的绝佳之地，为此还特地制订详细的作战计划。6 月初，石井就已经在海拉尔储备了 2000 多枚载有炭疽、伤寒、霍乱菌的炮弹，准备随时受命发射到到苏联、外蒙古联军的阵地上。此次能到前线参战，也是石井积极争取的结果。

当时世界上虽然有不少国家都在秘密进行细菌武器的研究，个别国家甚至达到相当高的水平，但鉴于其极端违反人道的特点，除了日本七三一部队之外，还没有哪个国家组建过将细菌武器用于实战的军事单位。半个世纪后的萨达姆可能尝试过，不管最后到底有没有，还是让美国以此为借口给灭了。

在众多的致命细菌中，石井四郎对鼠疫可谓是情有独钟，大概是由于 14 世纪那场鼠疫几乎毁灭了整个欧洲大陆。这一次，石井大佐将鼠疫、炭疽、伤寒、霍乱等病毒一起带到了前线，这里变成了他检验研究成果的试验场。这些细菌在那个年代是没有什么特效药物可以对付的微型凶神，绝对是一击致命的独门暗器。

致命的细菌带来了，但怎样将它们撒播到敌人中间却是一个令人十分头疼的问题，总不能把老毛子抓起来一个一个往嘴里抹吧。石原大佐首先提出了两种撒播方式：第一种，用火炮将细菌弹直接发射到敌军的阵地上；第二种，用飞机对敌军阵地实施细菌弹轰炸。

前敌指挥官小松原中将对此颇费踌躇，他觉得这两种方法都不妥。如果用火炮进行发射，很容易引起敌人的报复。一旦射程远远超过日军的苏军火炮进行还击，堆放在自己阵地上的细菌弹很可能会被引爆，这样一来，就偷鸡不成，反蚀好几袋米了。日军此时虽然占有空中优势，但是自从空袭塔木察格布拉格基地之后，苏军的防空措施做得十分严密，无法确保万无一失地将细菌武器投掷到敌军的阵地上。

小松原的第一个理由还勉强站得住脚，但拒绝使用飞机投掷的理由明显不成立。在战场上什么时间才能保证万无一失呢？其实小松原拒绝的真正原因是，他也知道这种卑鄙的作战方式不那么光彩，将来很可能由此受到牵连，他不想与这种反人道的罪恶有任何关系。气愤的石井大佐只好派自己的部队出动实施人工撒播了。

连小松原都不愿意沾惹的肯定是必须绝对保密的大事。石井大佐思虑再三，觉得只有手下的碇常重少佐可以承担这样艰巨的任务。6月30日13时，碇常重少佐率领手下21名敢死队员签写了血书，发誓无论成败都绝对要将此事带到棺材里去，绝不泄露一丝半点。之后碇少佐一行22名队员像幽灵一般出动了。

敢死队一行出发后，石井大佐立即通知关东军各部，绝对不得直接饮用哈拉哈河的河水，理由是它们很可能已经受到污染。这个石井还真够聪明，尽管没法找到细菌的治疗方法，他还是发明了不少类似“石井滤水器”和“石井滤水车”之类的水处理设备。这些设备可以将污水净化为饮用水，以缓解士兵在野外作战时的用水困难，这大概也算七三一部队唯一的正常发明了。这些东西也都随着命令分发到了前线各参战部队。

碇少佐一行沿着哈拉哈河往上游行进，黄昏时分到达了预定的撒播地点。碇少佐在河岸的芦苇丛中用望远镜仔细观察河两岸地区，没有发现任何异常情况。他命令敢死队队员将载着数十只金属桶的橡皮筏划向河中心开始播撒。此种工作极度危险，撒播队员也不是百毒不侵，一不小心便可能受到“凶神”的光顾。

敢死队员小心翼翼地进行着各项操作，直至将所有金属桶中的东西全部投放在河水中。桶里装的是22.5公斤的鼠疫、伤寒、霍乱、沙门菌等烈性传染病菌。之后，碇少佐在河水中取样进行了简单的化验，测试撒播效果后方才离开。整个撒播过程都拍了完整的照片，如果是现在估计肯定要录视频了。最后，也正是这些照片和之前写下的血书惹出了事。

事实上，就在石井下发不能饮用哈拉哈河水通知的时候，对面的朱可夫已经通过苏联、外蒙古联军的情报网络掌握了关东军将在诺门坎实施细菌战的绝密情报。联军迅速下达细菌战防护命令并组织了防护演习。为了保证前方的供水需要，苏军专门从后方铺设通往前线阵地的数条输水管线，他们根本就用不着去喝没有安全保障的河水。

最后受损较大的反而是日军自己。虽然日军各部三令五申不准饮用河水，但为了保密需要，又不能把原因说得太清楚。由于前线供水跟不上，干渴难耐的日军士兵仍有不少人偷偷地去喝河水，小松原为此接二连三地收到许多部队非战斗减员的报告，情况严重时甚至一个步兵中队成建制地失去战斗力。不了解内幕的部队长官们一头雾水地向小松原报告，很多士兵患上了莫名的“怪病”，许多与他们接触过的人也被感染，并在极度痛苦中死去。这也从侧面证明了石井大佐的研究是多么“卓有成效”啊！

由于极端保密，这一次细菌战的战果，作战双方均没有任何资料。但苏联、外蒙古联军中因病减员的情况还是相当严重，连战马都有感染病毒大量死亡的记录。这些减员中应该有相当数量是这次细菌战的战果。作战期间，日军更有1173人因病死亡的记录，但因为日军死亡人数太多，这其中是否也有此次细菌战的战果，也基本无从查考了。

6年之后，1945年8月，苏军趁火打劫，出兵中国东北，“皇军之花”关东军在苏军摧枯拉朽的攻势面前，刹那间土崩瓦解。占领中国东北的苏军在七三一部队训练教育部部长园田太郎大佐的保险柜中，发现了碇常重少佐及其敢死队员签下的血书以及撒播行动中所拍的照片。七三一部队在诺门坎前线实施细菌战的事实才终于得到证实。

诺门坎战役结束后的1939年10月1日，七三一部队作为卫生部队在日军军史上首次获得由第六军司令官荻洲立兵中将亲自颁发的战功奖状，石井大佐个人也获得了四级金鵄勋章。

河畔鏖兵

日军前敌总指挥小松原中将自诩为对苏作战的骨灰级专家。在他那本 49 页的小册子《如何与苏军作战》中，小松原这样写道，苏军士兵受过极其严格的正面攻防训练，要从正面攻破它的防线比较困难。但苏军的缺点也很明显，那就是彼此之间的协作能力很弱，他们一旦被包围或侧翼受到包抄，就会陷入全线混乱。

小松原说得一点不假。在苏德战争初期，德军就对这一战术屡试不爽，并因此抓获了多达七位数的苏联俘虏。但是小松原忽略了一点，那就是凭日军的力量和速度根本做不到对苏军的包抄，最后反而被苏军包抄了。

按照这一思路，小松原计划由第一战车团、第二十三师团山县联队以及伪满骑兵师从苏联、外蒙古联军河东阵地的正面发动攻击，而第二十三师团另外两个联队加上第七师团第二十六联队、第二十八联队的一个加强大队作为包抄部队，从哈拉哈河下游偷渡突入外蒙古境内，围歼这一地区的苏联、外蒙古联军，抄苏军的后路。这一计划与 5 月底山县大佐的作战方案如出一辙。

实际上表面雷同的两个计划，却有着本质上的不同。当时山县大佐用主力的步兵联队担任正面进攻，用于包抄的是东八中佐率领的机动性较强的骑兵和战车大队，这样的安排可以说是恰如其分。至于最后不幸落败，那不是“我军计划不周详，而是敌军太厉害”。这次小松原让骑兵和坦克部队担任正面进攻，改用笨拙的步兵联队发起包抄行动，从根本上来说就是本末倒置，最后的失败从这一刻开始就已经注定。

除了德国军事顾问提出异议被迅速否决之外，关东军上上下下都认为小松原的计划很周详，总部很快批准了这一计划，总攻时间定在 7 月 1 日。

就在大军出发的前夜，第二十三师团负责后勤的兵器勤务部部长近泽大佐，因为对渡河后超长距离的补给保障完全没有信心，在巨大的压力下开枪自杀。大军未行，先折大将，这显然不是什么好兆头，小松原的心头也因此蒙上了一层阴影。

7月1日黄昏，小松原率领包抄部队共18000名士兵来到了哈拉哈河下游的预定渡河地点。一路上的行军非常顺利，对岸没有任何动静。上次忘记带水，遗憾的是这次也没有带多少。倒不是说没长记性，而是武器弹药的运送已经压得后勤保障喘不过气来，再也没有剩余的能力来照顾士兵的饮用水了，这也正是近泽大佐饮弹自尽的主要原因。河边连一丝风都没有，被烈日烤灼了一天的沙地滚烫无比，人待在上面就像放在大铁锅里炒制糖沙板栗。水壶早就干了，身边的哈拉哈河里倒是水源充足，可是之前已经接到指示不能饮用，河水可能已经被严重污染。不过士兵虽然干渴，还能耐心等待，大家都认为战斗很快就会结束。

哈拉哈河有近50米宽，河水最深处深达3米，本来个子就小的日本兵根本无法徒步过河，于是负责迂回的大队人马便在河边等候工兵联队前来架设浮桥。

其实工兵联队早就到了，可惜来了也没事干，他们在等汽车联队运来舟桥设备。可笑的是，运送舟桥设备的第四汽车联队的运输车辆出发不久便迷失了方向。由于这一地带的地形地貌非常相似，汽车又不敢打开车灯照明，于是便只能一路寻寻觅觅，走走停停。汽车太少，任务太多，疲于奔命的司机们精神和体力都处于严重透支状态，车一停，大部分人趴在方向盘上就睡过去了。气得联队长田坂专一大佐不得不带人跑前跑后把司机从酣睡中叫醒过来。车队迷迷糊糊地就来到了一处咸水湖边，一看有水，大家以为这里就是目的地哈拉哈河，卸下舟桥设备便匆匆回去了。工兵联队好不容易才弄清楚设备卸车的地方，还好离真正的卸货点并不算太远。步兵联队也一起来帮忙，终于用人力把舟桥设备拉到了架设浮桥的地点。

7月2日凌晨2时，工兵费了九牛二虎之力终于将浮桥架好。由于材料不足和缺乏重型舟桥设备，架好的浮桥通过步兵倒是没有问题，但卡车要通过就必须先卸下货物，车货分过。最惨的是重型装备，只有轻便的37毫米速射炮可以一次性通过，其他火炮必须先拆卸成零件，分头搬过河后再重新组装，简直变成蚂蚁搬家了。即使如此小心，不堪重负的浮桥也时好时坏，须不断修修补补。工兵一个个忙得团团转，桥上桥下的过河部队也乱成一锅粥。不过到了上午10

时左右，日军大队人马总算安全地渡过了哈拉哈河，一直惴惴不安的小松原总算松了一口气。

要说小松原选择的这个渡河点确实不错，它离苏军连接东西两岸的浮桥仅仅 13 公里，离朱可夫的指挥部也只 15 公里，攻击距离都不算太远。日军偷渡成功很大程度要归功于日军第二飞行集团对塔木察格布拉格机场的空袭。那次成功空袭使得苏军飞机升空侦察的次数大大降低，苏军在加强对空警戒的同时，却忽略了敌军的迂回偷袭。朱可夫是个被精良装备和高素质部队宠坏了的将领，居然没考虑漫长的哈拉哈河危险处处都在。防线侧翼出现这么大的疏漏，说他没一点责任似乎也说不过去。

过河以后的小松原命令留下第七师团第二十六联队负责浮桥守卫，同时也作为进攻部队的总预备队殿后。第七十一、七十二联队共 8000 人为前锋，由小林恒一旅团长指挥；炮兵联队和第二十三师团直属部队居中，沿着河道杀奔上游。踌躇满志的小松原乐观地估计中午就可以切断东岸苏军的退路，完成包抄计划，同时轻而易举地打掉西岸朱可夫的指挥部。

此时意外突然出现。外蒙古军的苏联顾问阿布宁上校，正驱车前往外蒙古军的驻地，原来空旷的原野上，忽然变戏法似的出现了上万日军，吓得魂飞魄散的阿布宁当即猛打方向盘，油门踩到底，朝着苏军指挥部狂奔。

听到报告的朱可夫大吃一惊。他手下的主力，特别是坦克装甲部队，几乎全部部署在哈拉哈河东岸，西岸兵力不到 3000 人，还大部分是外蒙古兵。渡河突袭而来的可是上万人的日军精锐。值得庆幸的是，朱可夫在指挥部侧翼巴音查山一带安排了一小支警戒部队，这一举措挽救了苏联、外蒙古联军，也救了他朱可夫的命。

无巧不成书，在侧翼担任警戒任务的部队正是之前被小松原用汇报方式“全歼”了的外蒙古骑兵第六师第十五团。该团由于在之前战斗中损失巨大，所以朱可夫将他们调到二线在指挥部侧翼负责警戒任务。本来是想让他们在这里休整一下，不料这里竟成了日军偷袭包抄部队的必经之道，因而成为最先开战的惨烈战场。

发现日军先锋部队的值班哨兵立即鸣枪示警，团长达尔玛扎布上尉在望远镜里看到的是漫山遍野一路冲杀过来的日军士兵。达尔玛扎布手下是机动性很强的骑兵部队，他若是迅速离开，日军就赶不上他。然而这是个负责任的外蒙古军官，他知道身后就是苏联、外蒙古联军的重炮阵地、浮桥渡口和朱可夫的指挥部。为了保住那些地方，他只能选择悲壮地去死，用生命换取宝贵的时间。年轻的团长向全团400多人发出了“寸土不让，死守待援”的作战命令。

巴音查山虽然名字中有山，实际上不过是一个不到60米高的大沙丘，根本无险可守。外蒙军400多支“莫辛”步枪单薄脆弱的枪声，很快就被近万名日军的叫喊和密集的枪炮声给淹没了。一些外蒙古士兵迎着潮水般涌来的日军，义无反顾地冲入敌群，拉响了捆绑在身上的炸药包或集束手榴弹，与冲在最前边的日军同归于尽。日本人万万没有想到，这些拼命的招数，外蒙古人也干得出来。随后，双方展开了最为惨烈的白刃格斗。日军步兵操典规定，拼刺刀前要把子弹退膛以免误伤自己人，外蒙古军可没有这些愚蠢的清规戒律，趁日军稀里哗啦子弹退膛之际，机枪手跳出战壕一阵猛烈扫射，第一排的日军顷刻间倒下一大片。外蒙古军的营、连长们则是一手持马刀，一手提驳壳枪，远射近砍，杀敌无数。第七十一联队第一大队大队长横田千野少佐，就是与外蒙古军连长乌兰克图中尉比赛刀法时，被对方冷不防用左手挥枪打中眉心“玉碎”的。

一阵血肉横飞的搏杀之后，外蒙古军骑兵第六师第十五团这次是真的全军覆没了。英勇的外蒙古士兵，用生命为战局的转变赢得了宝贵的两个小时。

名将被称为名将，不在于他永远不打败仗，而在于在瞬息万变的战场上能够审时度势，迅速做出最正确最快速的反应。在短短两小时内，朱可夫迅速发出了几道紧急命令。

接受第一道命令的是空军。朱可夫命令所有还能飞起来的飞机统统起飞，集体攻击日军在哈拉哈河上新架设的浮桥。空军刚刚遭受重大损失，立即升空作战，困难不小。但随着朱可夫一声令下，空军的轰炸机就在还没有来得及完全修复的跑道上强行起飞。

相比于陆军的按摩吃药治病，这空军就像是打针动手术，来得快，见效也快。迅速飞临浮桥上空的苏军轰炸机有70多架，将所有的炸弹全部倾倒在哈拉哈河上的日军浮桥和等着过桥的日军补给车辆上。日军的补给车辆被炸得四分五裂，浮桥也被炸得断成几截，河两岸的日军就此失去了联系，突入东岸的日军主力后路被断，前面正在进攻的日军屁股上被狠狠扎上了一刀。

第二道命令发给了炮兵部队。反正外蒙古军骑兵第十五团是保不住了，朱可夫调集所有122毫米以上口径重炮，对准巴音查山一通无差别轰炸，密集的炮火在高地上连成了一片火海，黑烟此起彼伏，在空中形成氤氲不散的蘑菇云。占领巴音查山的日军只好死死地蜷缩在外蒙古军留下的战壕中躲避密集的炮火，连头都抬不起来。

这还只不过是饕餮大餐前的甜点而已，接下来端上的才是真正的燕翅鲍。随着轰鸣声的不断接近，苏军第十一坦克旅、装甲第九旅，外蒙古军两个装甲营，共超过500辆坦克和装甲车以重型T-28坦克打头，排山倒海般碾轧过来。日军阵地上配备的16门37毫米反坦克速射炮根本无法阻止钢铁洪流的推进，反而很快被一一摧毁。

日军士兵在出发之前每个人都领到了一瓶汽水，这可不是关东军补给太好，给大家发的防暑降温饮品，上头的命令是喝完汽水后，要往里面灌满汽油，制作成简易燃烧弹对付苏联、外蒙古联军的坦克。日军士兵也的确勇猛，面对苏军成群的坦克，纷纷拿上汽水燃烧弹、反坦克手雷，有的甚至把迫击炮弹绑在身上从苏军坦克的前方、侧翼和背后猛扑过去，还有士兵甚至直接爬上坦克用枪托猛砸观测镜和天线，使坦克无法正常行驶。尽管无数人在靠近坦克之前就被击毙，但还是有不少士兵一头钻进了坦克的肚皮底下，苏军坦克和战车在这种肉弹攻击下接二连三地起火，苏军的进攻势头暂时得到遏制。

日军渡河部队的侧翼也遭到了攻击。由36辆装甲车组成的一支外蒙古装甲部队不远不近地来到渡口处第七师团指挥部和第二十六联队的侧翼，正好停在火力够得上的位置上，对着日军就是一顿炮轰，弄得第二十六联队的日军进退两难。很快这支装甲部队的背后又杀出来一个苏军坦克连，十几辆坦克绕过第二十六联队阵地向第二十三师团指挥部猛扑过来，坦克炮弹在指挥部的四周连续爆炸，小松原架设在沙丘下的几顶帐篷顷刻垮塌，第二十三师团参谋长大内孜大佐当场被打成肉酱，整个指挥部陷入一片混乱之中。

苏军坦克离指挥部只有800米了，指挥部内包括小松原中将、关东军副参谋长矢野音三郎少将、辻政信、服部卓四郎在内的一众高官个个面如土色，大家在绝望之下甚至已拔出指挥刀做好了剖腹自杀的准备。恰在此时，日军一小队速射炮兵带着6门速射炮渡河，挡在了指挥部的前面。坦克与反坦克炮正面相对，一起开火，当先的两辆苏军坦克当场起火，其余坦克以为敌军援兵已到，就主动退出了战斗。生死攸关的7分钟就这样过去了，小松原这才定下神来，视察一下这支舍命救驾的英勇部队：近80人的速射炮小队只剩下1门炮和6名炮手了。目睹了这场小规模坦克战的小松原，在后来的日记中写道，此时“他第一次失去了战胜苏军的信心”。

为了对“舍己救人”的速射炮小队表示感谢，辻政信少佐大方地从身上掏出了一包天皇御赐的烟卷，给幸存的炮兵每人发了一根。由于烟卷的根部印有天皇的菊花徽记，这些士兵抽到菊花时就把烟掐灭，把烟屁股收藏起来作为纪念。

至此苏军已经扭转了开局的不利局面并逐渐占据主动。苏联、外蒙古联军的坦克从三面围定已经渡河的日军，日军唯一的退路——浮桥也时刻处于对手的威胁之下。一天战斗下来，各部队纷纷向小松原告急，不是伤亡过半就是弹尽粮绝，总之好消息一个都没有。小松原也束手无策，因为补给线已经被苏联空军切断。长时间没有一滴饮用水，官兵渴得简直变成了一群疯子。一些日军士兵开始自发向苏军重机枪阵地发起“猪突”冲锋，倒不是为了争取反败为胜，他们的目标是夺取苏军的重机枪——苏制水冷式重机枪的散热筒内装着5公升混合着润滑油的水。

摆在小松原面前的唯一生路就是盼着赶紧天黑，然后抢修浮桥，趁夜色撤回河东岸。此时尚能保持清醒的小松原无奈接受了失败的事实，他在午夜时分下达了撤退命令。日军官兵踩踏着数千同伴的尸体通过刚刚修好的浮桥狼狈地逃回东岸。

朱可夫在河西围歼日军主力的作战意图最终未能实现。

7月2日15时，小松原向第一战车团安冈正臣中将发出了重要信息，河东岸的苏军主力部队正陆陆续续地向河西撤退。

这证明小松原侧翼部队的行动取得了成功，担任东岸正面攻击的第一战车团和山县联队闻讯大喜。随着安冈中将战刀一挥，独立野战炮第一联队的36门九〇式野战炮发出了惊天动地的第一轮吼叫。30分钟的炮火准备之后，担任主攻的第三坦克联队35辆八九式中型坦克和27辆九四式重型装甲车率先冲出掩体，山县联队、工兵联队的士兵紧随其后，向东岸苏联、外蒙古联军的阵地发起了猛烈进攻。由于原来配备在此的坦克和装甲部队均被紧急调回河西对付已经渡河的第二十三师团，阵地上的苏联、外蒙古联军无法抵挡日军排山倒海般的进攻，只做了象征性的抵抗，便放弃了前沿的两道阵地。

原来传说中凶悍无比的苏联、外蒙古联军竟然是如此不堪一击，心花怒放的第三坦克联队联队长吉丸清武大佐不由得仰天大笑，他命令部队全速前进，一举夺取苏联、外蒙古联军的浮桥，冲过哈拉哈河与对岸的第二十三师团会师。

他这一全力猛冲，自己倒是舒服和威风了，跟在后面的山县联队和工兵联队可就苦了，日军步兵的小短腿不论怎么跑，都无法跟上全速前进的坦克。山县大佐连忙派人去跟吉丸联络，联络官飞奔赶上坦克联队，找到了吉丸大佐的车。但坦克车封得严严实实，联络官也不知道怎么沟通，只好举起枪托猛敲装甲车的外壳。吉丸大佐无奈打开舱盖，探出头来。问明事由之后，立功心切的吉丸大佐不耐烦地回了一句：“战机一瞬即逝，你们步兵能走多快就走多快吧。”说完，合上盖儿，绝尘而去。气得后边的山县大佐半天说不出话来，也只好下令步兵以最快的速度向前跟进。

守卫东岸最后一道阵地的是苏军第三十六摩托化步兵师的两个步兵团。经过大半个月的努力，这里的防御工事已经构筑得比较完备，整个防线纵深达到3000米，阵前还布置了密集的地雷阵和蛇形铁丝网。师长彼得罗夫少将用望远镜看着渐渐开过来的日军坦克纳闷不已。他拿起望远镜仔细看了看，没坏呀，让他惊讶的是，日军坦克怎么这么迷你，比起苏军坦克明显小了一圈都不止。由于下属的装甲部队和大口径火炮全部回调支援河西战场，这里留下的只有团属的迫击炮100多门，最大口径也不过120毫米。

日军已经进入苏军火炮的射程之内，彼得罗夫立即命令向日军坦克开炮，迫击炮发射的榴霰弹在日军坦克的四周爆炸，可惜这种榴霰弹对日军坦克并没有多大的杀伤作用。

正当吉丸大佐得意狂笑的时候，日军坦克撞上了苏军精心布置的蛇形铁丝网。这些铁丝网的铁丝呈螺旋形，坦克只要一压上去，履带就会被死死缠住，走退不得，只能在原地打转。无奈之下，坦克兵只有钻出坦克，竭力想把铁丝从履带上拔出来，忽然临头又浇下了霰弹雨，坦克兵被炸得鬼哭狼嚎。吉丸这才恍然大悟，霰弹打的不是坦克而是坦克兵。第三战车联队自中队长木之本守之助少佐以下30多名坦克兵瞬间倒毙，坦克也被击毁击坏数辆。值得庆幸的是，苏军的坦克和装甲部队都回河西去了，这里也没有准备好反坦克武器，否则这支坦克部队真是苏军绝好的靶子。动弹不得的吉丸大佐忽然开始想念那些被他甩在后边的步兵和工兵了。

还好后边的山县联队和工兵联队很快赶到，工兵开始奋不顾身地帮助清理缠绕坦克履带的铁丝网。虽然因此被榴霰弹和苏军狙击手又打死不少，但是坦克终于可以动了。此时天色已晚，一路狂追坦克的步兵和工兵伤亡惨重，活着的基本连走路的劲儿都没有了。吉丸大佐只好收兵回营，日军坦克对苏军步兵也完全没有打出坦克应有的气势。

当天傍晚，第四坦克联队指挥官玉田美郎大佐走进了安冈中将的指挥帐。针对白天第三坦克联队攻击未果的实际情况，玉田请求率本部坦克夜袭苏军炮兵阵地，摧毁让日军极为头痛的苏军火炮。

安冈中将十分欣赏玉田大佐的勇气，但对玉田的作战计划却颇费踌躇。附近的地形很容易迷路，第一次参加实战的日军坦克连白天作战的经验都没有，更谈不上夜战了。但是玉田大佐的决心却丝毫没有受到安冈中将的影响，他坚信自己的方案完全可以收到出其不意的奇效。他辩解，摧毁苏军的火炮阵地，对明天白天的战斗肯定更为有利。而且他手下的坦克是九五式轻型坦克，战斗威力虽然比不上吉丸大佐的八九式坦克，可机动性能很好，速度可以达到每小时44公里。即使作战不利，也可以发挥此优势，迅速脱离战斗。至于迷路的危险，玉田大佐自信，星光的指引已经足够让他认准进退的方向。安冈中将终于为部下的斗志和信念折服，批准玉田大佐当晚率队夜袭。

冷静的玉田大佐深知自己的优劣，他选择绕开苏军防线的正面，从侧翼发动夜袭。为了防止坦克的噪声被苏军警觉，第四坦克联队全部仅保持5公里的低时速，趁着黑夜掩护，偷偷地向苏军的侧翼阵地摸去。除了玉田乘坐的指挥坦克上装有车载电台外，其余坦克都没有无线通信设备，在黑暗中关灯之后，又听不到前后左右车辆的声音。为了保持队形，各坦克的车长们只好打开舱盖，探出头来互相小声喊话保持联络，使得行军更加困难。

还好天公作美，刚出发不久，天空就开始电闪雷鸣，大雨倾盆。玉田大佐见此是又惊又喜：惊的是没有了星光的指引方向更不容易掌握，喜的是有了雷声和雨声的掩护，他就可以甩开膀子全速前进了。

第四坦克联队就这样很快摸近苏军的火炮阵地。远处苏军阵地上那一排排指向空中的炮管在闪电的光照下若隐若现，玉田大佐禁不住一阵狂喜。他迅速下令展开战斗队形，向苏军的火炮阵地发起突袭。

玉田联队摸过来的地方正是苏军第三十六摩托化步兵师的炮兵阵地，在这里驻扎着一个炮兵团。由于炮兵团的阵地远在主阵地的后方，苏军根本想不到，暴雨之夜这里还会有日军来偷袭。等哨兵发现敌军坦克冲过来发出警报，为时已晚，敌军已经到了眼皮底下。猝不及防的苏军士兵刚跑出营帐就被日军装甲车上的机枪扫倒，幸存者一哄而退。留在阵地上的火炮、牵引车辆、弹药等全被日军坦克击毁。不到一小时的战斗，苏军损失 122 毫米榴弹炮 18 门、152 毫米榴弹炮6门。日军仅损失了一辆坦克，就是第二中队指挥官一藤喜久中佐的座车，中佐及其车组成员全部阵亡，死亡的还有一名军医。相比取得的战绩，这一损失几乎可以忽略不计。

大功告成的玉田大佐立即率队趁夜色遁走。等苏军的坦克部队赶来增援的时候，阵地上只留下苏军大炮散落的无数零件和横七竖八的士兵尸体。

玉田大佐的夜袭可谓整个诺门坎战役中日军为数不多的亮点之一，开创利用夜间恶劣天气实施大规模坦克集群攻击的成功范例。这一战例后来被许多军事院校写入了教材。

7 月 4 日中午，朱可夫接到一架侦察机的报告，哈拉哈河东岸一个叫巴尔夏嘎尔的高地附近发现了日军的大队坦克，正缓慢地向苏联、外蒙古联军的渡口浮桥方向前进。朱可夫当即下令雅可夫列夫少将率本部第十一坦克旅前往迎击，又命令索维伊少将的装甲第七旅迂回包抄切断日军坦克的退路。一时间，300 多辆坦克和装甲车发出震耳的轰鸣绝尘而去，亚洲历史上最大的坦克对决，已经箭在弦上。

正在行进的安冈战车团尚不知道自己的行动已经被苏军发现，起伏的沙丘遮挡了他们的视线，等前哨发现苏军坦克直扑过来的时候，双方距离已不足一公里。

当时参战的坦克分类为三种。10吨以下为轻型，10吨至20吨为中型，20吨以上为重型。吉丸清武的八九式中型坦克为13吨，已经是日本坦克中装甲最厚、火力最强的型号了。而苏军的T-28坦克为31吨，两者相比，简直就像姚明遇上了潘长江一般，优劣不言而喻。不仅如此，苏军坦克在数量上也占据优势。苏军庞大坚固的坦克成群结队闯进日军弱小单薄的战车群里，如入无人之境，有的甚至不用开炮而闷头撞去就能把日军坦克掀个底朝天。日军坦克只能躲躲闪闪，千方百计绕到苏军坦克尾巴后照准履带猛打，才能使其瘫痪而失去战斗力。但对方也是在高速的运动当中，这样的机会是少之又少。没用多大工夫，日军战车团就顶不住了，一辆辆八九式坦克被打成废铁。吉丸清武乘坐的指挥坦克一上来就被苏军发现，几辆T-28坦克立刻死死咬住了它，76毫米坦克炮轻易地击穿了八九式坦克20毫米厚的装甲，一声巨响之后，吉丸大佐和他的“坐骑”瞬间“玉碎”。

昨天立了大功的玉田美郎第四坦克联队更无法与苏军坦克对阵，他的那些坦克全重只有8吨，装甲仅仅10毫米，只能凭借良好的机动性能躲避苏军坦克炮的打击。面对这些玩具似的小家伙，庞大的苏军T-28坦克根本不屑射击，开上来直接冲撞，把日军坦克一辆一辆掀翻在地，然后冲上去把它们轧成扁扁的铁皮。

安冈部队一半以上的坦克、全部装甲车，很快都变成了一堆堆废铁，这些在中国战场横行霸道的钢铁怪兽，在苏军的坦克面前竟然好像纸糊的玩具一般。后边的退路已经被苏军第七装甲旅切断。眼看第一战车团已经无法逃脱全军覆没的命运，突然一阵狂风吹来，沙尘四起，遮天蔽日，能见度瞬间降低，安冈中将趁机带着残兵败将仓皇逃出生天，一口气跑到100公里外的将军庙才停下来。

玉田美郎大佐在战后总结中这样写道，苏军坦克“射击迅速而准确，弹药充分，几乎没有臭弹”。他发出这样的感慨是有原因的，那场战斗结束后，由于补给跟不上，日军坦克的燃料已经告罄，平均每车只剩下5发炮弹。

刚刚成立半年的第一战车团第一次参战就败得如此惨，日本大本营大为震惊。坦克造价昂贵，日本的国力、资源和生产能力都无法承受这种损失。参谋本部坚决不同意植田司令官将如此“宝贵”的装备消耗在诺门坎，命令他务必珍惜这支独一无二的部队，安冈及其残部因祸得福，彻底退出了诺门坎的战斗。

战后，朱可夫这样评价日军坦克部队：“坦克非常落后，与苏军20年代中期的主力坦克基本相当。基本战术动作也很呆板，死盯着迂回和侧击这一种办法，很容易被消灭。整体上看，日军坦克部队在整个第二次世界大战期间既无战术也无技术。”“英雄”所见略同，这一论断和后来德国专家的观点倒是基本吻合。

日军坦克部队的退出使得苏联坦克部队更加肆无忌惮。7月6日清晨，6辆苏联坦克冲进了尚未撤走的日军第一战车团的营地，日军坦克还没来得及反应，就被击毁了5辆九〇式轻型坦克和6辆八九式中型坦克，无奈之下，附近的山县联队立即派出步兵来支援装甲部队。

可笑的是，苏联坦克不怕日本的同行却怕日本的步兵。一见山县联队的步兵赶来“救驾”，他们立即脚底抹油，迅速逃得无影无踪。

他们怕的是步兵的“汽水”。

渡河迂回侧击失败，正面进攻最强悍的坦克装甲部队又铩羽而归，看来与老毛子面对面硬磕是占不了上风了。束手无策的小松原眉头一皱，计上心来，之前玉田联队的夜袭以及空军奇袭塔木察格布拉格机场不是都取得了辉煌的战果吗？怎么能忘记“夜袭”这一看家的绝招呢？

夜袭苏军阵地的作战方案迅速上报关东军总部并立即得到批准。不仅如此，总部十分体恤军情，从驻海拉尔的第八国境守备队抽调了2000多名经验丰富的老兵补充给损失巨大的第二十三师团，随着这些老兵到来的，还有特地调拨的一批速射炮和重机枪，甚至还有刚刚配备部队不久的火焰喷射器。夜袭的时间定在了7月7日22时。

日本人对夜袭是信心满满，但一边喝茶观战的德国观察团却提出了异议，他们不同意夜袭，尤其不同意小松原以白刃冲锋为主要方式的夜袭。他们的说法是，这种战术太过落后，还停留在第一次世界大战以前。对此小松原和辻政信根本不屑一顾，这些养尊处优的德国人哪知道大日本帝国皇军的厉害。辻政信提醒德国专家，你们知道不，在张鼓峰，帝国皇军和老毛子刺刀见红伤亡比例可是1∶28，你们懂个屁呀！

7月7日晚饭后，担任夜袭任务的各部队纷纷潜入预定的攻击地点。只有第二十三师团第七十二联队和第七师团第二十六联队的夜袭部队发生了一些意外。

第七十二联队夜袭部队在潜向进攻地点的途中与一支苏军装甲侦察分队遭遇，侦察分队马上将消息传递到西岸，苏军炮兵立即用152毫米口径重炮对第七十二联队进行点名。无处可躲的日军伤亡惨重，中队长以上军官阵亡过半。酒井联队长不得已下令部队转回出发地，又重新绕了个大圈子之后再迂回前进。这样一下子就耽误了两个多小时，但酒井大佐依然命令部队加快节奏赶往预定的夜袭地点。

第二十六联队在半路上遇到了一个苏军坦克营，双方进进退退对峙到第二天清晨，曙光乍现的时候，苏军坦克营率先撤走。须见新一郎联队长见天色渐亮，夜袭已经失去意义，只好悻悻地打道回府。

其他夜袭部队顺利地进入了攻击阵地。22时整，日军两个野战炮联队70余门75毫米口径火炮一起向苏军一线阵地进行了半小时的火力准备。首先出动的是日军工兵，苏军在河东主阵地前足足埋下了7万颗地雷，全清完是不可能的，工兵的任务就是负责从地雷阵中清出一条供步兵冲锋的道路。第二十四工兵联队的士兵摸到苏军的雷场前，触发了地雷，立即招来苏军阵地上机枪和迫击炮铺天盖地的打击。工兵联队伤亡累累，联队长川村大佐身先士卒上前排雷。地雷可不管你是不是联队长，川村很快被炸成齑粉。在丢下数百具尸体之后，顽强的日本工兵还是拼命为攻击部队扫出了一条道路。

夜袭的步兵联队立即发动冲锋并迅速接近了苏军火力点。新到的火焰喷射器发挥了巨大作用，苏军的火力点一个接一个地燃起了熊熊大火。缺乏夜战经验的苏军见势不妙，很快放弃了一线阵地。凌晨1时30分和3时40分，在山县武光大佐和酒井美喜雄大佐的攻击方向上，先后升起了表示夜袭成功的信号弹，在后面观战的小松原欣喜若狂，迫不及待地命令向关东军总部报捷。

随着暗夜的消失，日本人夜战的优势也随之丧失殆尽。第二天上午，在苏军火炮、坦克、装甲车、空中力量的联合打击之下，日军晚上占领的阵地又原封不动地还给了苏军，还顺便搭上了不少尸体。

陆军败得实在太惨，连赌气不愿意出击的日军第二飞行集团都实在看不下去了。这天白天，日军飞机从海拉尔和阿尔山两个基地倾巢而出，对苏联、外蒙古联军东岸的阵地进行轰炸。日军战机的出动马上引来了苏军蝗虫一般的机群，苏军飞抵战场的各型战机有 200 多架，激烈的空战在哈拉哈河上空打响。26 岁的日军王牌飞行员筱原弘道在当天的战斗中再次击落苏机 4 架。早在 6 月 27 日，他就曾击落敌机 11 架，创造了日本单日战绩最佳纪录，加上其他战绩，筱原累计击落敌机已经达到了 58 架。可惜质量优势有时候也会被数量稀释，他的纪录也在这一天终止。

日军另一个王牌飞行员竹尾在与苏军飞行员拉霍夫上尉的激斗中，因飞机被击中跳伞。当他发现自己不慎落在河西岸苏军的阵地上时，试图自杀，但是枪还没拔出来，就被苏军按倒，当了俘虏。竹尾受到了苏军的优待，他提出的唯一条件是想见见击落他的飞行员。当拉霍夫上尉微笑着来到他面前时，竹尾凝视了良久，之后深深朝对手鞠了一躬。

尽管单兵作战并未占得上风，但是凭借数量的优势，苏军逐渐取得了制空权。随后几天，空中的日机慢慢减少并逐渐销声匿迹。

8 日晚上，头天夜袭未果的第二十六联队再次出动实施偷袭。这次日军没有进行炮火准备，直接由步兵向苏军阵地摸黑前进。加上天降暴雨，他们竟然神不知鬼不觉地摸到了苏军的阵地前面。这次他们碰到的不是地雷，而是依然十分麻烦的铁丝网。静悄悄的夜袭再次变成强攻，苏军的炮火马上封锁了夜袭日军的前进方向，眼看寸步难进的第二十六联队须见大佐只好含恨下令撤退。

眼看小股部队夜袭效果不佳，小松原试图尝试一下人海战术，实施一次更大规模的夜袭。他要求各步兵联队投入所有能够作战的部队对苏军来一次泰山压顶式的集团冲锋。7 月 9 日 22 时，日军集中所有火炮对苏军阵地进行了覆盖式炮击。随着炮火的延伸，近 20000 名日军端着亮闪闪的刺刀冲出潜伏区域，呐喊着发起了集团冲锋。光那 20000 人在深夜里一起发出的嘶叫，就足以惊天地，泣鬼神。一时间，枪炮声、喊杀声响彻原野，日军士兵潮水一般涌向苏军的前沿阵地。

朱可夫已经做好了充分的准备。相对来说，苏军夜战能力远远不如日军，想提高这种能力可不是一时半会儿能做到的。为了应对日军的夜间进攻，最简捷的办法就是把黑夜变成白昼，为此朱可夫采取了四项措施：一是给前沿部队配发大量的照明弹和曳光弹；二是向防空高射炮部队抽调了 12 辆大功率的探照灯车；三是给炮兵配发了燃烧弹；四是给坦克和装甲车改装了大功率的远光灯。

面对日军的集团冲锋，苏军阵地上数十发照明弹划破黑暗升上了夜空，探照灯和战车前车灯一起射向阵地前的开阔地带。一时间将近 10 平方公里的荒原被照得如同白昼，集团冲锋的日军当场暴露在苏军的交叉火力之下。枪弹、炮弹、燃烧弹、手榴弹如倒水一般向成群结队的步兵泼去，冲锋的日军如快刀割麦子一般成排成排被扫倒。

顽强的日军毫不退缩。就在两军即将交汇的千钧一发之际，斜刺里又杀出一支部队，苏军的冲锋枪队危难之时显身手。冲锋枪虽然射程较短，但射速和进入射击状态较快，几乎无后坐力，枪口也不会跳起，连续发射很少出现故障。即便刺刀快到鼻子尖了，持枪者只要扣住扳机不放，仍然可以将对面的敌人打成筛子。冲锋队员平端着新式的“波波沙”冲锋枪对准冲上来的日军一通猛扫，打得日军血肉横飞、尸横遍野。日军士兵被这种从来没见过的武器震慑住了，纷纷溃退，日军的第一次冲锋终于被击退。

当时的“波波沙”轮盘式冲锋枪也是苏军刚刚开发出来的新式武器，还没有在实战中使用过。由于诺门坎地区有战事，就正好送到这里接受实战的检验，也算是“病急乱投医”吧。这种冲锋枪一个弹盒能装 71 发子弹，横扫的时候基本不用顾虑枪膛里有没有子弹，是近距离射杀敌军的利器，实战中显示出的强大威力连苏军自己都没想到。

第一次冲击失败后，小松原命令炮兵将火炮前移，务必先消灭苏军的照明设备。经过近两小时的准备，日军火炮完成了抵近转移，苏军的照明设施全部进入了日军炮兵的射程。随着小松原一声令下，日军火炮发出了第二次集体吼叫，朱可夫调来的照明车被日军的火炮一辆接一辆地摧毁，坦克和装甲车上的远光灯也被炮弹的碎片陆续击毁。照明设备的损坏大大加速了照明弹的消耗。很快，整个战场再次暗淡下来，苏军的强大火力优势迅速被削弱。

日军在黑暗的掩护下，再次潮水般涌向苏军阵地，黑暗中的日军很快占据了上风，苏军一线阵地很快失守，撤退途中，第一四九团团长列米佐夫少校阵亡。不过日军所取得的战绩也仅仅是将战线向前推进了 2 公里至 3 公里。

天亮之后，苏军的火炮优势再次显现出来。日军折腾一晚得来的阵地全部处于苏军炮火的打击之下。晚上短兵相接时因为害怕误伤友军，西岸高台的炮兵阵地一弹未发。天亮了，对面阵地上也都是日本人了，对于炮兵来说正是发威的好机会。朱可夫一共储备了 60 万发炮弹，他要求炮兵在射区内每平方米每分钟平均要爆炸两发炮弹。数不清的炮弹居高临下地发射过来，黄土被炸起后与黑色浓烟混在一起，阵地上空真像起了雾霾一般。日军刚刚占领的每一座高地都遭到了炮火的严密封锁，步兵和炮兵蹲在战壕里一动也不敢动。

更可怕的是苏军的狙击手，守在阵地上的日军士兵经常会发现身边的战友突然像被电击了似的抽搐一下不动了。过去查看时，往往发现战友额头上有一个圆圆的小洞，日军连子弹从哪里打过来的都不知道。为了对付敌人的狙击手，日军也调来了一批三八式狙击步枪配备给枪法好的士兵，意图对苏军狙击手实施反狙击。但狙击手的素质高低，不仅仅取决于枪法。临时拼凑的日军狙击手根本就不懂得狙击战术，没有积极移动的意识，经常在一个地方反复射击，结果很快就成了苏军狙击手的盘中餐。

在打也打不过、躲也躲不起的情况下，日军只好下令让士兵自己小心，请他们记住："步枪原地射击时间每次不得超过 30 秒，轻机枪每打完一个点射必须更换阵地，重机枪不得轻易暴露。在任何情况下，绝对不要在同一个地方连续待上 10 秒钟。"

日军再次陷入了进退两难、被动挨打的地步。这么多人在这里趴着，吃饭喝水都成了大问题，送水送饭的炊事员很多成了苏军炮兵和狙击手的猎物。天气酷热，阵亡士兵的尸体很快腐烂，整个阵地上一片尸臭。再等几天，不用打，光熏就能把人给熏死。

前线部队的狼狈样连关东军司令部都看不下去了。1939 年 7 月 12 日，植田命令小松原立即停止进攻，原地休整。其实这时候日军哪里还能进攻，不过是蹲在那里挨炮而已。得到命令的小松原就坡下驴，趁势命令大军回撤，在各自划定的防区内挖壕筑垒。

现场观战的德国专家目睹了7月9日夜晚那场近乎疯狂的冲锋，被日军的表现惊得目瞪口呆，在给国内的报告中他们写道：

日军指挥官小松原中将喜形于色地告诉我帝国观察团，日军一个师团可以击败苏军三个师，我帝国军人对如此狂妄而又无知的态度非常吃惊。

日军的战前训练令我们目瞪口呆，他们居然主要练习白刃战和冲锋，我们认为日本还以为现在是在日俄战争时代。

日军的坦克技术连第一次世界大战的水平都不到。坦克整体设计非常落后，装甲薄弱，火力很差，称之为坦克就很勉强。且全国只有一支坦克部队，为了珍惜坦克居然使用步兵掩护坦克这种不可思议的战术。

日军使用坦克正面强攻、步兵迂回，这简直是匪夷所思。在平原上不用机动装甲部队迂回包抄却使用步兵，证明他们完全是装甲作战的门外汉。

小松原固执地命令士兵发动夜袭。值得一提的是，矮小的日军士兵装备的是一种刺刀长达半米多的步枪，明显是为了白刃战而设计的，但愚蠢的密集冲锋被苏军自动火力迅速击溃。

日军为了显示其勇猛居然允许高级指挥官和部队一起冲锋，导致大量高级军官阵亡，这完全是缺乏军事指挥常识的愚蠢蛮干。

最后他们的结论是，日军的战斗力非常薄弱，德国与之结盟实非明智之举，应在外交上格外谨慎，不可与日本过分亲密。

估计小松原要是看到这样的报告，会气得口吐白沫，含恨而逝，含哭九泉。

最大规模的炮战

从7月3日开始大规模的战事不到半个月，日军就损兵折将，特别是兵器装备，如坦克、装甲车、飞机、火炮的损失已经到了无法承受的地步，战前储备的弹药等物资也几乎消耗殆尽。仗打到这个份儿上，小松原明白光凭自己现有的力量想守住都难，肯定无法组织起新的攻势。在接到进行休整的命令后，他一边布置组织防御，一边硬着头皮请求关东军给予增援。

大规模的交锋已经打了一周多，总部的大领导还都没有来过。7 月 12 日，关东军参谋长矶谷廉介中将带着作战课课长寺田雅雄大佐终于屈尊来到前线，亲自了解前一段时间的作战情况。关东军司令部之前已经在前线派驻了工作组，主要成员是副参谋长矢野少将和作战参谋服部卓四郎中佐、辻政信少佐。

经过对前线的详细考察，矶谷参谋长做出了以下结论。

一、前线部队 60% 以上的伤亡都拜苏军火炮所赐。目前参战各炮兵联队均没有可以与苏军火炮抗衡的大口径、远射程大炮。为了从根本上改变战场的不利局面，只有动用宝贵的远程重炮部队参战。

二、苏军的坦克部队始终是日军进攻的一大障碍，在日军坦克装备没有明显改进之前，安冈战车团暂时不宜再战，以免造价昂贵的战车白白损耗。言外之意就是说，坦克对坦克是打不过人家的，只能“破罐子破摔”地上人了。

三、目前的作战部队减员太多，已无法继续执行攻击任务，应从其他师团抽调有作战经验的部队予以补充。

四、前敌总指挥小松原中将前一阶段的作战指挥没有错误，应继续予以鼓励和支持。

看到上边第四条，小松原感动得无语凝噎——领导真是给面子呀。

都是自家兄弟，在前线混得灰头灰脸也实在不容易，植田大将也只好认可了矶谷等人起草的总结报告，同时根据报告的建议做出了新的调整：将驻旅顺的第五重炮旅团、野战重炮第一联队、独立重炮第七联队、穆陵重炮联队等重炮部队调往前线。连旅顺要塞的重炮也都一门门拖出来运往诺门坎，这样前线的大口径火炮就有了 38 门。加上之前在战场上的两个野炮兵联队，大小火炮总数达到了 82 门。其中 100 毫米九二式加农炮的射程达到了 17.5 公里，虽然比起苏军的 150 毫米加农炮尚有不及，但总算超过苏军的 107 毫米加农炮的射程了。

看着这些硕大无比的钢铁玩意儿陆续来到，小松原顿觉腰杆又硬了不少，这可都是大日本帝国陆军压箱底的宝贝呀。

当时裕仁天皇的女婿盛厚殿下正在重炮兵部队镀金，也将随部队赴前线参战。关东军宣传部门借题发挥，专门将驸马爷亲临前线的消息大肆宣传一番，以期达到鼓舞士气之目的。

调动这样的重炮部队，可不像现在玩网络游戏，胡乱圈一下，一拉就过去了。由于日本牵引车辆非常缺乏，重炮出动还大多依靠畜力牵引。一门 150 毫米榴弹炮在硬土地上还需要 16 匹马才能勉强拖动，到了诺门坎这种松软的沙土地带，加上一倍的畜力还不够，一个炮兵联队需要上千匹的马才能保证最基本的机动。150 毫米榴弹炮一枚炮弹的重量就是 30 多公斤，再算上观测、军械、粮秣、卫生、器材、维修等分队，理论上一个重炮联队至少要有 3000 匹牲畜才行。一时间，诺门坎战场上云集了上万匹牵引重炮的战马。伪满洲国所有官员都接到了一个紧急任务，强征所有能征到的马匹送往前线，一些官员的坐骑都被迫捐了出来，改为走路上班。马也不能只拉不吃，每天又凭空增加大量的马匹草料，令负责后勤的辎重部门叫苦不迭。

为了弥补反坦克火力的不足，关东军还将第一师团和第七师团所有的速射炮统统调往诺门坎，第七师团第二十八联队剩余的两个步兵大队也调往前线，这样第七师团 2/3 的部队都已到位，可以正正经经地称为第七师团了。同时派往诺门坎的步兵部队还有驻海拉尔和奉天的四个独立旅团和一个伪满洲国骑兵旅团，一时间，日军部署在诺门坎前线的军队达到 8 万人。

这边忙得不亦乐乎，那边朱可夫也没有躺着睡大觉。战役的规模在不断扩大，不说别的，仅前线抓到的日军俘虏就来自十几个不同建制的部队，况且日军没有丝毫要收兵的迹象。苏军侦察机在空中可以看到，从将军庙到前沿阵地布满了日军的宿营帐篷，前往海拉尔的铁路线上运兵专列绵延不断。这一切让朱可夫预感到，日军在诺门坎绝不会轻易罢手，他迅速将前线的情况发给莫斯科的伏罗希洛夫元帅。

此前斯大林的战略重点一直在欧洲。听了伏罗希洛夫的汇报，斯大林意识到，假如诺门坎作战就这样僵持下去，其大部分精力和一些军队主力将一直被牵制在远东，反而会影响到欧洲方面的部署。看来唯一的办法是继续增调部队，发起一场彻彻底底的大反攻，让日本人在诺门坎彻底认败服输。

1939 年 7 月 15 日，斯大林下令将第五十七特别军升格改编为第一集团军，朱可夫就任集团军司令员，第一集团军有权统辖诺门坎战场所有的苏联、外蒙古联军部队。伏罗希洛夫元帅给朱可夫的命令是不惜一切代价尽早结束远东战事。

随着集团军成立的是大批援兵的陆续开来。仅在陆军方面就增加了两个摩托化步兵旅、一个机枪旅、一个坦克旅，空军也得到了进一步的加强，从欧洲又调来了六个飞行团，使得诺门坎前线的参战战机达到了581架。

就在第一集团军成立这一天，苏联空军远程重型轰炸机轰炸了满洲腹地的富拉尔基铁路桥等一系列战争要点，作为对日军轰炸塔木察格布拉格机场的报复。富拉尔基铁路桥是关东军支援诺门坎前线后续兵站运输的必经通道，空袭进一步加大了日军在前线集结的难度，已经逐渐丧失空中优势的关东军无奈在满洲首次实行了灯火管制。

苏联空军的肆无忌惮让植田大将愤懑不已，他亲自给参谋总长闲院宫载仁亲王发去电报，请求再次越境对苏军的空军基地进行袭击。此时，在中国战场，日军刚刚侵占了南昌，即将开始进攻长沙。参谋本部恨不能在诺门坎的战斗马上停下来。载仁亲王亲自严令关东军不得擅作主张越境轰炸。

苏军在日军的两次夜袭中也遭受了重大损失。由于部队的夜战能力不可能在短时间内得到根本提高，之前的“夜晚变白昼”方案也不能长久使用，朱可夫审时度势地制定了“黑退白进”的方针。就是让一线部队选择好夜间退却的方向和位置，当遭到日军夜袭时立即撤出一线阵地，避免与日军展开夜战，等天亮后在炮兵和坦克的协同下再将失去的阵地重新夺回来。这样既可以避免给擅长夜战的日军扬其所长的机会，又可以发挥自己炮火和坦克的优势，大量杀伤日军的有生力量，掌握战场的主动权。

在此前的战斗中，苏军坦克80%的损失，是日军步兵的肉弹攻击引起使用汽油的发动机油箱着火造成的，朱可夫为此早就请求莫斯科尽快将更换的柴油发动机运往前线。在休整期间，来自国内的柴油发动机终于来到诺门坎前线。前线的机械修理营开始日夜加班，赶在新战斗之前顺利地完成了坦克发动机的更换工作。不但如此，苏军还在坦克的要害部位加装了钢丝网，这样日军士兵再也无法轻易将反坦克手雷或集束手榴弹投进苏军坦克的要害部位了。

7月18日，关东军在诺门坎前线召开了会议，讨论下一步的作战方案，会议上，炮兵和步兵很快发生了激烈争执。小松原主张仍以步兵夜袭为主要攻击手段，炮兵负责火力压制和支援。而关东军炮兵司令内山英太郎少将则主张以炮兵攻击为主，等炮火将苏军阵地完全摧毁后再由步兵去打扫战场即可。第二十三师团的小林少将等步兵指挥官支持小松原，重炮旅团指挥官畑勇三郎少将又站在内山一边。两派各执己见，会议吵成了一锅粥。

只有空军指挥官嵯峨彻二中将坐在旁边一言不发。空军之前空袭塔木察格布拉格之后挨训受了委屈，之后的几次出击又损失惨重，嵯峨中将知道这次孤注一掷的步炮协同攻击，自己肯定还是要出场的。但不管炮兵先上还是步兵先突击，跟自己关系都不大。只要确定了攻击时间，飞机准时来应场就是了，现在懒得跟你们费舌头。

最后还是要关东军司令植田谦吉大将来裁决。植田考虑到既然整个关东军的重炮部队都到了前线，还是先让炮兵显示一下实力为好，况且之前步兵的表现也实在差劲。老奸巨猾的植田自有他的小算盘：让重炮部队充分施展一下，万一不成功也可以对东京有所交代，这不，重炮兵上去也不行吗？再说前线步炮部队光编制就有十几个之多，如果搞步炮协同也会很困难，不如让炮兵打光炮弹后再进攻。于是他批准了内山少将的作战计划，小松原有意见，那就暂时保留吧。

小松原无奈只能表示服从。他也在为自己找退路：都是你们的主意，我不过是按你们的说法执行而已，就是打输了也不能怨我。

由于重炮的弹药储备还没有最后完成，总攻的时间只能推迟到4天后的7月22日早上6时30分。

就在会议就要结束的时候，几发苏军的150毫米加农炮炮弹落在了会场附近。一辆炮兵的弹药车被炮火击中，引发连环爆炸，13个日军炮兵被炸得飞上天空，落下来的时候已经没了人形。刚才这炮弹要是落在指挥部里，那大家直接见上帝了——不祥之兆瞬间笼罩了整个指挥部。

这也是朱可夫安排的积极防御措施之一，利用苏军远程火炮不断攻击日军的后方目标。苏军150毫米加农炮的射程远达30公里，足可以打到位于将军庙的日军前线指挥部。将军庙之前几乎每天都会遭到苏军远程火炮的打击，但造成如此严重伤亡的还是第一次。

大战在即，关东军对前线作战部队进行了大规模的慰问活动，增发了奶糖、饼干、羊羹等慰问品，军官还领到了许久不见的清酒和啤酒。领导还有一项让当兵的嫉羡不已的待遇，可以轮流去海拉尔度假。日军兵站还特意指定了几家妓馆和饭店专门招待前线回来度假的日本将佐。

去前线送死之前还是先风流快活一把吧。

已经到了 7 月 22 日这一发动总攻击的原定时间。可惜天公不作美，诺门坎上空彤云密布，淫雨霏霏。重炮部队的前线观测哨根本无法提供准确的射击方位。就在炮兵指挥官内山少将通知小松原要推迟炮击时间，等待天气好转时，第二飞行集团的嵯峨彻二中将也发来了消息，天气原因飞机不能按时起飞，预定的空中支援顺延至天气好转开始。

话说得轻巧，你说顺延就顺延？小松原指挥的步兵集群都已经提前进入预定攻击阵地了。几万人的移动很难逃过苏军的空中侦察，苏军很快就知道了日军大规模移动的情况。朱可夫根本没想到日军这次是想搞一次“炮战”，以为日军的手段还是夜袭，于是下令炮兵实施干扰性打击。刹那间，苏军的远程加农炮、榴弹炮，师属山炮野炮，连团属的步兵炮和迫击炮都加入了轰击的行列。由于炮多，弹药充足，苏军炮兵的三道火网对凡是怀疑藏有日军的地方都是一通乱轰。打不打得死人不论，砰砰啪啪，热闹非凡，先吓唬吓唬你再说。

前线集结了这么多的队伍，随便扔几炮就能炸死人，何况是这种还算密集的轰炸。一些步兵中弹身亡，更多人是被苏军的炮弹活活震死在草草挖成的散兵坑里。日本工兵所带的作业工具全被炸毁。第七十二联队第二大队的阵地最惨，一天下来，1200 人只剩下 260 多人。

闷头撅腚死挨炮这算啥事呀？各步兵联队纷纷要求小松原命令炮兵进行反击，给步兵减轻点苏军火炮的压力。但炮兵部队拒绝还击，内山少将的理由很充分，盲目还击不但不会取得好的效果，反而会暴露自己的炮兵阵地，招致对方有的放矢的打击。还有一个原因，内山没好意思明说，日军的炮弹数量十分有限，尤其是那些重炮炮弹本来就没多少，一枚一枚都要用到最关键的地方去，绝对容不得一点浪费。实际上，资源贫乏的日本就是欺负欺负贫弱的中国还威风一些，面对军事大国，根本打不起消耗战。

到了晚上，雨收云隐，月朗星稀。苏军的轰炸机趁着夜色也来凑热闹，又有不少日军士兵被炸死在黑暗之中。

还好，7 月 23 日天气依然晴朗。清晨 6 时，关东军第二飞行集团的 58 架九七式轰炸机和护航的中岛式战斗机按预定时间来到诺门坎上空，准备对陆军实施空中支援。不想苏军却一下子出动了 200 多架战机，瞬间便形成了对日本轰炸机的围歼之势。尽管日军飞行员单兵作战能力并不输于对手，但是猛虎难架群狼，1∶4 的数量劣势使得日机往往顾此失彼，一架一架的日机被相继击落，制空权已完全落入了苏军手中。

6 时 30 分，日军炮兵开始进行试探性射击，试图引诱苏军重炮反击以测定对方的具体方位。苏军也不是傻子，日军炮火零零星星打了一个多小时，苏军的重炮依旧是不声不响。只有前沿部队的团属迫击炮和小口径榴弹炮偶尔不服气地回骂几句。

先沉不住气的反倒是内山少将。上午 8 时，他下令所有的重炮一齐开火，之前日军侦察气球已经侦察出很多“疑似”的苏军重炮阵地，由于之前苏军没有还击，只好将怀疑的地方统统轰上一遍。

日军炮弹远不如苏军充足，可内山少将已经得到了关东军总部的许可，今天的炮击，每门炮可以打足五个基数。由于生产能力和资源限制，日本的军工部门无法为前线提供充足的炮弹，以前炮兵作战打足一个基数的情况已很罕见，这回一次打足五个基数更是日本陆军战史上的第一次。

矮小粗壮的日本炮兵开始满头大汗地将一发一发炮弹塞进重炮炽热的炮膛，对着可能是苏军炮兵阵地的地方狠狠进行着射击。冒烟的黄铜弹壳在炮兵阵地背后堆得像小山一般，连内山自己都数不清打出去了多少炮弹。由于东岸地势低于西岸，日军的炮兵等于是在仰攻，82 门炮中能够打到河西岸苏军炮兵阵地的只有 46 门，所以很多炮弹都打到河里去了。哈拉哈河里的鱼虾鳖蟹这次算是倒了八辈子血霉了。加上目标也不确定，这样的炮击当然不可能取得令人满意的效果。侦察气球传回的观察报告说，射击效果不太理想，击毁苏军重炮 10 门。正打得兴起的内山少将临时决定炮火射击延长一个小时。

兴奋过度的内山少将犯了一个致命的错误，他单方面下令延长炮击一小时的命令，竟然忘记通知给步兵。按原来的约定，是炮击展开两小时后步兵发起冲锋。时间一到，早已憋屈了一天多的步兵争先恐后地跃出战壕，高呼万岁向苏联、外蒙古联军的前沿阵地发起集团冲锋。

尽管日军炮击效果不佳，但苏军阵地还是遭到了不小的损失，面对数万日军步兵近乎疯狂的冲锋，一时竟也难以抵挡。正当苏军前沿阵地指挥官准备下令暂时放弃一线阵地的时候，突然间，一排排重型炮弹在日军步兵的冲锋阵中连环爆炸，大片大片的日军步兵被炸得血肉横飞。内山的炮，打苏联人是远了点，有点够不着，打自己冲锋的步兵倒是距离正合适。日军步兵眼看着就要冲破苏军的防线了，却被这突如其来的炮击打得晕头转向。苏军前沿指挥官还以为得到了自己的重炮支援，当即放弃后撤，打算调集所有轻重火力一起开火。日军步兵的第一次攻势，就这样在敌我双方的联合打击下顷刻间土崩瓦解。

此时，正好一架日军侦察机在战场上空飞过，及时发现了这一误炸，急忙呼叫内山的炮兵停止射击。但由于苏联实施了无线电干扰，内山根本听不清侦察机在叫什么。他还以为是自己炸得很完美，空军在给自己加油喝彩呢，当下激动不已地继续给炮兵下达了加量攻击的命令。

在指挥部看到这惊人一幕的小松原气得差点把望远镜都摔了，破口大骂，内山这个乌龟儿子王八蛋简直愚蠢至极。他在当天的日记中写道，“白天的攻击简直就是一场谋杀”。当前线各步兵联队指挥官知道落在他们头上的重型炮弹乃是拜内山少将所赐之后，一个个气得向天发誓，战后一定要将内山少将送上军事法庭。内山少将家的女性眷属也得到了无数前线士兵的集体问候。

不过战斗还要继续下去，有苦难言的小松原只好亲自带着司令部人员到各步兵联队进行慰问，安抚吃尽了双方炮弹的士兵，重新激励他们被自己人严重打击的士气。

穷酸日本人居然敢跟自己玩炮战，气得朱可夫差点哭了。他立即下令将在日军重炮威胁下的苏军重炮后撤。苏军的重炮均有专门的牵引车辆，移动灵活，且重炮部队都设置有多个预备阵地，一个阵地遭到炮击时可以迅速转移到另一处阵地。朱可夫还下令前沿炮兵观察哨测出日军重炮阵地的方位，同时指示坦克装甲部队寻找日军炮击死角隐蔽自己，随时准备反击日军步兵的进攻。

日军的这次炮击整整打了三个多小时，一口气发射了 5000 余发炮弹，日军辛苦储备的炮弹刹那间不见了踪影，打死的还包括不少自己人。由于连续射击，那些平时舍不得用的大炮发生了不少事故。有 9 门重炮的炮架折断，7 门发生炸膛事故，酿成了炮毁人亡的惨剧。诸如炮身过热、炮管烧坏等故障层出不穷，仅射程最远的加农炮就一连瘫掉了 6 门之多，内山少将心疼得差点晕厥。

追加的一小时炮击停止后，日军步兵再一次向苏军阵地猛冲过去。出乎预料的是，这次的冲锋极为顺利，除了零星踩响几个地雷外，基本没有遇到什么像样的抵抗，6 个步兵联队均顺利占据了预定的目标阵地。原来阵地上的苏军已经撤退到两侧的阵地，将整个浮桥和渡口全部让给了日军。

最先占领苏军桥头堡的第七十二联队酒井大佐大喜过望，当即指挥手下冲过浮桥占领西岸的苏军阵地。第七十二联队士兵很快便蜂拥冲过了浮桥。自诺门坎战役开始以来，这是日军第二次踏上西岸的土地，不是靠迂回而是靠正面冲锋，但可惜这也是最后一次了。酒井大佐做梦都没想到，在西岸等待他的是朱可夫早已布下的天罗地网。

河西距河岸不到 400 米就是一片高台，这片广阔的高台比河岸地带至少要高出 40 米。乘势冲上西岸高台后的日军立即看到了极其恐怖的一幕：高台上 600 多辆联军坦克、装甲车一字排开，刚刚冲上高台的日军士兵还没来得及看清苏军坦克的模样，就被坦克和装甲车上的机枪像割麦子一样扫倒。

高台下的日军听得上面枪声大作，知道战况激烈，更加拼命地往上冲，但冲上去之后，又纷纷变成尸体跌下高台。酒井大佐看到人上去很快变成死尸掉下来，知道情势不妙，这时隆隆的坦克声已经开始由远而近地传来。经验丰富的酒井大佐一听这声音，便知道敌人的坦克不在少数，他当机立断，下令停止向高台冲锋，命令敢死队准备肉搏敌军坦克，同时派出传令兵，请求东岸的重炮进行炮火支援。

命令刚发出不久，苏军的坦克已经连冲带打地开到跟前了。到底是领导水平高，酒井大佐一眼就看出冲在最前面的那辆坦克有点特别，其他坦克只有一根天线，而这辆却有两根，里边肯定是个当官的。酒井立即下令敢死队集中攻击这辆特别的坦克。

酒井的判断还真准，这辆冲在最前面的坦克正是苏军第十一坦克旅旅长雅可夫少将的指挥车。得到命令的日军敢死队像发了疯似的，或抱着炸药包，或攥着反坦克手雷，往目标扑去，指挥车和两侧的护卫车辆一起开火，打死日军肉弹无数。但一名被卷进车底的日本军曹还是拉响了身上的炸药包，指挥车瞬间变成了一片火海，雅可夫少将和车组人员全部阵亡。他也成为苏联在诺门坎战役中阵亡的最高级别军官。战后，雅可夫少将被授予“苏联英雄”的光荣称号。

英雄带出来的部队肯定不会是孬种。虽然指挥官阵亡，苏军坦克旅却没有显现出任何慌乱，反而因为旅长的阵亡变得更加勇猛，更加同仇敌忾。那些日军肉弹很快被苏军打压成一堆堆肉泥。肉弹防线的崩溃使得联队主力马上暴露在苏军坦克的眼皮之下，束手无策的酒井只能指望内山少将的重炮支援了。

内山少将的重炮确实在最需要的时候轰然打响。但第一轮炮弹绝大部分落在了酒井联队的士兵头上，还有少量落在河东岸准备过桥的日军阵中，按照酒井的希望打向苏军的几发零星炮弹，根本无法阻止大队苏军装甲部队的前进。再次受到自己重炮和苏军装甲部队前后夹击的酒井联队很快崩溃，士兵争先恐后地转身抢过浮桥，酒井大佐本人也被溃兵簇拥着往河东岸退去。踏上西岸仅仅几个小时的酒井大佐挥了挥衣袖，真的没带走一片云彩，却留下了满地的尸体。

河东岸其他日军步兵联队并不知道高台上的情况，还要冲过浮桥向河西进军。两股反向冲击的日军对撞在一起，登时乱作一团，大量士兵被挤下了浮桥。苏军坦克趁势闯入日军步兵之中左冲右突，履带上沾满了日军士兵的肉末。一支先头部队更是冲上浮桥，向河东岸一路杀将过来。河东日军连忙部署速射炮进行阻击，谁料侧后又杀出了苏军摩托化步兵。原来上午退出桥头阵地的苏军第三十六摩托化步兵师又乘机杀了个回马枪。机枪和迫击炮一起开火，打得日军是“哭天天不应，叫地地不灵”。

关东军费了吃奶的劲才凑足了 82 门火炮，他们不知道苏军光在西岸外蒙古高台的重炮就有 92 门，东岸尚有 172 门其他各式火炮。在遭到火力攻击后，这些重炮立即往后迁移。苏军设有多个预备阵地，火炮搬运的机械化程度又高，因此很快就转移到了新阵地。在依靠侦察机校正目标后，站稳脚跟的苏军重炮开始了令人恐惧的大反击。猛烈的炮火使得日军各步兵联队纷纷后撤，轻而易举占领的苏军桥头阵地同样轻而易举地丢掉，阵地上到处都是日军士兵的尸体和残肢断臂。放眼望去，一片狼藉，怎一个“惨”字了得。

与双方坦克之间的差距类似，与苏军的火炮相比，日军不但在数量上尽落下风，在质量上也差了一大截。以加农炮为例，苏军最大射程可达 30 公里，日军最大射程是 18 公里，其他中小口径火炮差距更大。苏军新阵地比原先的位置退后了 10 公里，已经位于大多数日军重炮的射程之外，日军火炮就算踮起脚都够不着它们。

步兵被击退之后，苏军重炮迅疾掉转炮口对准了日军的重炮阵地。数以万计的炮弹像下冰雹一样落在日军炮兵头上，霎时，日军重炮阵地变成了一片火海。日军三个小时打出了 5000 发炮弹，苏军一个下午就回敬了 30000 多发。面对苏军排山倒海的打击，日军还击的火力近乎呻吟。日军记载：“苏军的还击远远超出预料，密度之大、持续时间之长是从未见过的，阵地被黑云一般的烟尘覆盖，能见度只有两三米，浓烟遮住了视线，到处是伤员、尸体和损毁的兵器，无一处完好的炮位。”

这场炮战已沦落为苏军一边倒的炮击演习。日军 1/4 的重炮和全部牵引、运输车辆被摧毁，连马匹也丧失殆尽。刚刚开打不久腿就被打没了，日军重炮已经丧失了机动能力，只能停在原地被动挨打。一名日军军官后来这样描述自己所处的战场：“各种口径的炮弹带着死神的呼啸落在阵地上，打得士兵抱头乱窜，惊呼躲到哪儿都没有生路，到处是炮弹，只有在菩萨脚下才能得救。”

好不容易熬到日落，炮战暂时告一段落。随军观察的关东军副参谋长矢野少将和小松原一清点，步兵集团用于冲锋的突击队被打掉了一半，中队长以下军官损失超过了 70%。

夜幕降临，战事稍歇，日军作战会议也在前线指挥部很快召开。会议几乎变成了步兵对炮兵部队的声讨大会：各联队指挥官痛陈炮兵的无能，连敌人的毛都打不着，打自己人却一打一个准。他们强烈要求炮兵应跟随步兵的进攻往前同步移动，保证对步兵持续有效的炮火支援。

以内山、畑勇为首的炮兵军官虽然对步兵的指责心存愧疚，但对他们提出的要求却不得不一口回绝。上午为了摧毁苏军炮兵阵地，一口气用去 5000 发炮弹，下午为了阻止苏军反攻，又用去5000发，总计耗弹10000发。才打了一天时间，日军全部炮弹储备量的70%已经没有了。前面已经提到，当天的炮战已经使炮兵部队损失了几乎所有的牵引车辆和畜力，在机械或者畜力得到必需的补充之前，在松软的沙土地上移动几吨重的重炮谈何容易。即使勉强能够搬移，要在短短一两天内完成构筑既要隐蔽又要利于发挥火力的炮兵阵地也绝无可能。畑勇少将不耐烦地说："构筑火炮阵地，不像你们步兵那样随便在地上刨个坑蹲下就行了，一个晚上根本就干不了。"

双方的争论最后由关东军副参谋长矢野少将做出现场裁决：两个九〇式75毫米野战炮大队随步兵的前进向前移动，以压制苏军前沿火力点支援步兵冲锋。其余重炮原地不动，主要任务改为摧毁哈拉哈河上的浮桥，切断东岸苏军的增援。

7月4日早上8时，充分利用苏军阵地正对太阳视力受损的有利时机，日军所有重炮对着哈拉哈河上的浮桥开始狂轰滥炸。苏军重炮指挥官高尔金少将命令所有的炮兵单位，包括前沿的师属团属火炮集中火力打击日军的重炮阵地，一时间，日军重炮阵地被硝烟和爆炸掀起的沙土笼罩，个别地方能见度只有两三米。但日军的重炮还是顽强地向苏军的浮桥射击，接二连三的重型炮弹击中了目标，苏军的浮桥登时断成了五六节。消息传到指挥部，几天来一直眉头紧锁的小松原脸上终于露出了久违的一丝笑容。

笑容还没绽放就迅速凝结，很快又变成了惊讶。日军前沿观察哨发来了新的消息：苏军坦克和运输车辆仍在不断渡河。小松原立即追问：难道苏军浮桥这么快就修复了吗？哨兵回答说，浮桥没有修复，也没有人去维修浮桥，只看见苏军的车辆贴着水面就开过来了，根本没有看到桥。这一下小松原呆住了，他怎么也想象不到，苏军那几十吨重的坦克怎么可能贴着水面开过河来，难道老毛子使用的是水陆两栖坦克吗？

不愧为陆大的"军刀组"成员，一边的辻政信立即发出了深度侦察命令："让侦察兵认真察看苏军坦克的运动轨迹，如果运行轨迹是直的，那就说明它们借助的一定是桥！"

"陆大探花"也绝不是浪得虚名，辻政信的判断完全正确。苏联人过河使用的果真是桥，但不是能看见的浮桥，而是藏在水下的暗桥。苏军工兵利用暗夜，事先把暗桥架在了哈拉哈河水面下30厘米左右的位置，如果不到桥跟前，很难发现水下居然藏着这样的暗桥。老酒忽然想起南斯拉夫电影中的一句台词——那真是一座好桥！

这样的暗桥，日军炮兵观察哨根本看不到，也就无法准确指示炮击的方位，只能以行驶车辆为参考指示一个大致位置。让日军炮兵无奈的是，炮弹只要不直接落在暗桥上，即使弹着点非常接近，也无法破坏这样的暗桥。更气人的是，这样的桥还不止一座，苏军工兵一共在哈拉哈河上修建了两座这样的暗桥，浮桥被毁根本无法切断河两岸苏联、外蒙古联军的联系。

那边对方没啥大碍，这边日军的重炮阵地已经被炸得一片狼藉，一件比天还大的事就在此时发生了。天皇陛下的女婿盛厚上尉正在指挥4门150毫米榴弹炮进行射击，一颗炮弹准确地落在第一门炮座后不远处并爆炸，炮车轮子随即升上了半空。随军陪伴盛厚的宫内省属官当时腿就飞了。这时候，那个被炸飞的大车轮子又重重落在了驸马的身边，虽然没有直接砸在驸马爷那娇贵的身体上，却还是擦伤了驸马的额头。这还没完，随着爆炸飞起的沙柱将驸马掀翻在地，落下来之后又把驸马活埋了多半截。十几个炮兵急忙奋不顾身地冲上前去，七手八脚地将驸马爷从沙里挖了出来。

士兵甚至将军的死亡事小，驸马爷负伤事大。从驸马来服役就担惊受怕的联队长三鸠一郎大佐急得也顾不上向内山和小松原汇报了，直接越过好几级电告了关东军司令官植田大将，哀求将驸马爷速速调到其他非战斗部队去。

其实植田司令官也正在为如何保护好驸马爷而殚精竭虑，听到驸马负伤的消息植田是又惊又喜。惊的是驸马爷毕竟是金枝玉叶　身娇肉贵，在自己手下有了损伤，难免对自己的前途产生负面影响。喜的是这下可以名正言顺地将他撤下前线了，这样既保存了皇家的荣誉，驸马爷今后也不会再有性命之忧了，受伤总比被打死好。很快，一架小型飞机降落在诺门坎前线，头部擦伤的炮兵中队长盛厚上尉乘坐这架专机迅速飞离了危险之地。

驸马的继续镀金之地选在了驻哈尔滨的阿城重炮联队。不过现在还不能去那里报到，驸马首先要去的地方是海拉尔陆军医院的豪华病房。

已经被打得没了多少脾气的日军炮兵也慢慢学精了，每打出去一发炮弹就立即撤离炮位，因为这会立即招来苏军几十发炮弹的回击。一边的步兵实在看不下去了，就派人来请求炮兵，拜托你们千万别打了，以免招来对手更猛烈的打击，快去一边擦汗歇歇吧。

炮战进行到第三天，日军最后的3000发重型炮弹也打完了。不仅前线炮弹告罄，日军在满洲的重型炮弹储备已经消耗了3/4，剩下的炮弹不足5000发，还分别储存在旅顺等不同的地方。关东军紧急调派运力往诺门坎前线运送炮弹。经过一个星期的抢运，到达前线的炮弹也仅够配备给每门山炮15发、重炮10发。真打起来，这点炮弹连一个小时都支撑不了，炮兵的战斗力至此已经基本耗尽。

炮兵决战也输得干干脆脆，已无还手之力的日军无奈低下了头。连一贯狂妄的辻政信都丧气地说："第一天我们打了敌人10000发，敌人回敬了我们30000发。"他要是知道朱可夫手里还有20多万发炮弹，不知道还会不会说出"皇军一个师团打老毛子三个师"的豪言壮语。

三天的炮战，日军重炮部队损失惨重，不但没取得像样的成绩，还接连两次将炮弹打到自己人的头上。内山少将再也无颜充当炮兵部队的指挥官了，他主动让贤，将指挥权移交给重炮第三旅团的畑勇少将，自己灰溜溜地到长春去了。不过他的这一决定实属明智，半个月后，畑勇少将就"玉碎"在诺门坎前线。

至此日军招数用尽，虽然占领了河东的部分阵地，但始终无法对苏联、外蒙古联军的主阵地形成真正的突破。经过近三个月的激战，日军伤亡惨重，武器装备遭受大量损失，虽经不断补充，但战力依然越来越衰弱。对面的苏军似乎丝毫没有受损一般，飞机、坦克和装甲车反而越打越多，性能也不断提高。原来一名士兵用一个简易汽油弹就可以消灭一辆坦克，现在这种"武器"对坦克也基本不起作用了。大家都清楚日军的失败已经无可避免，只是碍于面子的关东军高层不愿意承认现实而已。

很快，诺门坎前线接到来自关东军司令部的命令："立即停止进攻，占领东岸战线，构筑阵地，准备持久战。"接到命令的小松原立即明白植田司令官的意图，暂时看来是赌不下去了，只有跟苏军先耗着吧。苏军竟然也没有立即展开反攻，多日来炮声隆隆的诺门坎前线暂时平静下来。

这似乎是一场中国内部的纠纷，但谁都知道真正的幕后是谁——其实他们早已冲到了幕前。即使已经打得头破血流，远东的两大宿敌日本和苏联都没有向对方正式宣战。

“这是一场陌生的、秘而不宣的战争。”1939 年 7 月 20 日，美国《纽约时报》社论这样评价苏联人和日本人在蒙古草原上的这场苦斗。《纽约时报》不屑一顾地嘲讽道：“他们在人们注意不到的世界角落里发泄着彼此的愤怒，进行着一场毫无实际意义的战争。”

直到两年后日本人的炸弹劈头盖脸地扔到珍珠港，美国人才明白过来，恰恰是他们认为无关紧要的这一场战斗改变了日本人的作战对象，也恰恰是他们根本瞧不起的日本人给了他们致命的打击。美国人将为自己的骄傲和轻敌付出惨重的代价。

摧枯拉朽的反攻

战争已经打了两个多月，一直都是日满军进攻，苏联、外蒙古联军防守。虽然日满军的攻势如黄河之水一浪高过一浪，却始终无法完全冲垮苏军的防线。两次渡过哈拉哈河，不但未能在西岸站住脚跟，反而付出了巨大的伤亡代价。对于前线指挥官小松原来说，别提有多郁闷了。

就在日军暂停进攻，舔舐伤口之时，对面的朱可夫终于耐不住寂寞了。早在 7 月中旬日军不断增兵的时候，朱可夫已经着手筹划对日军实施一次绝地反击。他清楚，要想彻底打垮狂妄的日本人，不能指望四平八稳、慢慢悠悠的持久战，苏军必须毕其功于一役，发动一场排山倒海的大反攻，才能让日军彻底断了北进的念头。当今世界危机四伏，欧洲随时可能爆发大规模的战争，朱可夫知道，要是这一仗能够打得漂亮一点，伟大的斯大林同志就一定不会再“清洗”自己了，那今后就会有更大、更多的仗可打。此时他还不知道，在斯大林心里，已经在盘算如何与希特勒一起去瓜分波兰了。

综合前线的各方面情况，朱可夫向莫斯科建议，8 月中下旬实施一次大规模的反攻，还列出了打败日军的必要条件，那就是双方的人员和装备对比必须不低于：步兵 1.5∶1，机枪 1.7∶1，炮兵 2∶1，飞机 2∶1，坦克和装甲车 4∶1。这就是不打无准备之仗的朱可夫的思路——集中优势兵力一击破敌。

朱可夫所做的第一件事，还是进行各种战斗物资的储备。早在6月刚到诺门坎前线不久，他便下令两个铁路兵工程团和一个筑路工兵营修筑从苏联博尔集亚到外蒙古乔巴山市的战备铁路。这些部队仅用了58天，便将铁路铺设到了324公里之外的桑贝子，苏军的补给线一下子缩短了一半。铁路的通车使苏军的补给效率大大提高。朱可夫集中的那4000辆重卡和1400辆油罐车，从开战到现在，二十四小时连轴转就没停过。到7月下旬，苏军总共给诺门坎前线抢运了6万吨的各类物资。而同一时期内，日军的马拉车和牛拉车拼死拼活运到前线的物资只有可怜的1500吨而已，差距达到了40∶1。

为了麻痹日本人，朱可夫命令停止对日本人的无线电干扰，故意发出一些有关木料紧缺、水泥质量有问题的电报，同时调集大功率的音响设备到前线，将模仿打桩的声音通过音响向外播放，造成苏军正在修筑过冬工事和营房的假象。在坦克部队调动时，苏军出动轰炸机进行低空飞行和射击，用飞机的声音掩盖坦克的噪声。苏军还大耍瞒天过海之计，故意将一些坦克的消音管拆除，让它们在前沿阵地上来来回回地走动，使得日军的前沿士兵对坦克的声音习以为常。通过这一系列真真假假的手段，朱可夫成功实施了部队集结，特别是坦克部队的前线集结。直至进攻前夕，苏军坦克开始向前推进的时候，日军前哨阵地的士兵才有所警觉，但日军指挥部的值班军官却妄下判断："不用理他们，朱可夫总得让他的部队有点事干。"

苏军还特意在前线印发了一些小册子，名字就叫"战士防御须知"，小册子中介绍一些冬季如何加强防御的技巧，还故意在空投的时候误让一些小册子落入日军手里。

相对于苏联、外蒙古联军的厉兵秣马，对面的日军却十分悠闲。7月29日，关东军司令官植田谦吉大将拖着一条笨拙的假腿，来到了诺门坎前线指挥部所在地将军庙。这是诺门坎战役爆发以来视察前线的最高级将领。

作为参加过日俄战争的老军人，植田大将一贯看不起俄国人。他真没想到，关东军倾其所有还是没能打垮老毛子，反而被对手打得鼻青脸肿，所以他认为有必要亲自到前边看看去。在小松原中将的陪同下，植田大将检阅了各作战部队的欢迎队列，并对前线的攻防发表了一番重要讲话。光玩虚的也不行，为了补充前线的损失，植田下令将第七师团第二十七联队的两个大队和一个炮兵大队调到海拉尔作为第二十三师团的预备队，来自奉天的第一独立守备队也划归第二十三师团指挥。这说明尽管打了败仗，但关东军总部和植田大将本人对小松原还是非常信任的。

植田大将到前线还有一件大事要办，那就是给英勇负伤的天皇陛下的女婿盛厚上尉授勋。很快，一架专机从海拉尔的豪华病房里接来了盛厚上尉，并直接送到了将军庙。植田司令官亲自高声宣读了关东军司令部的嘉奖令，并将一枚一级武功勋章亲手缀在了殿下的胸前。

本来这样的仪式放在前线阵地上效果更佳，但是那里不时有苏军飞机的轰炸和炮兵的袭扰。殿下已经受伤了，不能再有任何闪失，只好在将军庙这地方凑合一下吧。接受勋章之后，驸马爷很快又乘坐同一架飞机永远离开了让他痛苦难忘的诺门坎前线。

前线死了那么多人都稀松平常，可是一个小小的陆军上尉居然因为受点轻伤就能得到如此的荣誉，而且有专机来回接送，植田司令官还亲自颁奖，诺门坎前线的将佐们不禁面面相觑，都怪自己没能娶上好老婆。

地面的冲突暂时停歇，但空中小规模的零星格斗一直在持续。朱可夫命令空军在大反攻之前要不断出动对日军进行袭击，消耗日军已经日渐衰弱的空中力量，提前扫清来自空中的障碍。7 月 29 日，20 架苏机袭击了日军的前线机场，日军第二十四战队中队长可儿才次少佐刚刚执行任务回来，飞机着陆后还没走出机场，就被当场炸死。王牌飞行员这样窝囊地死在地面上，估计可儿少佐一定是死不瞑目了。在当天傍晚的又一轮空袭中，第一战队中队长原田文雄少佐又机毁人亡。8 月 2 日，苏军 50 架战机再次袭击将军庙机场，日本最优秀的飞行军官、曾任关东军航空主任的第十五战队队长安倍克己大佐战死。两天之后，刚刚得到补充的日本第二十四战队再次在没有预警的情况下仓皇起飞应战，队长松村黄次郎中佐的指挥机遭受重创强行着陆，松村中佐身受重伤。日本空军的人员和战机损失已经到了难以为继的地步。

植田信任小松原并不代表东京也相信他。眼看前线没有一点起色，大本营决定扩大建制，在诺门坎前线成立第六军，司令部就设在离诺门坎最近的海拉尔。随着新调集部队的陆续到来，前线的部队总数再次超过了 8 万人。大本营不相信小松原有指挥这么多人马的能力，于是调原驻关内宜昌的第十三师团师团长荻洲立兵中将任第六军司令官。此举让小松原感到跟吃苍蝇一样难受，却也无话可说，谁让你之前连打败仗呢？

从植田司令官、矶谷参谋长等高官到服部、辻政信等作战参谋，对大本营此举无不是既愤慨又伤心：这分明是不信任关东军，有意给我们难堪啊！事实上来说，这个表面上看起来扩大了的编制也毫无意义，一下子破坏了之前好不容易才建立起来的指挥系统和协同关系，等于在第二十三师团和关东军之间又空降来一个军长，弄这一出，俨然脱裤子放屁，多此一举。这军长还是新来的，对前线的情况并不了解。作为刚提拔的军长，荻洲立兵中将也不能不装样子到前线看看，还要顺便做出一些重要指示。让人想不到的是，荻洲的指示恰恰和之前植田大将的指示相反，小松原也不知道听谁的才对。两人见了几次面，互相之间都不冷不热，似乎有点互不买账的样子。

8 月中旬，七三一部队的山下健次大尉带领病原菌检查班来到海拉尔，通过检验病员粪便的方法最终确认，前线大量士兵染发的怪病的根源，就在于自己之前投放的传染病菌。

荻洲中将来到诺门坎前线之后也没有觉察到苏军反攻的准备。前线观察报告说苏军正在大规模地修建过冬营房，有限的几次空中侦察也只看见苏军长长的运输车队在广阔的原野上奔驰。荻洲中将立即相信了前线小松原一伙做出的结论：苏军正在做过冬的准备。对苏军车队忙个不停，荻洲给出了一个他认为完全科学合理的解释：诺门坎的冬天极为严寒，最低气温常常低于零下 40 摄氏度，要想在诺门坎过冬当然需要大量的御寒物资，苏军运送物资那是一点都不奇怪的呀。于是，荻洲放心地回海拉尔去了，他甚至没有取消军官周末轮流度假的命令。你们要过冬，我们也轮班潇洒一下吧。他不知道苏军的那些运输车队运送的不是修建营房的物料，而是苏军准备反击的作战物资。

关东军司令部也相信了荻洲中将的判断，在 8 月 12 日下发了《诺门坎事件处理纲要》，其主旨就是要求做好持久战的准备，以便在严冬季节确保既得战果。

此时离漫长冬季来临的10月已经不远了，有事咱明年春天再说吧。

苏军的反攻日方并不是没有人预料到。其间关东军曾经接到了哈尔滨特务机关长秦彦三郎少将从苏联远东地区内线得到的绝密情报。情报的内容是，莫斯科要求朱可夫在8月5日至8月10日对日军开始总攻击，朱可夫因为作战物资尚未完全到位，要求推迟攻击时间。与此情报相对应的是，前不久日本驻苏联大使馆副武官土居明夫大佐经西伯利亚铁路回国途中，曾发现苏军的两个师和80门大炮正在运往前线。驻苏联使馆也发来电报，认为苏军一定会在近期发动攻势，可惜关东军和第六军对这些珍贵的情报置若罔闻。

朱可夫规定，直到大反攻到来的两天之前，所有部队一律不准进入划定的进攻出发地域。同时要求苏联军官必须换上士兵的服装提前潜伏到前沿勘察地形，熟悉分配给自己的阵地和进攻方向。

为了确保反击的突然性，反攻作战计划要做到绝对保密，只有朱可夫和他的政委、参谋长以及作战部部长4人知道。也不对，知道的还有一个人，所有战役的计划、命令等作战文件都由司令部一名专门的打字员打印。前线将士都是在总攻开始前3个小时才知道即将发起的总攻。

朱可夫建立了南部集群、北部集群和中央集群3个攻击群。南部集群由步兵第五十七师、坦克第六旅、外蒙古骑兵第八师、摩托装甲第八旅、坦克第十一旅的两个坦克营、一个自行火炮营、坦克第三十七营和一个喷火坦克连组成。北部集群由坦克第十一旅、摩托装甲第七旅、步兵第三十六师第六〇一团、外蒙古骑兵第六师和坦克第八十七营组成。中央集群是步兵第三十六师和第八十二师、步兵机枪第五旅和两个炮兵团组成。总预备队是摩托装甲第九旅和空降兵第二〇三旅。参与进攻的部队和装备总计515架飞机、498辆坦克、385辆装甲车、542门大炮、2255挺机枪以及士兵57000人。

苏联、外蒙古联军的计划是，以步兵为主的中央集群进攻并牵制正面的日军，南、北两个装甲机械化集群从两翼迂回包抄，对日军实施围歼。

朱可夫也清楚日军星期天安排军官轮流到海拉尔度假的惯例。他翻看了日历，8月20日就是星期天。事实正如朱可夫所料，战后统计，在8月20日这天，在200公里之外的海拉尔，风流快活的日军军官超过了总数的40%。

为了保证强大的攻击兵力能够迅速通过哈拉哈河，8月19日深夜，苏联工兵连夜在哈拉哈河上又架起了4座浮桥。

8月20日凌晨2时45分，苏军前锋部队接到了进入攻击阵地的命令。5时45分，随着朱可夫一声令下，苏军数百门大炮对日军的前沿阵地开始了地毯式的猛烈轰炸，日军绵延40公里的前沿阵地刹那间笼罩在一片浓烈的烟火之中。先前已暴露炮位的日军高射炮阵地首当其冲，顷刻之间所有的防空指挥部、高射炮、高射机枪全都飞向天空，为空军之后的大规模空袭扫清了障碍。

随着空中巨大的轰鸣声越来越近，由150架轰炸机和100架战斗机组成的庞大机群遮盖了天空，炸弹如冰雹般从天而降，由小到大，很快在地面上腾起阵阵烟雾。护航的战斗机由于没有战斗任务，也开始对着日军的阵地来回扫射，一个个忙得是不亦乐乎。8时15分，苏军各型火炮又进行了新一轮的攻击。8时30分，第二波空袭再次展开，炸得日军头都抬不起来，连喘气的机会都没有。

3个小时的炮火准备之后，日军前沿的火炮阵地观测所、通信站等固定军事设施全部从地面上消失。8时45分，总攻的信号弹升上了天空，苏军南、北、中3个攻击集群倾巢而出，在强大的炮火支援下向日军的防线发起了全线进攻。

尽管刚刚淋了几番炸弹雨，构筑在旷野上的土木结构工事已经被炮火扫平，但是日军仍然依托用工兵铁锹挖成的简易单兵掩体誓死抵抗。苏军的坦克装甲部队根本不理会那些用轻武器射击的日军步兵——那是留给炮兵、步兵的后续大餐，而是分开南北两翼，专挑没有高地依托、松软沙土地上的散兵线冲过去。这些地方本来就属于警戒阵地，防守力量非常薄弱，所以苏军南北两路坦克装甲部队很快便撕开了日军的防线直插后方。

经过第一天的战斗，苏军成功实现了分割包围日军前沿各作战单位的战略意图。这些高地在短短的时间里变成了一座座无助的孤岛，守在上面的日军很快就成为外无增援、内无粮草的孤军。

8月21日，苏军的两路坦克装甲部队已经在敌后胜利会师，前沿日军部队全部陷入苏军坦克部队的包围之中。为了彻底切断日军的补给，朱可夫使出了釜底抽薪的阴毒一招。派出总预备队第二〇三空降旅乘隙空降甘珠尔庙，一举摧毁了位于该地的日军后勤基地。这一招可谓一下子打在了日军的死穴上，前线日军陷入了弹尽粮绝的极端困境。连隐藏在10公里外的日军重炮部队也因无炮弹可用，只能无可奈何地作壁上观。

关东军司令官植田大将得知第六军大部队陷入苏军包围的消息后大惊失色，急忙召集参谋人员研究如何调派兵力增援诺门坎前线。一群作战参谋的研究结论是，以日军目前的机动能力，即使立即下令增援部队出发，离前线最近的部队至少也要一个星期才能到达诺门坎，远的最少要半个月，可谓远水解不了近渴。在补给完全断绝的情况下，要求第六军坚持战斗一个星期无疑是不现实的。这帮参谋竟然还撺掇植田司令官，提出改变前线被动局面的最好办法就是用更加坚决的进攻来打开敌军的合围。已经束手无策的植田只好电令荻洲立兵，不能坐以待毙，要尽快从被包围的部队中抽调尽可能多的部队组成反击兵团，重点攻打南路的苏军，力图打破敌人的包围。

要说荻洲这军长，老酒也能当，他将抽调兵力执行反攻任务的命令原封不动地批发给了小松原，接到命令的前线日军各部队一片哗然。一线部队白天作战，夜晚抢修工事，缺吃少喝，伤亡惨重，活着的也早已疲惫不堪。如果凭借现有的坚固工事死守，或许还可以多支撑几天。现在上头要求大家离开工事，向苏军坦克装甲车发起冲锋，无异于以卵击石，只会加速部队的灭亡。

计划抽调的部队共有14个步兵大队，总数约15000人。因为大内参谋长阵亡，原来的第七十一联队联队长冈本德三大佐刚刚接任参谋长职务。之后接任的联队长长野荣二大佐又在战斗中身负重伤，继任联队长就换成了森田彻大佐。森田彻开始向老联队长诉苦，说你的老部下就剩下1800人了，如果再抽调两个大队去参加反攻部队，剩下的仨核桃俩枣肯定守不住现有阵地，而参加反攻的部队恐怕冲不了多远也会全部“玉碎”。冈本如今所处的位置已经不一样，他对森田彻的唱衰甚为反感，立即斩钉截铁地回答：“为了帝国皇军的荣誉，即使全体玉碎也要进攻，哪怕是前进两三米也好。”

森田范正少将也向冈本参谋长发出了类似的质问。参谋长的答复是：“司令官命令进攻，那就得进攻下去。”森田少将愤慨地反问：“官兵都死光了，拿什么进攻？”

尽管费尽了千辛万苦，14个大队还是临时拼凑出来了。不过这14个大队经过第一天的激战损失严重，没有一个大队是满编的。反击部队被分成左、右两翼。左翼以第二十三师团第七十二联队和第六十四联队的一部为主力，还有原独立野战炮第十三联队的官兵。这些炮兵的火炮已经基本上被摧毁，剩下的几门炮也因为没有炮弹成了摆设，完全失去了炮兵的作用，现在只能当步兵使用了。这一路由第二十三师团步兵旅团长小林恒一少将指挥。右翼部队以第二十三师团的第七十一联队和第七师团第二十六、第二十八联队为主力，由第七师团步兵旅团长森田范正少将指挥。第六军参谋长藤本铁雄少将也亲自赶到现场督战。

8 月 23 日凌晨 3 时，执行反击任务的日军士兵纷纷爬出被炸得破烂不堪的工事，趁着夜色向苏军的阵地摸去。留在指挥所的小松原很快便听到前线传来激烈的枪炮声，可部队的进展情况毫无消息。反击部队没有派回通信员，自己派出去的通信员也一个都没回来。他只能根据枪声判断前面激烈的战斗还在持续。

身边马上就有坏消息传来，指挥部直属卫队报告附近发现苏军装甲部队，大惊失色的小松原急忙呼叫空军支援。很快第二飞行集团的 12 架九七式轰炸机飞到了指挥部上空。这些难得一见的空中力量却没有攻击苏军的坦克，却一通炸弹把指挥部仅存的十几辆汽车一一炸毁后扬长而去。气得小松原破口大骂。

日本空军的误炸反而取得了奇效。苏军坦克部队远远望着一架架日本轰炸机向日本阵地俯冲投弹，这种出人意料的自杀战术使得苏军一下子蒙了，不明白日本人到底在搞什么名堂。苏军机枪手阿廖沙惊疑地问车长："上尉同志，日军飞机起义了吗？"上尉耸了耸肩："鬼才知道。"看到这边已经被炸得稀里哗啦，估计也没什么油水了，苏联坦克部队远远眺望了一会，径自走了。

长出了一口气的小松原回头一看，参谋长冈本大佐不见了。仔细寻找才发现，原来参谋长被苏军炮火掀倒的墙面压在了下边。几个参谋赶紧上去七手八脚把参谋长拉出来，冈本比植田司令官还惨，两条腿都断了。为了保住性命，当夜，军医部部长村上德治大佐用手电筒照明，给参谋长截了肢。比起之前当场战死的大内参谋长来说，冈本算幸运了——尽管这幸运也不过是多活了几个月。

傍晚时分，终于有好消息传来，左右两翼反攻部队均前进了 2 ~ 3 公里，就这两三公里已经耗尽了日军的所有力量。参加左翼反击的第七十二联队两个大队只剩下 7 名军官和 87 名士兵，指挥官小林少将右腿被坦克火炮炸断，倒地后险些被溃兵踩死，幸亏被一名军医发现，拼死将他救出，他才不至于魂断诺门坎。

右翼部队更惨，他们冲进了苏军的坦克阵。此时苏军坦克已经全部改装为柴油发动机，还加装了一层铁丝网，就连敢死队的“肉搏”战术对它也无可奈何。唯一能奏效的便是连人带炸弹一起先埋伏在坦克的前进道路上，等坦克经过头顶时再引爆炸弹同归于尽。这种做法很容易被坦克的机枪手发现并消灭，也更容易被坦克碾成肉泥，成功的可能性微乎其微。刚刚接任第七十一联队联队长的森田彻大佐——发动卢沟桥事变的罪魁祸首之一，就是在头缠白布条充当敢死队向苏军坦克冲锋时被机枪打成了马蜂窝。接替森田彻出任联队长的东宗中佐很快就发现，他的身边已经空无一人，第七十一联队只剩下他一个人了，四周都是苏军的坦克。绝望的中佐烧掉联队军旗后举枪自尽，第二十三师团第七十一联队至此全军覆没。在森田彻的身后，重炮兵联队长染谷义雄中佐自杀身亡。

日军的拼死进攻也使苏军付出了重大的伤亡代价。很多高地已经被苏军炮火轰得寸草不见，变成了一座座光秃秃的焦土堆，但是残余的日军士兵依然死战不退，使得苏军的步兵每前进一步都要付出重大的伤亡代价。胶着的战况使得在前线指挥部观战的朱可夫焦急万分。他接到了攻击前线一个师长的电话：

“司令员同志，我军伤亡很大，敌军又发起了反攻，能否暂时后退休整一下？”

“你确信无法执行继续攻击的命令吗？”

“很困难，朱可夫同志。”

“请让参谋长接电话。”

对着新接电话的参谋长，朱可夫说道：

“我命令你立即组织发起进攻，不惜一切代价拿下敌军的阵地，你能完成吗？”

“保证完成任务！”

“很好，你现在是师长了，立即执行任务吧！”

很快，前线的消息再次传来，这个师的攻击依然是畏畏缩缩，朱可夫再次拿起了电话。

“师长同志，进攻还有什么问题吗？”

“日军的反击很猛烈，我军伤亡巨大……”

“好的，我现在告诉你，新师长马上会赶过去。在这之前，你必须继续坚决执行进攻命令。”

朱可夫回身对司令部的一名上校参谋说：

“你能完成刚才我说的任务吗？”

“一定能，朱可夫同志！”

“你现在是师长了，马上到前线，把日军的阵地拿下来！”

8月25日晚上，在前线督战的第六军参谋长藤本铁雄少将撂下一句“我要回军司令部去了”之后，率先离开，开启了日军溃逃的先河。但是也有例外，勇猛过人的辻政信少佐反而冲出了指挥部，带领几十个溃兵顺着电话线去寻找可能已经不存在的第七十二联队的军旗。在黑暗中，他们听到了第七十二联队掌旗官原田少尉的呼喊声，原来军旗还在。辻政信派人将军旗送回去，自己带人继续前行。他发现了自己“陆大”最好的同学、第七十二联队副官国本少佐的尸体。看着好友那已经焦裂的嘴唇，辻政信取出水壶在国本的嘴唇上滴了几滴，算是让同学到阎王那里还能说出话。再往前面，辻少佐看到了联队长酒井美喜雄大佐。

两人都非常兴奋，但辻少佐发现酒井大佐的一条左臂已经没了。酒井告诉辻政信，这样打下去，明天就不会再有一个活人了。辻少佐拿起水壶，给酒井倒了一壶盖水。喝过水的酒井大佐感激涕零：“实在太感谢了，谢谢你，也谢谢你这杯水。”辻政信忍不住又给他倒了一壶盖，酒井说什么也舍不得再喝。在辻政信的连连劝说下，酒井感动得泪流满面，泪水滴在壶盖里，酒井边哭边喝下了这“盖”珍贵的“圣泪水”。

到8月26日，日军的濒死反击已经被彻底击溃。不但反击部队伤亡殆尽，没被消灭的部队也全部陷入苏军的包围之中，仅存的阵地也岌岌可危。第六军指挥官荻洲立兵中将收到的唯一好消息就是，尽管很多部队被歼灭，但是还没有一支成建制投降的部队。此时的荻洲中将已经完全没了主张，他断然下达了一道命令，让军需部部长将配备给他的日本清酒换成烈性威士忌。然后自己坐在指挥部里一个劲儿地喝，喝完后逮谁骂谁。喝晕了就趴在桌子上呼呼大睡。

军长烂醉如泥不省人事，刚从前线仓皇跑回来的参谋长惊魂未定，司令部其他所有人都不知道怎么办才好。这时候从外边冲进来一个年轻人，上前就粗暴地摇醒了没人敢惊动的荻洲军长：

“现在你不能在这里喝酒，你应该组织敢死队立即去营救小松原师团长！”

“难道是我把他逼上死路的吗？我能有什么办法？”醉眼蒙眬的荻洲中将自知理亏，倒是没发火。

“你作为一军之长，难道就会叫你的师团长去送死吗？小松原师团长现在正在以身报国，你作为军长就只会喝酒吗？你不知道你的职责吗？你怎么能见死不救？”年轻人的声音越来越大，连帐篷外的那些参谋都听到了，实在听不下去的藤本参谋长跑了进来。

“辻君请息怒，我现在就组织，由年轻的参谋组成敢死队去营救小松原师团长好吗？”

看到藤本参谋长的话没有一个人附和，辻政信怒吼道：“你们都在这里歇着吧，我作为关东军少佐作战参谋，我自己去！”

恰在此时，小松原师团长的专属副官田中少尉冲了进来，向荻洲军长呈上了小松原师长的绝命书。田中代表师团长向军长表示，小松原将军决定在前线战至最后一兵一卒，绝不苟活。荻洲酒也好像清醒了一点，前线的战斗已经陷入绝望，如果再坚持下去，第二十三师团只有全军覆没这一个结果。他知道一个师团被敌军全歼对于大日本帝国陆军意味着什么，于是迅疾下令：“命令第二十三师团实施突围，军部立即组织敢死队负责接应、救援。”

田中少尉却并不买账：“谢谢，既然军部命令突围，那就是我们自己的事情了，不再麻烦军部了。我立即返回前线向师团长传达军长的命令。”之后敬礼转身离开，带着几个敢死队员重新返回战场，把一群高级人才晾在了那里。

让人意料不到的是，从诺门坎前线撤退下来最完整的部队恰恰就是最早出场的第二十三师团的骑兵联队，现在的联队长是井置荣一中佐。在最后的战斗中，井置中佐率领他的骑兵联队驻守在一座高地上。由于他的骑兵联队只有 800 余人，所以没有抽调人马参加“玉碎”反击，只是奉命坚守自己的阵地，反而保存了不少力量。8 月 24 日傍晚，这支日军骑兵部队只剩下 110 人。马匹早已经打没了，骑兵全部变成了步兵。

井置中佐召集全体军官开了个会，并在会上传达了小松原师团长“死守到底”的指示，这一命令立即得到了所有军官的一致反对。在弹尽粮绝的情况下，只要苏军一个冲锋，这支100多人的小队伍便会瞬间消失。大家都清楚突围才是唯一的活路，但是谁都不想说出来。

井置中佐明白，即使他能带领大家成功突围，作为联队指挥官，擅自更改作战命令也是死罪难逃。所以大家还可以选择，对他来讲进退都是死。看着那些跟他出生入死的下属，井置中佐在沉思良久之后，断然下达了撤退的命令。为了这100多人能够活下去，他毅然决定牺牲自己。8月25日凌晨，这支精疲力竭的百人队伍告别了700具战友的尸体，踏上了后撤的漫长征程。几天没吃没喝，加上激战，他们的力气已基本耗尽，在突围的道路上，后面的人必须抓住前面人的腰带才不至于掉队或失踪。颇具戏剧性的是，他们一路竟然畅通无阻，趁着夜色奇迹般走出了苏军的包围圈。这支100多人的队伍，成了整个诺门坎战斗中逃出的建制最完整的日军联队。

成功将部属带出苏军包围圈的井置中佐还没有在军营中坐稳，关东军总部便派来了两名和他相熟的军官。不是来慰问，而是劝他“为国尽忠”。虽然早有思想准备，但刚刚脱离险境，获得安全保障之后的井置实在不愿就此了结自己的生命。两位好友就开始苦口婆心地劝说，谈话进行了整整一夜。事已至此，井置也不想让好友为难，天快亮的时候，他对准自己的太阳穴开了一枪，他的两个朋友才心满意足地回去交差了。井置中佐并不孤独，那边同样原因被逼自杀的还有第八国境守备队队长谷部理睿大佐。

山县武光第六十四步兵联队的残余力量会同野炮兵第十三联队残部一起驻守在巴尔夏嘎尔高地上，已经陷入苏军的三面包围。8月27日，苏军正式发起进攻，炮击从清晨持续到下午。15时，苏军出动10辆坦克和500名步兵向高地发起了进攻，坦克在距离日军战壕还有800米的位置停下来，不断地用火炮向日军的工事射击。强烈的炮击打塌了许多工事，很多士兵因此被活活埋在里边。面对凶猛的日军，苏军也不敢靠得过近。在坦克炮火的支援下，苏联步兵一直攻到了离日军核心工事只有80米左右的位置，开始用手榴弹攻击工事中的日军。日军的顽抗持续到了天黑，害怕黑夜的苏军退了下去。日军又可以多活一夜了。

山县大佐并不是一个人在战斗，除了身边的炮兵联队长伊势高秀大佐，他的师团长也在挂念着他。要说小松原中将也绝对够哥们儿，得知山县的窘境之后，他把身边的残余部队集合起来数了数：第七十一联队500人，第七十二联队40人，独立守备队250人，工兵联队300人，师团通信队50人，加起来就有了1140人，带上他自己就1141人了。虽然明明知道这支部队出去也顶不了什么用，但作为战场的指挥官小松原只能这么做，也必须这么做。他准备亲自带着这些部队去营救山县的被围部队。由于已经无法通过无线电与山县取得联系，两支日军互相之间都不知道彼此的位置和行动计划。

8月28日天一亮，苏军对巴尔夏嘎尔高地的进攻再次开始。头一天的情景再次重演。日军的抵抗力也的确惊人，在继续被狂虐了一天之后，苏军在傍晚的时候又退了回去。看来剩下的日军又能再多活一夜了。

这样挨下去早晚是死，山县大佐和伊势大佐于是商量决定，当晚趁天黑撤出战斗。23时，撤退命令下达到每一个士兵和伤员。此时的山县还显示出一名战场指挥官应有的素质，他先安排组织伤员撤退，因此又耽误了不少时间。29日凌晨3时，残兵主力部队的撤退才正式开始。

小松原亲自率领的救援队于8月27日晚上21时出发，路上不幸遭遇苏军的装甲部队，一路且战且走。当他们费尽千辛万苦来到山县联队原来驻守的巴尔夏嘎尔高地时，已经到了29日的凌晨5时，山县残部刚刚撤走两个小时。

山县联队可没有骑兵联队的好运气。逃离高地后他们很快被苏军发现，苏军迅速派出坦克和摩托化步兵一路追杀。到了29日下午，山县大佐和伊势大佐发现身边只有4人了：山县联队的副联队长和旗手，以及一个传令兵和一个步兵。山县和伊势两人烧掉军旗之后，与两名军官一起选择了自杀。两名士兵守着长官的尸体挨到天黑，之后趁夜寻隙逃出了苏军的天罗地网。

停战协议签订之后的9月24日，日军收尸队终于发现山县武光大佐的尸体和被烧剩一个角的第六十四联队军旗。军旗的发现让关东军长出了一口气，这样第六十四联队就不用被撤销了。

8月30日，再次杀入重围的田中少尉竟然找到了小松原中将，还带来了荻洲立兵中将“自行突围”的命令。小松原与荻洲进行了最后一次通信联络，随后砸毁电台，烧掉了密码本。小松原还命令所有军官将各自的军衔肩章摘掉并销毁。

8 月 31 日，日军的两个轰炸机中队向被团团围在核心的第二十三师团司令部投下了食品和大量的反坦克手雷、手榴弹、机枪弹。小松原也不愧为久经沙场的猛将，他竟然带着 500 名疲惫不堪的溃兵苦战两天两夜，最后连续 5 次用手榴弹和手雷冲锋杀开了一条血路，成功撤回了位于将军庙的第六军司令部。

在战斗中左臂被炸断的酒井大佐捡回一条命，9 月 12 日被送往齐齐哈尔陆军医院治伤。躺在病床上的酒井大佐在获知关东军以最惨痛的失败结束了诺门坎大战之后，越想越窝囊，越想越气愤。他在 15 日写好了遗书，面向东方遥拜后，用仅存的独臂剖腹自杀，并因此“喜”晋陆军少将军衔。

已经失去双腿的冈本参谋长也荣幸地晋升为陆军少将，在医院里他遇上了一群要求落实伤员待遇的满洲伤兵。双方为此发生争执，一个满洲老兵竟突然拔出战刀，将冈本少将一刀砍死。第二十三师团参谋长冈本德三就此创造了一个纪录：日本历史上唯一被伪军劈死的日本将官。

幸运儿肯定还是会有的，他就是独立野战重炮兵第七联队联队长鹰司信熙大佐。虽然他的联队全军覆没，只有大佐一人孤身逃回，但由于和天皇有很远的亲戚关系，鹰司大佐只是落了个革职回国反省的处分。

姜还是老的辣，还是第七师团师团长园部和一郎中将有先见之明。派出的几个步兵联队将军旗全部留在了驻地齐齐哈尔。尽管人都留诺门坎没回来，但第七师团仍是一个建制完整的师团。园部中将也很快在第二年的 3 月到了中国的武汉，接任冈村宁次就任了日第十一军的第二任司令官。

一战打出来 6 年和平

让人纳闷的是，前线的战斗竟然是苏军首先停止的。就在各路日军溃不成军的时候，占尽优势的苏军并没有赶尽杀绝，反而戏剧性地停止了追击。1939 年 9 月 1 日，苏军到达苏联和外蒙古所主张的边界线后便不再往前推进，其做法与“张鼓峰事件”如出一辙。表面上似乎很大度，我只得到自己想要的那一块就不超出范围，深层次却是另有原因。

苏联人的重点在西线，相对远东而言，他们更关注欧洲的局势，目前斯大林还不想在远东进行一场大规模的战争。这里远离他们的欧洲中心，给军队的补给带来诸多不便。如果战事进一步扩大，就意味着补给能力还要大大加强，这势必影响他们在西线的战力。斯大林只想把日本人彻底打疼，让他们今后不要再随便捣乱，他还没有精力，也没有能力一下子把他们打死。

眼前斯大林有更重要的事情去做，那就是和希特勒一起去瓜分波兰，这大概才是他们主动停战的根本原因。如果将北极熊换位当作“光头强”的话，相较于日本这个“熊二”，“熊大”德国的威胁更大。但现在“熊大”还不是敌人，双方还要合起来一起干坏事。

在战场上吃了大亏的日本人却不想就此停战。虽然日本的生产能力和运输能力都远远弱于苏联，但它的补给基地比苏联人近得多。更重要的是，从精神上来说，日本人根本无法接受失败的结果。从明治维新以来，日本的对外战争都是一路高歌猛进，几乎每战都以胜利告终。这次一下子栽了这么大一个跟头，想让日本人安安生生地吃下这个亏，恐怕是不太容易的。这口气要是不撒出来，没准自己能把自己给憋死。

东京的参谋本部在得知第六军惨败，特别得知是几个联队整建制被全歼的消息后恼羞成怒。大日本帝国皇军竟然败给原来的手下败将，是可忍孰不可忍！况且还有潜在盟友德国和意大利的观察团在那里看着，这老脸往哪里放？参谋本部立即决定从中国战场抽调驻青岛的第五师团，驻河南新乡和开封的第十四师团，野战重炮兵第九、第十联队等部队回援关外。同时在本土集结 12 个野战高射炮联队和 22 个汽车中队准备随时登船开赴中国满洲。为了加强前线的无线电通信联络，还额外调集了三个电信中队准备一同前往。参谋本部这次不是被动地接受关东军的“战果”，而是要主动地来收拾关东军剩下的烂摊子了。

东京准备大打出手的好消息传到满洲，关东军一片欢腾，上上下下摩拳擦掌，跃跃欲试。植田司令官立即下令驻牡丹江的第二师团、驻佳木斯的第四师团立即做好开赴诺门坎前线的准备。关东军参谋部紧急制定了一个以“夜间进攻，白天固守，步步为营”为准则的作战方案，意图依靠自己的优势步兵和高超的夜战能力消灭哈拉哈河两岸的苏联、外蒙古联军，重新划定“蒙满”边界，一雪前耻。

关东军指示各部队在执行进攻任务时，每次只推进500米便就地挖散兵坑固守。白天如果遇到苏军坦克和装甲部队的进攻，就采用肉弹战术击破之。要说这关东军也真是挨打不长记性，真忘了这种战术之前早已报废了吗？于是乎，在新的战斗开始之前，挖洞训练便成了日军前线参战官兵对苏军作战的主要准备工作。呼伦贝尔大草原被日本兵挖得到处都是洞坑，日本兵仿佛瞬间变成了一群老鼠。

苏军停下来，并没有说不打了。为了应对随时可能扩大的战事，苏军兵力也在不断增强。第五十七特别军升格为第一集团军后，苏联最高统帅部给朱可夫增派了两个摩托化步兵师、一个机枪旅和一个坦克旅，朱可夫手上的苏军兵力增加了一倍以上。朱可夫并没有把这些人都拉到一线，而是作为战略预备队放在后方。一方面因为都部署在一线势必加大补给的压力，另一方面现在一线的兵力对付日军已经绰绰有余。以苏军的机动能力，一旦前线需要的话，这些部队很快就能到达前线。

1939年9月3日，正当关东军为未来的战斗积极备战的时候，东京参谋本部忽然传来了一条惊天的坏消息，立即结束所有作战行动，从关内和本土出发的各部队立即停止向满洲进军。看到这样的电报，包括植田司令官在内的所有人都目瞪口呆。

原因很快就清楚了。就在朱可夫发动反攻，日军节节败退的8月23日，苏联外交人民委员莫洛托夫与德国外交部部长里宾特洛甫在莫斯科正式签订了被称为“史上最荒唐婚姻”的《苏德互不侵犯条约》，两个世界上最言而无信的国家心怀鬼胎地握了手。

这一条约的签订震惊世界，也让日本无比尴尬。因为《苏德互不侵犯条约》与先前德国与日本签订的《反共产国际协定》从根本上是矛盾的。自己的盟友突然与自己的敌人成了互不侵犯的“友好邻邦”，这不仅意味着日本原先为牵制苏联与德国缔结的协定已经完全失去了意义，还意味着日本被它一直信任的德国盟友出卖了。女朋友结婚了，新郎不是自己，反而是自己的仇敌。这一晴天霹雳让日本人一下子蒙了，也为之后的日德同盟罩上了一层难以消除的阴影。

如此重大的打击使得参谋本部内部的对苏强硬派全部闭上了嘴。无奈之下，一向不怎么管事的参谋总长闲宫院载仁亲王只好放下平时最喜欢玩的鸟笼子，亲自走上前台来收拾残局。载仁亲王找到了一个对苏联妥协的冠冕堂皇的理由：“在对华作战期间，我们必须维持北方边境的平静。”

前线的关东军还像煮熟的鸭子一样肉软嘴硬。1939 年 8 月 30 日，参谋次长中岛铁藏中将亲赴长春对关东军首脑进行说服工作。植田还不服气，要求最后再来一次“更大规模、真正的作战”，可以保证作战过程中不渡河，战场只限定于河东地区。他把之前“夜间进攻，白天固守，步步为营”的思路向中岛次长做了汇报，不但拒绝执行国内的停战命令，还请求参谋本部派出更多的增援部队。

中岛次长本来就是一个“老好好”，听了植田的话也觉得很有道理，只好回去将植田等人“抗命不遵，拒不停战”的表现以及提出的建议给载仁亲王描述了一番。载仁听后大为震惊，要求中岛次长再次前往长春，严令关东军必须在 9 月 4 日之前停战。

植田司令官还是不同意，要求起码允许关东军再进行一次小规模战斗，最少也要把前线阵亡将士的尸体抢回来吧？植田还强调，如果连这一要求也得不到允许，他将递交辞呈。

这一举动彻底激怒了载仁亲王。给你脸不要脸，打了败仗你还有理了？ 9 月 3 日，参谋本部向关东军司令部再次发出急电，内容一反往常的商量口气：“立即主动结束诺门坎战事，停止一切战斗行动。”

“诺门坎事件”移交外交谈判解决。

为了督促停战命令的执行，1939 年 9 月 6 日至 8 日，日本参谋本部连下两道命令，关东军司令官植田谦吉大将、参谋长矶谷廉介中将被免职编入预备役。关东军的作战参谋也大部分撤换，副参谋长矢野音三郎少将、作战课长寺田雅雄大佐、作战主任服部卓四郎中佐、作战参谋辻政信少佐统统被免职。

植田大将的元帅梦彻底破灭了，只好回家去养老，为了帝国的事业，植田连婚都没结，家里连个老婆也没有。不过回家赋闲的植田还是顽强地活到了 1962 年，足足活了 87 岁。矶谷参谋长情况就好得多，他和东条英机是铁哥们儿。东条掌权之后，几年后矶谷又重出江湖，出任被占领后的香港的总督，极尽搜刮盘剥之能事，可谓劣迹斑斑，后文详叙。

一夜之间，关东军内的强硬派被一扫而光。这么大一支军事力量也不能没领导，新任掌门人很快就到位了，他就是后来赫赫有名的原第一军司令官、“陆大”第二十三期首席梅津美治郎中将。

陆军省承认，“诺门坎之战是日本陆军自成军以来的首次惨败”。后来有日本学者甚至称，“诺门坎战役是日本陆军史上最大的一次败仗”。此战对关东军士气的打击远远超过被消灭的人数。日后在苏军进军东北的战役中，关东军许多部队一触即溃，这次惨败给其官兵留下的心理“阴影”仍然清晰可见。

1939 年 9 月 15 日，日本驻苏联大使东乡茂德与苏联外长莫洛托夫在莫斯科会晤，日本、苏联、外蒙古、伪满洲国四方代表在莫斯科签订了停战及交换俘虏的协定，这是日本继“张鼓峰事件”后签订的又一个边界协定，持续 135 天的诺门坎战役终于拉上了帷幕。

诺门坎战役虽然间接支援了中国的抗战，但苏军战胜日本之后完全控制了外蒙古，结果促使外蒙古从中国分离出去的可能性加大。战后，伪满洲国的土地重回中国怀抱，日苏协定使得外蒙古边界由哈拉哈河向黑龙江境内推进了约 40 公里，面积 2000 多平方公里，这部分国土也因该次战役而流失。

停战协定签订后的第三天，也就是 1939 年 9 月 17 日，苏联入侵波兰，从背后给了这个已经濒临灭亡的可怜国家狠狠的一刀，开始了与德国事先约定的分赃游戏。在诺门坎战役最后阶段，斯大林没有过于咄咄逼人赶尽杀绝，其原因也正在于此。

在苏军的严密监视下，关东军对阵亡日军将士的尸体进行了收容。9 月 24 日，在收容过程中发现了山县和伊势的尸体以及尚未完全烧掉的联队军旗。一个星期共收尸 4386 具，加上苏军从哈拉哈河西岸收容的 59 具，合计共从战场收集到 4555 具尸体。临时火葬时，因为大火引爆了装在尸体口袋里的手雷，两名负责火葬的士兵还因此陪葬。这样又变成了 4557 具。从这次事故后，日军规定点火焚尸之后，人必须离开火堆 10 米开外。

战役中，日军战死官兵超过 18000 人。苏军阵亡 7974 人、受伤 15251 人。

苏军无疑取得了战役的胜利，这才是最关键的。尽管之后日苏双方依然是虎视眈眈，但是仗一直没有打起来，这种状况一直持续到1945年8月8日。换句话说，诺门坎的一次胜利为苏联赢得了远东宝贵的6年和平。

在此期间，在中国腹地的两湖地带，围绕一座叫长沙的城市所展开的攻防战也在如火如荼地进行。在中国军队的严防死守和顽强反击之下，这次被称为“第一次长沙会战”的战役，日军同样是铩羽而归。

打了败仗，肯定要有人对此负责，首先遭殃的反而是日本内阁政府。1939年8月25日，首相平沼骐一郎召集了最后一次内阁会议，决定停止之前持续了很久的有关德、意、日三国同盟的交涉，随后在8月28日以“欧洲发生了复杂离奇的新形势”为借口全体辞职。

1939年8月30日，陆军大将阿部信行受命组阁。两天后的9月1日，德军悍然进攻波兰，第二次世界大战爆发。

也就在8月30日这一天，跟诺门坎战场完全不相干的地方也有一件小事发生。由于联合舰队司令长官吉田善吾受命出任阿部新内阁的海军大臣，空出来的位置被一个小个子的海军中将顶替，他就是大家熟悉的山本五十六。

政府还算有点冤枉，直接责任人陆军省和参谋本部也必须为失败埋单。除参谋总长闲院宫载仁亲王以皇亲国戚的特殊身份得以留任外，其余高官大多被免职。陆军大臣板垣征四郎被赶出最高决策层，屈就到中国派遣军当了参谋长。参谋次长中岛铁藏、作战部部长桥本群均在劫难逃，双双免职转入预备役。作战课长稻田正纯大佐被下放到志野军事学校做了个闲职的副校长。

最后轮到了荻洲立兵和小松原道太郎。1939年11月6日两人均被撤职，几个月后编入预备役。羞愧难当的小松原最后选择了在第二十三师团阵亡官兵的墓地前切腹自尽。还好小松原到阴间很快就可以重建他的第二十三师团，几乎所有军官和士兵都先他一步在那里候着呢。东八百藏中佐去得最早，应该能抢到一个前排位置。

在广田弘毅内阁确定的“北攻苏联，南下南洋”的总体方略之中，原本主要由陆军主张的“北攻苏联”是排在优先次序的。但是诺门坎战役彻底刺痛了日本，“北攻苏联”派至此开始势弱。

有人愁就有人欢乐。诺门坎战役对朱可夫来说可谓是“初出茅庐第一功”，他凭借出众的军事指挥能力获得了战役的胜利，也得到了斯大林的认可和信赖。回到莫斯科的朱可夫终于见到了斯大林同志。在斯大林的办公室，当被问及日本军队的战斗力到底如何时，朱可夫答道：“日军训练不错，特别是近战。他们守纪律，执行命令坚决，作战顽强，特别是防御战。下级作战人员受到过良好的训练，作战异常顽强，一般不会投降，剖腹自杀时毫不犹豫，是合格的军人。军官特别是中高级军官训练差，主动性差，墨守成规，非常自负，因此是不合格的。”

一战成名的朱可夫，自此前途是一片光明。他不但荣获“苏联英雄”的称号，还被任命为苏联最大的军区——基辅特别军区司令员。苏德战争爆发之后，朱可夫作为消防员东挡西杀，南征北战，开始了其辉煌的军事生涯，并凭借赫赫战功成为第二次世界大战最著名的军事将领之一。

在遥远的欧洲还有一个失意者。就在德国和苏联已经就条约达成一致意见的 8 月 21 日夜，犹豫再三的德国外交部部长里宾特洛甫在晚上 23 时拨通了一个日本好朋友的电话，告诉了他德苏即将签约的消息。气愤的日本人在电话里向里宾特洛甫提出了强烈抗议。抗议早在里宾特洛甫的预料之中，他很绅士地对日本朋友道了声“晚安”。

这位日本朋友并没有罢休，他起身出门，连夜叩响了德国副外长巴伊图泽卡的家门，要求副外长对苏德签约做出合理的解释。当天傍晚，这位日本人直奔柏林国际机场，拦住了正要起程去莫斯科签约的里宾特洛甫，怒不可遏的日本人再次提出强烈抗议。里宾特洛甫只好狡猾地告诉日本人：“实在抱歉。因为日本外务省常常走漏消息，考虑到你所持的立场，所以我才没有告诉你。”

这个被称为“公鸡中的战斗鸡”、比德国人还德国人的日本人，就是当时的日本驻德国大使大岛浩。

眼看着里宾特洛甫的专机腾空而起，消失在茫茫天际，一直为德、意、日三国结盟而殚精竭虑的日本大使，顿足捶胸，欲哭无泪！

第二章 三国同盟

臭味相投

人类历史上规模最大，破坏力也是最大的第二次世界大战，从实质上来说是一次同盟战争，作战的双方就是所谓的轴心国和同盟国，参与战争时间最长的中国，就属于最后取得胜利的同盟国阵营。

中国有句俗话，“物以类聚，人以群分”。作为轴心国三大主力选手的德国、意大利和日本都有一个共同点：它们都算得上是第一次世界大战之后国际社会的“失意”之人。德国作为战败国理应受到惩罚，但《凡尔赛条约》对于德国的惩戒过于严厉，使得德国上上下下充斥着不满和强烈的反抗意识，同时也为希特勒和纳粹主义的崛起提供了肥沃的土壤。意大利倒是战胜国，但在巴黎和会上备受英法等国歧视，几乎没捞到什么好处，甚至连之前英法许诺的东西都没得到，可谓郁闷无比。日本表面上好像占了便宜，但随后不久的《华盛顿海军条约》不仅使日本被迫放弃了在中国山东的既得利益，也限制了日本海军的发展规模，日本对此同样是心存芥蒂、耿耿于怀。

经过战后 20 年的演变，在欧洲的德国和意大利已经逐步实现了希特勒和墨索里尼的独裁统治。日本算不上一个真正意义上的独裁国家，但也已经完全走上了军国主义道路。对自己所处国际地位日益不满的“弟兄仨”都有着“伟大”的奋斗目标：希特勒要为第一次世界大战的屈辱复仇并称霸欧洲；墨索里尼要重建罗马帝国的辉煌，将地中海变成自己的内湖；而日本的目标就是在西太平洋称王称霸，建立所谓的“大东亚共荣圈”。

1931 年，日本在中国的东北发起了九一八事变并炮制出伪满洲国，因为得不到国际联盟的承认并遭到一致谴责，愤而在 1933 年 3 月 27 日宣布退出国际联盟。几年后，日本又退出伦敦裁军会议，相继主动自绝于国际社会的日本陷入了空前孤立的尴尬境地。

无独有偶，就在日本退出国际联盟半年多之后，1933 年 9 月 19 日，不断扩军备战的希特勒痛斥《凡尔赛和约》，公开谴责国际社会把德国人当作“二等公民”对待，悍然宣布退出国际联盟。虽然日德两国所处的情况不同，但他们都强烈反对当时维系国际社会关系的“凡尔赛—华盛顿”体系，并因此在国际社会上双双陷入了孤立的境地。

意大利独裁者墨索里尼当然也不会“自甘堕落”，他于 1935 年 10 月发动了对非洲唯一的独立国家——埃塞俄比亚的侵略战争。即使拥有飞机、大炮、坦克等现代化武器，可蹩脚的意大利人还是用了 7 个月才征服了非洲土著的大刀、弓箭、长矛，备受国际舆论谴责的意大利也于 1937 年 12 月 12 月向国际联盟“挥手说拜拜”。

一个好汉三个帮，秦桧也有仨朋友。即使像日本、德国、意大利这样对世界充满敌意、以侵略为基本国策的国家，在放眼四周皆冷眼的情况下，也会主动去寻找同盟者“抱团取暖”。“鸡找鸡，鸭找鸭，乌龟找个老王八”，远在万里之外的德国和日本于是就互相盯上了对方并开始频频暗送秋波。

在德国与日本结盟之前，希特勒倒是先和自己的近邻意大利勾搭上了。由于双方在思想和地缘上的接近，希特勒与墨索里尼随即开始频频接触。1936 年 7 月西班牙内战爆发，德意两国对西班牙的共同政策为罗马、柏林轴心的建立奠定了基础。从这一年的 9 月开始，德国即积极展开争取意大利的外交战。为此希特勒慷慨陈词：“地中海是一个纯粹的意大利海，意大利有控制地中海的特权。”一个月后，10 月 21 日，意大利外长、墨索里尼的女婿齐亚诺在柏林与德国外长诺伊拉特签订了一项所谓的《十月草约》。尽管这一草约尚不具有军事同盟的意义，但标志着两国狼狈为奸的开始。1936 年 11 月 1 日，墨索里尼对外公开承认，德意两国已有一种协定存在。由于罗马和柏林都处在同一条经线上，墨索里尼第一次使用了“轴心”这一名词，这也正是后来“轴心国”称呼的由来。

这时候，一个被希特勒称为“具有钢铁般意志的真正纳粹党人”的小丑人物闪亮登场了——他就是在前面诺门坎战役一章末尾亮了亮相的大岛浩。

可以毫不夸张地说，没有在战场上留下什么痕迹的大岛浩是将日本推向深渊的关键性人物之一。要说大岛浩对德国亲近也有渊源。大岛浩的父亲大岛健一也是个纯粹的军人，年轻时还是陆军大尉就曾经留学德国，对德国陆军的训练和教育感受颇深。受父亲的影响，大岛很小的时候就必须每天记住10个德语单词，据说每逢星期日和冬夏两个假期，大岛总是被父亲送到德国驻日使馆人员的家里去感受德国人的生活，连玩的游戏都是德国式的。这也使得大岛浩尽管后来在“陆士”和“陆大”学习成绩都很一般，但是德语出奇地好。好到比说日语还好，因为在家里，大岛浩从来都将德语当作第一语言。

从小就争强好胜的大岛浩学习也挺用功，因为太刻苦了，害了胸膜炎，在陆军幼年学校病休了一年，不然在陆军士官学校就会成为东条英机的同班同学了。虽然“陆士”比东条晚了一届，但是由于东条考了三次“陆大”才被录取，因此二人在上“陆大”时都是第二十六期。上学期间，大岛和东条关系一直很好。

1921年，大岛浩出任日本驻德国使馆武官，来到了他孩提时代就无比向往的圣地柏林。第一次踏上德国土地的大岛浩受到了德国军方的热情款待。第一次世界大战时，日本和德国是交战国，当时日本的陆军大臣就是大岛浩的父亲大岛健一。德国在山东与日本的战争中战败，很多德国士兵被俘虏。这些俘虏被押解到日本后，在大岛健一的关照下受到了良好的优待，因此大岛健一在德国军人中享有较高的声誉。人都是会怀有感恩之心的，这会儿“恩人”的儿子来了，大家自然要另眼相看了。

大岛浩对德国的热爱和崇拜，使得他把自己的言行完全德国化了。他的军服要在德国军官常去的服装店制作，帽子是德国陆军的样式，大衣也是开胸很大的德国式。除了个头比较矮小之外，大岛的一切简直跟德国军官一模一样。在日常生活上大岛也完全德国化，他喜欢喝德国造的樱桃酒，喜欢吃德国腊肠，但是从来不喝威士忌，因为那是“英国货”。据说他唱日本歌曲很蹩脚，唱起德国歌曲来就字正腔圆，看来精神有时候也能够影响和改变物质的。其间，大岛曾短期回国。1934年3月，他再次回到德国出任驻德使馆武官，开始了10余年为日德军事同盟而奔波的漫长历程。

大岛浩即将第二次前往德国赴任之际，陆军参谋本部特别要求他认真观察苏德关系的动向并搜集该方面的情报。苏联一直是日本陆军最大的潜在对手，而德国恰恰和日本同时处于苏联的东西两个方向，对于日本陆军来说，德国对苏联态度是极其重要的。陆军参谋本部首先考虑的是，日本和苏联未来终有一战，一旦日苏两国开战，德国能否予以积极的帮助和协作的问题。

1935 年春天，德国亨克尔飞机公司负责向日本陆海军出口工作的哈克试探性地问大岛浩："不知贵国是否有意与德国缔结军事合作条约，来共同对付苏联？"哈克接着解释，"当然这只是里宾特洛甫的个人想法"。早就无比崇拜德国的大岛浩闻听此言，怦然心动。同年 10 月，在哈克的家中，他第一次见到了里宾特洛甫。两人可谓是一见如故，臭味相投。之后两人详细密谈了关于缔结军事条约的相关事宜。回到使馆后，大岛浩立即将此信息报告给参谋本部，同时提议两国为了共同对付苏联，缔结军事条约。

日本人对德国有一种盲目的崇拜心理，这也有相当悠久的传统，尤其是陆军更是如此。尽管日本看起来像一个海洋国家，之前英日两国还曾经有过不短时间的同盟关系，但从 19 世纪末开始，日本就一向喜欢自称为"东方普鲁士"，而不以"东方不列颠"自居。希特勒在欧洲迅速崛起之后，其短时间内取得的辉煌成就更令日本人叹服不已，所以他们对德国的能力几近迷信。服部卓四郎曾经说："大本营与政府均确信德国不败，这是事实。他们认为德国虽不一定战胜，但绝对不会战败。举凡日本的开战决心及战争计划等，都是在此观念之下形成的。"至于德国也会失败，则是他们认为不可想象的事情，他们早已忘记第一次世界大战时他们的偶像德国人就曾经败在自己手下。

人一旦形成了某种观念就很难改变。即使 1941 年希特勒在莫斯科城下折戟沉沙，开始盛极而衰时，日本人对德国的信心也不曾动摇过。基于此种想法，日本人决心与德国同生死、共命运，并且确信只要德国不败，日本当然也不会败。反言之，假使日本不与德国合作，如果德国胜利了，日本将丧失分享胜果的机会。最让日本人害怕的是，一旦德国与英国、美国和解，日本将被迫处于完全孤立的地位，还是先抓住它为好。

因此，在收到大岛的报告后，日本陆军的表现堪称积极。为了摸清德国方面的真实意图，日本参谋本部一个月后就派出德国情报组组长若松前往柏林，与里宾特洛甫和德国国防部部长勃洛姆堡举行了会谈，双方很快就达成了一致意见。

为了不引起苏联和西方各国的过度反应，双方认为以世界上普遍倡导的反共名义更好一些，并很快草拟出一个共同的防共协定。

若松将在德国期间会谈的情况详细向参谋本部做了汇报，但始终与若松一起行动的大岛浩却根本没有向大使馆报告。后来得知此事的大使馆参赞井上庚二郎提出了强烈抗议，大岛对此根本不屑一顾，他满不在乎地对井上说："此事属于统帅权范围内的事，理所当然是武官的工作。"言外之意是，你小子狗拿耗子多管闲事。

其实在陆军面前别说是外务省，连内阁都畏惧退让九分。加上当时准备出任内阁外务大臣的有田八郎是个老糊涂，竟然对大岛主张日德两国合作的态度表示赞同，还对大岛越殂代疱继续包揽协定谈判工作的事情给予默认。按道理，这样的国家大事，本应该由驻德的外交官来承担的。

就这样，在1936年11月25日，《反共产国际协定》由日本驻德大使武者小路和里宾特洛甫共同签署生效，德日同盟走出了"艰难"的第一步。

《反共产国际协定》公开宣布的内容，不过只是交换有关共产国际活动的情报，在预防措施方面彼此合作而已。但《反共产国际协定》附有一秘密"附约"，规定德日双方不得与苏联签订任何政治性条约。假使有一方受到苏联的攻击或攻击威胁，另一方不得采取减轻苏联负担的任何措施。这也正是之后大岛浩听到德国背着日本与苏联签订互不侵犯条约后恼羞成怒的主要原因。

准确地说，这一协定还不具有军事同盟的意义。但是里宾特洛甫在签约仪式上致辞时，却已露骨地表示德国对于双方的合作存有更进一步的希望。里宾特洛甫说："日本将永远不许共产主义在远东流传，德国正在中欧建造反共的长城，而意大利将在南方升起反共的大旗。"

《反共产国际协定》缔结后的第四天，11月28日，苏联外交人民委员李维诺夫就公开谴责了这一协定："公布于众的防共协定不是什么为了对付第三国际的协定，运用正确的语言表达，只不过是其他秘密协定的一种掩护而已。"言外之意，这一协定针对的就是苏联。对这一协定，不仅苏联反应强烈，美英等西方国家也投来了不安的目光。就此，蒋介石也在南京发表了声明，"防共是中国的内政问题，不认为有求助于第三国的必要"，以此对《反共产国际协定》的签署表示了不安。

并不是所有日本人都赞成这一协定的签署。当时日本驻英国大使吉田茂预感到这一协定将来很有可能转化为军事同盟，这样日本未来就可能与英、美、法三国为敌，这对日本是极其不利的，因而激烈反对日本与德国缔结协定。

吉田认为日本军部高估了德国的实力。在吉田眼里，希特勒和墨索里尼只不过是暴发户而已，他们不可能有超过美、英、法三国的实力。他提出美、英、法三国拥有广阔的领土和殖民地，在人员和资源方面都占有绝对优势，其综合实力不容小觑。吉田还哪壶不开提哪壶地提出建立新的“英日同盟”，不识时务的吉田因此被免去职务，回家休息。

希特勒当然不会忘记自己的另一个好兄弟墨索里尼。果然，1937 年 11 月，意大利宣布加入《反共产国际协定》，德、意、日三国轴心初具雏形。这个协定成为后来《德意日三国同盟条约》（简称《三国同盟条约》）的基础。

其实在《反共产国际协定》签订之后，德日双方的军事合作关系发展很慢。首先是两国离得太远，想串个亲戚都不容易。再者两国也很忙，各自忙于各自的侵略活动，暂时还顾不上这档子事。

在协定基础上建立军事同盟的构想，从 1938 年开始具体化。随着德国实力的日益增强，希特勒逐渐将目光转向奥地利和捷克斯洛伐克。为了阻止可能来自英国和苏联的干涉，德国打算利用日本在亚洲牵制这两个国家。

1938 年 1 月，大岛浩前往奥得河畔的松讪贝格别墅向好朋友里宾特洛甫问候新年。寒暄落座之后，一直致力于与日本结成军事同盟的里宾特洛甫满怀深情地对大岛浩说：“我们应该签订一个使日德关系更加亲善密切的条约。”大岛当然是来者不拒。此后，两人即围绕缔约问题不断进行秘密接触。其间，希特勒为了讨好日本，给两国缔结军事协约让路，在 1938 年 2 月 20 日发表声明承认了伪满洲国，并从 5 月 23 日决定逐步撤回派驻在中国给蒋介石充当军事顾问的代表团。德国的举动大得日本特别是日军陆军的欢心。偶像和榜样能这样主动献殷勤，那是多么光荣而令人自豪的事情啊！

1938 年 7 月 14 日，日本驻意大利使馆武官有末精三突然接到大岛浩的电话。使馆武官一般都兼具间谍的职能，大岛浩在电话里要求有末在两天后，7 月 16

日到布达佩斯的盖莱尔特饭店见一面。大岛浩没有告诉有末具体内容，只说事关重大，见面详谈。按约定时间到了指定地点，走进饭店的不仅有大岛，后边还跟着陆军参谋本部的笠原幸雄。

做贼心虚。三人觉着似乎周围的人都在看自己，最后只好跑到停放在有树林掩蔽的庭院中心的汽车里密谈。在车里，大岛浩神秘兮兮地拿出了一本册子，告诉两人："这是德国提出的有关日、德、意三国缔结军事结盟的具体方案。这次的方案不只是针对苏联，而是对各国而言的。主要意思是，当三国中任何一方受到第三国进攻时，另外两个国家要互相支援，包括武力援助。事关重大，不便发电，所以还是请笠原君亲自带回东京。"

有末精三立即回答说："意大利与德国、日本的情况不同，恐怕其国内形势使之难以同意加盟。"

大岛浩表现得很不耐烦，瞥了有末一眼说道："里宾特洛甫说，戈林元帅和墨索里尼总理是铁哥们儿，绝对没有什么问题。"最后，大岛浩还叮嘱两人："此事绝密，绝对不能外传。"

"但，对大使也……"有末精三刚要发话，马上就被大岛浩打断："这是军事机密，不能告诉任何人，同国内的一切交涉都要通过我。"最后，有末好不容易才征得同意，可以将此事告知使馆海军武官一人。这时候的日本驻德国大使已经换成了今后还要经常出场的东乡茂德，对于大岛背后搞的这些"大"动作，东乡大使连屁都听不见一个。

里宾特洛甫之所以越过大使东乡，直接与一个武官进行关系到国家前途命运的谈判，是因为东乡和吉田茂一样不赞同日本与德国结盟。要说这东乡也真有点不够意思，他年轻时在德国曾经和一个德国建筑师的遗孀邂逅并一见钟情，后来还冲破重重阻力结了婚。但是女婿也不一定就向着老丈人，作为一个比较清醒的外交官，东乡知道日本与德国结盟的危险。之前双方缔结《反共产国际协定》时，东乡就颇有微词，他的原话是："希特勒的过激行动终将成为引起欧洲乃至世界大乱的根源，因此日本与之结盟并非上策。"

纸终究包不住火，东乡后来还是知道了大岛与里宾特洛甫勾勾搭搭的事。当了解到谈判业已获得相当进展时，愤怒的东乡立即电告了外务省："三国军事同盟很可能起到诱发欧洲战争的坏作用，最后日本也会被牵连进去，因而应取消结盟谈判。”

当时的外务大臣宇垣一成也是陆军大将出身，他竟然胳膊肘往外拐地给东乡回电说：“关于进一步加强防共协定问题，业已决定由大使馆武官大岛浩同里宾特洛甫进行联系磋商。”言外之意是，你睁一只眼闭一只眼就别管了。东乡随即提出强烈抗议，认为委托武官处理军事以外的外交工作有悖于外交一元化原则。几天之后，东乡便被莫名其妙地调往了莫斯科。要不咱们也不会在前边诺门坎战役中看到东乡出来谈判了。

大岛之所以这么牛，是因为他并不是一个人在战斗，他的背后站着日本陆军。陆军对于推进这种趋势可谓是不遗余力。对德国的提案日本陆军的态度非常积极。把对苏战争放在首要位置的日本陆军，因为侵华战争损耗了很多物资和兵力，开始感到焦躁不安。特别是苏联，不仅对中国的抗日战争给予大力支持，在远东也增强了军备，让日本陆军如鲠在喉。因此，日本陆军希望德国能够在西线牵制苏联和英国，以便补充对苏军备的薄弱。同时也期待此举能迫使英国和苏联停止对蒋介石的军事援助。

东乡被调走之后，1938 年 10 月，大岛浩直接由武官升为大使，这在日本外交史上尚属首例。

同样在 1938 年 10 月，日本老牌轴心外交促进派白鸟敏夫被任命为驻意大利大使，日、德、意三国结盟就此进入了快车道。

一般鸟都是有颜色的，看名字这“白鸟”就不像是什么“好鸟”。如果说大岛出身陆军提倡军事同盟还说得过去的话，这白鸟可是纯粹的外交官出身。1914 年，白鸟从东京大学法学部毕业后就进入了外务省，先后在中国满洲、中国香港、美国和德国的使领馆任过职。1930 年，白鸟担任了日本外务省的情报部部长，从此开始与军部来往密切，并受军部影响，就此开始主张实行强硬外交，积极推行日本的大陆扩张政策。九一八事变之后，白鸟就站在关东军的立场上，积极主张不惜退出国际联盟亦要独霸满洲。他还提出了独特的观点，“就像美国为了修建运河而承认巴拿马是一个国家一样，我们承认满洲国也是为了建设它”。后来白鸟又先后出任瑞典、挪威、丹麦和芬兰公使，断言斯拉夫人与日本人注定要在亚洲发生冲突。1936 年，回国后的白鸟一直鼓动缔结三国同盟。他嘲笑民主已经过时，宣称“集权主义肯定将成为未来的政治哲学”。这时候让强硬派的白鸟出任驻意大利的大使，瞎子都能看出是到底想干什么。

1938 年 8 月 12 日，日本外务省迫于军部的压力，向内阁会议提出了关于日德结盟的方案。此时是近卫文麿第一次内阁执政。外务省提出的意见是，明确将缔约目的限定在苏联一国的范围内。在 11 月 11 日五相会议上，内阁根据外务省的建议初步形成了以下意见：“本协定的矛头主要针对苏联一国，即使将来英法等国站在苏联一边变成我们的敌人，也不要以英法等国为对象。”

外务省提议、政府内阁会议通过的决议竟然遭到了大岛浩一个小小驻外大使的强烈反对。大岛浩表示，“倘若矛头只针对苏联，三国协定则难以谈判成功”。大岛浩代表的是日本陆军的意见，由于陆军大臣板垣征四郎坚决支持大岛，内阁意见出现严重分歧。

对陆军提出的针对所有对手缔结协议的意见，反对最强烈的反倒是日本海军。因为这一条约的签署，意味着日本未来很可能要与英国、美国为敌，与英国、美国的战争肯定以海军为主导。此时登场亮相的就是战前日本反战的三驾马车：米内光政、山本五十六和井上成美。无一例外的是，这三人都是海军“条约派”被清洗之后的幸存者——赞成与英国、美国合作的加藤友三郎之忠实信徒。

在陆军和海军这种对立没有得到丝毫缓解的情况下，1939 年 1 月，第一次近卫内阁因无力解决侵华战争问题宣布倒台，这一事情也就暂时不了了之。

1939 年 1 月 5 日，日本枢密院议长平沼骐一郎受命组阁。在新组建的内阁中，海军大臣米内、陆军大臣板垣继续留任，关于三国同盟的矛盾对立面依然存在。

平沼首相刚刚把人凑齐，新开张的第二天，也就是 1 月 6 日，德国就迫不及待地再次提出了缔结同盟条约的要求。半个月之后，1 月 19 日，平沼内阁召开五相会议，对与德国的结盟建议进行了研究，会议终于达成了一个妥协方案。

一、条约矛头主要针对苏联，但根据情况变化也可以把英法等国作为对象。

二、在以苏联为对象的情况下，当然要进行军事援助，但在以英法等国为对象的情况下，是否进行军事援助及援助的程度如何，要完全根据当时的情况来决定。

三、对外宣布时则说是防共协定的延长。

可见此时的日本内阁政府对于缔结军事同盟还有所顾忌，说话也是遮遮掩掩，一副欲说还休的样子。

按说新政府已经做出了决定，驻外大使只有无条件执行的份儿。然而，大岛浩和白鸟敏夫联手对内阁的决议表示坚决反对。大岛在3月4日给外务省的回电中说："谈判时若提出如此建议，只会招致德国和意大利的轻蔑和笑话。"他主张无保留、无条件地实现三国军事同盟。

大岛这一偏激的态度终于激怒了日本政府首脑。宫内大臣汤浅仓平认为大岛就是里宾特洛甫的走狗，他的行为已经侵犯了天皇的外交权。海军大臣米内光政愤怒地提出罢免大岛浩的职务。在3月13日的五相会议上，米内大怒道："政府已经提出了最后方案，但驻外大使固执己见，拒不执行，是何道理？"

即使如此，大岛浩依然毫不屈服，他再次申辩："倘若不能结成军事同盟，本大使就辞职。如果我辞职，内阁恐怕也难免倒台。"一个小小的驻外大使就能有如此的能量？答案是有的，因为他的背后是日本陆军。连外务大臣有田八郎都抱怨说："大岛大使与参谋本部之间有什么电报来往，外务省一无所知。相反，外务省的电文却马上被陆海军获取，然后从中挑毛病来进行攻击。"

大岛和白鸟根本就不把政府的指示放在眼里，他们于1939年4月2日和3日分别会见了德国外长里宾特洛甫和意大利外长齐亚诺，当被问到"万一欧洲爆发战争，日本是否有决心站在德、意一边参战"时，这两人立即拍着胸脯保证，一旦欧洲爆发战争，日本一定参战。

在日本国内的会议上，有田外务大臣提出"对两位驻外大使擅自代表国家对德国和意大利表态参战之言，必须予以纠正"，此言立即遭到陆军大臣板垣征四郎的厉声斥责。板垣声称驻外大使代表国家，所讲之话不能收回！平沼骐一郎不敢惹怒军方，只含糊地表示"要用间接的方式取消两大使的表态"。米内光政再次强烈要求将擅自表态的大岛和白鸟召回国内，但遭到板垣的反对，依然未果。

这一事件惊动并惹恼了日本裕仁天皇。4月11日，他叫人把板垣叫进宫去，狠狠臭骂了一顿，指出俩大使擅自表示参战之意，触犯了天皇的"外交权"。骂完之后的裕仁也只有叹气，"现在的陆军让人很为难。总而言之，不到被各国逼得走投无路，不到丢掉满洲和朝鲜的时候，他们是绝对不会觉醒的”。到底是天皇，说的也基本都对，不过他说漏了台湾和澎湖列岛。

看到日本扭扭捏捏，逡巡不前，希特勒等得不耐烦了，他指责日本“冷漠而不可靠”，日本人是“表面光洁的猴子”，天皇“和以前的沙皇是一丘之貉”。1939 年 5 月，德意两国率先缔结了所谓的《钢铁条约》，这是德、意、日三国之间第一个军事性质的协定。

《钢铁条约》的签订虽然使德意军事同盟具备了法律的形式，但两国之间的军事合作可以说是似有实无。不但没有成立制订联合作战计划的机构，甚至两国的参谋本部人员也很少接触。尤其是希特勒的很多决定往往都是灵机一动的想法，其本国的高级军事将领事先都可能毫无所闻，所以更无法事先告诉墨索里尼。希特勒几乎都是在行动之后才会向墨索里尼做一个礼貌的象征性“报备”。

德国的情报部门曾经向希特勒报告，凡是墨索里尼知道的事情都会通过意大利的皇室直接传到美国人那里。在德国人眼中，意大利人是最不能保密的，事实上也的确如此。不怕狼一样的敌人，就怕猪一样的队友。有德国将领甚至提出，意大利对于德国实在是个包袱。如果意大利能中立到底，则对德国的贡献可能会更大。一句最著名的话就是，“如果消灭意大利需要十个师的话，那么保护他反而需要二十个师”。德国最后的失败也验证了一句名言——交友不慎害死人。

被天皇骂了也不打紧，出来之后擦干眼泪领着陆军继续干。但无论板垣征四郎如何强硬地主张缔结同盟，海军大臣米内光政均义无反顾地坚决反对。在内阁会议上，双方争论高达 74 次之多，几乎到了无会不吵的地步。

在整个太平洋战争期间，曾经有 8 个日本人登上过美国《时代周刊》的封面，这 8 个人毫不例外都是日本的陆海军大将，其中陆军 3 人，海军 5 人。米内光政就是海军 5 人中的一个。《时代周刊》在描述米内光政时这样说，他的外号是“白象”，指他的身材高大，肤色异常白皙，颇显高贵，头发又黑又亮，就像胶片唱片，看起来刚毅而睿智。从敌人那里能获得如此的赞誉，反而在自己人眼里一文不值。作为对立面，日本陆军送给米内的外号是“金鱼大臣”，也就是华丽好看而不中用。

米内是一个讷于言而敏于行的人。尽管属于海军将领出身，但米内在国际事务方面有着不同寻常的开阔视野，他懂得日本的利益取决于能否和英美这样的海洋大国合作。作为加藤友三郎的忠实信徒，他决心誓死捍卫前辈“大加藤”不与英美开战的主张。幸运的是，他得到了海军次官山本五十六海军中将不遗余力的支持，他们的同盟军还有海军军务局局长井上成美。

相比于米内的英华内敛，海军次官山本五十六有着巨大的热情却深藏不露，他以敏锐的智力、灵活的思维和开阔的视野而著称。山本是一个富有魅力、充满活力的领导者，其个性在日本海军中极为罕见。他擅长行政并深谙政治，工作大胆而富于创造力。有人说，山本的头脑像“剃刀一样犀利”，在原则问题上从不妥协。美国太平洋舰队情报官莱顿少校（此君在今后珍珠港、中途岛以及猎杀山本等剧情中都还要出场）在山本出任日本驻美国使馆武官期间，与其有着不错的私交，他在给太平洋舰队司令官金梅尔海军上将介绍山本时说，“他是一个受过完整基础训练的杰出军官，比日军统帅部里的任何其他军官都更有头脑”。

山本反对三国同盟的原因很明确，德国的目标是建立世界新秩序，和德国结盟就意味着与旧秩序的守护者英美等国作战。鉴于当时日本海军的状况特别是海军航空兵的实际情况，综合日本与美国在国力上的巨大差距，日本不可能在以美国为对手的战争和造舰竞争中取胜，也绝对没有必要去为德国人火中取栗。早在 1937 年 7 月 1 日，山本就对米内说，“三国同盟是一个令我们国家命运岌岌可危的问题”。

米内非常信任山本。他们两个早在海军炮术学校的时候就吃住在一起，业余时间经常在一起切磋剑道，锻炼身体。那时候他们还仅仅是日本海军的最底层军官，米内是海军大尉，山本是海军中尉。他们彼此了解并建立起深厚的个人友谊，这也是山本战死之后米内出任山本国葬委员会主任的主要原因。在山本战死前一天，1943 年 4 月 17 日，一直觉得惶恐不安最后才入睡的米内甚至神奇地梦到山本来向他辞行。

作为海军大臣，米内经常放手让山本去工作，自己更多的时间是在屋里看书。米内经常对人说，“有山本这样一个次官，工作实在是轻松啊”。每次开会回来，米内做的第一件事就是把山本叫来，像下属向领导“汇报”工作一样把会议的内容原原本本地告诉山本，然后两人共同做出判断和决策。山本也会坦率但毫无恶意地指出米内的缺点。他曾经当着面开米内的玩笑，“大臣的头脑也许不那么精明，嘴也不善于言辞，但是却有宽大坦荡的胸怀，为人正直，办事公道”。尽管私下里不分彼此，无话不谈，但是在公开或者有人的场合，山本非常尊重米内，他从不坐下，而是站得笔直聆听米内的训示。当时担任日本海军省副官兼海军大臣秘书的松永敬介少佐曾经这样说：“如果说米内是斧子的话，那山本便是长矛。”

山本反对与英国、美国作战的思想，在“‘帕内’号事件”中表现得尤为明显。1937年12月12日13时，就在南京沦陷之际，美国炮艇“帕内”号载着美国驻华使馆的最后一批人员和一些西方记者，拖着美孚石油公司的3艘驳船准备撤离烈焰四起的南京城。恰在此时，他们遭到了日本海军航空兵一个轰炸机中队的猛烈进攻。日军飞行员根本不顾炮舰上插着美国的国旗，直接对4艘船进行了轰炸。“帕内”号重伤，被迫弃舰，两名美国水手和一名意大利记者丧生，包括舰长在内的48人受伤。此外，日军还攻击了英国炮舰“瓢虫”号并导致该舰起火。

“‘帕内’号事件”彻底激怒了美国人。美国国内的鹰派人士甚至建议罗斯福总统立即向日本和中国水域派出足够的海军舰只，进行武力干预。美国驻日本使馆的格鲁大使向当时的日本外务大臣广田弘毅递交了抗议书，甚至收拾好了准备离开的行李。为了避免事件升级，除了外交上进行斡旋道歉之外，日本海军也采取了一系列紧急攻关措施。一贯主张对美妥协的山本五十六——当时的日本海军次官对外发表声明，“这次事件的责任完全在日本，日本海军对此诚恳认错”。同时下令将直接责任者海军第二舰队航空队司令官三并贞三少将撤职查办。山本亲自赶到美国驻日使馆找到格鲁大使，眼含热泪地进行了真诚的解释和道歉，奉上了一张2214007.36美元的赔款支票——这笔钱在当时足足可以造200架飞机。山本的诚意打动了美国人，加上美国当时也真没有和日本开战的准备，美国国内的孤立主义势力也不赞成美国介入战争，此事才没有酿成更大的冲突，最后不了了之。一直对此事高度关注的蒋介石大失所望。

米内和山本还有一个同盟军，他便是海军省军务局局长井上成美。井上是一个才华横溢，有着钢铁般意志的人，自我标榜为“激进的自由主义者”。同山本和米内一样，井上同样在原则问题上立场坚定，从不屈服。在日本海军中曾经有这样的戏言。“又打败仗了吗？肯定是第四舰队吧？哦，果真是第四舰队呀！”这个善打败仗的第四舰队，其司令官就是有“日本最后一个海军大将”之称的井上成美。

在战术上很蹩脚的井上被誉为日本海军中的“赵括”，但曾经是海军兵学校“次席”的井上实际上却是一个高明的战略家，一个地地道道的睿智者。他曾经警告说：“希特勒把日本人视为缺乏想象力的劣等民族，认为只有作为德国的爪牙来利用的话倒还聪明伶俐，是有用的国民。”井上提出，日本的经济几乎完全依赖于英美等国，海军需要美国的钢铁和石油，和英国开战基本等同于和美国开战，而从“陆强海弱”的德国那里除了几艘U艇之外，几乎不可能得到任何援助。他曾经讽刺急于签约的陆军：“陆军自封为中流砥柱，却不知所谓的中流砥柱只不过是黄河中几块妄想阻拦潮水东流的顽石而已。”他的看法比山本还悲观，“三国同盟意味着国家的灭亡”。

米内、山本和井上毫不例外都属于海军中的“条约派”，他们都奇迹般躲过了“舰队派”实施的“大角清洗”。

真理有时掌握在少数人手中，但是他们得不到日本海军中下层军官的支持。在日本海军省，包括军务局第一课课长冈敬纯大佐、柴田胜男中佐、作战课神重德中佐、第二课藤井茂中佐等大多数中下层军官都是亲德派。米内所能做到的就是每次开会回来，只把内容告诉山本和井上，而对基层军官则守口如瓶。他们也知道纸包不住火，这样做只会让基层的怨气越来越大，总有一天会彻底爆发。

在1939年8月8日的五相会议上，板垣征四郎陆军大臣主张立即缔结三国同盟，并率先抛出了自己的观点，“陆军的总意是以自动参战为条件缔结三国军事同盟，这是全体陆军的意见”。大藏大臣石渡庄太郎听了板垣的发言后，回头反问海军大臣米内：“缔结了同盟，就必须考虑德、意、日和英、美、法开战。而一旦开战，80%的任务将由海军执行，现在想听听海军大臣的意见，德、意、日海军和英、美、法海军开战，我们有把握取胜吗？”

米内毫不犹豫地回答：“没有任何获胜的希望，日本海军本来就不是为了这一目标而打造的。一旦打起来，德国和意大利的海军对我们提供不了任何帮助。”说完之后，米内还觉得不过瘾，马上又追加了一句，“日本海军要是打德国和意大利的话，倒是没什么大问题”。米内的话，气得一边的板垣征四郎吹胡子瞪眼，恨不能上去一脚把“米内”给踢成“米外”。

8月21日，米内告诉板垣，如果陆军想要缔结同盟，他将辞去海军大臣的职务。根据日本陆海军大臣现役武官制的规定，海军大臣辞职且不推荐后任的话，同样可以使内阁垮台。米内的意思很明显，真不行，老子跟你同归于尽！你一个小小陆军中将，老子堂堂海军大将跟你同归于尽，还觉着亏呢！

米内敢如此大胆地抵制陆军还有一个更深层次的原因，他得到了裕仁天皇的暗许。裕仁的海军秘书平田升中将向米内传递了天皇的本意，裕仁赞赏海军的反对态度，他认为“海军的行动拯救了日本”。

这样，海军，准确地说是海军高层，就成为日本国内好战分子的攻击对象。社会上到处传言山本是米内的真正后台老板，米内的主意基本都来自山本，因此，好斗的山本五十六便成了众矢之的。激进派纷纷指责山本是阻止签订《三国同盟条约》的“绊脚石”，是“亲英美分子”。就连山本参加一次英国大使馆的电影晚会也受到了大肆攻击。

在一个右翼团体的决议中，还有专门针对山本的内容。要搜集山本私生活方面的材料，即他同他的情妇——新桥的艺伎梅龙之间来往的情况，以此作为突破口，在社会上把山本搞臭。极右分子曾经传话给山本，要向全社会揭发他的私情，山本听罢，大不以为然地说：“难道你们不拉屎放屁吗？假如你们之中有人不拉屎放屁，也从未和女人有过云雨之情的话，我倒要见识见识，听听他的高论。”当时日本军人到艺伎馆寻欢作乐也属于家常便饭，看来这一招也不灵啊。

侧翼迂回不行，就改正面进攻。当时日本海军省就经常收到右翼分子送来的“请愿书”“劝辞书”和“锄奸书”等。秘书官实松让还特意记下了前来递送“劝辞书”人的口头转告：“请转告山本，如果他不立即辞职的话，本同盟将呼吁全国国民使他陷入窘境。同时我们还要采取强有力的其他手段或措施，届时勿谓言之不预也。”这分明就是对山本的死亡威胁。

海军内部中低层军官也是亲德派居多，反对三国同盟的其实就是这三个人在战斗。现实的问题是，最后连“三驾马车”自己的生命安全都成了问题。在陆军无法无天、暗杀成风的年代，首相都一个接一个像杀猪一样被宰掉，何况你一个海军次官？山本已经成了激进派少壮军官的刺杀目标。

为了保护山本的安全，警察不得不荷枪实弹地守卫在他的官邸周围。自1939年5月以后，山本就已经做好了随时遇刺的准备。他将办公室的私人物品全部搬回了家里，每天都要换上新的兜裆布，以便按照日本的习俗在被杀掉的时候干干净净走人。山本和米内都预先写好了遗书，山本的这份遗书是后来他在布干维尔岛前线战死之后，人们于海军次官办公室的保险柜里发现的。有一次，他对军令部的泽本赖雄说："即使我被杀死，海军的思想也不会改变，新的海军大臣会说同样的话。再换五个、十个海军次官，海军的立场也丝毫不会改变。"后来的事实证明山本完全错了，换个人马上就一马平川，并不是所有人都有"三驾马车"那样的见识和魄力。

为了更好地保护山本，米内光政只好在卸任前利用职权把山本五十六派遣到联合舰队当了司令官，刺杀者要想游到"长门"号战列舰上去刺杀山本，那才是活得不耐烦了。这才有了后来的奇袭珍珠港。

让板垣、大岛、白鸟一众亲德派万万想不到的是，他们真真切切被德国和里宾特洛甫给涮了。这边他与大岛浩勾勾搭搭，那边却又与莫洛托夫眉来眼去。原因很简单，在吞并了奥地利和捷克斯洛伐克之后，希特勒又盯上了波兰。

盲信希特勒和里宾特洛甫，使得大岛竟然对这一动向毫无察觉。然而，德国的这一举动却引起了英法等国的警惕，导致英法对德国的态度立即变得强硬起来，并试图通过与苏联结盟来孤立德国。德国也想到了这一点，立即改变策略，选择苏联作为盟友以对付英法两国。这使得之前大家一致憎恶的苏联反而一下子成了香饽饽，处在一种既可选择英法为友，又可选择德国为友的有利地位上。1939年8月23日，苏德突然签订互不侵犯条约，其附件秘密协定双方共同瓜分波兰。加上7月下旬美国通告日本《日美通商航海条约》到期后不再续签，8月28日，两面不落好的平沼内阁无奈总辞。

这才有了前文诺门坎战役末尾的那一幕。之后，哭都哭不出来的大岛只好叫上白鸟哥一起打道回府，三国同盟再次成为悬案。

"三驾马车"在这段时间的反缔约表现，后来被史学家称为"海军良知"。随着平沼内阁的倒台，米内离职去了海军参议院，山本去了联合舰队，井上更是以中国舰队参谋长的身份去组织重庆大轰炸祸害中国人去了。“铁三角”终于人去政息。

被德国欺骗的不单单是日本人。苏德条约的公布使亚平宁半岛上的墨索里尼和他的女婿齐亚诺也郁闷无比。这么重大的事情，希特勒事先连个招呼都没打。其实他们也不好好想想，要是什么事都跟他们商量的话，那还叫希特勒吗？这也预示着德、意、日三国同盟从一开始就缺乏互相信任的基础。

近卫出山

1939 年 9 月 1 日和 17 日，德国、苏联从东西两面入侵波兰，英国和法国随即履行对波兰的承诺对德国宣战，人类历史上最大的劫难——第二次世界大战爆发。

1939 年 9 月 4 日，5 天之前（8 月 30 日）成立的阿部信行内阁像第一次世界大战那样对外发表公开声明：“当此欧洲战争爆发之际，帝国决定不予介入，一心向解决‘中国事变’的方向迈进。”

阿部内阁认为，日本侵华战争久拖不决，蒋介石政权偏安一隅，依然屡败屡战，拒不投降，关键就在于苏联以及美、英、法等国明里暗里支持。现在欧洲战争爆发，像第一次世界大战一样，各国的注意力势必转向欧洲而无力顾及远东，这或许正是结束侵华战争的天赐良机。如果侵华战争得不到彻底解决，大量兵力滞留中国战场，日本也无力展开新的大战役。因此，内阁决定，暂不介入欧洲的战事，待侵华战争解决后再参与世界范围内的军事竞争。

阿部内阁声明从另一个侧面也说明，在今后一段时期内，日本的注意力在亚洲，暂时没有和德国和意大利结盟的打算。虽然之前遭到了德国无情的背叛，但日本陆军中，不放弃与德国和意大利缔结同盟初衷的人，仍占多数，因此对阿部内阁的这个声明非常不满。

比起之前短命的平沼骐一郎内阁，阿部内阁的寿命更短。当时日本国内出现了严重的经济危机，全国性的粮食不足日益严重，阿部内阁缺乏有力的手段来解决经济问题。阿部面临的另一大难题就是如何维持《日美通商航海条约》，之前美国已经预告该条约到1940年1月26日期满后自动失效。这意味着美国可以随时限制乃至全面禁止对日物资的输出，其结果不仅使日本无法将侵华战争继续下去，日本国内经济也势必会遭到毁灭性打击。

为了改善与美国的关系，阿部慷慨地让出了所兼外务大臣的位置，起用了亲美派海军大将野村吉三郎出任外务大臣与美国进行交涉，但同样因为在对华问题上分歧严重，没有取得任何结果。阿部还企图利用汉奸汪精卫"以华制华"，但照样也是进展缓慢。加上在政府机构改革上手法笨拙，阿部内阁很快失去了议会和社会舆论的支持。本来就能力欠缺的阿部信行很快就陷入内外交困的尴尬境地。在巨大的倒阁压力之下，仅仅4个半月之后，1940年1月15日，阿部信行内阁无奈总辞。阿部本人随后也只好去汪精卫的南京做了特命全权大使。

搞定了阿部，陆军再次呼吁近卫文麿出马组阁，遭到了近卫的第二次拒绝。内阁也不能空着没人管，1940年1月16日，天皇授命海军大将米内光政组阁。之前一直反对德、意、日三国同盟的米内光政终于走上前台，成为日本第三十七届首相。

被陆军戏称为"金鱼大臣"的米内自幼家贫，小时候当过报童，送过牛奶，后来先后进入"海兵"和"海大"学习，成绩一般。第一次世界大战之后，俄语极其出色的米内先后到俄国、波兰和德国任职，回国后先后任"扶桑"号、"陆奥"号战列舰舰长，1925年晋升为海军少将，1930年晋升中将。由于在著名的"二二六事件"中表现出色，1937年4月米内晋升海军大将。

学识渊博的米内爱书成癖，喜欢安静，对演讲之类的事情毫无兴趣，一生中唯一的演说只有寥寥461字，算起来，一辈子的发言可能都没有松冈洋右一次的内容多。当时日本军队中盛行光头，今天看那些日本将领的黑白照片，基本都是秃瓢锃亮。米内在其中可谓是鹤立鸡群，梳三七小分头的米内，从年轻时就喜欢戴金丝边眼镜，个子很高，皮肤白皙。与传统日本人不一样的特殊气质，使得他成为老、中、青三代女性的心中偶像。据说在泡妞界，米内光政的人气大大超过了山本五十六。山本实在冤枉，赌博排在明石元二郎之后，是第二，泡妞还是亚军，冠军被米内横刀夺走。米内的风流倜傥甚至影响到了后辈。据说米内去世之后，他的长子米内刚政经常会遇到很多自称是他小妈的女人，弄得刚政也非常郁闷。

1937 年 2 月，米内出任林铣十郎内阁的海军大臣，林内阁倒台后，米内留任了第一届近卫文麿内阁的海军大臣。日本全面侵华战争爆发之后，米内一开始主张持谨慎态度，后来由于国民党军在上海主动挑起战事而转变了态度，支持了战事的不断扩大。日本军方内部有长达数十年的“北进南进”之争，海军一直力主南进。在米内的坚持下，1939 年 2 月，日本海军占领了海南和南沙群岛。当时的海南不太发达，日军占领这里绝对不是来吃椰子或木瓜，而是将这里作为之后可能进攻东南亚的重要前进基地。

在短命的阿部内阁之后米内能够出任总理大臣，和裕仁天皇的支持是分不开的。当时德国的铁蹄正在欧洲肆意践踏，此时不仅仅是日本军部，就连日本国内的舆论导向也对日、德、意三国同盟充满期待，裕仁对此忧心忡忡。鉴于米内之前旗帜鲜明反对三国同盟的杰出表现，裕仁才决定由米内出面组阁。米内本人之前并没有组阁的打算，当天皇大声地向他宣布“朕命爱卿组阁”时，米内再也无法拒绝。后来他在回忆录中写道，“那一刻的感觉就像是被电击到一样”。

对于日本陆军来说，尽管对米内出任首相感到很不满意，但是解决侵华战争问题仍属当务之急。新年伊始，1940 年 1 月 1 日的“解决‘中国事变’的绝密指导”中，陆军明确提出：“以 1940 年为目标努力解决‘中国事变’。”1 月 4 日，陆军省的新年献词中也写道：“无论如何，今年都要彻底解决‘中国事变’。”

1940 年 3 月 30 日，陆军省和参谋本部召开联席会议，重点就是如何在 1940 年内彻底解决侵华战争问题。参加会议的有陆军大臣畑俊六大将、陆军次官阿南惟几中将、军务局局长武藤章少将、参谋总长闲院宫载仁亲王大将、次长泽田茂中将、总务部部长神田正种少将、第一部部长富永恭次少将、第二部部长土桥勇逸少将、第三部部长铃木宗作少将等 9 人，清一色的陆军巨头。会议最后甚至决定如果 1940 年内无法解决侵华战争问题，日本就开始谋划单方面从中国撤军，除在上海、内蒙古等地继续驻留少量兵力外，其余主力全部撤出大陆战场。

大本营陆军参谋种村佐孝在 1940 年 3 月底的日志中写道：“作为参谋本部，主要是全力以赴处理事变，陆军省方面气势汹汹，恨不得立即开始撤军”，“如果在年内不能解决日中战争，1941 年起就开始自发地从中国撤退的方针已经初步确定下来”。

东京逐步从中国战场脱身的明智决策，迅疾遭到了中国占领军的强烈反对。吃到嘴里的肉，哪能这么轻易就吐出来？你们这些官老爷难道不知道这些地盘都是用生命换来的吗？在前线将士的眼里，东京的这帮官僚简直就是“崽卖爷田”的败家子。在日本陆军省和参谋本部高层中也存在不同的声音，代表人物就是陆军次官阿南惟几。但不管怎么说，这无疑都是侵华战争中一个重要的节点。

1940 年 3 月 30 日，在阿部信行、米内光政前后两任内阁的支持下，大汉奸汪精卫在南京宣布成立汪伪政权。就在汪精卫宣誓就职的同一天，大洋彼岸的美国就做出了表态。美国国务卿赫尔发表声明：“南京政府的建立，是一国以武力把自己的意志强加给邻国。美国有充分理由相信，重庆政府依然会得到中国大多数国民的信任和支持。因此，今后美国仍然继续把重庆政府看成是中国政府，这是自不待言的。”4 月 1 日，英国和法国也相继发表声明，不承认汪伪政权为中国的合法政府。忍无可忍的蒋介石发出了悬赏通告，以 10 万国币的高价收购汪精卫的项上人头。

欧洲在经过了半年多的“奇怪战争”之后，1940 年 5 月，德国突然在西线发起了“闪电战”，精锐的德国装甲部队一路势如破竹，所向披靡，丹麦、挪威、比利时、荷兰、卢森堡相继陷落。6 月 11 日，就在法国即将全面溃败的危急关头，意大利趁火打劫，对英法宣战，像当初苏联对待波兰一样，从背后对法国发起突然进攻。6 月 17 日，巴黎落入德军之手。6 月 22 日，号称拥有“世界最强陆军”的法国在不到 3 个月内战败投降。德国的兵锋隔着英吉利海峡遥指英伦三岛，大英帝国岌岌可危，朝不保夕。

欧洲的巨变对远东产生了巨大影响。英、法、荷三国在远东地区广阔而富饶的殖民地，似乎在一夜之间变成了令人垂涎欲滴却无人看管的熟果。法国、荷兰的崩溃使得法属印度支那和荷属东印度成了远悬海外的孤儿，亚洲明珠已经从蚌壳中露出来了，法属印度支那的橡胶、锡、钨、煤、铜、铎、大米和荷属东印度的石油成了“丢在大街上任人捡拾的宝物”。特别需要强调的是，荷属东印度，也就是今天的印度尼西亚，是当时世界上几大重要的产油地之一，一直缺乏石油的日本对其可谓是“垂涎三米”！

中国战场对于日本来说，简直就是一个无底洞，正在不断地吞噬着日本那本不富裕的战略物资。1940年春天，日本政府正在为海外供应的原料，尤其是石油、橡胶和锡而担忧。英法两国的战争同样需要大量的物资支援，因此，英法尽可能限制殖民地输出原料给日本，而日本同美国的经济关系仍然处在不稳定状态，美国随时可能禁运石油、钢铁等重要物资到日本。

忧心忡忡的日本朝野上下自然而然将目光凝聚到了南方。政府和军方均认为，随着英、法、荷等国在欧洲的败退，德国势力将迅速扩展南洋一带区域。日本对因法国、荷兰的战败而产生的荷属东印度、法属印度支那等问题必须迅速做出必要的对策。日本人的想法是，既不能将这一广阔的富饶之地置于德国的统治之下，也不能让它成为日本最大潜在对手美英的势力范围。假如荷属东印度受到英国或美国的控制，则该地区对日本的石油供应肯定会受到限制，这等于把自己的咽喉完全暴露给了对手。换言之，如果能借此机会将荷属东印度的石油搞到手，日本就可以不再依靠美国的供应，实现重大战略物资石油的自足自给。

早在西欧战争还未打响之前，1940年4月15日，日本外相有田八郎就告诉报界，日本同南洋地区，尤其同荷属东印度有着密切的经济关系。如果欧洲的战事把荷兰及荷属东印度卷了进去，将对这些经济联系产生不利影响。因此，日本深切地关注可能影响荷属东印度现状的任何演变。这天的《朝日新闻》说，如果荷兰卷入战争，结果不是英国最终控制东印度，就是荷兰政府可能避难到那里并吁请美国给予保护。言外之意，这些可能出现的情况都是对日本不利的。4月16日，日本驻荷兰大使向荷兰外交大臣提出了这一问题，荷兰回答说，“荷兰政府过去未曾，今后也不会请求任何国家保护荷属东印度”。荷兰驻日本大使也在4月18日向有田八郎做了类似的保证。

日本这些皇帝不急太监急的敏感举动，立即引起国外的种种猜测，大家认为这是日本试图谋划夺取荷属东印度的信号。4月17日，美国国务卿赫尔向报界发表声明，对日本人所谓的荷属东印度的命运与他们有特殊利害关系表示异议。赫尔强调，“采用非和平手段来改变那里现状的任何做法都将损害整个太平洋地区的和平与安全”，提醒日本在这一地区的活动最好是规矩点。

5月10日，德国入侵荷兰。5月11日，有田外相把他4月15日声明的抄件交给英国、法国和德国大使，声称欧洲的事变使日本政府更加深切地关注荷属东印度的情况。他同时向荷兰大使表示，希望荷兰政府坚持其维持原状的态度。赫尔担心这可能预示日本将采取某些军事行动，他确信日本政府正在试图寻找借口对那里进行干涉，于是在5月11日又在报上发表声明，提到了先前对尊重荷属东印度现状所承担的义务。赫尔的举动对日本产生了一些影响，但关键是日本当时还没有做好入侵那一地区的准备。

良机稍纵即逝，陆军的“南进论”迅速抬头。东条英机的得意门生、日本南中国方面军副参谋长佐藤贤了大佐立即致电军部：“当今欧洲之变化，希特勒所提倡的建立世界新秩序将急速发展。日本若是一直陷在日中战争的困局中，德国就会马上进军东亚，将英国、法国、荷兰的属地尽收囊中，到时候就轮不到日本出头了。所以当此之际，日本必须下定决心，尽快进军占领南方资源地区。”

相对于陆军的与时俱进和转变观念，日本海军历来倡导南进。就在德国进攻荷兰的5月10日这天，海军军令部作战课课长中泽佑大佐就提出，“日本海军要迅速做好对南方实施作战的准备”。5月11日，军令部就组织了以“日本占领荷属东印度油田地带，英美两国参战”为主题的兵棋推演。

当时在东京的美国驻日本大使格鲁，在日记中写道：“5月间日本涌起的政治喧嚣，迄未退减，反见日益加剧。”

还有一个问题是，解决南方问题与之前一直提倡的彻底解决侵华战争问题，可谓是息息相关。中国沿海地区的相继沦陷，使得通过法属印度支那和缅甸通向中国的道路成为国际社会援华的两条重要通道。如果能够占领这一地区，切断对中国抗战生死攸关的输血管，也会尽快迫使蒋介石政权屈服投降。

6月19日，趁火打劫的日本政府向奄奄一息的法国提出要求，暂时封锁法属印度支那与中国的边界，禁止过往交通，并要求法国当局同意日本派出现场检查员，以保证禁止任何可能助长重庆作战能力的过境运输。已经只有进气没有出气的法国政府于6月20日答复说，他们在6月17日就已经封闭边界不让供应中国的汽油和卡车通过，今后还将把禁运范围扩大到许多其他物资，同时表示不反对日本派出检查员。6月29日，由西原一策少将率领的一个日本代表团到达河内，着手在海防、谅山等地建立检查站。一直牛皮哄哄的法国已经沦落到了任人宰割的田地。

日本同时也向英国提出了类似的要求，立即停止从香港和缅甸把战争物资和某些其他种类的货物运到中国内地。日本参谋本部第二部部长土桥勇逸少将声称，如果英国拒绝这些要求，日本军方将坚决要求政府对英国宣战。与这一威胁相配合，日军在邻近九龙租界的边界地区集结了一支5000人的部队。犹如惊弓之鸟的香港英军当局，下令毁坏了深圳河上的边境铁路桥和公路桥，并强行把英国的妇女儿童疏散到马尼拉和澳大利亚。日本外务省明确提出了要求禁运的物资种类，如武器弹药、燃料、卡车及铁路器材等。日本驻英大使重光葵在与英国外交大臣哈里法克斯的谈话中还反复抱怨说，“日本对欧洲的战争保持中立，而英国却不像日本对欧战那样对中日战争保持中立”。

比起法国而言英国情况要好一点，毕竟英伦三岛还没沦陷嘛，英国面子也更大一点，日本一说就答应也太丢不起这人了。但实际上英国的实力及处境使其根本无力在远东与日本抗衡，英国决定寻求美国的支持。6月25日，英国向美国说明，自己不能独立无援地在两个半球进行战争，它在滇缅公路问题上正面临着进退两难的处境，而共同阻止日本在远东的侵略无疑是符合美国利益的。驻美大使洛西恩向国务卿赫尔提出，如果美国也不想走向战争，是否由双方一起对日本做出一些让步？赫尔回答说，“迄今为止所有有关妥协方案的建议，都是以牺牲中国的利益为代价的”，拒绝在对日妥协上与英国合作。但赫尔也表示不能派舰队到新加坡，因为那样做，将使美国在大西洋的海岸线可能遭到德国的攻击。

看到英国磨磨叽叽不想答应，日本再次发出威胁。日本陆军省官员对英国驻日陆军武官助理直言，“拒绝关闭滇缅公路将肯定引起战争”，日本报刊也充斥着对英宣战的激进言论。为了使日本不至于马上对他们的殖民地马来亚和新加坡动手，刚刚上任不久的丘吉尔认为，“在目前新形势下，我们不应该为了声望而招致日本的敌对”，通俗点说，就是“不要脸了”。7月17日，英日双方达成协议，自7月18日起关闭对中国战场至关重要的滇缅公路3个月。当时的滇缅公路承运了从美国输入武器弹药的38%和从苏联输入的37%。重庆政府外交部随即发表声明，强烈谴责英国此举“不独极不友谊且属违法”，“无异是在帮助中国的敌人”。

德国在欧洲取得的累累战果让日本人嫉羡不已。在日本军部看来，法国已经败降，英国也正在为生存而战，此时不进兵东南亚夺取石油和其他急需的战争资源，更待何时？看看人家希特勒，不到一年就征服了几乎整个欧洲，之前吆五喝六的法国不到3个月就歇菜了。再看看咱自己，都3年了，连个贫弱的中国也收拾不了，还把那么多人马陷进去不能自拔，丢人哪！就这，人家想和咱结盟，咱还扭扭捏捏地挑三拣四，不惭愧吗？

在日本国内一片“不要误了公共汽车”的叫嚣声中，6月22日上午，陆军省和参谋本部召开了联席会议研究下一步的对策。会上，那些不久之前曾力主从中国撤军的人一反常态，纷纷建议立即对南方地区采取断然行动，做好发动战争的准备。6月25日，陆军大臣畑俊六大将召集陆军省全体人员训话，发誓要“迎接千载难逢的好机会，坚决当上第三国”。之前一度沉寂要求缔结三国同盟的要求在日本国内重新强势抬头。

以前是德国追求咱，咱不答应，现在人家发财，成大款了，咱就要主动贴上去。在一片强烈要求与德国加强军事合作的喧嚣声中，6月29日，外务大臣有田八郎发表了题为“国际局势和帝国的立场”的外交政策演说，极力强调日本和德国合作的诚意。日本政府匆忙向德国主动提出，恢复之前中断的德、日缔结军事同盟的谈判。

7月8日，由原林铣十郎内阁外务大臣佐藤尚武作为特使，会同日本驻德大使来栖三郎在柏林会见了里宾特洛甫。佐藤声称，日本在远东的行动转移了英、法、美等国的注意力，才使得德国在欧洲的战争进行得更加顺利，换言之，你能在欧洲横行霸道，也有俺的功劳。他说，日本正努力在亚洲建立新秩序，像德国在欧洲正在做的那样。他提议双方今后应密切合作，尤其是在美国要干涉欧洲或远东事务的时候。日本正在设法结束中国战事，以腾出手来为上述目标奋斗，佐藤希望德国能够支持日本对法属印度支那和荷属东印度的扩张计划。来栖大使还强调，德国帮助日本加强在远东的地位对德国加强在欧洲的地位也大有好处。里宾特洛甫在回答上述问题时，把一年前三国公约谈判失败归咎于日本政府对欧洲事务的漠不关心。

还好人家里宾特洛甫大人有大量，对过去的事情表示既往不咎，一切朝前看，同意继续加强两国之间的同盟关系。之前闹矛盾的双方重叙旧情，把酒言欢，真可谓柳暗花明又一村哪！

德国倒不是真的大度，里宾特洛甫当然也有自己的小算盘。在德国的侵略计划中，日本本来就具有非常重要的战略地位。德国需要日本在远东通过对马来亚、新加坡、法属印度支那的进攻给英国以新的打击，同时促使美国把注意力转向太平洋，以牵制和阻止美国在欧洲参战。里宾特洛甫慷慨地表示，希望日本将双方的合作建议具体化。很快，日本就草拟了一份协议草案，互相承让对方的势力范围，并同意将意大利也拉进来。

7月12日，德日双方代表在该草案的基础上制订了名为“加强日、德、意之间的协调一致”的计划，规定了各方的主要权利和义务。

但是，德国驻日本大使奥特在会谈中明显表露出这样一种意思，就是同一个素来与德国疏远的日本政府合作感到极度不爽。话没明说，但毫无疑问是针对一贯主张与英、美协调的首相米内光政和外务大臣有田八郎的。换言之，要想合作得更愉快，日本必须把米内赶下台，成立真正对结盟有诚意的亲德新内阁。

日本陆海军是娘胎里带出来的世仇，作为海军大将的米内，与陆军的关系一直不好，组阁之后的米内就一再受到陆军的掣肘，而陆军倒阁的种种活动，从他上台那一天就开始了。相对于陆军的狂热，米内和日本海军界的清醒人士认为，称雄世界数百年的大英帝国海军实力强大，希特勒不会轻而易举地压倒英国取得制海权，英吉利海峡是英国的天然屏障，制海权一日在英国人手中，欧洲的胜负就一日不敢做结论。来自驻英大使重光葵的消息也说，英国人正在丘吉尔的领导下团结起来誓死与德国人搏斗。美国和苏联两个中立大国的态度也不完全明朗，现在就对德国积极表态为时尚早。

迫于国内陆军和舆论界的巨大压力，之前一直反对三国同盟的米内，也只好对德、日、意三国谈判表现出一定的积极性，但以陆军为主体的亲德势力仍不满足。况且在短短的任期内，米内并没有就“解决中国问题”与英美两国达成任何协议。可谓芝麻没捡到，西瓜也丢了。日本军界决意彻底摧毁米内内阁，由一个能同轴心国进行合作的内阁取而代之。

1940 年 7 月 8 日，陆军次官阿南惟几中将拜会了内大臣木户幸一，明确提出米内内阁根本不适合同德国和意大利进行谈判，改组内阁已势在必行，陆军准备倒阁并再次支持近卫文麿上台。可笑的是，陆军之所以支持近卫文麿重新组阁，并不是因为近卫德高望重和能力出众。在军方眼中，近卫是出了名的懦弱和优柔寡断，这样军方就能牵着近卫的鼻子沿着他们所希望的道路义无反顾地走下去。

陆军很快使出了撒手锏，1940 年 7 月 16 日，陆军大臣畑俊六大将宣布辞职。米内首相还天真地要求陆军推荐继任陆军大臣的人选，但陆军以提出人选有困难为由，予以拒绝。受到致命一击的米内光政只好于 7 月 22 日黯然下台。在事后的新闻发布会中，米内公开表示“内阁总辞的原因是陆军的种种阻挠”。天皇虽然不愿看到米内内阁被推翻，言语中也表示有些不满，但也不敢站出来公开反对陆军的立场。

畑俊六大将 1940 年 7 月 4 日的日记中有这样的记述：“参谋本部泽田茂次长来此，出示了参谋总长闲院宫载仁亲王的盖章，逼我决定去留，无奈之下我只好辞职。”米内也算厚道人，即使被畑俊六点了死穴，在后来的东京大审判中，米内还是在法庭上做伪证，救了畑俊六一命。此乃后话，届时详叙。

千呼万唤始出来。在经历了平沼、阿部、米内三个短命内阁之后，1940 年 7 月 22 日，把日本带进全面侵华战争，之前一直蛰伏的近卫文麿重出江湖。

万众瞩目的近卫文麿再次走上前台，组成了新一届政府内阁。在这个习惯上被称为“第二次近卫内阁”中出现了两个引人注目的关键人物：一位是能言善辩、傲慢无礼、野心勃勃的外务大臣松冈洋右；另一位就是名气更大的强硬派，人称“剃刀”的陆军大臣东条英机。在第一次近卫内阁中，东条英机就曾经出任陆军大臣杉山元的次官。

以前老酒认为将日本带入太平洋战争的罪魁祸首，是号称“二战三元凶”之一的东条英机，但后来看了很多资料，逐渐改变了看法。老酒以为，真正将日本带向毁灭的罪人，应该就是这个在日本享有崇高声望的“青年政治家”近卫文麿。在日本民众眼中，近卫出任首相可谓众望所归，可惜近卫在战前三次组阁，最后均以令人失望的结果告终，且每次都将日本往死路上送上一程：第一次，近卫内阁把日本领上了战争之路；第二次，内阁开始为战争加速；第三次，内阁将战争列车加至最高速，到达了悬崖边。就在这千钧一发之际，近卫奋力跳下了车，司机换成了东条英机。别说东条本身就不想刹车，就是想刹也刹不住了。日本的战争列车只好朝着悬崖下边直落下去，摔得粉身碎骨。

持这种看法的不止老酒。政治家的英明或拙劣不能看他当时受欢迎、受吹捧的程度，而应该凭政绩以及对后世的影响，让后人来评说。2005年，日本文艺春秋社收集了上万人的综合评价后编辑出版了《总理大臣得分表》一书，书中对近卫文麿的评价是“软弱、无责任感”，其总得分在日本历任首相中排名第一，不过是倒数的。在和平年代，一个政治家的无能可能影响经济的发展和社会的进步，尚不至于让国家走向毁灭。但战争年代就不同，这也正是那些将国家领向战争胜利的政治家能够名垂青史的主要原因。对于在那个特殊年代三次受命组阁的近卫文麿来说，他的人生或许只能用失败两个字来形容！他既优柔寡断又鲁莽冲动。更加不幸的是，他往往在需要当机立断的时候优柔寡断，却在需要谨小慎微的时候鲁莽冲动。

这也正如近卫在战后自杀前所言：“我是一个被命运摆布的人。战争前由于软弱遭军部欺负，战争中被别人斥为和平运动家，战争结束了我又成为战争罪犯。”

近卫出身显赫，他的高贵血统可以追溯到公元7世纪的藤原家族，当时他的家族一度作为摄政王控制日本。日本的封建时代是由五大家族拱卫天皇轮流执政，也就是所谓的“五摄家”。其中“近卫”和“九条”是前两家，“鹰司”“一条”和“二条”是后三家——听着好像跟打麻将似的，只有五大家族才有资格出任摄政。从中世纪起一直到1947年“华族制度”废除为止，“五摄家”在日本的政治文化中发挥了重要的领导作用。这其中又以排在首位的“近卫家”最为显赫，他们要么可以把自家的女儿嫁入皇室，要么可以把天皇的女儿娶回自家。

1891年11月12日，近卫文麿出生在最为高贵的“近卫家”。其父近卫笃麿是明治时代的知名人物，曾任学习院院长和贵族议长等要职。他的母亲在他出生后8天就因产褥热去世，之后，笃麿又娶了小姨子贞子为续弦，而文麿一直将其姨母当成亲生母亲，直到长大成人后才知道真相。在后母面前，近卫总是受到冷落，后来他感叹道："知道真相后，让我觉得整个世界都充斥着谎言。"一定程度上，此事对近卫的未来人生造成了一些负面影响。

近卫是父亲第一次婚姻中唯一的孩子，也就是近卫家250年来第一个嫡出的长子。正因为此，近卫从出生之日起，就被视为掌上明珠。其曾祖父为他的出生高兴得连连赋诗助兴。看着儿子歪歪扭扭地踉跄学步，笃麿就用一根绳子将小近卫牵上，生怕他摔倒。由于家族和天皇的深厚渊源，近卫文麿自幼深受"天皇家屏藩"的严格家教与训练，3岁起便由其祖母带着到皇室去参拜，尊皇尽忠的封建伦理思想在幼年近卫的心中，打下了深深的烙印。1904年1月，积极鼓吹对俄开战的父亲笃麿突然病逝，昔日门庭若市的近卫家刹那间变得冷冷清清。那些以前受过父亲关照的人全都换上了一副冷面孔，很多人常常到近卫家索要债款。尽管年仅13的少年近卫继承了爵位，但家道的中落使得涉世不久的他深深感受到了人生的无奈和世态之炎凉。

中学时代的近卫曾经是个郁郁寡欢的文学青年。瘦高、留着两撇小胡子的近卫热衷艺术，他曾翻译过奥斯卡·王尔德的作品《社会主义下人的灵魂》。在现存官方的照片中很少见到近卫的笑容，他也由此被人誉为忧郁的哈姆雷特，期间他甚至几度想辞去爵位，去当一名普通的民众。

1912年3月，近卫进入东京帝国大学攻读哲学，10月转到京都帝国大学攻读法学。他主张礼贤下士，曾经买糕点送给贫穷的邻居，口头禅"乞丐也是宾客"更是为他赢得了不少好名声。

短暂的"大正民主"使得以前视政治为俗物的近卫开始逐渐关注政局。就在这一时期，他结识了德高望重的"明治最后元老"西园寺公望。在1922年山县有朋、1924年松方正义相继病逝后，西园寺便成为明治时代唯一的元老。西园寺是伊藤博文的得意门生，其一生深受西方思想的影响，和法国的乔治·克列孟梭是终生的好友，被誉为"日本民主的最后守护者"。西园寺当时正在和桂太郎交替出任首相，也就是日本历史上著名的"桂园时代"，可谓那个时期日本政治上如日中天的巨人。西园寺年轻时曾向近卫的祖父学习过书法，和他父亲笃麿也是挚友。所以当某天身穿学生制服的青年近卫去拜访他时，面对故人之子的西园寺，睹人思人，备感欣慰。也许从那一刻起，西园寺就主动承担起将近卫培养成杰出政治家的重任。尽管两人年龄差了整整42岁，按辈分算也是叔侄，但贵为首相的西园寺对年轻的近卫却以“阁下”相称以示尊敬，可见其提携青年近卫的拳拳之心。西园寺当时绝对想不到，就是这个自己寄予厚望的年轻人背离了自己的政治目标，最后将日本带上了绝路。出身显赫的近卫有了贵人的相助，从此开始平步青云。

1916年，年仅25岁的近卫便晋身为公爵议员并进入贵族院。1918年12月，杂志《日本及日本人》发表了近卫的文章《排除英美本位的和平主义》。在这篇著名的论文中，近卫将世界划分成英美的“维持现状”势力和德国等后起的“打破现状”势力。他写道：“英美和平主义实际上是利用维持现状之便的得过且过消极主义，与什么正义人道毫无必然关系。我国的理论家沉醉在他们宣传的美丽辞藻之中，认为和平即是人道。目前我国的国际地位与德、意并无二异。本应打破现状的日本却高唱着英美和平主义，对国际联盟像祈盼福音一样渴盼仰止，实为卑躬屈膝，与正义人道相比实为蛇蝎而已。”他还指出，英国正在兴起对其他国家关闭殖民地门户的议论，如果这样的话，“我国为了自己的生存，也不得不做出打破现状之举”。从文中可以看出，近卫对西方民族优秀论世界观的反抗心理在很早以前就已成型，也对第一次世界大战的战败国德国给予深切的同情。值得提出的是，近卫那时候就开始将日本和德国、意大利相提并论，这也成为近卫后来力主结成三国同盟和提出“大东亚共荣圈”的理论基础。

1919年，近卫幸运地随西园寺公望参加了著名的巴黎和会，在这里他邂逅了一个今后影响他命运的中年人，那就是稍后就要闪亮登场的松冈洋右。参加巴黎和会增长了近卫的国际见闻。归途路经上海时，近卫还应孙中山的邀请进行了会谈。高贵的门第，不断见诸杂志和报端的政论文章，使从国外归来的近卫开始在政界崭露头角。1921年，刚届而立之年的近卫就被推选为临时议长，在政坛日益活跃的近卫前途可谓是一片光明。

高贵的出身，超过一米八的身高，端正的外貌，使得近卫深受广大民众的欢迎。在日本民众的眼中，近卫是未来作为首相领导日本的不二人选。后来的事实也真应了那句话，“理想很丰满，现实很骨感”。1931年，近卫成为贵族院副议长。1933年，任议长，开始进入国家的政治权力中枢。

对于关东军发起的九一八事变，近卫文麿是击节赞叹。他声称“少壮军人在满洲事变以来所推进的方向，是我日本必须走的命运之路”，并公开跳出来反对导师西园寺所主张的协调外交。从这时候开始，他的思想逐渐与西园寺的民主思想越来越远。“二二六事件”之后，冈田启介内阁垮台，西园寺公望为了抑制军部势力的进一步发展，向天皇推荐了他不听话的弟子近卫组织新内阁，被近卫以健康欠佳为由加以拒绝。接任的广田弘毅和林铣十郎两届内阁很快相继垮台后，举国公认继任首相人选除了近卫之外，别无他人。

1937 年 6 月 4 日，近卫受命成立第一届内阁。时年 46 岁的近卫被称为“青年宰相”、日本政坛上“最年轻的首相”。巧合的是，54 岁近卫自杀时，又被称为日本政坛自杀者中“最年轻的首相”。国内媒体将第一次近卫内阁称为“青年内阁”“明朗内阁”和“阳光内阁”，多数国民期待着他能够成功打破日本社会沉闷无比的状态。在他们眼中，近卫是最最出色的政治家。但事实上恰恰不是。用松冈洋右的话来说，尽管“近卫感觉敏锐，可以快速地接受新鲜事物，但是总结能力几乎为零”。在此非常时期，肩负日本未来重任的近卫，与其说是列强中最为不成熟的理想主义者，还不如说是一个空想家。

近卫有着高贵的血统、良好的教育和美妙的年华，曾因拒绝就任首相，给人留下没有权力欲的良好印象。但近卫最大限度地满足了统治阶级各阶层的共同要求，那就是大力实施对外扩张。天皇也曾对近卫十分满意，由于家族关系，两人亲切有加，近卫在天皇接见时经常谈笑风生，无拘无束，有时还边说话边摇晃着二郎腿。这一行为和一直正襟危坐的东条英机形成了鲜明的对比，也由此受到不少人的指责和鄙视。

看似前途无量的近卫文麿，刚刚上台就把日本带上了毁灭之路。上任仅仅一个月零三天，卢沟桥事变爆发。虽然曾经做出过“不扩大事态”的处理方针，但在军部的压力下，近卫很快屈服，做出了对中国增兵的决定。由于错误低估了中国的抵抗能力，日本就此陷入了持久战的泥潭。随着日军在中国战场上的步步推进，军部的势力越发猖獗，近卫内阁也很快变成了一个空架子。在这一任期内，短视的近卫发表了臭名昭著的“近卫声明”——“帝国政府今后不再以国民政府为对手”，把中日战争彻底引入了死胡同。

这一声明被后来的史学家评价为极端弱智的言论，证明了近卫在外交事务上的幼稚无知。藤原彰在《日本近现代史》中指出：此举无疑是“自行堵死了结束战争的道路”。山冈庄八在《太平洋战争》中也指出：“近卫文麿这一奇妙声明看似无视外交惯例，因为在与中国军队的每日战斗中，突然发表了‘不拿你当对手’的声明，为了不是对手的对手每月要付出巨大的军费并死伤大量的士兵，在人类的军事史上可能是一个笑谈。”

因无力解决侵华战争问题，第一次近卫内阁在1939年1月4日总辞。当日本在中国陷入泥潭无法自拔时，近卫选择了不负责任地离开。当时的日本民众被告知，日军在中国每攻必克，每战必胜，所向披靡，因此很多人对近卫的辞职很不理解，我们进展这么顺利，为什么首相还要辞职呢？和后来一样，近卫的行动总是有始无终，他近乎鲁莽的领导方式对日本的国际地位造成了难以估量的损害，也让军队对政府的影响力、控制力达到顶峰。

在三个短命内阁相继陷入僵局被迫下台之后，像是再做一遍梦一样，第二次近卫内阁于1940年7月22日再次成立。对于近卫文麿来说，与其说是他谋求去当首相，不如说是首相的位置在主动向他招手。

唯一强烈表示反对天皇对近卫任命的，恰恰是近卫的恩师西园寺公望。西园寺告诫天皇，请近卫重新上台，“就好像邀请强盗来调查他的罪行，因为没有别人知道得这样清楚”，但他的反对无效。几个月后，1940年11月，这个明治时代唯一的元老就去世了。

就在新内阁宣布就职的同一天，西园寺公望的秘书、近卫幼年的同学原田熊雄和内弟有岛生马就谈到了再次成为风云人物的老同学。原田熊雄感叹地说：“近卫这人是一个像富士山一样的家伙。”在旁边的有岛生马的女儿晓子立即问为什么。原田沉思良久后，回答道：“从远处看，富士山是很漂亮的。但从近处看，富士山全是岩石，简直是粗糙不堪。”紧接着，原田流下了眼泪，“在国家命运面临重大选择的危难关头，却选择这样的人来担任首相，真是心寒哪”。

的确如此。如果说第一次近卫任内发起的中日战争是为日本订下了一口棺材的话，现在近卫马上要让日本躺进去，然后再钉上几个钉子，其中马上要钉的第一个钉子，就是很快要签署的《三国同盟条约》，第二个钉子就是随后的入侵法属印度支那北部。

近卫执政的基本方针还在其《排除英美本位的和平主义》论文的延长线上，即通过强化日、德、意三国轴心和建设“大东亚新秩序”等手段，与英美等传统势力进行对抗。由于之前连续三届内阁都很短命，老换来换去也不是个事，因此裕仁天皇特地叮嘱近卫在物色内阁成员人选时要加倍慎重。

对于最重要的陆军大臣和外务大臣人选，近卫分别选择了东条英机和松冈洋右。陆军大臣的决定权在军方，近卫几乎无法左右。不但如此，军方还明确表示，反对任何一个不赞成与轴心国结盟，也就是亲英美的人士出任外务大臣。近卫选择了自称在与美国打交道时没有人会比他强的松冈洋右。有分析认为，近卫之所以选择松冈，是因为在《排除英美本位的和平主义》中自己所阐述的“国际秩序构想”，与松冈倡导的外交政策在国际感觉上存在一定的共同点。从这一天起，东条和松冈就成为近卫制定和推行军事侵略及外交政策的左膀右臂。战后，日本史学界将东条和松冈并称为使日本走上太平洋战争的两大元凶。

海军大臣由吉田善吾海军大将出任，这显然也不太称职。东条和松冈赞成三国同盟且无比强硬，吉田反对同盟却胆怯懦弱，缺乏信心和勇气。后来的事实证明，近卫选中的内阁人选是再糟糕不过的了。

1940 年 7 月 18 日，天皇向近卫公下达了组阁命令。就在同一天晚上，陆军省军务局局长武藤章造访近卫私邸并出示了一份文件。文件内容是“重新研究关于不介入欧洲战争的方针，同时与赞成我国国是的国家合作”。武藤章提出，陆军承诺以“新内阁”理解此内容为前提，将给予其“完全协助”。换言之，如果不按陆军意愿去做的话，你的内阁和米内内阁的命运将是一样的。

敕令下达后，7 月 19 日，近卫在私邸荻洼庄召见了即将就任的外务大臣松冈洋右、陆军大臣东条英机和海军大臣吉田善吾，这就是历史上著名的“荻洼会谈”。虽然这并不是一次正式的官方会议，但其对后来历史产生的巨大影响势必将被记入史册。会议决定新内阁外交政策的四条原则是：一是强化德、意、日轴心；二是努力改善与苏联的关系，争取缔结日苏互不侵犯条约，消除和减轻来自北方的威胁；三是将南方英、法、荷等国的殖民地全部纳入日本“大东亚新秩序”的范围；四是尽力排除美国的干涉。这四条原则表明，“南进”已经成为日本当前将要采取的主要策略。

7月22日，第二次近卫内阁宣告正式就职。第二天，近卫文麿以“拜受敕命”为题发表了广播讲话，声称在外交上将“走帝国独自的道路”，“要自己主动去指导世界的变化，依靠自己的力量建立世界新秩序”，并称为了执行上述外交政策，“帝国同满洲和中国经济合作以及向南洋方面发展的必要性在不断增强”。

与上述原则相对应，日本很快制定了具有划时代意义的新政策。这就是随后内阁会议决定的《基本国策纲要》，以及大本营和政府联席会议通过的《适应世界形势演变的时局处理纲要》。这两个《纲要》成为日本走向太平洋战争的新起点。

1940年7月26日，组建仅仅4天的近卫内阁就研究通过了《基本国策纲要》，其指导方针就是要建立“大东亚新秩序”和建成完全国防国家。《基本国策纲要》内容冗长，其要点是：建设以“日满华”坚强团结为基础的“大东亚新秩序”；在迅速解决“中国事变”的同时，捕捉良机解决南方问题。

早在侵华战争早期，1938年11月3日，第一次近卫内阁就明确提出了“建立东亚新秩序”的目标，当时的范围仅仅局限于中国和朝鲜。这次虽然仅仅增加了一个“大”字，但已经包括了整个东南亚，甚至印度、澳大利亚、新西兰等广大地区。上述内容释放出一个强烈的信号：日本要把侵略战争从之前的中国对外扩展。连中国都消化不了的日本，已经好高骛远地准备扩大战线，试图南进了。

近卫没上台之前，陆军省已经联合参谋本部根据欧洲形势的巨大变化开始着手，起草了《适应世界形势演变的时局处理纲要》。7月3日，陆军省和参谋本部的首脑会议研究通过了这一提案，并在4日发给海军方面征求意见。此后，陆军与海军进行多次协商沟通，于7月22日，作为大本营陆海军部的联合提案确定下来。

在这份文件中，大本营陆海军部一致认为，即使德国不在英国本土实施登陆，德国的最终胜利也毫无疑问，这正是日本实施南进战略，取得南方资源地带，以摆脱经济上对美英两国的依赖，巩固自给自足态势之天赐良机。在制定《纲要》的同时，日本陆海军未雨绸缪，已经开始组织对南方地区用兵要地的实地调查、军事情报搜集和作战计划制订等。唯一存在异议的是，到底是将战争对象确定为荷兰一国，还是确定为有着密不可分关系的英荷两国，还是荷、英、美三国，一时还难下定论。

《基本国策纲要》一开头就指出，当前日本的第一要务就是“促进‘中国事变’的解决，同时捕捉良机解决南方问题”，并列举了武力南进的具体推进计划。在外交方面，《基本国策纲要》提出“加强与德、意在政治军事上的联合，谋求对苏邦交的重大调整”。另外，《基本国策纲要》在最后说明中还写道，“也许不可避免地会出现对美开战的情况，需要充分做好对美战争的准备”。

在《基本国策纲要》通过仅仅一天之后，7月27日，近卫文麿主持召开了大本营和政府联络会议。按照军部的要求，会议无修改无条件地通过了军部提交的《适应世界形势演变的时局处理纲要》。相比《基本国策纲要》而言，《适应世界形势演变的时局处理纲要》将日本今后一段时期的各项任务完全具体化了。

可以说，在日本之前出台的无数个“纲要”中，《适应世界形势演变的时局处理纲要》无疑将给日本的前途带来最为深远的影响。它第一次把对英美的战争提到具体的议事日程上来。这样重大的国策调整，近卫仅仅召开一次联络会议，用了短短3个小时就完全确定下来。正如前面所言，他在需要谨小慎微的时候犯了鲁莽冲动的毛病。

8月1日举行的记者招待会上，外务大臣松冈洋右发表了著名的“皇道外交宣言”，第一次对外公开提出建立“大东亚共荣圈”，明确表示“大东亚共荣圈”的范围为中国、朝鲜、日本、“满洲国”、法属中南半岛、荷属东印度、新几内亚、澳洲、新西兰、印度及西伯利亚东部等地。真不怕把自己给撑死呀！

在这个人口近5亿、面积近300万平方公里的大圈圈中又分为三个层次：日本本国与“满洲国”、中国为经济共同体，东南亚为资源供给地区，南太平洋为战略国防圈。在经济上，由日本垄断“共荣圈”内的丰富资源和广阔市场；在军事上，通过占领南洋地区，利用其资源和战略基地与英国、美国进行争夺亚太地区霸权的持久战，建立日本的势力范围。日本欲独霸远东的野心昭然若揭。

在随后的解释中，松冈提出，“大东亚共荣圈”的建设要在政治上“共存共荣”，以“解放殖民地，相互尊重彼此独立”为目标，以“皇道的根本精神”为指导原则，建立以日本为盟主的经济集团。他还为日本的侵略行动找到了看似冠冕堂皇的解释：“日本正在扩张，看看有哪个正在扩张中的国家没拿它的邻国开过刀呢？问问那些美洲印地安人和墨西哥人吧，看看年轻的美利坚合众国在多年以前是怎样残忍地折磨他们的。”

为了配合进一步扩大的侵略战争，近卫首先采取的第一大措施就是推行所谓的“新体制运动”。在近卫眼里，“五一五事件”和“二二六事件”以来的原有政党已日趋衰落，必须建立一个扎根于全体国民之中、不同于原有政党的新组织。早在未出任首相之前的1940年6月24日，近卫就发表了“拜辞枢密院议长，愿为建立新体制奉献绵薄之力”的声明，开始致力于建设新体制的“伟大”事业。

近卫这种建立类似于德国纳粹党一国一党制，在全国建立国家总动员体制的做法得到了日本陆军的大力赞同。他们认为，德国飞跃发展的根源就在于建立了纳粹党的独裁体制。国民在狂热欢迎近卫再任首相的同时，也对他提倡的新体制充满期待。各大新闻媒体纷纷发表政论文章，为近卫的新体制运动摇旗呐喊。《读卖新闻》的评论提出，“以往半自由主义的不彻底想法和方法在日本现有的形势下是万万行不通的”。

用近卫的话来说，“新政治体制的推动力是来自国民组织的政治力量，这种政治力量不是旧有概念的政党，而是既能进入政府，也能进入军队，能够进入一切组织的政治力量”。由于近卫在国民中享有“崇高”的威望，由他提倡和建立的新政治体制蓬勃兴起，风靡政界，原有日本各政党纷纷主动解散。随着社会大众党首先解散加入新体制运动，政友会、民政党、国民同盟、东方会等老牌政党也相继宣布解散。

1940年10月，近卫首相亲自出任总裁的“大政翼赞会”宣告成立，开始以一党专政的模式统治日本。“大政翼赞会”的宗旨是“实践翼赞大政的臣道，上意下达，下情上通，密切配合政府”。在中央和地方分设大政翼赞协议会，还把产业报国会和日本妇女组织等团体也纳入体制中来。在思想宣传上大力推行军国主义教育，倡导“一亿一心”“一亿总动员”。日本已经进入“一君万民”“万民翼赞”的军事总体战体制。

抓完政治抓经济，近卫内阁同时公布了《确立经济新体制纲要》，提出进一步加强以军事工业为核心的经济体制，建立“国民经济一体化的高度国防国家”，对金融、钢铁、煤炭等产业实行统制，统一分配工业、农业等各种生产生活资料。

政府发布了《确立劳动新体制纲要》，控制和监视全国8.4万家企业和500万工人，建立起对劳动力的统制和动员体制。可以说，日本已经从政治上和经济上做好了扩大对外战争的准备。

1940年8月1日，格鲁大使在以“日本死心塌地投奔轴心国”为标题的日记中这样写道：“如今内阁换了，连同换阁所带来的种种变化似乎比一场台风还厉害，竟然毁掉了一块地基。一望而知，近卫内阁在阐释当前大众的要求，特别是军部的要求时，已充分表露它将死心塌地地投向轴心国，建设东亚新秩序，肆意践踏美英权益、原则和政策。”格鲁从东京向华盛顿发出警告，“要警惕日本即将展开的新的侵略活动”。

现在，终于轮到松冈外相跃马挺枪来搞定三国同盟了。

柳暗花明

好事多磨。在多次看似山穷水尽的磨砺之后，局势终于戏剧性地渐趋柳暗花明。在陆军一阵阵“不要错过公共汽车”的叫嚣声中，德、意、日三国同盟再次进入快车道。九一八事变之后大闹国际联盟会场，宣布日本退出国联的“国民英雄”松冈洋右再次披挂上阵，闪亮登场。

早在一个月之前，1940年7月初，松冈洋右就接到了尚未出山的近卫文麿发来的出任新内阁外务大臣的邀请，松冈闻言，心中窃喜。但老奸巨猾的松冈并没有立即答应，他以守为攻、以退为进地提出，应邀出山辅佐近卫的必要条件是必须赋予其“拥有外交政策的决策权和自主权”，这一明显过分的要求竟然得到了近卫的认可。从那一时刻起，松冈洋右，这个太平洋战争前夜日本最具代表性的外交官，就开始大刀阔斧地推行被他自诩为“我行我素”的独立外交政策。

关于近卫对松冈的人事任命，包括内大臣木户幸一在内的诸多高层人士均不赞同，连天皇都几次劝近卫要慎重考虑。裕仁曾就起用松冈询问前来晋谒的近卫首相：“起用松冈可能会陷入极大的困境和黑暗之中，你有这种思想准备吗？”天皇的话表示了对前景的忧虑。近卫又一次在需要慎重的时候做出了鲁莽冲动的决定，固执地坚持了自己的观点。在近卫眼里，松冈一贯标榜的排斥英美传统势力，与自己的观点可谓是“臭味相投”。

在那些反对者眼中，松冈性格怪异，喜欢故弄玄虚，虽然足智多谋，但浮夸外露，好冒险，办事凭直觉。他的想象力丰富，经常说一些与自己内心相反的话，弄得大家是一头雾水。他一再向同僚保证他是亲美的，但提到美国时却咬牙切齿、深恶痛绝。他自称不相信德国，却不断向希特勒献媚。他标榜反对军国主义，行动起来却比陆军大臣和参谋总长还激进。无怪乎有人称他是一位神经不正常的“智力体操运动员”。他可以和希特勒称兄道弟，也可以和斯大林勾肩搭背，并告诉斯大林“对于共产主义我比你知道得多”，他还可以跟罗马教皇谈论基督教教义，号称自己是纯粹的基督徒。很多人认为，在国际形势复杂多变的特殊历史时期，让疯疯癫癫的松冈出任外务大臣，只能把事情越搞越糟。

松冈可不这么看。在对外事务中，松冈自信地认为，他既能充分利用两个轴心国达到日本的目的，又不致对它们承担过多义务。他告诉日本驻英国大使重光葵，“意大利今后将从属于德国，但是日本因所处的地理位置却能保持独立”。松冈认为，日本应当利用德国在欧洲所向披靡的有利时机，对法国、荷兰在远东的殖民地发动突然袭击并占领之，这样做可以最少地冒卷入战争的风险，同时获得最大的利益。松冈还认为，英国很快将被希特勒打垮，届时英国在远东的殖民地也将成为日本的囊中之物。在松冈眼里，如果日本站在德、意一方进行积极的干涉和威胁，就可以阻止美国去帮助英国，这也正是日本的价值所在。

1880 年 3 月，松冈洋右出生在被誉为“日本右翼政治家摇篮”的山口县。他的家庭因做过一段海上贸易一度富有，但后来父亲投资失败欠下了巨额债务，哥哥又挥霍无度导致家道中落。1893 年，年仅 13 岁的松冈被迫去美国西海岸投靠他做生意的叔叔。可惜遇人不淑，一句英语都不会的小松冈刚到美国就被叔父狠心地扔在了海岸上，要他自谋生路。如果松冈今天参加电视选秀节目一起“比惨”，倒是能博得不少评委分。

虽然诅咒一个小孩子似乎不太厚道，但是如果松冈就此消失，对于人类来说未必是件坏事。也是松冈命不该绝，举目有亲却不被认的他被当地一家好心的美国人收养，他们还给松冈起了个英文名字，叫弗兰克。松冈先是住在俄勒冈州的波特兰，后来到了加利福尼亚州的奥克兰。在而后的成长岁月里，松冈发奋自强，刻苦读书。他坚持一边学习一边打工。为了赚到学费，他在餐厅洗过盘子，在农场种过地，也当过铁路工和管道工，还临时做过富人家的仆人。他甚至兼职去当主持婚礼的司仪——松冈绝佳的口才，可能就是当司仪时练就的。尽管在美国曾经受到种族和社会歧视，但松冈仍以第二名的优异成绩从俄勒冈州大学毕业，拿到了法学学位。这种曲折艰苦的成长经历，让松冈练就了超乎常人的坚韧毅力与求生技能，使他成为极力推动日本对外侵略的“国民英雄”。鉴于后来他在太平洋战争之前的所作所为，讨厌他的美国人给他起了一个‘俄勒冈童仆”的蔑称。

由于母亲病重，1902 年，22 岁的松冈回到日本，之前他在美国生活了整整 9 年。这点倒是和德国外交部部长里宾特洛甫有几分相似，里宾特洛甫也是年轻时候在美国待过 4 年，两人都因此自诩为“美国通”。虽然接受了近乎完整的西方教育，奇怪的是，松冈依然尊崇天皇，还对西方充满了敌视。回到日本的松冈曾对自己的朋友说：“记住最重要的一点是，永远不要被美国人轻视。当你和一个美国人在楼道里相遇时，美国人不会因为你向他鞠躬并礼貌相让而感谢你，他其实会鄙视你，认为你太容易对付了。如果你朝他脸上狠狠地来上一拳，他才会看得起你、尊重你，才会认为你和他的地位是平等的。”

与向来过分养尊处优的近卫相反，松冈每一步前进都经历了无数的艰辛。近卫喜欢吃美食、泡小妞，习惯骄奢淫逸的生活，而松冈最喜欢的不是女人，而是美酒。1904 年，松冈参加了外务省组织的外交官资格考试并以优异的成绩被录取，当时是 130 人参加考试，仅仅录取 7 人，而松冈在这 7 个人当中排名第一。从那时起，松冈洋右就开始频频活跃在日本的外交领域。

松冈有着天生的倾诉欲望，说起话来是口若悬河、滔滔不绝。他珍惜每一次能够发言的机会，然后只管喋喋不休地大放厥词，根本不管别人爱不爱听、有没有听、听不听得懂，更不允许别人插嘴或打断。在松冈眼里，你如果意见和他一致，你就是对的；如果不一致，那你肯定是错的。松冈与近卫最大的不同是，近卫几乎倾听每个人的意见，而松冈几乎谁的意见也不听，因为他认为只有他才是对的。如果将近卫文麿比作哈姆雷特，那松冈就是一个东方的堂吉诃德。松冈的口若悬河为他赢得了“五万言先生”的光荣称号。他自己却心平气和地否认自己过于健谈，“说话啰唆意味着出尔反尔，但是我从来不这样，所以我说话一点也不啰唆”。英国大使对松冈的评价是：“我从来没见过像他那样说话这么多却没有几句是真话的人。”松冈冗长的讲话往往会在结束时获得雷鸣般的掌声——很多时候不是因为演说很精彩，而是大家认为“终于讲完了，可以不受折磨了”，就像老酒平时听领导讲话一样。

1904年，日俄战争爆发。罗杰率领的第二太平洋舰队从欧洲起航，远赴远东驰援。在上海附近，罗杰将几艘补给船放进了上海港。很快，联合舰队司令官东乡平八郎就接到了俄国辅助舰进入上海港的电报，并在之后的对马海战中一举将敌击溃。那个向东乡大将发去电报的，就是当时日本驻上海领事馆助理、年仅25岁的外交官松冈洋右。

在之后长达17年的时间里，松冈一直在中国任职，成为日本对华侵略扩张外交战线的一员“猛将”，并逐渐形成了“大陆主义”思想。对于辛亥革命之后中国军阀混战的局面，松冈一度怀疑中国是否有能力形成一个统一的国家。第一次世界大战之后，松冈曾有幸参加了巴黎和会，在那里邂逅了未来的“革命战友”近卫文麿。战后，日本外交界的亲英美派逐渐占据上风，积极倡导日军出兵西伯利亚的松冈在1921年退出了外务省。后来在老乡田中义一的推荐下，松冈进入“满铁”，开始从事对中国情报的搜集工作。1927年，松冈出任了“满铁”副总裁。

田中内阁下台后，松冈辞去在“满铁”的工作，回国致力于政治活动，开始与石原莞尔一起鼓吹“满蒙是日本的生命线”，猛烈抨击主张与欧美各国进行“协调外交”的外务大臣币原喜重郎。松冈主张对美、英、法三国实施强硬外交，鼓吹用武力解决“满蒙问题”。九一八事变之后，以松冈为团长的日本代表团在日内瓦会议上悍然宣布退出国际联盟，松冈发表了铿锵有力的“退出演讲”，可谓风头出尽，此节前文已有描述。

从日内瓦回国后之后，松冈再次回到“满铁”出任总裁，后辞职回家赋闲。德国与苏联的突然联姻，导致日本在诺门坎战役中承认了失败，同时使得平沼骐一郎内阁倒台。一向不甘寂寞的松冈在闻听此事，禁不住发出了一声感叹，“德国善于利用别国满足自己的欲望，即使违约也不干被他国利用的蠢事。和他们接近的国家几乎无一例外都上过当”。松冈此言可谓一针见血。此次出山，新任的外务大臣松冈就要承担起与德、意重新缔结三国同盟的重任。

不管之前已经深深地认为德国是背信弃义之人，松冈上任后，还是迫不及待地寻求与德、意的结盟。松冈的如意算盘是，形成三国同盟，不仅可以减轻美国对远东的压力，而且能促使欧亚大陆东西两端建立“新秩序”。这还仅仅是第一步，第二步就是通过德国改善与苏联的关系，邀请苏联加入日、德、意联合体系，形成欧亚大陆新体制的强大势力集团，以此与以英、美为中心的西半球形成对峙。第三步就是让美国屈服，并通过美国来解决“中国事变”。他曾对秘书官加濑俊一充满自信地说：“除了凭借三国同盟打开局面外，别无方策。但是最终目的是调整日美关系。你就等着看吧，一切都在我的掌握之中。”带着自己的“美好构想”，松冈开始为缔结三国同盟而奔走。

在 8 月 1 日记者招待会抛出“大东亚共荣圈”概念之后，当天晚上，松冈就约见了德国驻日本大使奥特，向他急切表达了日本要求加强与德、意结盟的愿望。松冈指出，日本坚定不移地要把在中国的战争进行到底，并寻机实施南进计划。奥特对日本要求缔结军事同盟的表态感到满意。

为了排除异己，松冈快刀斩乱麻地更换了 40 余名驻外大使或公使，清洗了外务省中的亲美英分子，为缔结三国联盟扫除了障碍。他兴致勃勃地告诉其心腹好友、外务省顾问斋藤良卫博士：“我想与之握手的真正对象不是德国而是苏联。与德国握手，只不过是为了与苏联握手创造条件。德苏两国签订互不侵犯条约以来，两国关系极为良好，所以通过德国斡旋日苏关系是很有可能的。若以德苏两国为友，任他什么美国、英国，都不会考虑，也不敢再与日本为敌。”

前面已经提到，在“荻洼会谈”中，东条和松冈对于三国同盟是举四脚赞成，出席会议的第四个人却表达了不同意见，他就是海军大臣吉田善吾。吉田继承了加藤友三郎的遗志，从米内、山本、井上手中接过了“反对与英美开战”的大旗，“坚决不同意与德国、意大利缔结军事同盟”。斜刺里杀出的吉田出乎预料地成了反对三国同盟的最后一座堡垒。

让松冈略感欣慰的是，尽管陆军是三国同盟的积极倡导者，但海军内部几乎所有的中下层军官也开始积极赞成日本与德国联姻，海军大臣吉田善吾已经成了“众叛亲离”的孤家寡人，他的处境比当年的“三驾马车”还要尴尬，缺乏魄力的吉田根本控制不了自己的下属。

吉田还是找到了一个支持者，他就是联合舰队司令长官山本五十六。在给吉田海军大臣的信里山本写道："日美战争乃世界一大不幸。对帝国来说，在圣战数年之后再添新强敌，诚为国家之危机。日美两国两败俱伤之后，苏联或德国乘机扩张欲争霸世界，其时何国得以制衡？如德国获得胜利，我帝国以友邦而示其好意，然则德国未必将疲困的日本放在眼里，因为真正的友邦只有拥有雄厚的实力才能维持。帝国之受尊重而不断有讨好者，无非是因为我海军有强劲的阵容。是故为避免日美冲突，两国应寻求万般之策，对帝国来说，绝不可缔结日德同盟。"可惜的是，作为舰队司令长官的山本长年驻扎海上，对东京的决策产生不了什么决定性影响。

吉田非常赞同山本五十六的观点，无奈内阁中来自近卫、东条、松冈的压力太大。陆海军少壮派军官开始排着队轮番登门造访吉田的官邸，给海军大臣施加压力。参谋本部一个少佐参谋在得知海军大臣反对三国同盟的消息后，在当天的值班日志上写上了一个字"呸"！辅佐吉田的海军次官住山德太郎中将是个敦厚老实之人，曾被人讥称为"海军女子学习院院长"，基本上属于可有可无。在这种两难的处境中，身心憔悴的吉田患上了抑郁症，他甚至试图自杀。就在三国同盟问题于内阁中正式通过之前三个星期，9 月 4 日，吉田海军大臣在巨大的压力下终于崩溃。在前往医院的路上，最后一个反战的吉田向近卫递交了辞呈，最后一堵墙终于坍塌。松冈的面前已经是一片坦途。

现在要尽快找到一个顶替吉田善吾的海军大臣，前提是他必须赞成三国同盟。在海军中一言九鼎的实力派人物，就是已经当了 7 年军令部总长的伏见宫亲王，海军的人事变动一般都要经过他的首肯。前面多次提到，伏见宫属于不折不扣的亲德仇英美派。此时的军令部次长近藤信竹中将曾是驻德使馆的武官，作战部部长宇垣缠少将、作战课课长中泽佑大佐都是亲德派。为了给三国同盟扫清道路，伏见宫动用了皇族的威信，举荐了惯于息事宁人、窝囊到不能再窝囊的及川古志郎海军大将接替吉田出任海军大臣。

及川新大臣和板垣征四郎、米内光政都是中学时期的同学，却远没那两位有主见。在井上成美眼中，及川"既没能力也没原则"，是出了名的老好人。他曾经被誉为日本海军中排名第一的“汉学家”，对工作毫无兴趣的及川成天研究的就是《论语》和《孟子》，再不就是埋头挥毫苦练书法——文化人哪！

留着花白寸头和浓密胡须的及川面相就很慈祥，一双又大又圆的眼睛让人看起来茫然而不自信，甚至有人怀疑他根本就没有思想。从内心里讲，及川非常同情之前的米内和吉田，但他不想说也不敢说。和动辄千言万语的松冈相反，及川几乎不说话。有人说这是因为他来自寒冷的北方，所以嘴从小就被严寒冻住了。及川认为海军的任务就是打仗，不应该过多地关心和干预政治。及川不喜欢对抗并尽量避免一切辩论，他认为作为海军领导人的主要任务就是和陆军竞争，以便获得更多的经费和物资。估计正是由于他的无能、胆小和无主见，所以才被推选为海军大臣，给三国同盟让路。要不，新大臣怎么不会选择“三驾马车”呢？

值得一提的是，尽管无比崇拜汉学，但侵略起中国来，及川却毫不手软。当年武汉会战时，他就是中国方面舰队的司令长官兼第三舰队司令。突破马当、田家镇要塞等战斗，及川可谓“功不可没”，并借此于1939年11月晋升为海军大将。

三国同盟就意味着未来要与英美作战，对英美作战的主力无疑是海军。作为海军大臣，及川的职责就是根据海军的战斗力向政府提出合理的建议。如果他有当年米内光政的毅力和决心，三国同盟也可能会无疾而终。但及川同样面临来自陆海军基层军官的双重压力，老好人及川谁也不想得罪。及川认为，日本海军建设占用了国家军费的大部分，现在让海军主动提出来不和德国、意大利结盟，是因为海军打不过英国和美国，岂不让一贯与海军不和的陆军笑掉大牙？又如何去向国民交代呢？

苦思冥想的及川终于找到了三条冠冕堂皇的理由。一是如果海军不同意结盟，就会造成近卫内阁倒台，实在找不到新的首相人选了，只能先同意了，凑合着过吧。及川早已忘了两个月前陆军的畑俊六是如何毒杀米内光政内阁的。二是如果公开说海军打不过英国和美国，那绝对是长敌人志气，灭自己威风，肯定会影响海军官兵的士气。三是如果不同意三国同盟，海军就可能得不到更多的拨款和战争物资，这才是最最重要的。在决定国家生死存亡的危难关头，堂堂海军大臣考虑的不是国家的命运，而仅仅是如何从陆军手中多抢点钱，这不能不说是一种悲哀。看到这样的情景，老酒真的认为，日本最杰出的政治家在明治时代都死完了，留下了这样一群鼠目寸光的无能之辈。

作为海军大臣，光关起门练书法也说不过去。9月5日，及川海军大臣召集专题会议研究三国同盟问题。不研究也实在不行，那边陆军和松冈都撵着屁股催呢。会议由出名的“官迷”，海军次官丰田贞次郎主持。海军省军务局局长阿部胜雄少将先说明了缔结三国同盟的谈判经过。及川接着对自己准备同意三国同盟做了辩解，如果海军再继续反对三国同盟，近卫内阁只有总辞职，对海军来说，实在负担不起导致内阁垮台的责任，所以我们不得不同意缔结同盟条约。至于影响士气和争取更多经费的原因，在这种场合没法明说。随后及川要求与会人员就此发表意见。

首先提出质问的是联合舰队司令长官山本五十六。山本提出，“参加三国同盟就意味着对美英开战。从现在已有飞机的数量来看，无论是轰炸机还是战斗机都不能满足开战所需的一半，需要加紧生产补充。加入三国同盟可能随时受到美国对生产所需物资的禁运制裁，生产不得不中止。没有所需飞机，联合舰队将无法完成任务。如何解决这个问题，省、部又是如何考虑的呢？”会场静穆了许久，没有人回答，也没有人能回答山本提出的问题。

看大家都不发言，丰田次官就出来和稀泥：“尽管存在一些不同的意见，但是总的来说，海军还是赞成三国同盟的。”

军令部总长伏见宫立即发言附和丰田的观点：“事情到了这个地步，赞成三国同盟也是没有办法的呀。”亲德派的老资格海军大将大角岑生随即代表军事参议官表态：“作为军事参议官，我们集体赞成三国同盟。”而实际情况是军事参议官从来没有集体研究过这个问题，大角的意见仅仅代表他本人而已。

既然连皇室成员和海军资深人士都表了态，其后就再也没人敢发表其他不同意见。及川大臣趁热打铁地进行了总结：“经过会议研究，海军从今天起开始赞成与德国和意大利结盟。”决定国家前途命运的大事就这么轻易地定下来了。

海军会议结束之后，近卫首相亲自约见了山本司令官，想就未来可能发生的战争听听山本大将的意见。近卫说：“如果日美开战，海军的看法如何？”山本答道：“如果非打不可，在开始的半年或一年中，尚可以奋战一番，并有信心争取打胜。如果战争持续下去，拖上二三年，那我就毫无把握了。《三国同盟条约》

要缔结的话，那也只有破釜沉舟，背水一战了。因此，我还是希望政府能设法回避同美国交战。”山本的话，后来受到了井上成美的严厉批评。井上认为山本根本不应该表示还能够打上“半年或者一年”，而应该直截了当地告诉近卫“根本就打不过”。

在柏林，德国外交部部长里宾特洛甫已经与日本驻德大使来栖三郎进行了多轮会晤。从里宾特洛甫和奥特那里得到的信息是，德国对日本的热情在不断升温，表面看其原因，就是希特勒对于让米内下台而由近卫接替感到满意，但真正的原因绝不在于此。希特勒在向英国试探和平失败以后，德国要迅速结束欧洲冲突的希望已经逐渐消失，长期作战已不可避免。英国的亲戚美国很可能要替英国出头。此外，德苏的伙伴关系已经出现裂痕，希特勒已经开始考虑先收拾掉苏联，因此柏林方面认为使日本作为远东的一颗重要棋子依附于轴心国是非常必要的。8 月 23 日，里宾特洛甫向东京派出了特使施塔默尔。

施塔默尔辗转于 9 月 7 日抵达东京。9 月 9 日，松冈与德国特使进行了首轮会谈。施塔默尔说，德国此时并不需要日本进行军事援助来对英作战，而只是希望日本协助德国遏制美国。他向松冈保证，德国准备承认日本在大东亚的领导地位，只要求在经济上享受优惠和要求日本帮助弄到战略物资，德国也愿意充当忠诚的中间人，使日本和苏联弃嫌修好。但施塔默尔表示，德国尚未就此事同苏联交换过意见。9 月 10 日和 11 日，双方又进行了两轮会谈后，初步达成了一致意见。

9 月 16 日，近卫召开临时内阁会议对上述内容进行了讨论。9 月 19 日，决定日本命运的御前会议在皇宫召开。与苏联、德国和意大利不同，日本从来都不是一个独裁国家。日本的决策过程往往冗长得令人困惑。不过，现在终于到了给天皇大人汇报的时候了。

参加会议的人，个个听起来是如雷贯耳，实质上却是一群无能之辈。他们分别是首相近卫文麿、陆军大臣东条英机、海军大臣及川古志郎、外务大臣松冈洋右，其余还有大藏大臣河田烈、企划院总裁星野直树、枢密院议长原嘉道等。企划院这个名字看起来好像是一个做企业规划的咨询机构，其实不然。卢沟桥事变之后，为了加强战时物资的生产和调配，日本于 1937 年 10 月专门成立了为战争服务的这一机构，今后还要经常提到它。

“没有最废，只有更废”，除了上边的几个废物政治家，还有几个更加废物的军人：参谋总长闲院宫载仁亲王，军令部总长伏见宫博恭王，参谋次长泽田茂，军令部次长近藤信竹。一个显而易见的问题是，在整个会议过程当中，这么多所谓的政治家和军事家竟然没有一个人指出，日本作为一个海权国家，与遥远的德国这样一个陆权国家结盟是多么愚蠢。还是摘录一下废物们在会议上的蹩脚对话吧。

闲院宫：“加强日、德、意合作会给解决‘中国事变’带来什么影响？”

松冈：“缔结同盟的目的在于使日本处于更加强有力的地位。虽已声明‘中国事变’由日本单独处理，但既然建立了同盟，就要有效地利用德国，使之配合军方正在进行的日华间直接媾和谈判，我相信可以期待取得相当的效果。”

伏见宫：“对调整日苏邦交会有多大影响？”

松冈：“拟请德国居间调停日苏邦交。日苏邦交的调整对德国有利，所以德国希望居间调停。去年德苏缔结互不侵犯条约时，德国外长里宾特洛甫就曾问过斯大林，将来如何处理日苏邦交。当时斯大林回答说，日本想和我们就和，日本想战，我们也必战。由此可以判断，苏方对调整日苏邦交抱有充分诚意。德方认为调整日苏邦交将没有任何障碍，可以轻而易举地实现。”

伏见宫：“由于缔结这个同盟，和美英的贸易关系势必更加恶化，最坏时，历来依赖美英的物资可能越发难以得到，今后可能引发的日美战争必然形成持久战。鉴于目前因‘中国事变’国力大为消耗，对于保持国力有何对策？”

近卫：“由于原来已估计到这种情况，所以扩大了国内的生产，努力增加了储备。如果能进一步加强对军、官、民的消费统制，物资集中使用于最急需方面，则认为在相当长的时期内不至于影响军需。即令有一天日美开战，也将能比较长久地应付军费，可以经受相当长期的战争。”

星野：“正如首相所言，大部分物资尚能保证战争的需要。如钢材、煤、铜等，最关键的是石油不行，特别是航空汽油是最大的弱点。所以设法保证从库页岛北部和荷属东印度取得石油是十分必要的。”

伏见宫：“一旦对美开战，海军将要挺身于第一线。那时军需石油虽可指望使用库存或从库页岛北部、荷属东印度等地取得，但如果后两项没有保障，仅靠海军库存是不能坚持长期战争的。请问，长期战争所需要的石油将如何补充？”

星野：“有关石油问题如前所述。一旦演变成长期战争，取得库页岛北部、荷属东印度的石油是绝对必要的。另外，通过德国斡旋，从苏联和欧洲方面补充也很必要。总之，应尽一切手段取得大量石油，除此之外，别无他法。”

伏见宫：“关于石油问题，大体是否可以这样理解，即取得石油并没有可靠的希望。还要提一句，对于依赖苏联供给一事不能抱多大希望，结局只能是取自荷属东印度，办法有和平和武力两种。海军希望尽量采取和平方法，避免引起和英美的战争。”

松冈：“在进行本同盟谈判时，取得石油是我最关心的问题。当时我曾就日本获得荷属东印度石油问题询问过特使施塔默尔和大使奥特，‘现在占领着荷兰本国的德国对此将能做些什么’，德国特使回答说‘将做相当的努力’。另据施塔默尔说，德国这次在法国获得的石油量已超过德国去年 9 月到现在的耗油量，还有苏联也供应德国相当数量的石油，此外德国还能从罗马尼亚得到大量石油，因此德国对于石油并不担心。

“缔结本同盟的结果很可能导致美国对日实行禁运，这实在是我们最痛苦的地方。因此，我曾提议将德国石油让给日本一半左右。他们说‘将尽量想办法’。另外，关于库页岛北部石油问题也曾委托他们向苏联进行斡旋，希望苏联将该地石油的大部分或一部分让给日本。德方回答说，‘日苏邦交调整后这些问题很容易解决’。”

伏见宫：“荷属东印度石油资本属于英美，荷兰政府已流亡英国，因此德国虽已占领荷兰本国，能自由支配荷属东印度的石油吗？”

松冈：“很困难。”

伏见宫：“即使由于美国参加欧洲战争而使帝国被迫参战，其开战的时机也应由我方自行决定，为此将采取什么措施？”

松冈：“条约上虽然明文规定日本有自动参战的义务，但美国是否已经参战，要通过三国协议来决定，届时将研究当时的事态，由我国政府自行决定。

“现在日本如果放弃中国的全部或一半，或许暂时可以取得美国的谅解，但将来它绝不会停止对日本的压迫。罗斯福是个大野心家，为了实现其野心必将不择手段，甚至断然对日宣战或参加欧洲战争也未可知。现在美国对日感情已经极端恶化，绝非略一讨好便能恢复。我们唯有对美国持以毅然决然的态度才有可能避免战争，没有人比我更了解美国这个欺软怕硬的家伙。”

东条英机：“陆军和海军一样非常重视石油问题，这个问题说到底也就是荷属东印度问题。这个问题在组阁之初的大本营、政府联络会议上已经做出决定，即迅速结束‘中国事变’的同时抓住时机解决南方问题。关于荷属东印度，姑且利用外交措施努力确保其重要资源供应，适当情况下可以行使武力。”

松冈：“关于荷属东印度的石油问题已经开始谈判，防止美国形成对日包围的阵势是本条约的目的，现在我国只有持以坚决的态度才能有效地制止美国这个包围的策略。”

原嘉道：“对于三国同盟可能导致日美关系恶化，这是一个令人担忧的大问题。”

松冈：“我再次强调，现在美国对日感情已恶化到了极点，不是一般的讨好能恢复得了的。我们只有采取坚决的态度才能避免战争，对美国强硬是避免与其开战的最好办法。”

闲院宫：“大本营陆军部同意政府关于加强日、德、意轴心国的提案。”

伏见宫：“政府建议缔结日、德、意军事同盟的议案，大本营海军部表示同意。但希望采取万全措施，尽可能避免日美开战。向南方发展要尽量以和平方式进行，避免引起同第三国的无谓摩擦。”

代表海军最后表态的是军令部总长伏见宫，而不是海军大臣及川。本应该代表海军发言的及川，自始至终连屁都没放一个。

当晚回到家中，松冈对自己的大儿子说：“只要你坚定地站着并开始反击，美国人就会知道他是在同一个男子汉讲话，然后你们两个才能像男子汉对男子汉一样谈话。”松冈非常自信地认为，把赌注押在三国同盟上，不仅可以调整日苏关系，而且可以有效地对抗英美。

在欧洲，1940 年 9 月 18 日，里宾特洛甫前往罗马，说服墨索里尼和齐亚诺同意意大利加入德日军事同盟。

万事俱备，东风已到。1940 年 9 月 27 日，日本驻德大使来栖三郎在柏林德国总理府参加了盛大的签字仪式，《德意日三国同盟条约》正式签署。对于这样的安排，最郁闷的是松冈洋右。他和里宾特洛甫都属于那种“婚礼上要当新娘，葬礼上要当死尸”的人，这样重要的场面不能去出风头，那是会遗憾终生的。但是，松冈争不过里宾特洛甫，只好让步。里宾特洛甫也够哥们儿，大度地将意、德、日三国之间的秘密协议书在东京签署互换。可惜作为秘密协议，肯定就无法大张旗鼓地宣传。尽管如此，最喜欢发表“重要讲话”的松冈还是在东京召集德国和意大利的驻日大使及日本政府要人举行了盛大的庆祝大会，以纪念这一历史性的时刻。

举世瞩目的《德意日三国同盟条约》终于签订。这个对人类造成最大伤害的条约，却只有寥寥不到 500 字的内容，而今后要谈到的《大西洋宪章》，也仅仅约 800 字而已，充分体现了“越是重要的，越是简单的”之历史真谛。条约内容只有寥寥六条：

一、日本承认并尊重德意志和意大利在欧洲建立新秩序的领导权。

二、德意志和意大利承认并尊重日本在大东亚建立新秩序的领导权。

三、日本、德意志和意大利约定，对上述方针所做的努力互相协助。并且进一步约定，三缔约国中任何一国遭到现在尚未参加欧洲战争及日华纠纷的任何他国攻击时，三国须用所有政治、经济和军事手段相互援助。

四、为了实施本协定，由德意志、意大利和日本政府各自指派委员组成的联合技术委员会将迅速开会。

五、日本、德意志以及意大利确认，上述各条款对三缔约国各自同苏联之间现存的政治状况无任何影响。

六、本协定应予签字后立即生效，并将从其生效日起继续有效 10 年。在上述期限届满以前适当时间，各缔约国如经任何一国请求，应为本协定的延期举行谈判。

条约的核心内容就是第三条。虽然有点拗口，但是连瞎子都能看出来是针对谁的。符合这一条件的国家很多，但是军事强国无疑只有一个，那就是美国。三个人就等于这样说，在我们三个重新划分世界的时候，美国你别掺和，就在西半球凉快着吧。你要敢来，我们弟兄仨合起来揍你。

很多资料上说，这里所谓的“任何他国”有两种可能性，即苏联或美国。但是老酒认为，苏联已经和德国合伙瓜分了波兰，还占领了波罗的海三国并侵略芬兰，说苏联没有参与欧战似乎并不成立。

在柏林签订条约的同时，奥特和松冈在东京也互换了几项秘密协议书。在第一项协议中，德国同意缔约国中一方是否受到了第三条所说的进攻应由三国磋商决定。如果日本受到这样的进攻，德国答应全力给予经济和军事援助，同时德国将预先尽量给予日本技术和物质援助，协助日本做好准备以应付这样的事变。德国还答应竭尽全力促进日本与苏联之间的友好谅解。互换的第二项协议书规定如果日本同英国作战，德国将尽量援助日本。第三项协议书是关于德国从前在太平洋上的殖民地问题。双方一致同意，以前属于德国而这时由日本受托管理的一些岛屿，也就是日本在第一次世界大战期间从德国手中夺取的马绍尔群岛、马里亚纳群岛和加罗林群岛等仍由日本统治。鉴于德国最后正式放弃了这些岛屿，日本将给予一些补偿作为报答。其他这时由日本占领的德国从前属地，则待欧洲战事结束后归还德国。届时双方可举行谈判，将这些属地卖给日本。

还有一个人可能比近卫和松冈还兴奋，那就是日本前任驻德大使大岛浩，兴奋的大岛最恨的就是那个代表日本签字的来栖三郎，要是老子能在现场签字，那该多好啊！大岛当初离任时，德国方面就进行过极力挽留。此时此刻，之前受尽委屈的大岛可谓是扬眉吐气，再次受命出任日本驻德大使。刚刚签完同盟条约的来栖三郎回家休息。

就在《三国同盟条约》签订的前四天，日本已经迈出了南进的第一步。1940年9月23日，日军分三路入侵了法属印度支那北部，之后详叙。

《三国同盟条约》的签署震惊世界。苏联《真理报》称这个条约“使战争进一步恶化，扩大了战争的领域”。由于之前德苏两国还签有互不侵犯条约，双方还没有完全撕开脸，德国外交部部长里宾特洛甫只好一再向苏联外交人民委员莫洛托夫保证，这个条约只是针对美国这一战争贩子的，有第五条就是专门跟苏联交代的。里宾特洛甫说："当然条约没有任何针对美国的侵略目的，它的唯一目的是要那些竭力要求美国参战的人清醒清醒，明确向他们表明，如果他们加入目前的斗争，他们就自动地与三个强国为敌。"里宾特洛甫趁机向斯大林提议让苏联也参加这一条约，组成世界四强——苏联、意大利、日本和德国的大联盟，以更好地控制和瓜分整个世界。

里宾特洛甫为斯大林和莫洛托夫描绘了未来的美好前景，其主要内容为对德、意、日、苏四强的势力范围做出如下划分：德国除欧洲外，其所要求的领土以中非洲为中心；意大利所要求者为北非和东北非；日本所要求者为其帝国南面的东亚地区；可以将苏联国土以南朝向波斯湾、印度洋方向的伊朗、印度等地让给苏联。一句话，希特勒看地图——统统都是咱们的了。

里宾特洛甫的观点和松冈可谓"英雄所见略同"。在日本，松冈外相同样在兢兢业业地策划自己的"世界和平计划"。《三国同盟条约》的签订将迫使美国在执行反对日本的计划时谨慎行事，并将阻止日美战争的发生。下一步把苏联也拉进来，这样力量就会更加强大，等于在门锁上又加了一道保险。

松冈的思想已经跑得很远：在如此强大的压力下，美国必然会屈服，之后美国会停止对中国的援助，还会出面逼迫蒋介石向日本认输。松冈认为，调解中日矛盾，美国是最合适的人选。真是环环相扣。看你们军人扛枪几年了都未能征服中国，我松冈动动嘴皮子兵不血刃就找到了解决"中国事变"的最佳途径。现在要做的第一步是尽快前往苏联促成四国同盟，然后"衣锦还乡"回到幼年成长地美国，让美国乖乖地按照自己的指令行事。这就是松冈自己理想中的世界和平。那时候全世界人民都会为他松冈的成就而喝彩，他也会成为伟人，被世人代代传颂。

在松冈那没长几根头发的秃瓢里竟有着这样可怕的想法，这的确是人类历史上最危险的时刻。试想，如果德、苏、日、意联起手来，再加上罗马尼亚、匈牙利、保加利亚和中国的溥仪、汪精卫等一群虾兵蟹将，实力的确不容小觑，足可以与美、英、中等国势均力敌。至少第一步四国联手横扫欧亚大陆是不太难办到的事情。值得庆幸的是，希特勒贸然入侵苏联，打破了松冈的美梦，逼迫美英转变观念与苏联结成同盟并最后赢得了战争。

就在外务省对外公布签订《三国同盟条约》的同时，内阁也以近卫首相的名义发出了政府训令。近卫于 9 月 28 日通过广播向国民做了关于时局的演说，强调指出“条约的宗旨在于建设大东亚新秩序和恢复世界和平”。随后天皇也颁布了诏书，诏书指明，“三国条约是根据天皇迅速戡定祸乱与恢复和平的殷切轸念签订的”。这是多么伟大而崇高的愿望呀！

《三国同盟条约》缔结的当天，《朝日新闻》在头版头条刊登重要报道：“《三国同盟条约》，划时代的誓约今天终于达成，万众举杯，山呼万岁！”但也同时对未来的美日关系做出了预言，“看来冲突将不可避免，冲突的一方将是决意要在东亚包括西南太平洋建立势力范围的日本，另一方将是决心在大洋的另一边以除战争之外的一切方式来干涉亚洲事务的美国”。

为了宣扬三国同盟，日本还特意发行了一张题为“三个好朋友”的明信片。图片上，来自三国的小孩儿在挥舞着国旗，中间是三个成年人的头像：近卫文麿处在中间，旁边两个人是希特勒和墨索里尼。在日本军人和民众眼中，近卫是日本历史上乃至当时世界上最杰出的政治家之一。

《三国同盟条约》签订后，德国迅速采取措施，将之前称呼日本所用的“黄祸”一词从大众文学和官方声明中去掉。在德国人眼中，日本是低等民族，与德国人没有任何亲缘关系。从深层次来说，这一联盟从一开始就缺乏互相信任的基础。

一个明显的现象就是，在整个战争期间，希特勒与东条英机从未见过面，彼此之间几乎毫无了解。双方都是各怀鬼胎，希特勒曾鼓励日本南进，其目的是希望日本能从太平洋方面牵制英国和美国。反之，日本人的想法也类似，希望美德开战后会使美国把注意力先放在欧洲方面，以减轻日本在太平洋地区承受的压力。双方可谓是不同床也不同梦。

在整个战争的实际过程中，德国和日本基本上是各自为战，在战略上根本没有任何协调。德国和日本都独立地对同盟国发起进攻，它们的资源从来没有集中使用过。如果做一个对比，老酒已经查不出罗斯福和丘吉尔在战争期间见过多少次面。但在 5 年半里，两人之间的信件就有 1700 封之多，平均每 1.18 天就要写一封，即使是热恋中的情人，也很难做到吧？在战争进程中，如果说德国背叛日本，与苏联签订互不侵犯条约，导致日本在诺门坎失去了继续战斗下去的勇气，还勉强说得过去的话，三国签约之后，德国再次贸然进攻苏联而不事先通知日本，就实在找不到合适的理由。这极大地伤害了日本人的自尊心。后来日本高唱“为什么受伤害的总是我”，向珍珠港发起了突然袭击，以牙还牙，不告诉德国。这就是轴心国的所谓联盟，目的只是恐吓，就像一只被吹起来的貌似凶恶的气球。服部卓四郎在《大东亚战争全史》中这样描述：“（三国同盟）虽为军事同盟，但旨在获取政略效果，就实质而言，仅为一种政治协定而已。”

9 月 20 日，近卫首相觐见天皇，请求裕仁在同盟条约盖上御玺，天皇对此表示了自己的担心。他忧心忡忡地告诫近卫说：“我理解在目前的形势下签订三国条约是没有办法的事情，但是海军和美国开战会怎么样呢？我听说在军令部组织的兵棋推演中，我们每次都是失败者呀。”看着半天都无言以对的近卫，天皇继续说：“我们可能会陷入极大的困境和黑暗之中。如果在最坏的情况下，首相，你能替朕分担痛苦吗？”

近卫依旧不发一言，他为天皇的诚恳感动得落了泪。政治家不是不能掉眼泪，但要掉在合适的时间和合适的地点，而近卫选择的此时此地恰恰是最不恰当的。他的眼泪只能显示出自己的无能和无知。看看在日俄战争前夜，焦灼不安的明治天皇连夜召见了伊藤博文，伊藤是用眼泪来回答天皇垂询的吗？明治时代已经几乎用光了日本人的所有运气。

在大洋彼岸，那个没有登台就成为主角的美国也绝不会无动于衷。三国同盟导致美国总统罗斯福、国务卿赫尔等人难以忍受“日本企图恫吓美国的满腔怒火”。10 月 5 日，海军部部长诺克斯在讲话中表示：“该条约无疑是针对美国的，美国人的生活方式受到了前所未有的威胁。”赫尔的声明中提出，“德国和日本让人类重新回到了黑暗时代”。10 月 12 日，忍无可忍的罗斯福也终于站出来说话了，“欧洲和亚洲的独裁国家同盟，绝不能阻止我们援助那些正在拼死战斗以抵抗它们的仅存的自由人民”。一周之后他又说，“所谓欧洲和亚洲的新秩序，只不过是一个将要奴役人类的邪恶同盟而已”。“都是有知识有文化的人”，说得是一点都不假。

日本举国狂欢的大环境中，仍然有几个难得的清醒者。此时的米内光政已经是无能为力，后来他形容说：“我们当初反对三国同盟，就像在尼亚加拉大瀑布上游数百米的地方拼命逆流划桨一样。”有人问他，如果还在其位会不会继续反对。米内回答：“肯定，但是也肯定会被刺杀。”在写给朋友的一封信中，米内说：“魔鬼般的历史在人们的脑海里显现出数千个幻景，使时代的政客跳起疯狂的舞蹈。”这里所说“时代的政客”，指的就是近卫和松冈这一帮货。

之前同样持反对意见的吉田茂感慨地说，“德、意、日三国同盟使得日本离大战仅仅一里路了”。

还有一个清醒者，他就是之前米内的坚强助手山本五十六。山本写信给同学岛田繁太郎海军大将，“看看三国条约是在什么条件下签署，以及之后是如何进行物资动员的，就知道现在的政府在本末倒置。简直就像小孩子一样，做事只看眼前，不假思索”。

1940 年 10 月 14 日，山本在东京见到了西园寺公望的秘书原田熊雄。他对原田说：“三国条约意味着对抗美国，对抗美国也就是对抗整个世界。但事已至此，作为一名帝国军人，我也只能竭尽全力奋勇作战。战争的结局不言而喻：东京将被三次夷为平地，近卫和其他人也会被愤怒的人们撕成碎片。”

“而我无疑将战死在‘长门’号战列舰上！”山本稍作停顿后说。

开启地狱之门：日军进占法属印度支那北部

就在《三国同盟条约》签署前的 1940 年 9 月 23 日，日本已经迈出了南进的第一步：武力进驻了法属印度支那北部。这是日本将战争从中国向外扩展，迈向太平洋战争的开始。

侵华战争已呈现出长期持久战的态势，成为日本实施南进战略的最大障碍。参谋本部作战课课长田中新一少将曾经写道：“1940 年秋季，日中战争‘局部解决’的希望已不复存在，如果大量的兵力滞留在中国战场无法脱身，势必给南进造成重大影响，迅速解决中国问题始终是日本挥之不去的一大心病。”

在日本人眼中，蒋介石政权屡败屡战，死不投降，最大的原因就是身后有苏联、美、英等国家暗中撑腰。1940 年 7 月 18 日，英日两国达成协议，关闭滇缅公路 3 个月。这样，从法属印度支那进入中国广西的中越公路和滇越铁路运输线，就成为国际社会援华的最主要通道。如果能够利用法国败降的有利时机控制其在远东的殖民地法属印度支那，就可以取得一石三鸟的效果。首先可以切断西方援蒋的最后通道；其次占领并利用这里的机场，日军轰炸机的攻击半径就可以覆盖中国云南的昆明；最后也是最重要的原因，日本没说，那就是以此为基地就可以近距离窥视下一步要攻占的目标——中国香港、泰国、缅甸、马来亚、新加坡、荷属东印度以及菲律宾等广大地区。

1940 年 6 月，在接到日本要求关闭中越边界的要求后，欧洲老牌强国法国没有马上就范，他们和英国一样，先想到的就是美国。法国驻华盛顿大使将日本的要求告诉了美国，请求美国给予军事援助。但美国助理国务卿韦尔斯的答复是：毫无办法。英国自顾不暇，举目无亲的法国只好接受了日本的要求。但是，当日本在 7 月进一步提出要在法属印度支那建立空军基地以及日本军队在该地区享有过境权的问题时，法属印度支那当局表示，这个要求太过分，必须经过两国政府的进一步磋商。

在此期间，第二次近卫内阁已宣布就职。松冈洋右决定通过法国驻东京大使阿尔塞纳·亨利同维希政府进行谈判。8 月 1 日，松冈向亨利提出在法属印度支那建立军事基地和日本军队的过境权问题。亨利犹豫不决，辩解说如果这样的话，就等于是要法国同中国交战。松冈扬言，维希政府若不迅速答应下来，日本下一步将会诉诸武力。

法国外长博杜安认为法国必须向日本做出一些让步，因为在他看来，法属印度支那根本没有力量抵御日本的进攻。如果拒绝日本的要求招致日军武力进驻的话，法国只有失败一条路可走，到那时丧失的将是法属印度支那的全部。美国政府在 8 月 3 日已经正式答复法国，暂时不能提供任何军事援助，只能通过外交途径告诉日本“反对任何国家干预法属印度支那”。无奈，博杜安只有向亨利发出指示，可以同意向日本军队提供方便，作为交换条件日本必须尊重法国对法属印度支那的主权。8 月 17 日，法国再次将上述情况通报美国，请求华盛顿警告东京，法国在法属印度支那提供给日本的军事方便必须随着中日战争的结束而终止。这一要求得到了美国的拒绝。赫尔的理由是，“这样做反而是默认了日本暂时占领法属印度支那的合法性”。

日本外务省同军方磋商之后在8月21日告诉亨利，日本暂时只需要北部的河内等三个空军基地，驻扎在这些基地的日军不会超过6000人，日本军队可以通过两条铁路线运兵。对于明确承认法国在法属印度支那的主权一事却一直不予答复。

对于日本与法国之间的纠纷，德国一直保持矜持。一边是附庸，一边是盟友，也确实不太好办。8月17日，德国驻维希大使对博杜安说，德国不赞成法属印度支那被肢解，但也不准备给维希政府以公开的支持。松冈曾两次要求柏林向维希政府施加影响以使其让步，里宾特洛甫的回答是德国对法国政府能起的影响是有限的。说白了就是不想帮忙。

看到法国一直不答应，而武力解决也存在不少现实障碍，8月27日，日本做出了最后让步：同意承认法国在该地区的主权。8月30日，亨利与松冈在东京原则上达成谅解，随后双方进行了换文，这就是所谓的“松冈—亨利协定”。在该协定中，法国承认日本在远东的经济和政治上居于支配地位，并同意给予日本优于其他国家在法属印度支那的经济特权。日本所要的军事特权目的只是加速结束中日战争，也就是特权只限于侵华战争尚未结束期间。反过来，日本保证尊重法国在远东的权力和利益，尤其是尊重法国在法属印度支那的主权和领土完整。只剩下前方的人商谈具体如何进驻的问题了。

对于法属印度支那的进驻，在日本军部存在两大派别。一派是主张和平进驻的稳健派。从前文就可以看出这一派的主力是海军。日本海军认为，由于目前建造军舰和航运所必需的废钢铁、石油等重要物资必须依靠美国，一旦武力进驻，很有可能引起美国的全面禁运甚至武力干涉，因此最好通过外交手段解决进驻问题，和平进驻方为上策。海军的意见得到了以东条英机为首的陆军省的赞同。另一派也就是所谓的激进派，则以参谋本部为主。这些人认为，外交斡旋太耽误工夫，法国都成那样了，还怕他呀？人家希特勒能取得今天的成就，关键就在于想干啥就干啥。遇事就靠外交简直是愚不可及，直接派人进去不就行啦？叫唤最厉害的就是参谋本部作战部部长富永恭次少将和驻中国广州的日本华南方面军副参谋长佐藤贤了大佐。

今后还要多次领衔主演的佐藤贤了，是东条英机的大徒弟，跟了东条几乎大半辈子。东条对这个大弟子也是青眼有加，遇事就喜欢跟他商量。早在东条还是大佐联队长的时候，佐藤就是他手下的一个中队长。一次，佐藤手下一个中尉的老娘生急病问佐藤借钱，佐藤也没钱，就跑去向东条联队长借。到东条家后，东条支支吾吾半天不吭声，只是让佐藤坐。然后就看见东条老婆拿着个包袱出去了。等东条老婆回来后，东条就把钱给了佐藤。原来东条也没钱，只好让老婆去当铺当了几件衣服来救急。这件事让佐藤感激涕零，从此以后死心塌地跟定了东条，东条也一直把佐藤贤了看作自己的心腹。

9 月 4 日，双方在前线的交涉也暂时告一段落。双方约定，为了确保援蒋行为的彻底根除，日本派遣 50000 人进驻法属印度支那北部，可以使用当地的三座机场。法国提出，日本军队要等到有具体细则的正式协定签订之后才可开入法属印度支那，任何违反这一条款的行为将被看作对协定的破坏。日本希望协定能在 9 月 6 日前正式签署。

9 月 5 日，法国将有关情况再次通报了美国。国务卿赫尔对法国向日本屈服表示强烈反对，但他除了抗议之外，也不愿采取进一步的行动。英国借机提出与美国一起联合对远东提供军事援助的建议。此举倒不是全为了法国，主要是想借助美国的力量威慑日本，以保护自己在远东的殖民地。英国的建议，赫尔照样没有采纳。赫尔告诉英国，如果美国卷入太平洋战争，势必要大大削减提供给英国的物资数量，闻听此言的英国人立即闭上了嘴。由于事关中国抗战大局，蒋介石曾经主动提出派出一个师的兵力对法国进行援助，却得到了法国的拒绝。法国人认为中国派一个没有飞机掩护的步兵师根本抵挡不了日本人，反而会彻底把事情搞砸。

看似一切都顺风顺水，但是变故很快就发生了。就在协定将要正式签署的 9 月 6 日，日本陆军第五师团步兵第二十一联队的森本大队已经擅自从镇南关，也就是今天的友谊关穿越了国境线，武力侵入了法属印度支那北部。

本来对进驻就不太愿意的法国立即将这一违规行为通报日本，大家都还没动呢，你就开始拿筷子往嘴里夹菜，成何体统？要是对中国，这就不是个啥事。

但是对面是破船还有半斤钉的法国，起码的国际影响还是要注意的。日本军方迅速将森本大队长撤职并送交军事法庭查办。虽然已经投降了德国，但老牌的法国还是死要面子，以日本擅自越境为由拒绝日本继续进驻，漫长的谈判再次开始。一方强势，但被另一方抓住了小辫子；一方弱势，但占了理死不相让，谈判很快陷入僵局。

为了应对法国的拖延，日本内阁四相会议在 9 月 13 日做出了如下决定：一是谈判以 9 月 22 日为期，届时即使谈不成功也要开始进驻；二是仍然尽可能以和平方式进行，如果对方武力抵抗，就行使武力以达到目的。据此，9 月 14 日大本营陆军部电令日本华南方面军司令官安藤利吉中将，进驻法属印度支那北部的时间定为 9 月 23 日零时，期间如遇抵抗，可以行使武力。

最后还是力气大的有理，就在日军准备武力进驻的最后时间到来之前，9 月 22 日 16 时 30 分，法国人做出了最后让步：日本人获准使用北部的三个机场，可以在这些区域驻扎 6000 名日军，并有权取道输送 25000 名日军去进攻位于云南的中国军队。

在这里就发生了昭和时期日本陆军三大“下克上”事件的最后一起，继九一八事变和诺门坎战役之后的“武力入侵法属印度印度支那北部事件”。第一起的导演是石原莞尔和板垣征四郎，第二起的策划者是辻政信和服部卓四郎，这一次就换成了富永恭次和佐藤贤了。挺巧，每次的肇事者都出入成对，也好互相商量。

为了更好地指挥进驻，激进派的参谋本部作战部部长富永恭次少将决定亲赴现场坐镇指挥。9 月 14 日，富永部长飞抵河内，在这里，他见到了更加激进的佐藤贤了，第三起“下克上”随之发生。富永少将对日本驻河内总领事透出口风，让他迅速做好当地日本侨民的撤离准备工作，明说就是“谈判不成就立即动武”。同时根据大本营陆军部的指示向第五师团下达了 9 月 23 日午夜发起进攻的命令。

日本原定的计划是，一旦和平进驻，由西村琢磨少将指挥的印度支那派遣军从海防港登陆。如果演变成武力进驻，则由位于中越边境的第五师团发动进攻。

由于法国人在下午已经同意和平进驻，晚上实施武力进驻已没有任何必要，因此参谋本部电令第五师团立即停止前进。不过位于前线的富永少将在佐藤大佐的怂恿下，以该命令不是天皇亲自下达为由拒绝执行。军司令官安藤利吉中将虽然已经下达了停止进攻的命令，但由于命令传达延误，步兵第二十一联队还是按照预定计划于23日零时发起了武力进攻。在第五师团陆上越境的同时，陆军航空队空袭了海防市，炸死平民15人，炸伤18人。第五师团一路和法军展开了小规模战斗，士兵基本由越南人组成的守军在日军的攻击下迅速溃散，并不激烈的战斗一直持续到25日，双方各有微弱伤亡。

原本的和平进驻最终演变成了武力进攻，这一切都是富永和佐藤的主观错误指导所致。愤怒的西原一策少将向东京发出抗议电文，“统帅混乱，失信于内外”。明知输理的日本人随后向法国人道歉并交还了战俘。

南边停在海防港外担任护航的海军舰队听说第五师团不遵守命令越境开战的消息后，非常气愤，力劝西村少将不要再实施武力进驻。但是西村少将固执己见，主张实施“奇袭登陆”，并于26日清晨在没有海军掩护的情况下强行上岸，还好岸上几乎不设防。气愤不过的海军放弃了对派遣军的护卫任务，擅自从海防撤退。

前面真是乱成了一锅糨糊。不过乱归乱，进驻的任务还算是顺利地完成了。

与九一八事变和诺门坎战役中的“下克上”相比，此次事件尽管规模最小，但影响最大——日本已经开始公然践踏国际条约，其对象尽管是已经变成了落水狗的法国。从这次日军进驻法属印度支那北部开始，英美两国真正感到了日本那冷飕飕的刀锋。

绰号“剃刀”的陆军大臣东条英机以严厉治军著称，这么大的违规事件绝不能置之不理，即使里边有自己的大弟子。东条认为这种行为“绝对不可饶恕”，随后颁布了一系列的命令：日本华南方面军司令官安藤利吉中将被解职，连带的还有主张和平谈判的西原一策少将。参谋本部次长泽田茂中将引咎辞职，改由塚田攻中将接任，很大一批中下级军官被解除了职务。但是两个真正的罪魁祸首却因祸得福：富永恭次被外放到东部方面军，后来在1943年3月荣升陆军次官。佐藤贤了由于有师父做靠山，1942年2月反而出任了实权的陆军省军务局局长。后来日本史学家评论，富永恭次和佐藤贤了联手为日本“开辟了一条通向地狱的道路”。

日本进驻法属印度支那南部之后第四天，1940 年 9 月 27 日，《德意日三国同盟条约》在柏林签订，条约核心的第三条矛头直指美国，就是泥人也该有所反应了吧。

果真，就在日本刚刚进驻法属印度支那之后的 9 月 26 日，忍无可忍的美国终于出手：宣布除西半球各国和英国之外，禁止向其他国家输出废钢铁，同时向中国提供 2500 万美元的战争贷款。

看见老大出手了，英国迅速做出了短传配合。10 月 8 日，英国宣布重开中国抗日战场大动脉——滇缅公路，此举“标志着丘吉尔远东绥靖政策的结束”。

老美生气了，后果真的很严重！

美国很生气，后果很严重！

时间到了 20 世纪 40 年代。尽管日本在中国肆无忌惮、横行霸道，尽管德国、苏联、意大利三国在欧洲掀起阵阵血雨腥风，但在地球的另一面，作为经济最强国的美国仍然是世界上最无忧无虑的国家，举国上下处处歌舞升平，民众也过着和平而宁静的生活。战争对于他们来说，似乎还非常遥远。

美国有着得天独厚的自然条件。自然资源丰富暂且不提，东西两面的太平洋和大西洋不但成为保卫国家的天然屏障，也为美国通过两洋开展全球贸易提供了广阔的空间。谁要想在美国登陆去攻打华盛顿，不是说不可能，但是肯定是要花很大力气的。在美洲大陆，墨西哥和加拿大都太孱弱，美国不欺负它们就算了，它们肯定不敢对美国有什么不敬的地方。至于中美洲和南美洲，除了 20 世纪 80 年代偶露峥嵘的马岛争端之外，笔者实在想不起来在那里曾经发生过什么像样的战斗，不提也罢。

至此，太平洋战争的另一位主角美国终于要闪亮登场了。不是因为之前老酒不说，而是此前相当长的时间内，美国上上下下都在以经济建设为中心，大力发展经济，正可谓“聚精会神搞建设，一心一意渡危机”。这些经济上的事不是一两句话能说清楚的，估计大家也不会很感兴趣，关键问题是老酒也不太懂。

尽管马休·佩里的“黑船来航”在 1853 年就打开了日本的国门，可是太平洋太宽广了，当时落后的交通条件使得此后相当长一段时间内，美日关系还处在一个相安无事的良好发展阶段。

1894年，日本战胜大清，侵占了台湾。4年之后，1898年，美国通过美西战争夺取了菲律宾，星条旗从此飘扬在西太平洋上，美国在远东投射的身影已经越来越大。看一下地图就会发现，台湾和菲律宾可以说是隔海相望，互闻鸡犬之鸣。两强之间已经能够彼此望见对方不断健壮的身影，双方也开始死死盯住对方并频频摩拳擦掌。

19世纪末，甲午战争前后，美国经济总量悄然超越老牌资本主义强国大英帝国，成为名副其实的全球第一。但是，在西方老牌帝国英法的眼中，有钱的美国人不过是像山西煤老板那样的暴发户而已，大字都不识几个。他们在经济上是巨人，在政治上却是不折不扣的侏儒。确实自建国以来，美国绝大多数时间都没怎么参与过国际事务。

在被称为第零次世界大战的日俄战争中，日本在英国和美国的支持下取得了辉煌的胜利。西奥多·罗斯福是历史上第一位认识到美国将是未来世界重要一极，积极倡导美国参与国际事务的美国总统，他积极出面为战争的双方斡旋。但是，由他调解所签订的《朴次茅斯和约》，却招致日本举国上下的一片声讨之声，前文已有详叙。日俄战争之后，美日双方都开始把对方当作假想敌，都开始为有朝一日的互相摊牌做准备。

随后就有了第一次世界大战。同样作为协约国的美国和日本在战争中还算盟友，在第一次世界大战中，两国也都没有受到大的损失，反而赚得盆满钵满。力量的不断增强，使得双方在西太平洋争夺霸权成为早晚的事情。大战结束之后，西方国家开始对日本采取抑制行动。1921年，英国拒绝延长英日同盟，并宣布在新加坡建立新的海军基地。在华盛顿会议上，美国联合英法两国，不但迫使日本放弃了在中国山东的利益，还成功限制了日本的海军规模。日本人认定这是白种人联合起来对付日本的象征。对于已经羽翼丰满的日本来说，这口气迟早是要出的，仇恨的种子在那时就已经深深地埋下。

针对之后日本大量移民到美国的西部地区，1924年，美国又修改了《移民法》，禁止日本移民入境，这更让日本人怒不可遏。基于这一连串的事件，美国会变成日本人心目中的假想敌，实在是一点都不奇怪。其实在此时，“假想”二字已经基本上可以去掉了。

作为西方列强中的后起之秀，美国强大起来的时候，世界上已经几乎无地儿可占。美国就转换方式，开始在全球推行其“门户开放”政策。20 世纪 30 年代之后，美日两国的关系逐渐变得紧张起来，起因就是九一八事变。1931 年，日本占领中国东北，彻底破坏了维持太平洋地区稳定的华盛顿体系。日本从此开始了用它的独占政策来取代美国“门户开放”政策的武力征服过程。

1929 年，西方世界爆发了历史上最大的一场经济危机。当时担任美国总统的胡佛被国内的危机弄得焦头烂额，无暇顾及远东。面对日本在中国的侵略行为，胡佛对主张向日本持强硬态度的国务卿史汀生所提出的经济制裁等建议一概加以拒绝，只同意发表一个表明美国立场的声明。这就是美国政府在 1932 年 1 月 7 日依照中日两国政府照会的形式发表的声明：不承认有损于美国在华条约权利，也就是“门户开放”政策的任何条约。这一声明后来被史学家称为“史汀生不承认主义”。

20 世纪 30 年代初期的美国，对战争可以说是毫无准备。此时的美国陆军人数是第一次世界大战以后的最低点，甚至低于 1920 年《国家防御法》规定的和平时期士兵 28 万人的最低标准，只有陆军士兵 12.2 万人，在世界上仅仅排第十七位。海军的形势也不容乐观，1929 年至 1932 年，海军军费始终在 3.5 亿~3.7 亿美元浮动，到 1933 年降到了 3.5 亿美元以下，1934 年更是降到了不足 3 亿美元。这些数据在前文已经提过。

1933 年 3 月 4 日，一个大人物的出现，逐渐改变美国在世界上略显孱弱的政治地位。这个坐着轮椅的残疾人，继胡佛之后出任了美国第三十二任总统，他的名字叫罗斯福。历史就是这样有趣，在他出任总统一个月之前的 1 月 30 日，一个叫希特勒的人出任了德国总理。他们注定将成为那场世界上最大规模战争中的仇敌。

对于第二次世界大战的盟军领袖，这位身残志坚的美国总统，有必要花点工夫介绍一下。他的全名是富兰克林 · 德拉诺 · 罗斯福，1882 年 1 月 30 日出生在纽约，其父詹姆斯 · 罗斯福当时已经 54 岁，相比于山本五十六的父亲生下山本时的56岁，仅仅小了2岁。侧面说明年龄大的男人生出来的孩子不一定弱智——“六〇后”或者“七〇后”据此可以放心考虑生二胎了，不说总统或者大将，就是生个省长或中将也行。詹姆斯曾经是美国外交界和商业界的风云人物。其母萨拉·德拉诺是出身上层社会且受过良好教育的知识女性，比丈夫小了整整26岁。在母亲实施启蒙教育之后，罗斯福开始随家庭教师学习拉丁语、法语、德语、书法、算术和欧洲历史。5岁时，他跟随父亲见到了当时的美国总统克利夫兰。克利夫兰给了这个小孩儿一个奇怪的祝愿：“祈求上帝，永远不要让你去当美国总统。”大人物的话总是充满玄机，后来罗斯福不但当了总统，还一连干了4届，在美国历史上也是唯一的。

1896年，罗斯福被送入号称“政治家摇篮”的格罗顿学校。青年时代的罗斯福酷爱运动，网球、高尔夫球、骑马、帆船都是高手。他的中学成绩也堪称优良。罗斯福喜欢演讲和辩论，可以说在那时已经具备了作为政治家的基本素质。

罗斯福对海军有着特殊的情感。在15岁生日那天，他就接到了当时任美国总统的堂叔老罗斯福寄来的生日礼物——美国海军战略家马汉的《海权论》。中学毕业后，他就曾想进入当时世界三大海军名校之一的安纳波利斯海军学院，渴望毕业后能够成为一名海军军官。这一想法遭到了父亲的坚决反对。罗斯福最终选择了屈服，他于1900年进入哈佛大学攻读政治学、历史学和新闻学。

也就在这一年，他72岁的父亲去世，给罗斯福留下了12万美元的存款。其母也从外祖父那里继承了一笔高达130万美元的遗产。这笔钱现在看来可能并不算很多，但在当时不啻一笔巨款。丰厚的遗产可以保证罗斯福衣食无忧，放心地去从事自己喜欢的事业。从大学时代起，罗斯福就热衷于社会活动，此举也让他大学的学习成绩并不突出。后来无数的事例表明，那些学习成绩好的人往往会成为科学家或学者，不一定能成为优秀的政治家或老板。

1904年，罗斯福进入哥伦比亚大学法学院学习。翌年3月，他与埃莉诺喜结连理。埃莉诺是当时美国总统老罗斯福的侄女，所以说，罗斯福和表妹联姻也属于近亲结婚。老罗斯福总统亲自参加了侄女的结婚典礼，使得婚礼更加热闹和受人关注。富兰克林发现，大多数参加婚礼的宾客并非冲着新婚夫妇而来，他们更多是为了见到总统。从那时起，小罗斯福就下定了从政的决心。1907年，罗斯福从法学院毕业，之后当了10年的律师。

1910年，身为律师的罗斯福开始以民主党人的身份涉足政界。当他把这个决定告诉身为共和党人的总统堂叔时，遭到了老罗斯福的怒声叱骂，但小罗斯福并没有改变前进方向。他最终幸运地当选了纽约市参议员。

1913年，罗斯福被威尔逊总统任命为海军部部长助理，其间参加了著名的华盛顿会议。在长达7年的任期内，罗斯福的表现堪称出色，提出了“建立强大而有作战能力海军”的主张。1920年，罗斯福作为考克斯的竞选伙伴参加副总统竞选失败。看来，他就只有当总统的命，但失败并不能掩盖其作为政治新星的璀璨光芒。再说了，美国副总统的任务除了等总统出事之外，平时也没什么可干的。

孟子说：“故天将降大任于是人也，必先苦其心志，劳其筋骨。”诚哉斯言，就在一切看起来还顺风顺水的时候，无情的灾难正在悄悄降临。1921年8月，罗斯福全家在坎波贝洛岛休假，在扑灭了一场林火之后，大汗淋漓的罗斯福跳进冰冷的海水中沐浴，因此患上了脊髓灰质炎病。高烧、疼痛、麻木以及终生残疾的前景并没有使罗斯福放弃自己的理想和信念，他一直坚持不懈地进行锻炼，企图恢复行走和站立能力。在康复期间，罗斯福大量阅读书籍，其中不少是传记和历史著作，几乎没有经济学或哲学作品。

1928年，罗斯福重返政界，参加州长竞选险胜，出任纽约州州长，并于1930年成功连任。州长的任期为他积累了宝贵的实际从政经验。

1929年，美国爆发了严重的经济危机，因此，1932年的美国总统大选是在严重的经济危机的背景下进行的。罗斯福在1932年11月作为民主党总统候选人参加竞选，提出了实行“新政”和振兴经济的纲领。政敌常利用他的残疾来攻击他，这是罗斯福终生都不得不与之搏斗的事情，但是他总能以出色的政绩、卓越的口才和充沛的精力将其变成优势。他告诉大家：“你们需要的是一个政治家，而不一定是杂技演员。我们选他并不是因为他能做前滚翻或后滚翻，他干的是脑力劳动，他的工作是想方设法为人民造福。”依靠这样的坚忍和乐观，罗斯福终于在1933年以绝对优势击败胡佛，成为美国第三十二任总统。

在第一个任期内，罗斯福首先要解决的是经济问题。举世闻名的“罗斯福新政”不是咱们讨论的主题，可以简单介绍一下结果，那就是罗斯福新政获得了成功。第一个任期终了的 1936 年，面对国民收入 50% 的增幅，罗斯福娓娓动听地描述：“此时此刻，工厂机器齐奏乐曲，市场一片繁荣，银行信用坚挺，车船满载客货往来奔驰。”有了这样的成绩，罗斯福在 1936 年再次当选总统，可谓是水到渠成。

20 世纪 30 年代，欧亚政治出现了一系列重大变化，罗斯福以极大的兴趣注视着这些事态的发展。在远东，日本军方领导人掌控了政权，他们的目标是要让日本成为亚洲的领导者。在意大利，法西斯头子墨索里尼成为政府的首脑，另一个法西斯分子弗朗西斯科·佛朗哥也夺取了西班牙的政权。更为严重的是，希特勒和他的纳粹党在德国的力量日益强大。罗斯福比其他西方领导人更早地明白了这些新的领导人代表着什么样的威胁。在写给驻法国大使的一封信中，他这样说：“没有人明白，在你我有生之年，欧洲局势之黑暗已经到了前所未有的地步。”

20 世纪 30 年代，美国对外政策上一个很大的问题是如何处理与苏联的关系。1917 年，布尔什维克掌权后，美国就一直拒绝承认莫斯科政府。然而罗斯福认为，一旦欧亚局势日益紧张，最后引发战争，苏联很可能是一个潜在的盟友。基于此，罗斯福上台不久，美国就正式承认了苏联。之后由于缺乏互相信任而在很多问题上发生争执，两国的关系也越来越糟，以至于美国驻苏联大使多次敦促罗斯福断绝与苏联的外交关系，但罗斯福没有那么做。罗斯福认为，继续保持两国关系，能够在紧急时刻起到好的作用。而这紧急时刻——第二次世界大战，没有多少年就发生了，事实证明罗斯福是对的。

罗斯福的外交思想源于他最钦佩的两位总统：堂叔西奥多·罗斯福教给他如何捍卫民族利益，达到权力制衡；伍德罗·威尔逊教给他“国际秩序是建立在共同维护和平的基础上的”。在这一时期，罗斯福政府开始在南北美洲大力推行“睦邻政策”，此举使西半球基本变成了美国的后花园，也为美国之后毫无后顾之忧地全力投入第二次世界大战打下了坚实的基础。

就在欧洲和远东战云密布，罗斯福眉头逐渐锁紧的同时，美国国内此时盛行的却是倡导与世无争的孤立主义。这种主流民意认为，美国过好自己的小日子就行了，不要主动去干预美洲大陆以外的事务，更不要去参与欧洲纠纷，千万千万不能卷入未来欧洲和亚洲的战争。

整个20世纪30年代，这种孤立主义思潮遍及美国。根源除了美国独特的地理位置之外，就是第一次世界大战。第一次世界大战结束之后，大多数美国人对加入那场战争的态度是“不值得、没必要”，认为仅仅出于公愤而加入战争是不明智的。跑大老远地去替别人打仗，连个好都没落上。美国人还在前线拼命的时候，那边英法两国已经在背后谋划如何分赃了，连个招呼都不打。特别是在之后的巴黎和会上，美国并没有受到应有的重视，英法两国合起来欺负这个他们眼中的乡巴佬和暴发户。国际联盟是美国倡导建立的，最后真正说了算的变成了英国人和法国人。美国在会上赞成中国收回山东主权的提议，但是英法却顺从了日本的意思。在提议遭到拒绝后，美国代表集体抗议退场。也就是说，美国人民不是到现在才生气，第一次世界大战以后开会时就已经生过气了。生气的结果就是，对于自己总统倡议并成立的国际联盟，你回来后我就是不批准，最后美国硬生生没有加入国际联盟，这也是国际联盟缺乏权威性和执行力的重要原因之一。

美国人普遍认为，他们是直接或者间接遭受欺骗之后加入了那次跟自己毫不相干的该死的战争。1934年，美国军火调查委员会出具了一份关于第一次世界大战的调查报告，开头就说，“上次参战我们的目标半点也没有达到”。他们甚至将第一次世界大战的停战纪念日定为“美国和平动员日”。

1936年1月发表的美国总统国情咨文充满了忧郁情绪。日本宣布退出了海军裁军条约，意大利正用飞机大炮去攻击埃塞俄比亚的大刀长矛，希特勒在不断地扩军，磨刀霍霍。罗斯福认为：“许多夙愿死灰复燃，昔日的激烈情绪又爆发出来，扩充军备和扩大势力的新的骚动正在不止一个地方抬头。”一个月后，他要求国会拨给海军有史以来最高的巨额款项，来进行“审慎的”自卫。孤立主义者与和平主义者掀起强烈反对的浪潮。要求结束战争的人民组织征集了100万人签名，5万多名退伍军人在白宫前举行了“要求和平的游行”，连学校的少年和儿童都组织了罢课，他们喊出的口号是“我们要学校，不要战列舰”。甚至在墨索里尼在罗马举行阅兵欢庆胜利，在希特勒号召再武装50万德国人，在日本向驻守北平的关东军派遣增援部队和西班牙爆发内战的时候，美国的一位参议员居然还大喊：“让欧洲和其他国家见鬼去吧！”他的话概括了席卷全美国的强烈的孤立主义情绪。

孤立主义支配着国会。光吆喝还不过瘾，他们认为为了避免以前的“悲剧”再次上演，必须采取切实有效的措施，限制那些好战分子的行为，最好用法律形式固定下来。美国历史上著名的《中立法》就在这样的背景下诞生了。

1935 年 8 月 31 日和 1936 年 2 月 29 日，美国先后颁布了《中立法》，法律的颁布标志着国内孤立主义的大获全胜。法案规定，战争时期禁止美国输出武器装备和信贷，而有效期为两年的“现购自运”条款则授权总统要求在美国购买非军事物资的交战国付现金并用本国船只装运。比较拗口，说白了就是“只收现金不送货”。面对法西斯国家的侵略扩张，孤立主义和《中立法》无异是对侵略者的默许和纵容，对当时欧洲的绥靖主义起到了推波助澜的作用。为了引导美国及其公众做好反法西斯战争的准备，加强美国的防务力量，罗斯福开始与孤立主义者展开了坚决而富有艺术性的漫长斗争。

1937 年卢沟桥事变的时候，罗斯福刚刚第二次出任美国总统。日本对中国的全面战争是对美国“门户开放”政策的再次公然挑衅。这时，美国国内的“罗斯福新政”已经取得了一些成效，经济形势的好转使得罗斯福有多余的精力可以关注已经乱成一团糟的世界。颇具戏剧性的是，第二次世界大战时期，同盟国领导人罗斯福和轴心国领导人希特勒，对古老的中国都怀有一种莫名其妙的好感。不管从国家利益或者个人情感上来说，罗斯福都反对日本侵略中国。至于美国和日本未来的发展方向，罗斯福认为两国之间终有一战，只是时间早晚的问题，早在第一次世界大战时期担任海军部部长助理时，罗斯福就已经有了这样的观点。在 1933 年就任总统之后的第二次内阁会议上，罗斯福就提到了美日战争爆发的可能性，所以松冈洋右说罗斯福是个战争贩子也不算很冤枉。

尽管国际形势风云变幻，但由于国内孤立派势力的束缚，罗斯福也难以采取什么主动行动去对国际局势施加影响。在对欧政策方面，他只能用“我憎恨战争”的表态来满足孤立派的愿望并赢得一般民众的喝彩，又用“警惕地注视”这种模糊不清的宣言来抚慰自由派。在远东方面，除了之前史汀生的“不承认原则”外，罗斯福没有拿出一点属于自己的东西来。赫尔在 1948 年回忆罗斯福第一个任期的情况时说：“那时在与孤立主义浪潮进行的斗争中，罗斯福没有成功的希望，也不可能会有所得。”

斯大林在苏联只要说句话就能办成的事，罗斯福在美国用几年时间都不一定能办到。卢沟桥事变之后不久，1937年10月5日，罗斯福选择在当时美国孤立主义情绪最强烈的芝加哥，发表了著名的“防疫演说”。罗斯福说：“世界上90%的人的和平、自由与安全，受到了其余10%的人的危害。他们正在威胁着要打碎国际秩序和法律。愿意生活在法律之下以及根据若干世纪以来用普遍所接受的道德标准来生活的那90%的人们，一定能而且必须找到使他们的愿望得到实现的途径。”

然后他不指名地谴责了日本对中国的侵略行动。“世界上无法无天的瘟疫正在蔓延，看来这是不幸的事实。每当一场侵害人身健康的瘟疫初起时，社会上都会赞同并实行隔离病人，以保护居民的健康，防止病疫蔓延。”罗斯福警告说，如果某些国家的侵略得逞，“谁也不要想象美国会幸免，会受到怜悯，我们这个西半球会不受到攻击。”罗斯福的这一番话，表明了美国赞成以集体行动对付侵略者的态度，暗示着美国有卷入战争的可能性。他这样做，主要是想看看国际以及国内民众的反应，用围棋语言来说，就叫“试探应手”。

含糊的几句话，老酒看了都觉得糊里糊涂，却立即在国际和国内同时引起了轩然大波。第二天，墨索里尼作为对罗斯福声明的回应，立即表明坚决支持日本的对华扩张。日本外务省也以发表谈话的形式，回击了美国总统的演说。日本内阁政府随后宣布拒绝参加讨论中日两国关系问题的任何国际会议。这还不算大事，你不来开会，谁稀罕你了。关键在美国国内，罗斯福立即遭到了孤立主义者和诸多出口商的口诛笔伐。

尽管大多数美国人与罗斯福一样不喜欢新出现的法西斯浪潮，但美国人的另一种情绪更为强烈，那就是他们希望自己能置身战争之外。第一次世界大战才结束不到20年，许多美国人对那次大战还记忆犹新。美国的一项民意调查显示，有71%的美国人认为美国参加第一次世界大战是一个错误，绝大多数美国人反对任何可能将美国卷入血腥冲突的政策。

《华尔街日报》直截了当地警告罗斯福：“总统先生，请立即停止煽动战争！”没说“闭嘴”已经算不错了。《商业周刊》的文章指出，罗斯福是在“煽起日本人进行更大的军事报复，防疫本身就意味着战争”。劳工联合会也做出决议：“美国工人拒绝卷入欧洲战争或亚洲战争中去。”马文、霍华德这些有影响的新闻界人物撰文提醒罗斯福，美国对中国的一年贸易额还抵不上美国与日本打一个星期仗的战争费用。孤立派众议员费什和廷克汉姆甚至威胁要对罗斯福进行弹劾。和平主义者发起了一个征集2500万人签名的“使美国置身战争之外”的运动，甚至还有人和松冈洋右一样大骂罗斯福是“战争贩子”。罗斯福对他受到攻击的猛烈程度和广泛性感到无比惊讶，他立即意识到元宝生虫坏财。后来，他对自己的“闺密”罗森曼法官谈起当时的心情，心有余悸地说：“你一心一意想带领人们前进，可是回头一看，没有一个人跟着，只有你孤零零的一个人。那情景真是太恐怖了。”

当时的一项民间调查表明，只有不到1/3的美国人愿意改变国家的中立政策，赋予总统更多采取行动的权力。一切都证明，罗斯福“试探应手”的那颗子被吃得干干净净。但是，如果遇到这样的挫折就灰心丧气地停下来，那罗斯福就不可能成为美国历史上比肩华盛顿、林肯的伟大总统了，他必须对这颗残子，尽可能进行利用。罗斯福是一个善于迂回前进的掌舵人，在察觉到风向不利时暂时收了帆，但仍然在原来的航线上缓缓前进。

早在1937年日本发动全面侵华战争后，罗斯福就曾经考虑对日本实行禁运，这是他手中唯一可以打的牌。可是这张牌当时也不能轻易打出来。美国民众对“防疫演说”的敏感反应使得罗斯福清楚，民众根本不可能接受禁运的方案。当然，包括国务卿科德·赫尔和海军许多高级将领也反对对日本实行禁运。罗斯福只有眼睁睁看着日本一路穷追猛打，将蒋委员长赶到了西南一隅的一个山窝窝里，那里有个城市叫重庆。

你退一步的话，敌人就会前进两步。武汉会战之后，1938年11月3日，第一次近卫内阁发表了所谓建设“东亚新秩序”的声明，表明了日本关于建设“东亚新秩序”的坚强决心。这就是告诉大家，中国这儿以后你们就别来了，别的地儿玩儿去吧。此举强烈刺激了英美等国。美国立即对此做出了反应，三天后，11月6日，美国就向日本提出照会，要求日本按照《九国公约》的精神，恪守对中国的“门户开放”“机会均等”政策，尊重美国的在华权益。日本外务省在

11 月 18 日对美国的照会进行了驳斥，认为美国的行为“无助于东亚持久和平的确立”。美国对此也是干着急。

不过从那儿以后，美英等国的援蒋反日政策就开始走向具体化。1938 年 12 月 15 日，美国向中国提供了 2500 万美元贷款，英国也拿出了 1000 万英镑。1939 年 1 月 14 日，英、美、法三国共同对日提议，不承认所谓的“东亚新秩序”。一周后，1 月 20 日，国际联盟理事会通过了援蒋的决议。

从此以后，美国的援蒋反日政策越发清晰。1937 年至 1939 年，美国累计向中国提供了 1.2 亿美元贷款，其中的 5000 万美元用于稳定货币，其余用于购买除武器弹药以外的其他物资。对此，美国陆军部部长史汀生直言不讳：“我们是在购买，而不是在借贷，我们是在购买自己的安全。”这正是美国援华的根本点所在。

光有这些是远远不够的，罗斯福还打出了一系列隐秘的组合拳。1938 年 5 月 17 日，美国国会根据他的要求，通过了 10 年建造军舰 115 万吨的庞大海军扩建计划，也就是所谓的“文森法案”。1938 年 6 月 30 日，英、美、法三国海军又订立了相互使用港口协调行动的协定。真正让日本恼火的是，美国在 1939 年 7 月 26 日突然单方面宣布，1911 年签订的《美日通商航海条约》在 1940 年 1 月 26 日到期后不再续约。其原因就是蒋介石在 1939 年 7 月 20 日给美国总统罗斯福发了一个电报，请求美国政府禁止对日本输出军用材料、军用品，特别是禁止向日本提供钢铁和石油。蒋介石认为，如果美国政府能够这样做，就可以大大削弱日本的军事力量，同时让日本感觉到美国在以实际行动支持中国。罗斯福接受了请求，并在接到蒋介石电报之后的第六天就对外发布了废约的消息。这简直是晴天霹雳，这预示着重要战争物资如钢铁、石油等严重依赖美国的日本，随时面临被部分或全部禁运的危险。

这一行动的政治意义远远大于经济意义。因为不再续订商约不等于中断两国之间的贸易关系，生意该做的还是要做。但它向日本表达了一个并不十分明确的信号，美国对日本的行动不会无动于衷，美国随时可以给日本“断奶”。《美日通商航海条约》废止后，美国一方面拒订新约，一方面仍继续进行两国之间规模缩小了的贸易。

美国企业界肯定不是很支持罗斯福的这一政策。美国《幸福》杂志在 1940 年 7 月就日美两国贸易问题，向全国企业界高层人士做了一次征询意见的调查。在接受调查的 15000 名企业界人士中，包括 750 家最大公司的董事、总裁和经理。调查询问他们美国对日本应该采取三种办法中的哪一种：一是彻底绥靖，放任不管，与日本再订立一个新的贸易协定，承认他们宣称的‘势力范围”是合理合法的；二是强硬，对日本禁运或者施加武力威胁；三是顺其自然，走着说着，背着手，撒尿随它流。

征询意见的结果很快就出来了。主张第一条办法“绥靖”的占 40.1%，主张第三种“随它流”的占 35%，主张实施强硬措施的只占了 19.1%，其中主张以武力相威胁的又仅占 19.1% 中的 19.4%，也就是赞成武力解决问题的连 4% 都不到。看来，大部分美国商人还是希望同日本继续做生意发大财。

1939 年 9 月，德国和苏联联手瓜分波兰，标志着第二次世界大战的全面爆发。此后一年多时间里，德国和盟友取得了一个又一个胜利，整个欧洲只剩下大英帝国在负隅顽抗。但是，英国没有屈服。在绥靖首相张伯伦黯然下台之后，英国人选择了一位新的领导人，他的名字叫温斯顿·丘吉尔。

对于欧洲的战争，罗斯福能做的事情也不多。反对卷入欧战的孤立派提出“我们不为但泽送死”的口号，反对卷入太平洋战火的孤立派提出“我们不为欧洲人的殖民事业火中取栗”。这些听起来很有道理的口号，对有反战情绪的美国普通百姓具有很大的吸引力。

在国内孤立主义的压力下，美国对欧战宣布了中立。1939 年 9 月 3 日晚，罗斯福在一次著名的炉边谈话中对美国人民广播了一项特别通告，简略地论述了美国在一个战乱的世界中的立场。他说，“美国将保守中立”，但是也指出“我们的美洲再也不是一个海外争端的利弊不会波及的遥远的大陆了”。这就给美国带来了一个现实问题，美国从法律意义上说是一个中立国，而且没有几个美国人愿意参加另一场世界大战。但绝大多数美国人不喜欢德国纳粹的领导人希特勒，也不太喜欢墨索里尼，他们希望不靠他们，英国、法国、中国和其他同盟国能够取得战争的胜利。对此，罗斯福在第二次世界大战爆发时发表的广播讲话充分说明了这一点：“我们美国人民全力寻求和平，不仅寻求国内的和平，也包括可能影响我们国内和平的世界其他地方的各种和平。我们美国人有着坚定的信念，确保国家安全的坚定信念。为此，我们不仅要为我们今天的安全采取行动，还要为我们子孙后代的安全采取行动。这个安全是与西半球和大洋之外的安全密切联系在一起的。我们要通过寻求我们美国免于战争的办法来寻求我们的朋友也能够免于战争。”——老外的发言看起来真费劲！

美国必须适时做出重大改变来适应欧洲的战争形势。尽管也有人呼吁对英国进行援助，但更多的美国人仍希望继续保持中立。为了适应日益严峻的形势，罗斯福要求国会修改那可恶的《中立法》，以便向盟国出售武器来对抗德国。经过冗长的斗争和辩论，美国参议院终于在 1939 年 10 月 27 日以 63 票对 30 票获得通过修改法律，11 月 2 日众议院的投票结果是 243 票对 181 票。这样，在 11 月 4 日，美国国会修订了《中立法》，允许交战国购买美国武器和军用物资。这一政策在大西洋和欧洲对盟国是有利的，因为英国掌握着制海权。在亚洲反而对日本有利，因为当时中国的海军力量已经几乎可以忽略不计。《中立法》修改后第三天，11 月 7 日，一个由英国人阿瑟·珀维斯领导的英国采购委员会就在美国宣布成立。12 月 6 日，罗斯福任命一个联络委员会负责武器和物资的调配，帮助执行盟国的采购计划。真是够迅速的！

1940 年 1 月 5 日，罗斯福很快就把 1939 年至 1940 年的财政预算送交国会，其中预算里就包括了 11.26 亿美元的军备开支计划。一个星期之后，通过罗斯福的极力争取，计划的预算再次追加额外的 2.1 亿美元并获得通过。1 月 12 日，罗斯福得寸进尺地以防空安全为由，再次要求国会追加 5.25 亿美元用于美国未来三年空军的扩充，此外还包括陆军装备的增加和改建完善海军基地的费用，同时加强美国本土和夏威夷以及巴拿马运河的海岸防务。罗斯福告诉国会，这是保证美国安全所需的最低费用。

4 月 3 日，美国参议院和众议院都以压倒性多数通过了附加支出的《国防法》。根据《国防法》规定以及涉及各项措施所需的资金需要，4 月 26 日，在军事拨款法项下拨付了 58789824 美元；5 月 25 日，在海军拨款法项下拨付了 773049151 美元；7 月 1 日，在军事拨款法项下又追加了 22398047 美元。美国历史上和平时期最高的国防费用，在这届美国国会闭会时达到了惊人的 16.14 亿美元，而随后的一些国防计划还需要 6.4 亿美元。

在德国装甲部队势如破竹向着巴黎挺近之时，罗斯福听到了法国总理雷诺濒于死亡时那声嘶力竭的求救声。雷诺告诉罗斯福，法国或许还可以挽救，如果罗斯福能立即对德宣战的话。他同时请求美国把大西洋舰队和美国当时能出动的所有飞机都调到欧洲去。罗斯福礼貌地拒绝了雷诺的请求。他告诉雷诺，即使他内心愿意这样做，也做不到。他没有宣战的权力，只有国会才有权做出那样的决定。美国舰队主力部署在太平洋以控制日本，至于实力孱弱的大西洋舰队又需要用来保卫美洲的东线，美国"没有大批的飞机"可以派往欧洲。英国政府也来电帮助法国求情。丘吉尔和雷诺两人都指出美国本身处境的危险，如果法国和英国被敌人战败的话。可惜罗斯福依然是无能为力，只能再次眼睁睁地看着法兰西悲壮地轰然倒下。

此时的罗斯福还面临一个棘手的问题，那就是决定他个人前途命运的第三次大选。就在罗斯福与温德尔·威尔基用言辞展开总统竞选活动时，他接到了丘吉尔发来的紧急救助信。这位英国首相说，英国的单独抵抗持续不了太久，他们必须立即得到帮助。

本来罗斯福在竞选结果出来前不想采取任何行动，但形势的紧迫使得他必须有所动作。英国正双手抱头、背靠圈绳，迎接着德国暴风骤雨般的组合拳打击，除了扔"白毛巾"之外，必须对它有实质性的帮助。幸运的是，他的竞选对手威尔基是一位非常强硬而友好的人，一位出色的商人和演说家。当罗斯福准备答应给捉襟见肘的英国海军提供 50 艘驱逐舰用于护航维持战争生命线时，威尔基给予了理解和支持，同意对此不予以批评。其实这正是威尔基利用国内的反战情绪攻击罗斯福的最佳武器。1940 年 9 月 2 日，罗斯福与英国签署协定，在舰队绝不会投降或者凿沉的前提下，将 50 艘驱逐舰转让给英国，英国则将部分海军基地租借给美国。此项协定意味着美国正式中立的结束，也标志着美国有限参战的开始。

这一举动再次激怒了孤立主义分子。"这是战争行动"，《圣路易邮报》对此提出了强烈批评，谴责它是"历史上最卑鄙的不动产交易"，更多人指责罗斯福正准备使美国在大西洋上和德国作战。民意测验表明，罗斯福的支持率有所降低，可能削弱他在竞选的最后几周中的领导地位。

口是心非是政治家必须具备的基本素质。作为政治家中的佼佼者，罗斯福更是深谙此道。1940年10月30日，他在波士顿的演说中向听众表达："我以前这样说过，我还要反复说，你们的儿子不会被派去打任何外部战争的！"听众中有很多爱尔兰籍的孤立主义者。尽管罗斯福心里明白，这不过是哄骗选民的竞选语言而已。这时候他如果强硬地表示要介入欧洲和远东的战争，就很可能失去总统的宝座。

相比威尔基来说，罗斯福还有一个竞选优势。由于当时世界战争频繁，为保证美国对外政策的一致性，美国人包括那些孤立主义者并不赞成总统中途易人，他们认为罗斯福是在危机时期领导美国的最佳人选，所以在投票时，有55%的选民选择了罗斯福。最终，罗斯福以2700万对2200万的公众选票战胜威尔基，打破了美国国父乔治·华盛顿总统确立的传统，于11月5日第三次当选为美国总统。

为此美国特别规定，今后一个人最多只能连任两届总统。现在奥巴马干了8年，闷不吭声就准备收拾铺盖离开白宫回家休息的原因，正在于此。

这边大选尘埃落定。刚刚坐下来的罗斯福连大气都没顾上喘一口，那边丘吉尔的告急信就又到了。这位焦头烂额的首相迫切要求美国提供更多的武器和飞机以帮助英国对抗德国。罗斯福前往国会为他向英国提供更多的援助辩护，他说，"美国应该改变中立政策，因为英国正在与我们民主的共同敌人进行作战"。罗斯福还说，"如果英国能够足够强大，足以对付德国，那么美国就能够避免战争"。其实他心里清楚后一句话是哄人的。没有美国的参战，大英帝国不可能独自去打败德、意、日轴心国。

国会在经过一番激烈的辩论后同意了总统的要求，授权罗斯福增加对英国的援助。苏联想向中国提供援助，只需要斯大林的一句话，而美国为了能够向英国提供援助，却花费了长达数年的时间。

欧洲那边的葫芦还没有按下去，远东这边的瓢又浮上来了，本来就十分紧张的美日两国关系，因为近卫文麿的上台刹那间变得剑拔弩张。近卫文麿和那个曾经在美国度过青少年时代的松冈洋右对外公开叫嚣，日本决定将自己的势力范围进一步扩大，也就是所谓的“大东亚共荣圈”。这次真够彻底，日本干脆把英、荷、法三国在太平洋的殖民地，甚至包括菲律宾、澳大利亚、新西兰都纳入了自己的势力范围。这分明是不把老大当人看哪！别说是内心本来就想战斗的罗斯福，连那些反战的美国人都有点坐不住了。

罗斯福立即采取了一个令人注目的“威慑行动”。美国太平洋舰队在1940年春集结在夏威夷，舰队司令詹姆斯·理查德森海军上将本来的计划是在5月9日率领舰队回美国西海岸进行训练，这时候罗斯福的新命令来了：舰队先别回来，继续在珍珠港待着吧，因为那里离日本人更近。

1940年10月，理查德森上将向罗斯福提出，将主力舰队停驻在珍珠港是不明智的，此举在实质上无法制止日本人在西太平洋地区的军事行动。理查德森讥笑用军舰示威来为外交服务是“幼稚的”行动，因为他的舰队缺乏训练，待在夏威夷很容易受到日本舰队的袭击，他坚决要求把舰队调回位于美国西海岸的相对安全的基地。他认为他的6艘战列舰和3艘航空母舰在西海岸基地可以更有效、更安全地显示它们的存在。但罗斯福总统坚决认为，把军舰留在珍珠港对日本人是一个有效的威慑手段，可以有效地制止日本下一步的侵略行为。再说，此时把军舰撤回国内，肯定会使国内外都认为是美国害怕日本了，在这关键时刻是绝对不能示弱的。

面对理查德森接二连三的警告，罗斯福选择的办法是将他撤职，理查德森为他讥笑领导的行为付出了代价，尽管后来的事实证明他是对的。把美国海军的主要力量集中在中太平洋，虽然对日本是一个警告，但也可能成为敌人“打了就跑”的袭击的诱人目标。接替理查德森司令官职务的就是倒霉的赫斯本德·金梅尔海军上将，他也因此荣幸地登上了老酒的“十大‘玫瑰’排行榜”。

作为民主党人的罗斯福，还采取了另一项强硬措施，吸收两个著名的共和党人：吸收前共和党副总统候选人、新闻记者、美西战争时美国第一义勇骑兵团的骑兵弗兰克·诺克斯为海军部部长，吸收亨利·刘易斯·史汀生为陆军部部长。72岁的老资格的史汀生在美日两国事务问题上有独特的见识，他曾经担任过陆军部部长、菲律宾总督，在九一八事变时担任胡佛总统的国务卿，提出过著名的“史汀生不承认主义”，他从那些经历中获取了丰富的对日工作经验。史汀生和诺克斯都认为，盟国的胜利对美洲的安全极其重要，美国在支持盟国方面应该比现在做得更多，走得更远。他们都主张对日本采取更加强硬的立场，鼓吹对日本施加更大的经济压力，比如全面禁运，要有更积极的军事准备，如加速海军扩建，要更大力度支援中国，以显示美国绝不退出日本想要独占的那一部分太平洋。他们因此被孤立主义者讥讽为“战争吹鼓手”。罗斯福这一人事任命加强了内阁中的“强硬派”力量，并对以后美日关系的发展产生了积极而重要的影响。

面对欧洲和远东日益严峻的紧张局势，罗斯福决心扩大海军规模以应对与法西斯轴心国之间随时可能爆发的战争。对海军有着特殊情感的罗斯福认为，如果战争打起来，美国必须具有能在两个大洋同时进行作战的强大海军力量，尽管在大西洋强大的英国海军可以分担很大一部分压力。

1940 年 7 月 17 日，美国海军作战部部长哈罗德·斯塔克海军上将向国会提交了海军扩大计划的草案，即《两洋海军法案》，这个计划旨在使美国舰队具有充分的实力，可以单独应付潜在的敌对国家在各处海洋上可能结成的任何联盟。议案要求国会提供 40 亿美元，计划在 5 年至 6 年内建立一支两洋舰队，使海军的总规模扩大到 70% 以上。此项建议加上先前的一些海军造船议案，使 1921 年至 1922 年华盛顿会议给美国海军规定的力量增加了一倍以上。

在严峻的形势面前，美国人似乎有点清醒过来了。他们逐渐明白，如果不进一步增加防务，国家很可能遭受战争的侵害。7 月 18 日，斯塔克的提议在众议院竟然以 316∶0 的结果全票通过。

这一法案预计新增 257 艘大小船舰，总吨位合计约 132.5 万吨。具体包括 18 艘埃塞克斯级航空母舰、2 艘依阿华级战列舰、5 艘蒙大拿级战列舰、33 艘巡洋舰、115 艘驱逐舰、43 艘潜艇、15000 架飞机以及总吨位约 10 万吨的各类辅助舰艇，总费用达到惊人的 85.5 亿美元。如果该计划能够顺利完成，到 1946 年，美国将拥有任何强国从未有过的庞大海军。它将由 750 艘战斗舰艇组成，总共约有 376 万吨。可惜由于战争提前爆发，这一计划在执行过程中进行了大量的调整。后来的事实证明，航空母舰在海战中的地位越来越重要，战列舰逐渐成为鸡肋，所以后来战列舰的建造数量有所减少，各型航空母舰的建造数量大大增加。

但远东的局势并未因为美国的这些举措而得到片刻缓解，步步紧逼的日本很快使出了“夺命三板斧”。第一斧是7月逼迫英国关闭滇缅公路3个月，第二斧就是9月23日强行进驻法属印度支那北部，最厉害的第三斧就是在9月27日签订了《三国同盟条约》。几个侵略者抱起团来威慑美国，要求它在西半球凉快，不得卷入欧洲和亚洲的战争。

1940年10月4日，罗斯福在内阁会议上郑重地谈到了《三国同盟条约》签订后美国面临的局势，会议决定采取一系列强硬措施，以应对轴心国的威胁。据史汀生当天的日记记载，“美国要做点实际的事，让日本明白我们是认真的，我们一点也不怕它”。内阁中的强硬派提出了对日全面禁运的主张。史汀生回忆说，“1919年秋，威尔逊总统发怒，禁止对日本出口棉花，也抵制它的生丝，结果日本在两个月内就屈服了，从西伯利亚撤出了它的全部军队，就像挨了鞭子的小狗似的”。史汀生拿1919年的日本来与1940年的日本相类比，虽然不尽合适，但也代表了大部分美国人的观点。他们简单地认为，对于日本来说，通过经济手段就可以使他们屈服。

另外两个军方大腕也提出了自己的观点，一个是陆军参谋长乔治·马歇尔陆军上将，一个是海军作战部部长哈罗德·斯塔克海军上将。他们认为尽管与日本的战争很有可能，但是美国还没有在太平洋方面做好充分的战争准备，最好是先采取守势，尽可能长地拖延时间。当德军在1940年5月入侵比利时时，陆军参谋长马歇尔就曾告诉罗斯福：比利时能动员18个师，而美国只能动员5个师。罗斯福作为总统和三军总司令，必须重视军事首脑的建议。1941年美国的军事准备情况是令人难以置信的，陆军中甚至有新入伍的士兵“用扫帚把当步枪，用锯木架代替反坦克炮进行训练”。

美国的经济发达地区位于大西洋沿岸，相对于太平洋而言，大西洋对美国更重要。也就是说，不是日本很可爱，而是希特勒更加让人讨厌。他们提出就目前而言，对希特勒的战争和支持英国比对付日本更重要，这就是后来著名的“先欧后亚”战略。开这会的时候，总统的选举还没出结果，在这关键时候，罗斯福只能选择支持马歇尔和斯塔克，尽管他心里可能更倾向于史汀生和诺克斯。罗斯福与赫尔及一帮重臣经过多次商量后，决定了美国下一步应该遵循的几条原则。

一、避免在太平洋发生公开斗争，以便集中全力援助英国和加强自身。

二、对日本继续施加经济压力，援助中国，但不把日本逼到要求战争的地步。

三、让日本了解美国在太平洋是强大的，而且正在加强总的力量。

四、不承诺不使用武力，但是和谈的大门随时敞开。

根据以上原则，美国对德、意、日轴心国的威胁做出以下的对策：第一，宣布增加陆军兵员；第二，增加军用飞机生产；第三，成立军用物质生产专门组织机构；第四，为了避免国会阻挠，决定更充分使用非常时期的总统权力。

除了对日禁运废钢铁和对华提供2500万美元的贷款之外，1940年11月30日，美国再次宣布增加对华援助款项1亿美元，同时增派一批军舰和飞机到菲律宾，以加强那里的防卫力量。相比夏威夷的珍珠港而言，菲律宾才是真正的前线。用罗斯福的话来说，易攻难守的菲律宾就是美国的“阿喀琉斯之踵”。

1940年年底，罗斯福同意组织空军志愿队到华作战。美国开始逐渐向蒋介石政府派遣飞行员志愿者，到中国训练中国飞行员并参加战斗。这些志愿者由美国空军退役陆军上尉、飞行教官克莱尔·李·陈纳德指挥，这支飞行队就是著名的“飞虎队”。美国同时派出军事代表团到华研究军事援助问题。为了加强中国的抗战，美国也开始积极促进国共合作。在南洋地区，美国还开始与英国和荷兰政府官员共同探讨针对日本实施南进战略的联合防卫计划。

其实别说临阵磨枪的美国，就连蓄谋已久的日本此时也没有完全做好进一步扩大战争的准备，双方都要为可能爆发的大战争取时间。既然如此，那就先象征性地进行一下外交斡旋吧。

啰唆冗长，足以让人郁闷得吐血数斗的美日会谈就此拉开序幕。

第三章

北进？南进！

野村出使

1941 年 2 月初的一天，夏威夷珍珠港太平洋海军基地，两艘美国驱逐舰悬挂彩旗，鸣乐驶出军港，以海军特有的礼节欢迎来自远方的尊贵宾客，来宾就是新任日本驻美国大使的海军大将野村吉三郎。

对于野村先生，大家应该并不很陌生，他在 10 年前的淞沪抗战中就已经亮过相，当时的职务是海军第三舰队的中将司令官。和重光葵、植田谦吉一样，野村也在上海虹口公园举行的庆祝仪式上，被朝鲜义士尹奉吉扔出的炸弹炸伤。不同的是，那两位都是丢了一条腿，成了金鸡独立，而野村则被炸瞎一只眼，变成了“独眼龙”。回到日本不久，1933 年，野村因战功晋升海军大将，达到了其军人职业生涯的最高峰。1937 年，野村退出现役。在阿部信行担任首相时，野村曾短期出任过外务大臣，试图协调日美关系，因军部的强硬最后无果而终，后随着短命的阿部内阁的倒台再次赋闲。按一般情况来说，已经 64 岁的野村，今后也就是在家里抱抱孙子，享受一下天伦之乐，这辈子基本也就那样了。

1941 年前后，日本在远东采取的一系列动作，导致美日关系不断恶化。头一年冬天，美国已经开始有计划地从日本撤侨。1941 年新年刚过，美国就正式开始陆续撤走驻日使馆工作人员的家属。2 月，位于东京的一所美国学校因为缺乏生源被迫关闭。在此期间，日本出版了一本预测未来日美战争的书，书的结果当然是美国被打得很惨，日本取得了辉煌的胜利。这本书一个月内就卖出了 5.3 万本。太平洋上空日益紧张的氛围给了野村再次出场亮相的机会。

新年伊始，1941 年 1 月 16 日，美国总统罗斯福召集国务卿、陆海军两部部长及参谋首长等大腕开会，研究决定针对太平洋地区的紧张局势美国所应采取的基本战略。会议的主要观念由海军作战部部长斯塔克海军上将提出，斯塔克在美国高层中是有名的亲英派：一旦美国参加战争，其首要目标应为击败德国，美国应立即集中全力在大西洋方面发动最大攻势，而在太平洋方面则应暂取守势。美国做出这些决定，有这样几方面原因。

首先，德国已经控制了欧洲的大部分领土，并开始派出水面舰艇和潜艇破坏大西洋上的交通线。美国的经济发达地区都位于东海岸，罗斯福认为这对美国将是最直接的威胁。罗斯福还担心德国会进一步干涉拉美事务，作为美国后院的拉美是万万不能起火的。坊间甚至有消息说，希特勒准备在击败英国之后利用英国强大的海军力量越过大西洋在南美登陆，占领南美大陆后，向北越过巴拿马运河进攻美国本土。尽管发生这种事情的可能性不是很大，技术上也存在很大难度，但理论上并非完全没有可能。

其次，德国是欧洲最发达的工业国家，拥有大量杰出的科学家和工程师，德国柏林大学所拥有的诺贝尔奖获得者就达到了29位。欧洲沦陷后，很多占领国的科学家都必须听命于纳粹，德国本身以及占领区的工厂也极具竞争力。罗斯福深信德国构成的威胁远比日本大的部分原因是，他担心德国物理学家正在研制原子弹。其间，一个叫爱因斯坦的犹太人科学家曾经多次写信给他，提供了许多希特勒正在研制核武器的证据，建议美国投入人力、财力、物力研究这种可以在一瞬间决定战争胜负的致命武器。巴黎失陷后，法国著名的核物理实验室被德军占领，该实验室主任皮埃尔·约里奥·居里也被德军俘虏的消息更让罗斯福忧心忡忡，而来自英国的报告以及罗斯福自己绝密的“原子能顾问委员会”都证实了，制造这样一种裂变武器，不但在理论上可行，在现实上也是可行的。罗斯福已经命令美国特工人员秘密出动，在世界各地购买铀矿石。对于这种武器的开发，美国一定要走在德国前面，但谁也不敢断定德国就一定会落在后边。

最后，在欧洲，英国从历史上来说是美国最亲密的盟友，英国人民正团结一致抵抗德国的进攻。在亚洲，日本的主要对手是中国，而中国的抵抗力量不但很弱，内部也缺乏合力，无法对日本形成强有力的抵抗，目前能做的仅仅是利用广大的地域来拖住日本而已。

对美国而言，欧洲绝不能全部丧失，可仅凭英国不但不能击败德国，甚至自身都难保。美国当前的首要任务，就是必须保住不列颠三岛，将其作为今后反攻的跳板。反言之，在远东，日本的力量最多只能前出到中太平洋，不足以立即威胁到美国本土安全，所以只能暂时被列为第二优先。目前在太平洋地区，美国要采取的策略就是通过谈判手段暂时稳住日本，等与英国合力收拾完德国再回过头对付日本。这对于苦苦支撑的蒋委员长来说，应该不算是什么好消息。

尽管表面上依然保持中立，但实际上美国已经逐渐走向前台。美英两国参谋长即将在华盛顿举行第一次联合会议。作为对美方代表参加会议的基本思路，会议决定美国的国家目标确定为下列三项：保护西半球使其免受任何军事或政治侵略；援助英国使它不要轻易被击败；用外交手段对抗日本在远东的扩张。

1941 年 1 月 29 日，美、英的参谋长第一次联合会议在华盛顿召开。英国代表对其立场做了下述三点说明：一、欧洲为主战场，应在此寻求决战；二、应先击败德国和意大利，然后再对付日本；三、远东地区包括澳大利亚和新西兰对英国利益具有重大关系。

对于前两点，美英意见基本一致，不用再说，但第三点引起了双方的争论。英国人视新加坡为大英帝国安全的锁钥，对于新加坡、中国香港、印度、澳洲、新西兰的防御都具有必要性。美国人则认为，既然要把全力集中在大西洋方面，则太平洋方面有所牺牲也在所不惜。换言之，他们宁愿让日本人暂时猖狂，也不愿分散主力。经过若干轮会谈之后，双方代表做出了三点决议：一、确定欧洲为主战场；二、维持英国在地中海的地位；三、在远东保持防御态势。

此项决议对两国并无法定约束力，只代表双方一致的看法而已。本次会议的重要意义在于初步确立了整个第二次世界大战“先欧后亚”的总体战略。

由此可以看出美英两国在战略思想上存在根本的差异。英国是一个标准的岛国，在与大陆国家的战争中都是以海制陆，惯于打长期战争，而不计较一时之得失。用他们的一句老话说就是，“英国可能输掉一切的会战，但最终仍能赢得战争”，其传统战略是以最小牺牲和极小冒险来追求最后胜利。也诚如美国人所不屑的，他们随时都注意其殖民帝国的战后利益。反之，美国是一个地大物博、人口众多的新兴国家，不仅自信有绝对的物质优势能迅速赢得胜利，也厌恶长期战争和英国人的权力观念。简言之，他们只愿意拯救英国的老命，而无意保全大英帝国的殖民地。美国人对于战后的新世界另有一套构想，目标是在世界上建立新秩序，让全世界人民从轴心国的统治中解放出来，享有建立自己主权国家的权利。英国的目标则是能继续维护其殖民统治。这种差异，此时仅仅是一种萌芽，在 1943 年战争局势有了根本改观后，才慢慢显现出来。

罗斯福决定采取“先欧后亚”战略也有自己的苦衷。美国当时的军备还没有做好同时在两个大洋作战的准备，国内孤立主义的势力依然强大。在欧洲，德国对英国的反封锁战术取得明显成功，美国迫切需要采取的动作就是对英国进行援助，以使其能够继续战斗下去。在远东，除了外交谈判，也势必加强对中国的援助来拖住日本，以争取宝贵的准备时间。为了加强战备工作，美国在 1941 年 1 月 7 日设立了国防生产管理局，2 月 1 日正式成立了两洋舰队，海军大西洋分遣队被改编为大西洋舰队，由欧内斯特·金海军上将任司令。驻珍珠港的舰队改编为太平洋舰队。罗斯福解除了原来不怎么听话的理查德森海军上将的职务，代之以赫斯本德·金梅尔海军上将。驻菲律宾的远东舰队改编为亚洲舰队，司令官是托马斯·哈特海军上将。

罗斯福还采取了一项对第二次世界大战产生深远影响的重大举措，那就是由美国国会通过的《租借法案》。这是罗斯福与孤立主义斗争所取得的又一丰硕成果。在美国 1941 年 12 月参战之前，中国繁荣富庶的东半部已经沦陷于日寇，法国沦陷，英国饱受德国空袭，苏联的重工业基地也就是欧洲部分基本落入德军之手。反法西斯阵营军事上步步溃败的同时，经济状况也日益恶化，战略物资的生产明显处于下风。《中立法》同意盟国用现金购买美国的物资，但是英国的“美元”毕竟有限，不久就到了一贫如洗、无法付账的程度。而中国更穷，根本无钱可付，有时候送东西还要倒贴钱，苏联的情况也好不到哪里去。如果美国仍坚持“付现自运”的原则，则英国和中国都可能被迫向德国和日本妥协，苏联的抗击也难以为继。

早在 1940 年 12 月 8 日，丘吉尔就给罗斯福写了一封长信，向他全面说明了英国面临的困境。丘吉尔表示会带领英国人民继续勇敢地战斗下去，但前提是能维持稳定的粮食供应和武器供应，并有足够的船舶运输粮食和武器。他希望美国海军能够提供护航，或者把美国军舰特别是驱逐舰赠给或借给英国，同时扩大美国海军在大西洋上的巡逻区域。他敦促美国加速工业生产，以便有更多的船舶和武器供给英国。丘吉尔最后可怜巴巴地说，他相信美国政府和人民一定不会非要英国先把美元花光，才继续给予帮助，因为英国人民反对侵略的事业，也是美国人民的事业。

在丘吉尔的紧急呼吁之下，罗斯福决定要求国会通过《租借法案》。在12月29日的一次炉边谈话中，罗斯福说，“我们爬到床上去，用被单把头蒙起来，这样是不能逃脱危险的”，如果英国垮掉的话，美国人“就会生活在枪口之下——一支装着炸裂弹的枪口之下，军事上以及经济上都是这样”。然后他变相地讽刺那些孤立主义分子，“谁也不能靠捋顺毛就把老虎驯成猫”。他用生动的比喻加以形容：假设邻居的家里失火，我只能把浇园的水龙带借给他去灭火，而不应让他事先付钱买走这条水龙带，只需要他在火灭后原物送还即可。罗斯福强调，美国的防务正在筹划之中，而英国的战时需要作为美国防务的一部分，必须成为一体，美国必须是伟大的“民主国家的兵工厂”。经过坚持不懈的努力，1941年2月8日，著名的《租借法案》以260票对165票在众议院获得通过，3月8日又以60票对31票在参议院获得通过。3月11日，由罗斯福总统签署的法案正式生效。法案授权美国总统“售卖、转移、交换、租赁、借出或交付任何防卫物资予美国总统认为与美国国防有至关重要之国家政府”。

《租借法案》改变了原来军事物资需要现金交易的惯例，使得英国、苏联和中国可以暂时不花一分钱而获得美国巨大的战争物资补给。更深一层的意义是，它已经彻底改变了美国之前假惺惺的“中立国”的立场。法案最初授予罗斯福总统借出的物资不多于13亿美元，后来实际上大大超过此数，使得罗斯福将美国变成“民主国家的兵工厂”，既合情、合理，又“合法”。

第二次世界大战期间，英国、苏联和中国都大大受益于该法案，美国的援助可谓是解了众多同盟国家的燃眉之急。美国正式参战后，《租借法案》仍然有效，美国凭借强大的国力和无与伦比的生产能力继续为盟国提供战争装备和物资。整个第二次世界大战期间，美国向英、苏、中等38个反法西斯国家提供的援助总额达500多亿美元。获得援助最多的是英国，到1945年8月31日日本投降前夕，英联邦所得的援助共300亿美元。美国对苏联的援助到1945年9月20日止，总值为102亿美元，加上其他费用共计109亿美元（苏联自己统计为98亿美元）。

在确定了“先欧后亚”的战略方针之后，当前美国在亚洲唯一能做的就是利用中国的抗战来拖住日本，使它无法全力南进。当时的民意调查表明，75%的美国人同情中国，这一比例比任何欧洲国家都高得多。根据总战略需要，美国制订了加强援助中国的计划。继1941年1月向重庆派出柯里特使之后，5月6日罗斯福正式宣布中国的防务对美国的安全至关重要，《租借法案》亦适用于中国。此后，美国援华的步伐明显加快。7月，第一批援助的数千辆租借卡车到达仰光。1941年1月通过缅甸公路向中国的援助物资吨位仅为4000吨，到10月就猛增到15000吨。除了实实在在的物资之外，美国的援助在政治和心理上对中国鼓舞更大，中国人民有了继续战斗下去的信心和勇气。到1945年9月3日止，美国给予中国的援助总额为8.45亿美元。毫无疑问，美国这些支援中国的行动，都不断加深着日本对美国的仇恨。

大洋那边，美国的日子不怎么好过；大洋这边，日本也好不到哪里去。尽管东京的樱花在1941年的春天依然开得灿烂，但首相近卫文麿的心情恰似那花丛下的阴影，斑斑驳驳。日本政府所面对的，是美国与日俱增的经济压力和结束中日战争的遥遥无期。就当前而言，中国的战事暂时无法得到根本性改变，近卫必须想方设法尽快改善与美国的关系，虽然他之前采取的一切行动，与这一美好愿望南辕北辙。

松冈洋右出任外务大臣之后，所采取的一系列措施的最终目的，也是调整日益恶化的日美关系。为了促进调整美日邦交，松冈认为势必要换掉当时的驻美大使崛内谦介，准备起用赋闲在家的野村吉三郎。上任不久，松冈就多次敦请当时在河口湖畔静养的野村重出江湖，担负起出使美国进行和谈的历史重任。

野村是少见的亲美派人士。这还不是起用他的主要原因，让野村再次走上历史前台的是他之前一段特殊的经历。1914年至1918年，野村作为海军省的官员曾出任日本驻美国使馆的海军武官，作为随员参加过著名的“华盛顿会议”。在此期间，他和当时的美国海军部部长助理结下了深厚的私人友谊。这个部长助理后来飞黄腾达，成为美国历史上唯一连任四届的总统。大家肯定已经知道了，这牛人当然就是罗斯福。

作为一个海军将领，亲美的野村属于不折不扣的“条约派”成员，他赞成《华盛顿海军条约》和《伦敦海军条约》的签订，而不赞成日本与德国、意大利结盟。野村对美国人有着较为深刻的了解，他这样说过，“当美国人遇到危险时，他们所能做到的，要远远超过我们日本人习惯上所认为的，他们在物质和精神上都有着强大的潜能和灵活性”。1939 年 2 月，野村收到了老朋友、美国海军上将普拉特的来信，普拉特告诉野村，“虽然美国人往往被称为唯物质主义者，但他们所怀有的精神意志绝对不可低估”，野村对此深以为然。野村同时也是日本海军将领中为数不多的了解美国外交政策中意识形态的人，他曾经警告自已的政府，“大多数美国人，尤其是美国总统罗斯福，把目前的世界大战视为民主和独裁阵营之间的决斗，他们会全力以赴地支援英国这一民主的堡垒”。这些言论在平时都是反动的，但在此时让野村在美日两国矛盾不断激化、战争威胁日益临近的情况下，成为远赴美国开展和平谈判的不二人选。

对于松冈外相的邀请，野村最初是坚决拒绝。但经不住松冈外相的“三顾茅庐”，野村最终答应重出江湖。一方面是出于他自己的责任感，另一方面是连军方的高级官员也对他表示了支持，希望能通过他的努力改善与美国的关系。这样，在 1940 年 11 月 27 日，野村接受了出任驻美大使的任命。

野村在受命之前拜会了近卫首相。他向首相提出，日本如果继续南进的话，美国肯定会报复以石油禁运，这将迫使日本去占领荷属东印度，日美两国的战争就将爆发。他判断南进带来战争的可能性是五五开。作为一个海军将领，野村告诉近卫，美国绝对不会如日本所愿，在战争之初就进行舰队决战，一旦打起来的话，日本将要面对的，很可能是一场旷日持久的战争。

野村考虑到调整日美邦交的关键是中国问题，因此正式就任之前，他特意去了中国旅行，同当地的军事首脑进行了会谈，了解侵华战争的现实情况。回想海军之前曾经坚决反对三国同盟，野村估计海军可能不会有太多反对意见，因此在动身之前，特地拜访了陆军大臣东条英机。他向东条陆相求助，希望派遣精通中国情况的陆军军官前去美国协助自己。东条陆相慷慨地答应了野村的请求，决定派遣当时担任陆军省军事课课长的岩畔豪雄大佐作为陆军特派员同赴美国。用东条的话来说就是：“他可是我们最好的谍报专家，并且对日中两国之间的情况非常熟悉。让他参加谈判，既能表明我们军部赞同和谈，又能为我们获取美军情报提供方便。”

谍报专家岩畔豪雄大佐在日本军界有着“科学家特工”的美誉，跟踪、监听、贩毒、制造伪币等手段无所不能。他还是日本著名中野间谍学校的创始人，为日本培养了无数的高级间谍人才，女谍川岛芳子就是他的高足。他曾提出将巨额假钞流入中国，搞垮中国经济，也曾成功说服关东军首脑允许大约5000名从希特勒那里逃出来的犹太人到满洲避难。他对关东军首脑说，没有一个真正的日本人会否认日本欠犹太人一笔债，在日俄战争中，犹太人曾经不遗余力地资助过日本作战。看来，岩畔大佐也并非穷凶极恶之人，相反，是会感恩的人。

岩畔大佐没有跟野村一起动身，他于随后的3月6日从日本前往美国，与野村会合。美国听说日本派来的是岩畔大佐，着实紧张了好一阵子。他们派出情报人员，对岩畔进行二十四小时全天候跟踪，连岩畔大佐如厕都有人在一边陪着。

就这样，从1941年2月到12月开战之前，野村利用与罗斯福的良好个人关系，与美国进行了多达45次的谈判，其中与罗斯福的会谈就有9次。尽管只剩下一只眼睛，野村的外表并不给人以狰狞的感觉。他那肥胖的脸上时常流露着温和慈祥的笑容。长得颇像一个大号泰迪熊的野村，甚至被美国民众亲昵地称为“心地善良、真诚、毫无奸诈的野村吉三郎将军”。前面提到，在太平洋战争期间，日本有5位海军将领登上过美国《时代周刊》的封面。第一个是米内光政，第二个就是被美国人视为礼貌得“无以复加”的“真诚朋友”野村。谈判期间，野村接收从日本国内发来的密电达217份之多，尽管这些密电的内容在送达之前几乎全部被美国破译。

临行前，1月23日，松冈外务大臣给野村大使颁布了训令。同一天，野村面对众多媒体，信誓旦旦地宣称：“不管日美两国存在多么严重的分歧，我们都能以友好的态度统统解决，我们之间没有任何理由开战。”

1941年2月11日，日本新任驻美大使野村吉三郎海军大将抵达华盛顿。2月14日，西方情人节这天，野村正式向罗斯福总统递交了国书。当时的国务卿赫尔也在座，他对野村的印象是，“身材高大、健壮，有一副诚实的面孔，体格上和普通的日本人截然不同”。宾主双方进行了亲切友好的交谈。罗斯福说，他宁愿称呼野村为“将军”，而不愿称呼他为“大使”。后来，野村在自己的回忆录《使美记》中提起这次会面，描述道，“那场面亲切而融洽”。

两人开始没有谈公事，而是畅谈了数十年来的“革命友谊”。但野村不是来叙旧的，话题终究要转到两国关系上。野村向罗斯福转达了日本渴望和平的意愿，立即得到了罗斯福的认可。分手时，罗斯福告诉野村：“美日两国关系每况愈下，其根源在于日本不断地对外扩张。太平洋上大家都要有活动的自由，如果因此而发生战争，对任何一个国家都没有好处。”野村对罗斯福的话表示极为认可，承诺尽自己最大的努力达成双方谅解，缓和两国关系，让“太平”洋真正名副其实。

其实，早在野村代表日本政府正式开启美日两国谈判之前，1940 年年末，美日两国一些热心的“业余外交家”已经进行了一些有益的和平尝试。1940 年 11 月 25 日，美国马里诺外方传教会的沃尔什主教和德劳特神父，就专程赶到日本开展民间外交。在日本，负责接洽的是前大藏省官员、时任产业组合金库理事的井川忠雄。一直搞财务的井川有个唬人的绰号，叫作“外务省编外大臣”。

看似都是些普普通通的民间人士，但背后都隐藏着大腕级的实力派人物。德劳特神父是美国邮政部部长弗兰克·沃克的好友，而虔诚的天主教徒沃克是罗斯福总统幼时的玩伴，也就是光着屁股一起长大的，此前还长期担任罗斯福总统竞选办公室的主任，于公于私都能跟总统说上话——后来，罗斯福总统要求沃克把工作移交给他的助手，以专事和谈。47 岁的井川忠雄是近卫文麿童年的同学和好友，几年前还为近卫组织过一个智囊团。井川和野村一样，都是亲美派，他还娶了一个美国人做老婆，尽管后来离婚了。他来往美国和日本，利用的都是私人身份，说是处理与前妻的经济纠纷。井川之前担任过日本驻纽约领事馆的财务主管，在美国有着广泛的人脉。

在井川的帮助和引荐下，两位神父走访了日本外务省，拜会了当时陆军省军务局局长武藤章、外务大臣松冈洋右和首相近卫文麿等军政要人，还拜访了著名的亲美派人士前大藏大臣池田成彬和野村吉三郎。松冈外相似乎对两位神父不太热情，在他的心目中，日美会谈是他分内的事，任何人包括近卫的参与，都会引起他莫名的反感。两位神父向这些要人表示，尽管日本与德国、意大利签署了《三国同盟条约》，还进驻了法属印度支那北部，但双方仍然有通过和谈达成谅解的可能。

两位神父回国后，沃克安排他们在1月23日进入白宫，同罗斯福进行了两小时的谈话，谈的不是宗教问题，而是敏感的政治问题，当时赫尔国务卿也在。两位神父向两位领导汇报说，日本的“温和派”有意“改变与欧洲轴心国的政治关系和对中国的态度”，“承认美国在中国的‘门户开放’政策”，“假如日本能够与美国取得一个保证日本安全的协定，‘温和派’就会取得对军方的优势”。

赫尔表示，类似的话他以前已听到过多次，可是“不能忽视在太平洋避免发生战争的任何机会，来自大西洋彼岸希特勒的威胁足够诱使我们在太平洋力争暂时和平的结局”，哪怕“成功机会只有1/20、1/50，甚至1%也行”。赫尔同意两人以个人身份继续与日本作非官方的接触，并且决定由沃克继续充当联络人。这样纯民间的活动已经具备了一些官方的性质和背景。

赫尔内心对日本并不信任，他认为日本政府的态度丝毫没有改变，只不过是希望摆脱在中国的困境，以便放手在东南亚做进一步的冒险。他劝告罗斯福总统暂时观望，看看野村来了以后谈些什么再说，罗斯福当即表示同意。

正规军野村到达美国之后，井川这些游击队迅速与负有和谈使命的野村取得了联系。野村开始对井川并不信任，出发前，松冈也曾经告诫他要远离此人。但是，这位银行家在3月8日安排野村在赫尔家里与国务卿进行了一次私人秘密会面，让野村感觉到这小子还真有点能耐。

岩畔一到美国，就立即被带到教堂去与两位神父会面。岩畔告诉两位神父：“由于刚刚签订了《三国同盟条约》，日本绝不能做出任何背叛其他盟国的事情。第十三个弟子犹大出卖了基督，每个基督徒都鄙视他，对我们日本也一样。所以如果你们坚持要我们退出同盟条约，要继续谈下去是没有希望的。”两位神父表示理解。随着岩畔豪雄大佐的到来，一群皇帝不急太监急的“业余外交家”也开始忙碌地工作起来，想当然地提出了自己认为合适的方案。

在开启正式会谈的1941年4月16日，野村大使向外务省发回了一封电报，电报内容就是由几位民间人士联合起草的《1941年4月9日通过私人媒介和日本个人向美国国务院提出的建议》。这个文件大家似乎很陌生，因为后来它的官名改成了大家熟悉的《日美谅解草案》，参与拟订草案的就是野村、若杉公使、井川、岩畔和两位神父等人。

在此之前，4 月 14 日和 16 日两日，赫尔国务卿两次召见了野村大使，表明要把以往日美间的私人对话转为国务卿和大使间的正式会谈，并说可将《日美谅解草案》(以下简称《草案》) 作为双方谈判的基础。赫尔告诉野村，虽然他对这些“好心人”为改善日美关系所做出的努力表示感激，但是他只能通过委派的大使正式同日本政府打交道，为此要求野村大使首先要取得日本政府的训令。

内容冗长的《草案》足足有 4000 多字，根据“越是重要的，越是简单的”原则，这一草案肯定会无疾而终。《草案》总体上有七大方面的内容，很多都是“互相承认都很牛”之类实际意义不大的语言。挑来拣去，其核心内容有三条，分别对应之前日本的三大板斧“三国同盟、中国问题和南进战略”。其间，曾有日本外交官员提出能否暂时把中国问题抛开，今后再说，美国副国务卿韦尔斯立即用了一个无比恰当的比喻加以拒绝，“在美日谈判中不涉及中国问题，就如同询问《哈姆雷特》搬上舞台之前能否不让哈姆雷特出场一样”。可见在美国人眼中，中国并不是像捷克斯洛伐克那样可以随便出卖的。

一、日本政府不退出三国同盟，只有在受到现在尚未参加欧洲战争的国家的进攻时才履行义务。美国对欧洲战争做出回应的出发点是保护自己的利益和安全。也就是说“哥俩好”，你不打我，我也不打你。

二、承认中国独立。日本从中国撤军，不吞并中国领土，不赔偿，恢复“门户开放”政策，蒋介石政府和汪精卫伪政府合流，日本不向中国大规模移民。最关键的一个词是：承认伪满洲国。

三、日本不在西南太平洋地区实施武力侵略，美国愿意在日本需要的石油、橡胶、锡、镍等资源方面提供帮助和支持，也就是贸易关系恢复正常。

《草案》传到东京，日本军政高层是一片欢腾。外务次官大桥忠一见此《草案》，激动不已，兴奋地大叫道：“假如这个计划成真，世界的命运将因此好转。”

看到美国竟然愿意承认伪满洲国，以东条英机为首的军方的意见也第一次出现了重大转折。连东条陆相最信任的大弟子佐藤贤了大佐也对美国做出这样的让步感到吃惊，觉得“一切进行得过于顺利，以至于难以置信”。军方为此甚至同意为了促成前方的和谈，日军暂时避免在西南太平洋展开新的军事行动。军部的意思是利用美国上述意图，既原则上保持三国同盟的精神，又可以沿着互相谅解的方向调整邦交。即使多少有损于三国同盟，如果能借此机会一举解决多年来悬而未决的侵华战争也算成功。这是军方多年来第一次明确表示可以做出让步。

连天皇都对此事表示了关切，美国开出如此宽容的条件，连裕仁都感到意外。4 月 21 日，他对前来觐见的近卫首相说："美国总统愿意详谈，这真是出人意料。我猜想所有这一切正是日本与德国、意大利结盟的结果。最重要的还是要保持耐心和坚持不懈，你觉得呢？"在裕仁眼里，太平洋上风平浪静、悬挂星条旗和太阳旗的商船来往穿梭于两国之间的美好情景，仿佛就在眼前。

要记住一点，《草案》承认伪满洲国，分裂中国，分明带有牺牲中国的成分，因此被史学家称为未遂的"远东慕尼黑阴谋"。后来事实证明，并非完全如此。

野村在发回《草案》时，没有特别说明这只是民间人士商谈的结果，并不代表美国政府都同意上述条款。赫尔的意思仅仅是大家谈判要有一个起点，不能桌子上啥也不摆，空对空瞎侃。他认为《草案》"大部分条款都是狂热的日本帝国主义者所希望的"。因此，早在 4 月 16 日，他就曾告诉野村，这份文件"包含的很多条款我国政府都愿意同意"，同时更强调"文件中的一些条款需要修改、扩充或者全部删除"，另外"还需要增加新的单独的条款"。也就是说，这是个起点，仅此而已。后来，美国历史学家费斯形象地将《日美谅解草案》比喻成一个出生在私人小诊所里双亲不明的婴儿。

其间，赫尔在征得罗斯福同意之后，就已经向野村提出了美日谈判必须遵循的"四原则"：尊重一切国家的领土和主权完整；维护不干涉别国内政的原则；维护包括通商机会均等在内的均等原则；继续保持太平洋的现状，除非现状的改变是出自和平手段。

赫尔明白，日本不可能接受美国提出的上述条件。在 1945 年 11 月美国两院共同调查会的公开报告会上，当时已经卸任一年多的原国务卿赫尔说，"鉴于日美两国的政策背道而驰，日美谈判从开始那天起，圆满达成协议的希望，连 1% 都没有"。还说，"我们答应举行谈判，只是打算为了和平解决太平洋地区的局势尽最大努力，同时也为了赢得美国军事当局所需要的进行防御准备的充裕时间"。看来，对于最终谈判破裂，也不能一味地责难日本，连美国的二把手赫尔一开始就对两国会谈不抱多大希望。

海军将领出身的野村不是一名合格的外交官，此后很多事说明他也不是一个合格的传话者。他只发回了《草案》，却并未把赫尔说的话以及“四原则”传回。此举导致日本国内将《草案》当作美国政府的正式提议，想当然地认为上述条款“美国政府都是已经同意的”，空喜欢一场。

在日本人眼里，前景似乎在一瞬间突然变得柳暗花明。但是，一定会有细心的读者提出疑问，对于如此重大的外交事件，中间怎么没见酷爱发表重要讲话的松冈外相出来放个屁呢？原来不是不发言，松冈外相不在家，他到欧洲找希特勒和斯大林办大事去了。

收到《草案》的第二天，很受鼓舞的近卫立即召开了一次军政首脑紧急联络会议，会议研究决定，同意把《草案》中的这些建议作为谈判基础。于是，外务省美洲局局长寺崎太郎就准备通知野村，“日本原则上已同意这些建议”。但是，大桥外务次官提出了不同意见，认为等松冈外相回来讨论后，再向华盛顿发出指示也不迟。因为离外相回到东京的时间只有 4 天了。近卫不愿意与好惹麻烦的松冈发生冲突，勉强表示同意。他听说松冈已到达大连，便电话通知他立即回国，电话里没说详细内容，只说让他尽快回来，研究华盛顿提出的一项重要建议。

接到电话的松冈兴奋异常，立即断定这是他欧洲之行在莫斯科与美国驻苏大使斯坦因哈尔特几次会谈的间接成果。松冈得意扬扬地对秘书加濑俊一说，他不久就会前往美国，去实现他精心策划的世界和平计划。

在此期间，还发生了一件事，如果在和平年代，这事简直就不值一提。已经出任军令部总长 8 年之久的伏见宫海军大将即将退役。还有一种说法是，眼看战争临近，一旦打起来，就有战败的可能，这时候不想让皇室人员牵扯进来。伏见宫的离开，导致军令部总长位置空缺。希望与美国和解的亲美派人士马上开始活动，图谋让米内光政来接替军令部总长的位置，让吉田善吾或古贺峰一出任次长的位置。这显然是不可能的，伏见宫和及川古志郎海军大臣向天皇推荐了“打瞌睡将军”永野修身。

1941 年 4 月 9 日，永野修身正式出任战前关键时期的海军军令部总长，这是日本海军走向战争的重要里程碑。永野认为，日美之间的战争是宿命，无法避免，任何努力也无法挽回。在所有海军将领中，他是最早，也是最强烈鼓吹与英美两国作战的人。任命他的唯一原因是，永野在现役海军大将中年龄最长。永野非但控制不住自己的下属，还放手让他们独立去干，似乎十分适应来自下属军官的压力，那些人基本上都属于战争激进派。永野对这些人总是言听计从，他给自己找到的理由是，“因为那些底下的军官最了解情况，他们最善于研究，所以我愿意接受他们的意见”。他的第一任次长近藤信竹是个温顺的人，也积极呼吁对英美两国开战，基本属于永野一个路子。第二任次长伊藤正一属于和周围所有人都能保持良好关系的，内心里虽然反对战争，但从来没有对外表露过。

由于酷爱养狗，永野有日本海军中有“第一爱犬人”之称。他出任过当年自己以第二名毕业的江田岛海军兵学校校长，其间以培养海军士官的“江田岛精神”而著称。他禁止体罚，提倡自习，从而和井上成美一起被称为“海兵”历史上最杰出的两位校长。永野于 1934 年晋升海军大将时，只有 54 岁，这是只有皇族才能享受的待遇。永野之前出任过海军大臣和联合舰队司令长官，这次出任军令部总长，使他成为日本海军中唯一历任海军三大长官的人物。由于身材高大，他获得了“大象”和“大炮”的绰号，和松冈洋右一样，头上没几根头发。他的目光令人生畏，很容易被人看成是黑社会老大。无数的事实证明，他是一个缺乏眼光、号召力和个人魅力的人，由于常常在办公室里睡觉，被称为“打瞌睡将军”。有记者在背后说，他之所以需要白天在办公室休息，是因为晚上无法满足比他小 30 岁的第四任老婆。他一共有 8 个孩子，这一切都被部下看成是夜生活过多的证据，甚至连儿子都叫他为“色鬼老爸”。

永野在前文出现过多次。在日俄战争，在旅顺口，他像打靶一样精准击沉过多艘俄国军舰，日本退出伦敦裁军会议也是由他来宣布的。永野可以说是不折不扣的“舰队派”和“主战派”。他在美国哈佛大学留过学，还长期担任日本驻美使馆的海军武官，但此时他对美国的感情早已消失。

1936 年，永野出任广田弘毅内阁的海军大臣，山本五十六很不情愿地当过他的海军次官。当听到永野出任军令部总长的消息后，山本遗憾地说：“这个相信自己是战略天才的人现在成了军令部总长，而他其实差得远着呢。似乎战争已经打响了。”

对于海军大臣及川及其他海军省的高官而言，实际上在永野上任以前，他们已经放弃了对海军的领导，在任何事情上，海军省都没有勇气去反对永野的催逼，在对美开战的问题上，永野开始代表少壮派强烈要求战争。在内阁和大本营的会议上，及川一如既往像哑巴一样，一言不发，就像根本不存在一样，但是他的屁股却占着极其重要的海军大臣的位置。

前方还在进行谈判，但日军的备战工作一刻都没有停歇。到1941年4月，联合舰队的预备动员已经取得了令人满意的效果，折磨了海军数十年的70%即将实现，以日本海军对美国所能达到的这一最高比例进行战斗，无疑是最有利的，因为该数字今后永远不会再提高。作为日本海军象征的巨舰“大和”号和“武藏”号即将下水服役。军令部次长近藤信竹中将认为，“与美国打一场速决战的话，日本将有很大的胜机”。作战课课长富冈定俊大佐告诉作战部部长福留繁少将，“获胜前景大好，让我们下决心去投入战斗吧”。自称把日本引向战争的狂人石川信吾大佐也宣称：“现在是反击的时候了，我们不会被打败。”

在东京，所有的人都翘首以盼，期盼着松冈外相的凯旋！

外相荣归

在第二次近卫内阁中，外务大臣松冈洋右绝对属于纵横捭阖的“风云”人物。在松冈眼里，光签订《三国同盟条约》是远远不够的。松冈的宏伟目标是以此为基础，拉苏联入伙，组成更大规模的四国同盟。第一步先称霸欧亚大陆，第二步就是以四国同盟的强大实力迫使美国就范，然后利用美国逼蒋介石投降，彻底解决侵华战争问题。真到了那个时候，世界才算真正“太平”了——松冈的计划可谓是环环相扣。为了实施这一伟大的目标，在《三国同盟条约》签订后不久，松冈就多次请求允许他亲自到欧洲去实施这一宏伟的“人类和平计划”。

经过长时间的辩论之后，军方首脑亦赞成外相的欧洲之行。军方赞成松冈出访欧洲，当然也有自己的小九九。军方目前面临的两大问题，是促进侵华战争的解决和适时实施南进计划。为了彻底解除南进的后顾之忧，就迫切需要做出进一步的外交努力，改善同苏联的关系，消除来自北方的威胁。如果能够和苏联达成谅解，斯大林也很可能会答应日本放弃援蒋活动，对解决侵华战争大有裨益。

之前松冈已经就德、苏、意、日的势力范围与老朋友里宾特洛甫进行过多次沟通。初步议定的范围是：南洋属于日本，波斯湾和印度方面属于苏联，欧洲和中非属于德国，北非属于意大利。松冈还为未来的四国同盟起了一个时髦的名字，叫“欧亚大陆同盟”。他对秘书加濑俊一说，“德国和苏联之间是有盟约的，与德国握手，就有了与苏联握手的最佳机会。而与苏联握手，也不过是下一步与美国握手的借口而已。如果大家联合起来向美国施压，美国就会妥协。这样不但是日本，全世界都能生活在和平当中”。他用了这样一句话，“整个世界都不用再动一发子弹”。喜欢惊世骇俗的松冈，尽管外形上没有什么特别之处，但他确实是日本历史上最具影响力的外务大臣之一。后来有日本史学家假设，如果近卫文麿让石原莞尔出任陆军大臣，让山本五十六出任海军大臣，又能适当地控制住松冈洋右，日本的历史很可能会改写。

1941 年 2 月 3 日，近卫首相和陆海军首脑举行联络会议讨论松冈外相的欧洲之行。松冈提出，老朋友里宾特洛甫和齐亚诺早就邀请他访欧，去年年底又再次邀请，不去实在有点不够意思。松冈提出，此行的目的，调整日苏关系是关键，所以预定在柏林、罗马各逗留两三天，在莫斯科停留一周左右，总行程是 3 月初动身，4 月中旬回日本。联络会议最终批准了松冈的出行计划，这样，陆海军就一致把稳定北方的希望寄托在这个“口若悬河、不落俗套”的外相身上了。

在欧洲，德国与英国的战争进行得并不顺利。不列颠空战的僵持使得德国无法完全取得英吉利海峡的制空权，导致希特勒的‘海狮计划”一拖再拖。为了在远东吸引英国的注意力，之前德国多次提出由日本进攻英国远东最重要的军事基地新加坡。日本陆军认为，外相访欧的重点是调整日苏邦交，对德意两国的访问只是礼节性的，串串亲戚而已。如果德国提出进攻新加坡的要求，万不可随意答应，日本人还不想去为德国人火中取栗。松冈答应了军方的请求。

1941 年 3 月 12 日，东京车站挤满了给松冈外相送行的人群，即将远行的松冈也是踌躇满志，他的欧洲之行注定会举世瞩目，受人关注是他最喜欢的事情。列车即将开动之际，松冈又匆匆来到参谋总长杉山元大将面前，问杉山什么时候能进攻新加坡。“我现在不能告诉你。”参谋总长有点生气地说，心里暗想，松冈这家伙真讨厌！

松冈出发前一个月，2月，里宾特洛甫就多次约见日本驻德国大使大岛浩，畅谈德日两国合作的美好前景。2月27日，里宾特洛甫又指示德国驻日本大使奥特，“采取一切可能的办法，使日本尽快以突然袭击的方式占领新加坡”。

早在头一年，1940年4月，日本政府已经起用建川美次陆军中将出任驻苏大使，开始了与苏联改善邦交的尝试。日本迫切希望苏联政府能够承认伪满洲国并停止对蒋介石的援助，作为交换条件，日本准备承认苏联对外蒙古的控制权和在新疆的特殊利益。11月20日左右，建川大使寄来了关于当时正和苏联力争的日苏互不侵犯条约一案的报告，谈判似乎有成功的希望，主要在于库页岛北半部的分歧迟迟无法取得突破性进展。此前，红色苏联几乎受到各国一致的憎恶，但复杂的国际形势使得莫斯科逐渐有了与各大国讨价还价的砝码。英国政府在积极向莫斯科献殷勤，美国政府在某种程度上也是如此，他们都害怕苏联加入德、意、日的轴心国阵营。处于如此优势地位的苏联，肯定不会对日本做出轻易让步。

松冈的第一站就是苏联。3月24日，松冈在莫斯科与斯大林和苏联外交人民委员莫洛托夫进行了第一次会谈。用松冈自己的话说就是，一开始他就给两位苏联领导人上了一堂日本式的“道义共产主义”课。他声称“道义共产主义”是反对盎格鲁－撒克逊人的“个人主义”和“利己主义”的，盎格鲁—撒克逊人是德国、日本和苏联共同的敌人。有了这一开场白，松冈开始认真地谈论苏日关系中的“一些根本性问题”。松冈的热脸贴上了凉屁股，他发现斯大林和莫洛托夫似乎对他的话没什么兴趣，苏联人只是勉强愿意讨论一个中立条约，而不提他所期望的那个范围更广泛的互不侵犯条约和联盟。

即使对签订中立条约，苏联人也是漫天讨价，莫洛托夫告诉松冈，“苏联舆论认为不带有收复失地性质的互不侵犯条约是不可想象的”。莫洛托夫所说的“失地”，就是指库页岛南部和千岛群岛，日俄战争之后，那里割让给了日本人，苏联人对此一直耿耿于怀。有点失落的松冈决定将这一问题留到访问柏林和罗马回来后解决。

离开苏联的松冈于3月26日到达柏林。在柏林火车站，站台上插满了纳粹的“卐”字旗和旭日旗，迎接松冈的是伴随着一阵阵鼓声的“希特勒万岁！松冈万岁”。松冈抬起右臂，向欢迎他的希特勒青年团频频致以纳粹礼——这动作似乎是本能做出的，好像经过无数次训练一般。希特勒亲自接见了他。在随后三天里，他同希特勒和里宾特洛甫进行了长时间的会谈。用德国翻译的话说，松冈是极其少见的敢与希特勒进行同辈间闲聊的人。

其间，松冈去意大利做了一次短暂的访问，因为他是墨索里尼的“墨鱼丝”。在罗马，松冈受到了他的偶像墨索里尼、齐亚诺和罗马教皇的热情接待。在梵蒂冈，牛皮哄哄的松冈对十二世教皇说：“在世界上所有的政治家中，没有人对基督教的理解和热情比我更高。此前没有，以后也永远不会再有。”真不知道教皇听了松冈这番话是怎样一副尴尬表情。

回到柏林后的 4 月 4 日和 5 日两天，松冈又同希特勒和里宾特洛甫进行了更深入的详谈。从德国方面来说，会谈的主要目的还是说服日本尽快对新加坡进行袭击。而这是松冈离开东京时军方告诉他绝对不能轻易答应的事。里宾特洛甫甚至告诉松冈，日本占领新加坡，“非常可能把美国排除在战争之外”，他要求大岛浩提供有关新加坡的各种地图，“以便德国元首，他无疑是当代最伟大的军事家，为日本进攻新加坡提供最佳的战略方案”。由于之前有军方的交代，松冈只能顾左右而言他，希特勒和里宾特洛甫都略感失望。

里宾特洛甫告诉松冈，他与莫洛托夫关于缔结四国同盟的努力已经失败。头一年的 11 月 12 日，莫洛托夫应邀访问了柏林。希特勒和里宾特洛甫就试图以瓜分欧亚大陆这种令人眩目的前景来诱惑莫洛托夫，对苏联许以波斯湾和印度地区。里宾特洛甫在同莫洛托夫进行最后一次谈话时，建议缔结一项条约，由苏联宣布同意《三国同盟条约》的目标，愿意在政治上同德、意、日三国进行合作，四个国家须尊重彼此的势力范围。莫洛托夫回国 10 天后，11 月 26 日，对德国的建议做了答复：可以同意，但是必须满足苏联的有关要求，具体包括德国军队从芬兰撤出，苏联与保加利亚签订一项互助条约，苏联在博斯普鲁斯海峡和达达尼尔海峡附近建立一个陆军和海军基地；在中东的巴统和巴库以南的地区朝着波斯湾的总方向，被承认为苏联未来的领土愿望；在远东，日本须放弃在萨哈林岛北部的煤和石油的开采特许权。

莫洛托夫的答复说明，苏联的胃口太大，斯大林还在紧紧盯着巴尔干不放，而这一地区正是希特勒下一步想要猎取的目标。希特勒对同苏联签订协定从来不抱希望，也不信任斯大林。他认为斯大林随时会撕毁任何协定，对德国进行袭击，他倒没想到自己也经常那样做。

里宾特洛甫继续说，总的说来，苏德关系还是正常的，但是并不友好。两国关系将来如何演变，目前难以断定。如果苏联要想在欧洲采取任何敌对行动，德国就会毫不留情地打倒它。德国已经在苏德边界陈兵百万，准备随时应付突然的事变。苏联如果进攻日本，德国将立即对日本实施援助。希特勒亲自告诉松冈，美国和英国也正在拉拢苏联。危机一旦出现，德国将立即采取行动干掉苏联，回过头来再对付英国。这个时候日本如果向南挺进，攻打英国的属地新加坡，谅苏联也不敢对此进行干预。说来说去，还是希望日本去进攻新加坡。

希特勒进一步说，欧洲的战争实际上已经结束，英国承认失败不过是个时间问题，轴心国当前的目标是要彻底摧毁整个大英帝国，占领新加坡对日本称霸远东大有裨益。希特勒提示松冈，"在人类历史上还从来没有一个国家有过如此好的机遇"。他主动向松冈提出一项日本没有要求的保证：如果美国介入并发生冲突，德国将履行同盟义务支持日本。希特勒认为美国总统罗斯福绝对不敢冒险把舰队开进日本水域，"即使撇开德国军队比美国人优越这一事实，美国也根本不是德国的对手"。老酒不知道希特勒这句话的依据到底是什么。

希特勒对松冈隐瞒了一个天大的秘密，他没有告诉松冈，德国实际上已经在准备进攻苏联。松冈到来之前的 3 月 18 日，海军司令雷德尔海军上将曾经劝希特勒向松冈透露这一行动计划，以促使日本马上去进攻新加坡。但希特勒认为日本人和意大利人都是一个德行，肯定不能做到保密。他认为松冈很可能会把这一行动计划泄露给莫斯科，以此作为谋取他盼望的日苏条约的手段。希特勒深信德军能迅速击败苏军，苏德战争根本无须日本的协助。为了使德国在进攻苏联时英国不至于在背后捣鬼，希特勒还是希望通过日本对新加坡的进攻来牵制英国。

德国的二号人物也接见了松冈，戈林在私人别墅卡琳宫用一场盛大的宴会来招待松冈。酷爱收藏奇珍异宝的戈林接受了松冈赠送的一幅富士山油画，他开玩笑地对松冈说："如果日本能攻下新加坡，我就到日本去看看富士山的真貌。"松冈的回答是："如果我是日本首相，我就会立即那么去做。"

面对德国方面的再三请求，松冈只好敷衍说自己确信美国与日本之间的战争迟早必然爆发，并赞成与其让战争来得晚些，不如来得早些。他表明，闪电式地夺取新加坡是重要的，并应立即着手进行，承诺回去后立即就该问题做政府和军方的工作。说了半天，还是一张空头支票。

松冈也清楚自己此行的主要目标是协调与苏联的关系，最好是能与对方缔结一个互不侵犯条约。从希特勒和里宾特洛甫那里他已经得知，四国同盟的大计划已告破产，德国在签订《三国同盟条约》之前答应调解日苏矛盾的承诺，也已无法兑现。但松冈忍不住想提一提。当他提出缔结苏日条约的问题时，里宾特洛甫就劝他不必了："怎么能在这个时候签订这样一个条约？因为这或许完全不适合当前的形势。请记住，苏联人是从来不白给东西的。"里宾特洛甫再次要求日本进攻新加坡。他认为，如果日本能够集中精力去攻打那里，这将是对轴心国共同事业的最大贡献。有了共同的胜利，日本提出的各种愿望，诸如库页岛北部所属及石油开采权问题，"就会像熟了的果子那样，落入日本的怀抱"。

这让松冈无比烦恼。其实松冈应该能听出来，在里宾特洛甫的言语里，已经将苏联当成了潜在的敌人，这是里宾特洛甫就德苏战争即将发生能够做出的最露骨的暗示。甚至大岛浩也私下告诉松冈，德国和苏联不久可能就要开战。然而，松冈依然是执迷不悟。

德国已经暗中下定了对苏开战的决心，但没有向松冈明确表示，外相也没能及时察觉出来。此时德国的处境很微妙，关于日苏之间条约的签订，德国并没有表示反对，但指出苏联难以信任，暗示不要过分深入。松冈这次访欧，并没有和德、意缔结任何协定，大本营方面认为这不过是一次礼节性的访问。

4 月 5 日，串完亲戚的松冈一行，离开柏林，再次前往莫斯科。第二天清晨，列车抵达德苏两国势力范围的交界线时，传来了德国进攻南斯拉夫的消息。仅仅一天前，苏联还与南斯拉夫签订了一个中立条约。闻听此信的松冈顿时异常兴奋，他兴致勃勃地对秘书加濑说："上天已经把日苏条约放进了我的衣兜！"

尽管早在 3 月间，美国就根据可靠情报警告苏联政府说希特勒准备进攻他们，佐尔格也从东京发来了类似的信息，但莫斯科一直不相信。斯大林认为，德国不会进攻苏联，并不是因为两国之间签订有互不侵犯条约，那不过是一张纸，而是因为德国在西线和英国的战斗尽管占尽优势，但远远不到胜负已定的地步，希特勒不会犯“两线作战”的兵家大忌。当松冈于4月7日回到莫斯科，同莫洛托夫再次商谈互不侵犯条约时，苏联人的态度仍然是不冷不热。

其间，4月8日，松冈寻隙会见了美国驻苏联大使斯坦因哈尔特。他对美国人说，苏联人向日本提出的要求之高，让人难以置信，他们要求日本在“领土方面做出重大让步”，将库页岛南部割让给苏联。松冈告诉莫洛托夫，如果这样做，他一定会受到国内狂风暴雨般的愤怒谴责，他既不愿也无权做出这种让步。

松冈对苏联的态度感到沮丧，可不想空手而归，那是多没面子的事情啊！于是，他折中地向莫洛托夫建议，能否签订一个范围较小的中立条约，声明“两国互相友好，如果任何一方同第三国交战，则另一方保持中立”。莫洛托夫也做了让步，放弃了要求日本割让库页岛南部的要求，但提出了新条件，要求日本让出在库页岛北部石油和煤的开采特许权，松冈同样无法接受。这可恶的老毛子！

处境尴尬的松冈提出在4月11日休会一天，双方都停下来冷静一下。随后他就去了列宁格勒，希望在此期间斯大林能够有所改变。但当4月12日他再次回到莫斯科时，莫洛托夫脸上的表情使他明白，谈判仍将以失败告终。松冈决定不再做无谓的努力，决定于第二天离开莫斯科，宁可空手而归也不能答应苏联的无理要求。他向东京拍发了电报，内称不但互不侵犯条约签订无望，连中立条约也已不可能。东京闻讯，大为失望。

世事竟是如此无常，看似绝望的事情也会变得柳暗花明。4月12日那天晚些时候，失落的松冈外相礼节性地去向斯大林辞行，奇迹就在这时出现。斯大林戏剧性地主动向松冈提出了两国的缔约问题。斯大林表示，苏联可以不要求日本立即让出库页岛北部煤和石油的开采特许权，这个问题可以留到以后再说。局面一下子变得豁然开朗。

斯大林自然不会是突然良心发现。他最担心的是日本与德国遥相呼应，从东西两面进攻苏联，因此曾把最优秀的间谍理查德·佐尔格派往日本。1941年4月初，克里姆林宫接到了佐尔格发自东京的密报：“日本有同苏联签订互不侵犯条约或者中立条约的意向，望有所准备。”此时，来自美国和欧洲的诸多消息都提醒斯大林，德国很可能会进攻苏联，其中当然也包括来自佐尔格的情报。尽管对这些情报将信将疑，但斯大林认为先在东线稳住日本也不失为稳妥之举。

在这样的基础上，在松冈第二次抵达莫斯科的一个星期内，形势发生了急剧变化，两个最言而无信的国家道貌岸然、堂而皇之、各怀鬼胎地在克里姆林宫签订了《日苏中立条约》。在签字仪式上，以斯大林为首的苏联领导人全体出席。条约的核心内容是："当缔约国一方成为一国或两国以上的第三国军事行动对象时，缔约国另一方须在该纠纷的整个过程中保持中立，条约有效期为5年。"双方约定，条约从1941年4月25日起正式生效。两国政府在签订条约时都正式发表了声明：日本尊重蒙古人民共和国（外蒙古）的领土完整和不可侵犯，苏联尊重伪满洲国的领土完整和不可侵犯。

缔结中立条约从形式上可以当作苏联外交的一次胜利。斯大林已得到日本的公开保证，万一希特勒在西线进攻苏联时，日本将保持中立。松冈也有所得，除了不至于两手空空返回东京，日本也获得了一种保证，当实施南进战略侵占南方富庶地区时，理论上背后不致受到苏联的袭击，这是军部最最渴望的。

实际上，即使在条约签订之后，双方在北方边界的戒备也一刻没有放松，来自对方的巨大压力依然存在，双方都不敢在这里削减战备而冒险把兵力用于其他方面。在几个把侵略当成喝茶、吃饭的国家眼里，条约不过是一张纸。回日本后不久，5月6日，松冈就对德国驻日本大使奥特说，"如果德苏之间发生战争，没有一个日本首相或外相能使日本保持中立。形势将迫使日本站在德国一边去进攻苏联，任何中立条约都不能改变这种情况"。这就是松冈内心对《日苏中立条约》的真正解释。

在这场狼狈为奸的交易中，中国的外蒙古和东北竟成了它们相互馈赠的礼品。这让远在重庆的蒋介石大为光火，可除了多骂几句"娘希匹"和不承认之外，也做不了更多的事情。重庆政府最担心的是苏联将从此停止对中国抗战的援助，日本也期望签订中立条约后，苏联能不承认重庆政府并停止对重庆的支援。可是不久情况就趋明朗，苏联对重庆政府的政策保持不变。莫洛托夫于4月16日告诉中国驻莫斯科大使邵力子，在苏日两国谈判过程中没有讨论过中国问题，只要中国继续坚持抗日，苏联对华政策保持不变。看来苏联人也不相信日本人，认为援助中国拖住日本远比一纸条约要可靠得多。

可惜这一承诺几乎没有任何实际意义。两个月后，苏德战争爆发，斯大林连自己的屁股都捂不住了，他还需要美国来援助呢。因此，苏联对中国的援助逐渐减少，乃至终止。尽管如此，我们还应该心存感激，人家毕竟在大雪纷飞的寒冷冬天送来了无比珍贵的焦炭！

此时，美国已经超过苏联成为对中国抗战援助最多的国家。美国也在关注着松冈的欧洲之行。在接到中立条约签订的消息后，赫尔告诉野村大使他并不担心，"因为苏联当前的政策是不想与任何国家开战，除非是为了自卫。另外，我没有看到日本有任何想要进攻苏联的打算。这个文件不过是把两国政府之间已经存在的关系和政策写在纸面上而已"。

就在条约签订第二天，4 月 14 日，赫尔告诉记者，"美国政府的政策不但不会改变，还将密切关注远东局势的发展，并继续援助中国"。第二天，中国驻美大使胡适博士"偕宋子文暨美财长晋谒罗斯福会商军火租借问题"。罗斯福当即表示，中国所需要的军火已依照前不久的《租借法案》予以考虑。此外，他已批准将美国现有的若干军火转让中国，并下令军火制造商赶造新军火供中国使用。为此，《大公报》发表了题为"美国精神"的社评，认为"在这机诈相尚、信义凋零、狂涛泛滥、精神堕落的时代，美国始终坚守信约，随时发出正义的吼声，对于浴血抗战的中国人民是最有力的支持"。

签字仪式后，举行了盛大的庆祝宴会。斯大林对于这一重大外交转折显然十分高兴，他认为这是苏联外交的伟大胜利，足以证明有关德国即将进攻苏联的说法完全是子虚乌有。松冈是刚刚从柏林到的莫斯科，如果希特勒有进攻苏联的打算，他怎么会同意自己的盟国日本去和将要作战的敌国签订这样一个条约呢？意识到这一点的斯大林无比兴奋，他亲手给日本客人端菜，甚至在祝酒词中高声呼喊："天皇陛下万岁！"早已戒酒的斯大林破例给松冈敬酒，并夸赞松冈是他所见过的"最直率的人"。他断言，尽管意识形态有所差别，但是双方谁都不会也不应该违背外交誓约。事实上，最后违背这一誓约，出兵东北的，恰恰正是斯大林自己。松冈也频频给斯大林敬酒，斯大林拥抱着松冈，诙谐地说："你是亚洲人，我也是亚洲人，我来自格鲁吉亚。我们是兄弟，所以我们必须共同合作！"

松冈享用了斯大林不少的伏特加和鱼子酱，他也兴奋地频频举杯："我们都是亚洲人，让我们为亚洲人干杯吧！”

斯大林对松冈说：“日本和苏联之间既然解决了问题，日本就可以放心地整顿远东了。苏联和德国将经营欧洲，然后大家再一起来对付美国。”

松冈明显是兴奋过头，喝多了。他放肆地告诉斯大林：“条约已经签订，我不说谎。如果我说谎，我就把脑袋给你。如果你说谎，那我一定也会来取你的脑袋。”

在苏联，斯大林何尝受到过如此的言语威胁？他马上把脸一沉，反驳道：“对我国来说，我的头是很重要的，你的脑袋对你们国家也很重要。所以我们都小心地让脑袋安安稳稳地长在肩膀上吧！日本虽然强大，但苏联可不是1904年的沙俄。”一番话说得松冈颇为尴尬。

不断的祝酒使东行的列车不得不推迟一小时发车。松冈外相一行结束了匆忙举行的宴会，旋即驱车前往车站。他们走进车厢不久，便发生了一件非同寻常的大事，站台上一片哗然。在月台上，日本人看见微醉的斯大林和莫洛托夫从边门向他们走来时，都吃了一惊。

车站上的各国使节和苏联官员也都惊呆了。要知道，斯大林极少在公开场合露面，甚至很少会见外国要人。只见斯大林正在兴头上，和松冈先是握手，接着彼此面对面，把手搭在对方肩上以示友好。矮小的斯大林搂住同样并不高大的松冈，他们那种紧紧拥抱的样子简直像在搏斗。斯大林走近建川美次大使，友好地拍打他的肩膀，劲儿好像用大了，身高只有一米四七的建川中将向后退了三四步才站稳，逗得众人哈哈大笑。人们面对这种史无前例的情景，紧张地屏住了呼吸。斯大林再次告诉松冈：“有了《苏日中立条约》，在欧洲已经没有什么可怕的了。”

“不仅仅在欧洲，全世界都没有什么可怕的了！”松冈兴高采烈地回应道。

这的确是峰回路转的闪电外交，全世界都为此而目瞪口呆。苏联媒体评论：中立条约“无论是从迫使日本与英、美作战的苏联的大战略来看，还是从与德国的关系处于紧迫状态来看，都是苏联的巨大成功”。日本报纸也纷纷发表社论赞扬松冈外相的“丰功伟绩”，给予《日苏中立条约》极高的评价。松冈洋右一时又成为日本政坛的风云人物。第二天，松冈与斯大林拥抱的照片出现在世界各大媒体的头版头条。《朝日新闻》4月23日发表的评论说，“松冈外相使《三国同盟》获得了新生”。在日本，松冈外相的肖像照销售量甚至超过当时最红的女影星，包括当时伪满洲国最著名的歌影两栖明星李香兰，就是唱《夜来香》《何日君再来》的那位——其实这是个本名叫山口淑子的日本人。远在东京的近卫文麿听到了来自莫斯科的消息："松冈洋右的确是个能人！"

松冈完全陷入一种癫狂的自我陶醉之中。他未曾想到，在诺门坎战役和三国结盟之后，斯大林会轻易同意与日本签订中立条约，他认为这一切应该归功于自己的个人魅力。"红矢"号专列在寒冷的西伯利亚原野上奔驰如电，车厢内的外相却激情如春。他利用一切机会来渲染自己的辉煌成就，他对随行人员说："年轻人，外交就是力量，与轴心国的外交就是获取力量的方式。没人告诉过我这些，我懂得就是多。"他借着酒劲对外务省顾问、西园寺公望的孙子西园寺公一说，"三国同盟不是为了发动战争而结盟，它的目的是维护世界和平"。

就在松冈像一位凯旋的将军那样兴奋地乘坐专列匆匆回国时，克里姆林宫向远在东京的佐尔格发出了感谢电："我们对你所做的努力深表谢意！"

作为第二次世界大战中最富传奇色彩的人物之一，理查德·佐尔格被誉为"二战谍王"和"最有胆识的间谍"。他的名言就是："不撬保险柜但文件却主动送上门来，不持枪闯入密室但门却自动为我打开。"佐尔格是德国人，其官方身份是《法兰克福日报》的记者。第二次世界大战期间，他向莫斯科提供了大量重要情报，对苏联来说可谓居功至伟。他的情报主要来源两处。一是日本秘密共产党员尾琦秀实。1901年出生的尾琦是《朝日新闻》记者，也是有名的"中国通"。他曾经当过近卫首相的私人秘书，是近卫身边最重要的顾问之一，和近卫现任秘书牛场友彦（战后日本驻美国大使）、西园寺公一、犬养毅的孙子犬养健都是好友。他为佐尔格提供情报服务的唯一条件是不收取任何金钱报酬。二是德国驻日本大使奥特。奥特十分信任佐尔格，愿意把一切信息与他分享。他甚至在德国驻日使馆为佐尔格设了一间特别工作室。英俊潇洒的佐尔格参加过第一次世界大战，三次负伤使他跛了一条腿。尽管如此，拥有非凡魅力的佐尔格还有着数不清的情人，其中包括经常活动于延安的史沫特莱。这家伙也真不够江湖，就在奥特提供给他的特别工作室里，他把奥特的夫人也变成了他的情人之一。

松冈在往返经过莫斯科时，几次和罗斯福总统的心腹、美国大使斯坦因哈尔特进行会谈。在归途中，松冈相当大胆地向斯坦因哈尔特透露了他和德、意首脑之间的谈话内容，看来希特勒担心松冈泄密不无道理。松冈告诉美国大使，日本只希望结束同中国的冲突，毫无意图要去占领太平洋地区的英国、荷兰或美国的任何属地。他希望大使能够劝说罗斯福停止援蒋活动，借以实现日华全面和平，日本将以此为目标来促进日美邦交。

如上所述，此时的松冈还在幻想回日本后以缔结《三国同盟条约》和签订《日苏中立条约》等一系列既成事实为背景，积极推行以解决侵华战争为目标的日美邦交。松冈的思路变得无比绵长，甚至开始谋划通过日美合作来调停英德战争。

完成访欧使命的松冈在 4 月 21 日途经大连，接到近卫首相的电话，首相说收到了美国政府的重要建议，请速速回国。松冈立即断定他同斯坦因哈尔特的会谈收到了效果。除了表示愿意让美国出面帮助调整中日邦交的意愿，当时他向美国大使暗示，如果美国反对日本，日本将在军事上支持德国。大人物就是不同凡响，这样随便的几句话就能起到如此大的作用，松冈心中得意无比，他对加濑说，“舞台已经布置好了，接着我们该去华盛顿了”。此时的松冈可谓是归心似箭。

4 月 22 日下午，松冈乘坐的军用飞机在立川机场顺利着陆。“凯旋将军”松冈身穿黑色西服，左手拿小礼帽，右手执文明棍，兴高采烈地走下舷梯。欢迎人群的欢呼声使他感到周身上下无比温暖。尽管近卫首相害着严重的痔疮不得不坐在充气橡皮圈上，也亲自到机场迎接他。

松冈外相一面向欢迎人群微微点头致意，一面气宇轩昂地径直走到近卫首相跟前，同他握手。与近卫寒暄之后，他立即播放事先准备好的“归国第一声”讲话录音。

近卫首相低声对身旁的富田健治书记官长说：“这录音大概要很长吧！”

“恐怕很长，不，一定会很长。”富田答道，谁都确信外相的“归国第一声”录音一定很长。按照松冈的习惯，不讲得你昏昏欲睡是绝不罢休的。不料这次出现了意外，录音很快就结束了，反倒使已经做好受折磨准备的大家意犹未尽。

录音放完，近卫提出和松冈乘同一辆汽车前往首相官邸，内阁其他大臣都在那里候着呢，近卫也想在途中同松冈谈谈有关《日美谅解草案》的事情。但松冈说他要立刻去皇宫向天皇致敬，“这是每个日本人首先必须做的事情”。近卫认为松冈此举完全是装腔作势。由于松冈坚持要去，近卫又不愿和他一起去，只好改由大桥忠一外务次官和松冈同乘一辆车前往皇宫。

前往皇宫的途中，大桥次官向松冈详细介绍了《日美谅解草案》的前因后果，大桥告诉松冈，《草案》不是由外务省起草的，而是几个外行外交家的产物。松冈的脸色迅速晴转多云，再转彤云密布。当得知之前已经召开过联络会议并初步达成了一致意见后，松冈外相勃然大怒。外相生气的原因有三。

一是这么大的事情，你们竟然趁我不在家的时候匆忙研究决定，把我这外务大臣当什么啦？这分明是对我这位“大功臣”的不信任嘛！

二是老子辛辛苦苦在外边跑，将德国、意大利、苏联全部搞定，为了什么？就是为了拿他们来逼迫美国屈服。现在倒好，你们却要反过来向美国让步求情，简直是本末倒置，真真岂有此理！

第三个原因松冈没有说出口。本来松冈是准备亲自赴美与罗斯福谈判的，现在近卫横插一杠子，抢了他的风头。他不能允许任何人包括近卫和野村对美采取重大外交行动，所有的事情都要他来做主。看来短期内赴美谈判已不可能，想到这里，他告诉秘书，“把行李箱先送回家收起来吧，最近不会再出去了”。

最让松冈生气的就是近卫。他认为这是近卫喜欢哗众取宠的老毛病又犯了，又想得到别人的喝彩了，所以才在他不在家时做出这样的事情。其实想哗众取宠的恰恰是松冈自己。在松冈眼中，近卫虽然感觉敏锐，可以快速地接受新鲜事物，但他的总结能力几乎为零。放眼同时代那些强有力的政治家，罗斯福、丘吉尔、斯大林、希特勒、蒋介石、墨索里尼等，松冈认为近卫是最弱的一个，肩负日本未来重任的近卫与其说是不成熟，还不如说是一个空想家。

接下来，大桥次官马上开始领教上司那早已熟悉的喋喋不休，松冈的话如同连珠炮一般：“什么假如让日本军队从中国撤退啦，什么即使美国和三国同盟的一国打仗日本也不站在盟国一边啦，什么不南进啦，这样重要的外交谈判，不通过负责外交事务的外务大臣就擅自去搞，究竟是怎么回事？野村这小子临赴任时我就提醒过他，可是他太随便了，在调整外交关系这种重大问题上做得太过头。近卫毕竟是近卫，而对此事深信不疑地表示同意的军部也毕竟是军部，懂什么呀？我绝不赞成这个方案！这里可能包含有30%的善意，但70%以上都是险恶用心。我们煞费苦心建立三国同盟到底是为了什么？我们缔结《日苏中立条约》

又是为了什么？简直太愚蠢了！对美国这样软弱今后日本还有救吗？我们能对美国说‘日本已经打不下去了，请救救我们’吗？可笑至极！好，你们瞧吧！这回我非要把美国弄得走投无路不可！”

此时的松冈已不再是得意的凯旋者，感觉就像吃了苍蝇一样难受又说不出。他一直捍卫的近卫竟然背着他干出如此的事情，此时他的心情恰似辛苦归来时“发现爱人不贞”那么糟糕。明明知道近卫和一大帮内阁大臣都在那里等着，松冈在参拜天皇后，擅自改变行程回到了外相官邸。先是召开记者招待会发表重要讲话，然后和外务省官员和家属举杯庆贺。他的神色已经隐隐透露出一丝疲倦和愤怒。

那边，近卫带着东条、及川、平沼、杉山、永野等一帮军政要人耐心等候。首先忍不住的是已经74岁的内相平沼骐一郎：“这叫什么事呀，搞错顺序了吧！真不像话，不知道大家都在等着吗？快派人去把他叫过来。”

一直到了21时20分，出尽风头的松冈姗姗来迟。但接下来依然是松冈一人的现场表演，他喋喋不休，让所有人都无法张嘴。可能话说得太多了，松冈的嗓音略带沙哑，不时夹杂着几声咳嗽。松冈故意不谈会议需要讨论的话题而畅谈访欧见闻，他开口一个希特勒，闭口一个斯大林，好像他们是结识多年的哥们儿。还说里宾特洛甫告诉他，德国与苏联签订条约仅仅是因为“无法避免的客观形势”，如果开战，德国可能在三四个月内击败苏联。最后不得不提到《草案》时，松冈声嘶力竭地叫道：“不管内阁和军部怎么说，我绝对不同意这个方案。”

松冈提出，既然我们已经与德国缔结了同盟，就必须首先同德国取得充分谅解，才能开始日美谈判。松冈的嚣张连哑巴及川海相都忍不住开了口，他表示不赞成外相的意见。大家纷纷附和及川，会议气氛渐渐倾向于不必取得德国的谅解先进行谈判。松冈再次提出，用讨好美国的办法来调整日美邦交不仅最终难于实现，还将产生相反的效果，对美国最好的办法就是强硬。23时左右，松冈在再次强调“对于大洋彼岸的那个国家，没有人懂得比我多”之后，突然宣布他需要“休息一个月”来慎重思考这一问题。之后以疲劳为由独自退出会场，把一大群人晾在了那里。

4月23日，近卫把松冈请到自己的私宅荻洼庄进行了会谈，松冈再次按照希特勒的要求向近卫提出进攻新加坡，近卫对此未置可否，会谈除了互相增加不信任感之外，没有取得任何结果。最后，松冈说："请让我把欧洲的事情忘掉后再来考虑这个问题吧！"4月24日，两人都病得卧床不起。

4月25日，近卫首相带病召见了陆海军大臣。近卫说："松冈外相主张按照德国的意图进攻新加坡，你们想法如何？"东条和及川都不同意日本在现有的局势下采用如此过激的行为，陆军和海军甚至提出解除松冈的职务。

近卫也想到了更换外相，但此时更换松冈会带来两大不良后果：一是导致日本失去德、意轴心国的信任；二是会加深苏联对日本的怀疑，毕竟松冈是刚刚和斯大林签署中立条约后回来的。还有一点，松冈目前在国民心目中如日中天，是"大和民族的英雄"，近卫不能不有所顾忌。

尽管近卫首相和陆海军方面都十分焦虑，但松冈外相一直以养病为由深居简出。其间，陆军省军务局局长武藤章和海军省军务局局长冈敬纯四次前往松冈私宅，拜访游说外相接受《草案》，松冈一概拒绝发表言论。由于会议所讨论的内容必须有外务大臣的表态，联络会议也开不成，也就无法对野村大使及时发出训令。

美国那边，岩畔大佐实在是憋不住了，他在征得野村大使的许可后直接越级跟外相通了电话，但松冈仍在拖延对赫尔的答复，他要等待希特勒的回复意见。松冈很恼火地告诉岩畔："你告诉野村，叫他不要过早向美国人送秋波。"岩畔后来说，他当时真想劈头给松冈来两记耳光。

之后岩畔和井川拜访了美国前总统胡佛。胡佛对两人的来访表示欢迎，但说目前是民主党人在执政，作为共和党人，他们对谈判帮不了多少忙。最后，胡佛说："如果发生战事，文明将倒退五百年，入夏以前一定要完成谈判，否则就会失败。"后来的事实证明，胡佛说得一点都不假，当过总统的都是牛人呀！

由于迟迟等不来东京的指示，4月29日，连好脾气的野村也再次向日本国内致电询问，依然未果。野村对此深感沮丧，他本以为松冈会立即抓住这一有利时机开始谈判。无奈，野村只好多次去向赫尔道歉，他让赫尔"不要失去耐心"，因为"日本国内在当前形势下有一些政治摩擦"，赫尔对此表示谅解。

松冈外相本来就是个耐不住寂寞的人，况且在这特殊的历史时期，老憋在家里也不是个办法。5月3日，外相的感冒终于好了，联络会议立即召开。在这天的会议上，松冈外相再次提出了在德国他曾经向希特勒和戈林承诺过的进攻新加坡的问题，大家对此均不赞同。对于日美谈判，松冈提出首先向美国建议签订一个折中的日美中立条约，同时抛出自己苦心冥想拟订的“三大原则”。

一、关于《三国同盟条约》的问题，日本信守把三个轴心国家看作一个整体，继续履行条约义务。

二、美国必须承认《日华基本关系》和《日满华共同宣言》，承认汪精卫为政权与日本之间的既成事实，日本坚持在中国的驻兵权。

三、在南进问题上，日本“难以保证不诉诸武力”。

松冈认为，原《草案》中提出“不能诉诸武力”的说法，“既不合适也很多余”，他坚信“强硬和自信是对付美国人最有价值的高贵品质”。

松冈的意见后来被称为“松冈修正案”。可悲的是，对于松冈如此强硬的言论，近卫首相以及军部最后竟然都表示了赞同。

就在5月3日当天，松冈向野村发出口头指示，要求野村向赫尔说明“美国如果加入欧洲战争将招来灾祸”，同时向赫尔探听美方对缔结日美中立条约的态度。赫尔断然拒绝了松冈的中立建议，认为这完全不切实际，也与当前的话题无关。他在回忆录上这样说，“我没有犹豫，立即把它扔在一边”。赫尔对松冈充满了恶意，在他眼里“松冈歪得简直像鱼钩”。

5月5日，东条陆相收到了岩畔大佐从美国发来的报告。岩畔认为，有必要迅速进行谈判，否则美国终将参加战争，罗斯福目前的地位是什么事情都能干出来的。最后岩畔强调，“罗斯福和赫尔都不信任松冈外相并充满恶感”。

之前松冈把准备给美国的回复发给了德国和意大利征求意见，后来实在等不及了，就先发给了野村。里宾特洛甫获悉在未征得德国同意的情况下，松冈就向华盛顿作了答复时，怒不可遏。大使奥特奉命向松冈提出抗议，德国政府对此事“深表遗憾”，意大利外长齐亚诺也表示了同样的不满。奥特代表德国要求日本把美国的答复立即转告德国，让德国正式参加今后日美之间的一切谈判。松冈再三向奥特表示了日本对《三国同盟条约》的忠诚，但拒绝了德国提出的参加美日会谈的要求。德国对此甚为不满。奥特因此告诉里宾特洛甫说，“松冈已经被迫向敌视《三国同盟条约》的势力屈服了”。

还有一个比里宾特洛甫、齐亚诺和奥特更气愤的人，他就是驻德大使大岛浩。大岛对松冈与美国谈判事先不告诉他，怒不可遏。他竟然致电松冈，说“两面外交”将使日本遭到欧洲战争中双方的蔑视和憎恨，到头来使自己处于完全孤立的地位。对于大岛来说，别说是自己的顶头上司松冈，就是他亲爹敢做对不起德国的事情，那他照样就是自己的死敌。

5 月 12 日，《松冈修正案》送抵美国，赫尔对如此强硬的条件当即拒绝。在 5 月 16 日与野村的会谈中，赫尔强调，日军必须撤出中国并承诺不承担三国同盟的义务。

5 月 20 日，赫尔和野村再次进行了会谈。岩畔大佐以日本驻美大使馆助理武官的身份参加了会议。岩畔十分明确地对赫尔说，日本即使从中国撤军。也是指在若干年内，撤军的区域也仅仅局限于中国的华中和华南地区，以利于日本帮助中国“防御共产党的活动”，他表示不管中国问题最后怎样解决，这一条绝对要做到。就是说，日本军队将继续占领河北、山西、陕西、察哈尔和绥远等地区，这一区域的面积大约 103 万平方公里，人口 8000 万。赫尔照样立即拒绝了日方提出的撤军建议。至此，《松冈修正案》完全葬送了之前的《日美谅解草案》。

美国与日本的谈判在极为保密的状态下进行，很多情况下都是野村大使从酒店服务人员的专用通道进入卡尔顿饭店，再上楼到赫尔的私人套间。但世上没有不透风的墙，会谈还是引起了英国、中国和荷兰的高度警觉。英国谍报机构通过截获日德之间的密码通信知道了此事，就像德国、意大利对日本与美国举行和谈极度愤慨一样，英国随即对美国表示了强烈不满。不满归不满，英国此时有求于美国，不敢对美国大放厥词。英国向美国指出，日本的企图是通过与美国的谈判分裂美英关系，在保持伪满洲国和在目前战争中获得重大利益，包括中国富庶地区和法属印度支那的条件下，从中国抽身，使美国取消在太平洋和大西洋援助英国。英国外交部向美国提交了备忘录，指出“日本布置了一个陷阱，希望美国不要跳进去”。

最愤怒的还不是英国人，大家已经猜到了，那是已跑到重庆的蒋委员长。中方随即向美国表示了关注和不安。5 月 23 日，赫尔接见了脸色铁青的中国驻美大使胡适，“与他谈了关于目前和平谈判的谣言”。赫尔向胡适指出，最近欧洲的局势越来越糟糕，德国人占领了巴尔干，一个叫隆美尔的德国将领在北非打得英国人溃不成军，威胁到了埃及和苏伊士运河。赫尔提醒胡适要把远东和欧洲战局当作一个整体来考虑。他承诺美国对西方和东方都绝对坚定地坚持现有的基本政策和立场。赫尔的话软中带硬，“如果欧洲局势更趋危急，我就不能肯定珍珠港我们海军的很大一部分不会被调往大西洋”。之后他安抚胡适说：“无论如何，我在没有首先同你和你的政府中的同僚进行充分商量之前，不会采取重要步骤。”

盟友是一片质疑之声，内部也有不少反对派。同样属于对日强硬派的内政部部长伊克斯对日美会谈十分不满，一再要求罗斯福对日本彻底实施石油禁运。罗斯福认为此举很可能导致日本铤而走险，狗急跳墙去进攻荷属东印度，进而诱发远东地区的全面战争，这与之前确定的“先欧后亚”方针背道而驰。美国军方也认为太平洋的战争应该推迟，最好在“日本进攻西伯利亚之时”。所以美国对日本的意见迟迟不予以正式答复，双方都不敢出重拳而在以点刺试探对手。

5 月 27 日是一个特别的日子。36 年前的这一天，东乡平八郎海军大将统领日本联合舰队，几乎全歼俄国第二太平洋舰队，取得对马海战的辉煌胜利。这一天因此被定为日本的“海军节”。1941 年的这一天，海军报道部第一课课长平出英夫大佐在电台广播了一篇题为“对付世界动乱的帝国海军”的讲话。讲话中平出大佐说：“一旦那些敌对国家的经济压迫危及我国生存时，帝国当然要奋起自卫。帝国海军现有大小舰艇两百余艘在中国沿海作战，又在西太平洋海域配备了 300 多艘舰艇和这些舰艇所必需的基地，这种配备情况是帝国海军前所未有的。目前一些重要基地已全部设防，飞机与舰艇均处于严阵以待的态势，如有人胆敢轻举妄动向我挑战，我必将一举而歼灭之。”

双方可谓是针锋相对。就在同一天，美国总统罗斯福宣布“国家处于无限制紧急状态”。美国在欧战爆发一周后的 1939 年 9 月 8 日宣布“国家处于有限制的紧急状态”，现在终于过渡到“准战时体制”。罗斯福同时指出：“战火正蔓延到西半球的边缘，接近了美国本土。目前大西洋的战争已从北极的冰冻海洋扩展到南极的冰川大陆。在西半球水域已有许多商船为轴心国破坏通商的舰艇和潜艇所击沉。一切迹象表明，这是针对美洲各国事实上的进攻。从现代战争的突然袭击这点来看，要是等待他们进入我国大院后再动手那就等于自杀。”

也就在这一天，德国海军“俾斯麦”号超级战列舰在大英帝国海军数十艘舰艇的围追堵截之下，“折戟沉海”于大西洋汹涌的波涛之中。

美国拒绝《松冈修正案》，也不愿意签订中立条约，除了英、中、荷等盟国的反对之外，还有一个重大原因：他们已经得到确切消息，不久之后，德国和苏联即将开战。苏德战争将使苏联完全站在德、意、日三国同盟的对立面，实力不俗的苏联是美、英可以争取和团结的新力量，这样美国就更没有理由对日本妥协。就在德苏开战的头一天，也就是 6 月 21 日，美国政府的提案第一次正式送达日本，提案指出：一旦达成某种解决办法，日本就应退出三国同盟；两国在太平洋地区的经济活动必须依靠和平手段进行，拒绝日本在该地区使用武力；从中国领土撤走所有日本武装部队，不合并，不赔偿。之前曾让天皇、内阁和军部欣喜若狂的“承认伪满洲国”早已不见了踪影。

赫尔的回复中还包括一项口头声明：野村大使和他的同僚（指岩畔和井川等人）非常诚实热心，我对他们的敬业精神表示赞赏和尊敬。之后赫尔话锋一转，对日本一些位高权重的领导人之所作所为表示强烈不满：“某些有影响势力的日本官员正死心塌地奉行一条支持纳粹德国及其征服政策的方针，其发表的公开言论似乎成了调整日美邦交无法克服的障碍。”他强调，如果这些人继续存在，“为达成太平洋和平这一崇高目的的日美会谈将以失败告终，实在是非常遗憾”。通俗一点说就是说，不相信贵国松冈洋右大人，麻烦把这人换了咱们再谈。

赫尔的声明令松冈勃然大怒。在松冈看来，这是对他个人的极大侮辱，也是对日本不可原谅的冒犯，在美国和日本这样的强国之间指责对方的首脑是绝对不能忍受的。

日美谈判彻底陷入僵局！

北进？南进！

索契，一座规模不大却风景秀丽的海滨城市，是俄罗斯位于黑海沿岸的著名旅游胜地。2014 年这里曾因成功举办第二十二届奥林匹克冬季运动会而闻名遐迩。2018 年，这里还将成为第二十一届世界杯足球赛的赛场之一。

1941 年 6 月 22 日，在索契附近黑海的一艘豪华游艇上，一个格鲁吉亚人正在悠闲地垂钓。这时，秘书急匆匆地送来一封电报。看完电报之后，这个叫斯大林的小个子悻悻地收起鱼竿，嘟囔道：“谁能想到会是这样的啊？”

就在这天凌晨，德国悍然撕毁两年前签订的《苏德互不侵犯条约》，以 3 个集团军的 143 个师，在 4000 辆坦克、5000 架飞机的掩护下，全面入侵苏联，苏德战争爆发。斯大林和希特勒终于撕破脸皮，开始对掐。“全世界都将为此屏住呼吸不作评论”——这是希特勒对这场战争的评论。的确，从这一天开始，第二次世界大战进入了一个新的阶段。

在这个炎热的下午，外务大臣松冈洋右正在东京银座地区的歌舞伎座观看下午场的传统演出。这个完工于 1925 年的豪华剧院是日本建设成就的代表作之一，能容纳 2700 名观众。坐在松冈身旁的，是一个长相英俊的中国人，他就是 20 世纪中国最著名的汉奸汪精卫。在第一幕结束的掌声之中，松冈接到了秘书加濑递过来的纸条，上边写着关于苏德开战的确切消息。松冈马上意识到，自己精心策划的德、意、日、苏四国联盟已彻底成为泡影。他迅速起身离开剧院，直接进入了皇宫。松冈对天皇说：“苏德开战乃天赐良机，建议陛下马上下令实施北进作战。我们必须立即向海参崴发动进攻，然后北上直取苏联腹地！”

裕仁被松冈突如其来的言论唬得目瞪口呆。这还是那个刚刚和苏联签订了和约，与斯大林勾肩搭背、称兄道弟的松冈吗？前一天不是还嚷嚷着要南下进攻新加坡吗？面对天皇的疑问，松冈外相依然大言不惭，“英雄必能因势利导，我以前同意南进，但现在北方出现了天赐良机，我们必须转向北方，履行对德国盟友的承诺”。裕仁还算有风度，没有反问松冈“那对苏联的承诺呢”。他要松冈去同近卫商量，说完，就示意松冈接见完毕。

鉴于松冈从欧洲回国后多次公开发表亲德言论，他又获得了一个“希特勒听差”的绰号，连裕仁也曾经对人表示“松冈是不是被希特勒收买了”。

松冈走后，天皇随即宣召近卫文麿进宫。近卫向天皇解释松冈的观点仅仅是他本人一厢情愿的想象，并不是内阁研究的意见。松冈如此冒失的举动只会导致他今后在内阁中更加孤立。

从皇宫出来后，松冈立即找到德国驻日大使奥特。他向奥特保证说，“对于德国和苏联在欧洲发生的战争，日本不会按照日苏条约保持中立”，并主动答应竭力促成日本对苏联的进攻，与德国形成东西夹击之势。这的确是松冈的真实想法。6 月 24 日，松冈在会见苏联驻日大使斯梅塔宁时宣称，“对于苏德战争，日本的政策尚未确定，未来的方向将主要取决于战争的责任由哪一方来负”。他又说，《三国同盟条约》仍然是日本外交政策的基础，如果《日苏中立条约》和《三国同盟条约》不能同时并存，《日苏中立条约》将自动失效。就是说，日本随时可以履行对德国的义务去进攻苏联。一席话吓得斯梅塔宁脸色煞白，两腿颤抖。

可笑的是，德国对苏联发起战争，作为德国重要盟友的日本，事先竟然没有接到德国政府的任何正式通知。4 月以来，驻德大使大岛浩曾多次传回关于德苏即将开战的情报，驻欧各国陆军武官也陆续报告德国的精锐部队正在秘密向东线集中。针对这些消息，陆军参谋本部于 5 月 15 日召开会议讨论分析了可能出现的德苏战争问题。他们得出的结论和美国、苏联是一样的，那就是“德苏不会马上开战”。参谋本部认为，德国大军向东线集结可能是一个支援外交活动的佯动而已。在这一点上，老酒和日本参谋本部的看法是一致的，那就是德国不会做出同时对英、苏两个大国作战的蠢事，不管你到底有多牛。两线作战，自古以来即为兵家之大忌。

德国也不是完全没有提醒过日本。早在松冈外相访欧之时，里宾特洛甫就曾对他夸口，苏联胆敢有所异动，德军将在很短的时间内打垮苏联。松冈没有意识到这是对即将开战的暗示。松冈在 5 月 28 日还愚蠢地发给里宾特洛甫一分电文：“鉴于目前我国周围的国际形势和国内局势，希望德国现在尽量避免同苏联发生武装冲突。”当时里宾特洛甫的答复是：“现在德苏开战是不可避免的，但我确信如果战争爆发，德国用两三个月时间就可以结束作战，战争的最终目标仍然是英国。美英一贯对苏联深恶痛绝，如果现在去打苏联，美英也不会动手。”

6 月 6 日，大岛大使再次发来电报，说他在 6 月 3 日和 4 日两日与希特勒、里宾特洛甫直接会谈的结果，使他确信德苏一定会马上开战。这时，内阁和大本营才判断德苏开战的可能性也不是绝对没有。

就在 6 月 22 日战争正式打响的这一天，大岛浩再次从柏林拍来电报，大岛说："此次作战大概四周即告结束。这并非什么战争，而应视为德国对苏联采取的一项警察措施。"大岛对德国和希特勒的感情可以说已经到了比对他爹还亲的地步，他力主日本立即进攻苏联，这样既能让日本扩张满洲北面的领土，又能向他的纳粹主子表示忠心。即使后来到了德国进攻已严重受挫的11月，大岛在当月11日还拍来如此的电文："可以说，莫斯科早就气数已尽，这样德国可能按计划在严冬到来之前给苏军以毁灭性的打击，使苏联陷于无法恢复的状态。"然而，大岛祈盼的莫斯科落入德军之手的日子始终没有到来。

德国发起进攻的第二天，也就是6月23日，德国驻东京记者佐尔格接到了来自莫斯科的命令："尽快摸清日本政府对德国入侵苏联之后的立场。"

德苏开战，意味着日本就有了两种截然相反的选择。

其一，可以从北方苏联的沉重压力下解放出来，趁机南下，占领东南亚广大的资源地区，确立自给自足的不败态势。

其二，德苏开战，意味着苏联东线战力的削弱，作为俄国人世仇的日本此时应该趁火打劫，实施北进，进攻苏联广阔的远东地区，与希特勒形成东西夹击之势，彻底把苏军打垮以解决北方问题。

在此之前，面对德苏开战越来越明显的迹象，日本陆军参谋本部于6月7日召开会议研究战争爆发后日本应采用的策略问题。因杉山元参谋总长和田中新一作战部部长出差不在家，会议由塚田攻参谋次长主持，同时拍电报要求总长和作战部部长尽快回京。

参谋本部认为，此时陆军大部分兵力正在进行侵华战争，对苏作战已经没有余力。日本陆军也没有能在外蒙古、西伯利亚与苏军作战的重型坦克。苏联装备对日本的优势在诺门坎战役中得到了淋漓尽致的体现。不光装备，仓库里就连必备的防寒军服都没有。如果出兵西伯利亚，那将需要多少防寒装备呀，一时半会儿也凑不齐。而侵华战争是绝对不允许中途放弃的。甚至有人主张不如利用苏联无法继续援助中国的有利时机，加大对重庆的压力，先迫使蒋介石屈服再说。

陆军的兵力不敷使用，那么武力南进到法属印度支那南部和泰国的方案似乎可行，因为这将主要由海军担当，陆军只须派出少许兵力配合就行。但如继续南进，就要有对英美作战的决心。鉴于海军犹豫不定的态度，暂时也没有实现的可能。最后会议形成如下一致意见：一是继续向处理“中国事变”的方向努力；二是对北方只做必要的准备，等到德苏战争出现有利于日本的进展，譬如斯大林政权崩溃或苏联远东地区陷入混乱的时候，再行使武力解决北方问题；三是力争实现进驻法属印度支那南部，之后静观局势、待机而动。

会议上弥漫着一种对德国强烈不满的气愤。让塚田次长和大家感到愤慨的是，日本连跟美国谈个小判都要求德国给予谅解，干啥事都先跟他们打招呼，现在看局势，苏德马上就要干起来了，德国却连个屁都没对日本放。还是次长觉悟要高一点，自己一肚子气，还要做大家的思想工作。塚田强调考虑到构成三国同盟基础的日德两国，当时还有对苏、美、英的共同利害关系，此时还不能完全废弃三国同盟，要求大家少安毋躁，忍忍再说。

杉山参谋总长和田中第一部长回京后，从 6 月 8 日到 10 日连续召开了 3 天会议。作战部部长田中新一少将主张在北方采取强硬对策。他说：“如有可乘之大好时机，就应该断然对北方行使武力。”杉山总长和田中都倾向于解决北方问题，说来说去还是大领导说了算。

但陆军省不同意参谋本部的意见。陆军省对武力解决北方问题态度消极，主张只有北方形势达到“熟柿”，就是瓜熟蒂落的时候才可以行使武力，就像当年参加法国战役的意大利和波兰战役的苏联一样，在对方即将倒下的时候，在背后来上一刀，虽然有点卑鄙无耻，但毕竟好处最大，损失最少。陆军省认为德苏战争的前景，并不像德国领导人所说的那样乐观。苏联同样具备强大的实力，地域广阔，回旋余地很大，俄罗斯民族具有超强的忍受力，当年拿破仑那么牛，最后不也失败了吗？陆军省认为解决北方问题，势必需要大规模地动用兵力，为此所需的战略物资，尤其是液体燃料，实际上必须求之于南方。西伯利亚地区没有日本急需的石油资源，因此断定强行解决北方问题是危险的。

6 月 14 日，大本营陆军部提出了《适应形势演变的帝国国策纲要》并提交海军。6 月 20 日，大本营海军部向陆军方面提出了自己的意见。海军的设想也是做好准备待机而动：对南方行使武力要充分做好准备，对北方的武力准备则只以现状为基础加以整顿。海军的意见是，无论对北方还是南方，是否动用武力，都要根据形势的变化而临机做出处置。

海军和陆军的主要分歧在于，海军是只进行准备根据形势来决定意向，陆军则是想先决定意向再有针对性地进行准备。

6月初，日驻苏大使建川美次报告说，莫斯科似乎对即将来到的战争毫无准备。6月16日，大岛大使报告“下周内德苏将开战”。对此，参谋本部第五课也就是对苏情报课，判断苏联很难像德国吹嘘的那样在短期内被打败，战争要持续相当长一段时间。可以肯定的是，参谋本部所有人都坚信德国将取得最后胜利，只是在战争持续时间长短上存在不同意见。

最头疼的还是中国问题。随着战时体制的不断强化，美国一面在欧洲加强对英援助，一面在远东继续推行援蒋政策。在孤立无援的情况下，蒋介石尚不肯屈服，现在国际形势大变，有了美、英支持的蒋介石，腰杆也越来越硬。虽然双方的议和谈判断断续续一直在进行，但随着重庆抗日热情的不断高涨，迫使蒋介石投降的希望也越来越渺茫。

北方马上就要打起来，侵华战争也无法解决，与此同时，南方的形势也在不断恶化。美、英、荷三国除了努力加强南方各地区的战备，还在马尼拉、新加坡等地屡次举行军事代表联合作战会议，看来正在促进结成对日所谓的“ABCD包围阵势”。ABCD，即美（America）、英（Britain）、中（China）、荷（Dutch）。4月21日至27日，美、英、荷三国在新加坡召开了联合会议，制定了一个联合行动方案，规定任何一个与会国遭到日本攻击时将要共同采取的对策。

当时，日本绝对不可缺少的法属印度支那和泰国的大米、橡胶、锡等战略物资也越来越难足额弄到。粮食大感不足的日本，约有900万石必须依靠从法属印度支那和泰国进口。可是法属印度支那当局在5月6日提出把6月对日出口合同量的10万吨减半到5万吨，还提出7月、8月的同量要再减少一半。日本认为这种不合作的态度可能是由于美国、英国和法国戴高乐派以及当地华侨的策动。1940年年末，英国已经向泰国为新加坡订购了60万吨大米。另外，日本虽然用美元付款取得了法属印度支那橡胶年产量6万吨中的1.5万吨，但可以预料，取得橡胶、锡和锰等战略物资将会越来越困难。英国甚至在5月16日做出决定，禁止从马来亚向日本出口橡胶。

粮食少了还可以紧紧裤带，但是支持作战的战略物资必不可少。最让人头疼的还是石油，以石油供应为核心的日荷经济谈判进展异常艰难。相对其他地区而言，荷属东印度最不利于用兵，其两翼分别是英国的马来亚和美国的菲律宾。虽然本土已经被德国占领，但荷兰政府没有投降，仍然作为英国的盟国在继续战斗。因此，日本如对荷属东印度发动直接进攻，很可能马上就要同英国作战。美国在荷属东印度拥有巨大的经济利益，对该地区的进攻可能导致与美国作战。

难题不止这些。当时荷兰在荷属东印度已经部署了兵力，具备打一场阻滞战的能力。即使最后无法阻止日本对荷属东印度的占领，也肯定会有充分的时间在逃跑前破坏储存的石油和油井设施。那些宝贵的油田设施被破坏掉的话，一两年内都不能恢复正常生产。这恰恰是日本当局最害怕的，这也是日本一直希望和平解决荷属东印度问题的重要原因。此前双方的谈判已经进行了一年多。在小林一三特使迟迟不能打开局面之后，1940 年 12 月 28 日，前外相芳泽谦吉抵达巴达维亚（今天的雅加达）继续开展新一轮会谈。

对于荷属东印度，日本可谓是投鼠忌器，软不得也硬不得，芳泽特使也无计可施。由于背后有英美的撑腰，荷兰人几乎拒绝了日本人的所有要求。荷兰人的顽固立场使芳泽感到沮丧，他报告东京说，除非日本采取果断措施，否则将一事无成。荷兰人不但不给日本特殊的经济地位，也不同意向日本出售日本所要求的那些数量的石油、锡和橡胶。其间日本人甚至向荷兰人保证，绝对不把橡胶和锡转让给他们的仇人德国人，荷兰人还是不肯松口。

6 月 17 日，日荷谈判终于宣告破裂。在日本人眼里，荷属东印度充当了美英对日经济封锁的帮凶。松冈外相对上述荷属东印度的不合作态度非常气愤，早在 5 月 22 日的会议上就提议停止同荷属东印度毫无意义的扯皮谈判。

针对北方压力骤减和南方日益恶化的严峻形势，尤其是历经半年日荷谈判的失败和各国加紧对日战备的态度，大本营陆海军部认为当前的首要任务是必须下定决心向法属印度支那南部进驻一部分兵力。

不想此举遭到之前一直力主进攻新加坡的松冈外相的坚决反对。松冈提出，如果没有对英美作战的决心，就不能着手进驻。他预言进驻法属印度支那南部肯定引起与英美的战争，这一策略在外交上也行不通，是对去年 8 月 30 日进驻北部时所签“松冈—亨利协定”的背弃，违背国际信义。松冈强调如果没有德国的帮忙，法国是不会轻易同意进驻的。

大本营马上反将一军，提出在进驻法属印度支那南部时，如遭到美英阻碍，则“不惜对美英一战”。其实陆海军此时还没有与美英作战的胆量，从内心里讲，只是在与松冈赌气。近卫首相和陆海军都想当然地认为，日本不过是从北部推进到南部，又不是直接进攻新加坡和荷属东印度，根本不会引起美英的过度反应，更不可能引起武装冲突。对此，松冈外相警告说，战争随时可能打起来。退一步讲，即使打不起来，也必然引起美、英、荷三国对日本的全面禁运。

从6月21日15时至23时，陆海军两位军务局局长武藤章和冈敬纯专程到松冈府上，对外相进行了耐心细致的说服工作，松冈最后总算表示谅解。外相之所以最终同意，是因为在会谈中冈敬纯少将投其所好，暗示了下一步进攻新加坡的可能性。他说，“一旦时机成熟就要挥戈北上，一旦英国本土崩溃，也要在南方进攻新加坡”。这样，外相才勉强同意了军部的意见。

松冈点头几小时之后，苏德战争正式打响。

就这样一直争争吵吵到6月24日，大本营陆海军部终于决定了《适应形势演变的帝国国策纲要》。其主要内容为：一是仍坚持为解决“中国事变”而努力；二是继续向南方扩展；三是对于德苏战争暂不介入，秘密做好对苏作战准备，如果德苏战争的进展情况对帝国极为有利，就断然行使武力以解决北方问题。

对于“继续向南方扩展”，大本营陆海军部于之前的6月11日就制定了《关于促进南方施策的方案》：一是向法属印度支那南部进驻必要兵力；二是为达成上述目的，应进行必要的外交谈判，同时迅速做好进驻的各项准备，在已完成进驻准备而法属印度支那仍不接受我方要求时应开始进驻，届时法属印度支那如进行抵抗，我方当即行使武力；三是在推行本施策过程中，如遭到美、英、荷的阻碍而又无法打开局面，帝国为了自存自卫达到忍无可忍的地步时，则不惜孤注一掷地对美、英、荷开战。

在6月25日日本政府与军部的联席恳谈会，以及26日到28日的正式会议上，政府和军部开始了对新国策的大讨论。前几天刚刚答应两位军务局局长实施南进的松冈外相再次一反常态，强烈提出应立即实施对苏作战，履行三国同盟对德国的义务。在大家眼里，走位飘忽、忽南忽北的外相已经变成了十足的疯子。

松冈提出，如果断定德苏战争将在短期内结束，就应该先搞定北面，在德国打败苏联之后再解决对苏问题在外交上是不好办的。如果日本打苏联，估计美国也不会真正干预，因为罗斯福本来就讨厌苏联人。而向法属印度支那南部扩张很可能酿成同英美的战争。日本应该当机立断，先搞定北面，再搞南面。

海相及川提出同时与两国交战实属困难："不能叫我们既进攻苏联同时又南进，海军目前不想去惹苏联。"

松冈说："如果德国消灭苏联后，我们不能坐享其成。我们要么是流血，要么就开展外交，不过还是流血好一些，到底是北方重要还是南方重要？"

杉山参谋总长回答："同样重要。我们正在静观时局如何发展。日本大部分兵力现在滞留中国战场，实际上对苏作战是办不到的。目前关东军根本不具备与苏联进行大规模战争的能力，如果进一步增加兵力，至少需要四五十天时间，或者更久，那时德苏战争的形势也许已经明朗，到时候形势有利的话，再干不迟。"

参谋次长塚田攻也立即站出来反对松冈，"一切取决于时局，我们不能同时齐头并进"。他强调日本必须具有独立自主性，"我不懂政治，但是从军事角度来说，德国想干什么就干什么，这更让我们在做事之前有理由不去和他们商量"。

东条陆相随声附和："德国迄今为止的做法从来没有同我们商量过。"

杉山再次站出来支持东条和塚田："德国确实没有及时和适当地同我们沟通。"

大家都认为，几个月前，德国还劝说日本不要进攻苏联，现在倒先动手了，事先也不说一声，分明是不把我们当人看嘛！一种不安的情绪在会场上悄悄蔓延。大家担心，一旦日本帮助德国很快地打垮苏联，德国更加强大，日本就有像意大利那样逐渐成为附庸的可能，但是这话谁都不会也不愿意明着说出来。

松冈依然坚持自己的观点："不管德国跟我们商量没商量，我们都应该以诚相待，要以诚心来抓住德国。"也就是"宁教德国人负我，不教我负德国人"。

松冈外相强调，目前最好不要在南方点火而应把目标定在北面，同时提议将进驻法属印度支那南部的行动推迟6个月左右。可能是觉得前几天已经答应了现在反悔有点说不过去，松冈又补充说，如果首相和统帅部坚决要实行，因为自己之前曾经表示过赞成，所以并不反对。对松冈推迟半年的新提议，海军再次出现了犹豫，但是陆军的坚持使得海军很快改变了态度。杉山参谋总长、永野军令部总长、近藤信竹军令部次长、塚田攻参谋次长经过商议后认为，应该在南方坚决实行进驻。

近卫首相之前一直力主进行日美会谈，此时他像卢沟桥事变之后一样再次做出了违心的决定。他的话是“统帅部要干的话就干”。后来前外相有田八郎刻薄地评价近卫的做法是“连一个回合的交锋都没有就投降了”。

既然近卫和松冈都表示了同意，其他大臣更是无话可说。在苏德战争爆发之后，日本终于艰难地做出了南进的决定。

被迫同意南进的松冈还是心有不甘，他对未来做出了预言：“我预言几年后的事从来都是准确的。今天我预言，如果插手南方，肯定要闹出大乱子，你们能保证不出乱子吗？识时务者为俊杰。以前我曾经是个南进论者，但今天我转向北方了。”后来的事实证明，松冈的这一席话还真不是吹牛。

在太平洋战争打响之前，日本总共召开了 4 次重要的御前会议，不妨就从这一次开始排名。1941 年 7 月 2 日，战前第一次御前会议在建于 1889 年的明治皇宫召开，会议内容就是对《适应形势演变的帝国国策纲要》进行审议。出席会议的除首相、内相、陆相、海相、外相、藏相、陆海军两总长和次长、枢密院议长外，企划院总裁铃木贞一也列席了会议。所有与会之人均身着正装——军人军装，文人燕尾服，规格不可谓不高也。

天皇步入会议厅，所有人起立立正。天皇身着戎装，但看上去并不威武。他走上朝南的御座坐下。前面是一个金屏风，座位方向是根据宫廷礼仪来确定的。

近卫首相首先起立向天皇鞠躬，之后发言，为建设“大东亚共荣圈”确立帝国自存自卫的基础，当前必须解决好南、北、中三个方向的问题。北方要做好对苏战争的准备，中部必须继续努力解决侵华战争，南方要抓住难得的历史机遇积极实施南进。

杉山参谋总长就处理侵华战争和北方问题做了说明。提出帝国除直接对重庆政权施压之外，还要积极向南方扩展，切断从背后支援重庆政权并使其抗战意志不断高涨的英美势力与重庆政权的联系，这是促进解决侵华战争极为必要的措施。对德苏战争，因帝国目前正在忙于处理侵华战争，而且同英美之间的关系处于微妙阶段，所以以暂不介入为宜。但是，在德苏战争演变对帝国非常有利的情况下，也要断然使用武力解决北方问题。

永野军令部总长认为，目前形势，英、美、荷等国压迫日本的态势越来越强，当前最重要的是以不惜对英美一战的决心完成作战准备，对法属印度支那南部的进驻势在必行，即使因此引起与美、英、荷的战争也在所不惜。这是海军领导人第一次公开表示日本不应回避与英美的战争。

枢密院议长原嘉道提出了自己的担心：“德苏开战对日本来说确实是千载难逢的好机会。由于苏联在世界上散布共产主义，早晚有一天非打败它不可。关于进驻法属印度支那南部问题，日本如果动手的话，美国会不会参战呢？”

松冈外相马上接话：“不能说绝对不会。”

杉山参谋总长回答说：“德国的计划如果遭受挫折，就会演变为一场长期战争，美国就很可能参战。由于现在战局对德国方面有利，所以我认为日本即使出兵法属印度支那南部，美国也不会参战。”杉山同时解释说，如果推进到泰国的话，就很可能因为与英属马来亚靠得太近而与英国发生冲突，所以这次只推进到法属印度支那边界为止。

所有的人都自欺欺人地认为，只要进驻过程中尽量避免武装冲突并将范围严格控制在法属印度支那边境之内，美英就不会因此而说三道四，更不会开战。

13 时 30 分，御前会议圆满通过了内阁和大本营提交的《适应形势演变的帝国国策纲要》。

会议过程中，天皇始终一言未发，面无表情。按传统习惯，他的出席只是使会上做出的决定合法化并具有约束力。这个文件马上被送到内阁官房，用公文纸写出一份后由近卫首相、陆军参谋总长和海军军令部总长三人签署，呈报天皇，最后交到宫内省加盖御玺。日本南进至此成为定论。

会后，松冈立即将会议相关内容通报了德国驻日大使奥特。奥特知道，相当于佐尔格也知道。来自尾琦秀实的消息也证实了消息的准确性，为此，尾崎秀实甚至专门到满洲去落实情况。斯大林于是得知，日本对苏联的进攻暂时只处于准备阶段，不会立即进行，日本是否发动进攻取决于苏德西线战局的进展情况。

苏德战争爆发之后，德国多次敦促东京进行干预去进攻苏联。6 月 28 日，里宾特洛甫电令奥特，敦促奥特做出积极努力，让日本在东线向苏联西伯利亚地区发起进攻，策应德军在欧洲的攻势。他要奥特这样说，“由于日本似乎还没有准备好去进攻新加坡，这时还是先同德国一起去消灭苏联为好，以便以后腾出手来向南挺进”。里宾特洛甫同时要求大岛帮助奥特一起做日本政府的工作，大岛大使拍着胸脯满口答应。由于之前日本已经决定暂缓对苏联的进攻，等待“熟柿”机会的出现，奥特和大岛的努力没有取得什么效果。

通知完奥特后，松冈又口头告知苏联大使斯梅塔宁，日本会信守《日苏中立条约》的承诺，这让一直胆战心惊的苏联大使长出了一口气。第二天，松冈又向奥特保证说，他对苏联大使那样说不过是为了欺骗苏联人，事实上日本正在为进攻苏联进行军事上的准备。“光准备不动手”显然不能使希特勒和里宾特洛甫满意。奥特无奈向里宾特洛甫报告说，近卫和大部分内阁人员反对日本对苏德战争进行干预，因为这样做有可能危害日本在中国的军事地位。

苏德开战的消息传到英伦三岛，希特勒的死敌丘吉尔同样长出了一口大气。可丘吉尔明白，这种喘息只是暂时的，希特勒干掉斯大林之后，会马上回过头收拾他。西方领导人明白苏联追求的目标与西方国家的利益相悖，但他们的疑虑在与轴心国的战斗面前必须暂时搁置。在丘吉尔和罗斯福眼中，不是斯大林很可爱，而是希特勒更可憎。敌人的敌人就是自己的朋友，一贯坚决反共的丘吉尔立即来了个一百八十度大转弯。6 月 22 日当天晚上，丘吉尔就通过广播发表了关于希特勒入侵苏联的演说。这个演说同时在美国播出。在演说中，他列举了此前的三次重大转折：其一，法国陷落；其二，纳粹德国试图对英国的入侵；其三，美国通过《租借法案》开始对盟国进行援助。现在，“第四个转折来到了”。他要求全国民众赞同他提出的同苏联结盟的建议。“我们决心摧毁希特勒及其纳粹政权的残渣余孽，对此我们决不动摇，决不动摇！”丘吉尔夸张地描绘着德国对苏联的空袭，“德国的炸弹在苏联城市上空像雨点一般落下”。丘吉尔号召：“我们必须帮助苏联！苏联的危险就是我们的危险，就是美国的危险，苏联人民为了保卫家园而战的事业就是世界各地自由人民和自由民族的伟大事业！”此时此刻，老丘早已忘掉之前无数次咒骂斯大林的恶毒语言。在政治家眼里，什么都是浮云，需要就是一切！

早在希特勒入侵苏联前八天，丘吉尔就致电罗斯福总统说：“只要对所有情报加以判断，就会感到德国对苏联的大举进攻已迫在眉睫。只有希特勒才是我们首先要打倒的敌人，我们要从这个原则上尽可能给苏联以鼓励和援助。”赫尔国务卿在回忆录中这样描述美国收到上述电报时的反应：“希特勒要进攻苏联一事，我们早在半年前就掌握了确实的证据。因此当听到德国入侵苏联时，我们丝毫不感到震惊。”

美国对日本下一步可能采取的对策进行了综合分析，认为日本为了配合德国的行动，很可能积极实施北进，那样苏联就危在旦夕。国务院远东司司长汉密尔顿在 6 月 22 日当天提出的一份意见书中写道：“由于德苏开战，在日本出现了南进和北进两种意见，不过估计南进会稍许推迟些。因为日美之间虽然尚未缔结谅解协定，但日本仍然害怕同美国打仗。日本撕毁《日苏中立条约》向北进击的可能性是很大的。”6 月25 日，远东司副司长亚当斯又提出一份意见书，他主张：“判断——日本觊觎着海参崴，恐怕不会南进。日本的北进会推迟南进，从目前看对我们是有利的。但是从打倒轴心国这一长远目标来看，则应设法予以制止。”

罗斯福认为苏联现在已经从潜在的盟友变成了现实中的伙伴，为了组织日本从东面夹击苏联，他于 7 月 6 日给近卫写了一封私人信件，信中说“希望报道中所提到的关于日本打算进攻苏联一事传闻失实”，他要求日本政府就此事提出保证。7 月 8 日，松冈代表近卫回答道，日本政府与苏联之间签订有中立条约，迄今也尚未考虑到同苏联开战的可能性。他还把日本在 7 月 2 日向斯梅塔宁所作的声明的抄本给了格鲁大使。松冈还说，日本的政策主要取决于未来的形势发展。

松冈的话肯定是不能相信的，但是美国很快得到了日本 7 月 2 日御前会议的内容。他们凭借的不是间谍，而是已经能够成功破译日本外交电文的“魔术”系统。在持续 10 个月之久的日美谈判中，美国能够始终处于主动地位，除了手里的牌着实不错，还在于拥有了不为外界所知的外交雷达——“紫色密码机”。

1937 年中日战争爆发后，日本就开始启用“2597”式密码机，保密性能很好，美国在很长时间内都无法破译。但 1940 年 8 月，随着一个怪杰的出现，“2597”式密码机的壁垒终于被打破，这个人就是美国陆军中校威廉 · 弗雷德曼。

弗里德曼 1912 年毕业于美国康奈尔大学，同年进入由费比恩陆军上校领导的里弗班克研究所从事密码研究。他被美国人称为“世界上最伟大的密码专家”，此人性情内向，喜静不喜动，做事从不假设，最大的特点就是绝不承认“不可能”。1921 年，他进入美国陆军通信部密码班，1929 任通信谍报部部长。1938 年，美国陆军通信谍报部决定同海军一起全力以赴破译日本的密码并仿制密码机。海军提供必要的截听电报并负担经费，弗里德曼则指挥 19 名部下专心致志地完成这项极为艰巨的任务。经过 20 个月呕心沥血的努力，终于在 1940 年 8 月通过一架仿制的“紫色密码机”首次成功破译日本的密码，这套破译技术之后被称为“魔术行动”。之后海军就开始制造这种密码机，第一批 4 台于 1940 年 11 月制成，至开战前夕共制成了 8 台，令人满意地发挥了外交雷达的威力。美中不足的是，“魔术”只能破译日本的外交密码，对于军事密码依然是束手无策，这也正是珍珠港遭到袭击的主要原因之一。

威廉·弗里德曼凭借此功先后三次获奖。他第一次荣获“公民特别功勋章”是在 1944 年，当时由于战争还没有结束，只是颁发了奖章，并没有说明他到底立了什么功。战后他又获得杜鲁门总统颁发的“最高功勋章”和中央情报局局长艾伦·杜勒斯颁发的“保障国家安全勋章”。1956 年，美国国会又通过决议，奖励弗里德曼 10 万美元。在 20 世纪 50 年代这绝对是一个可观的数字。

7 月 8 日，“魔术行动”破译了日本外务省于 7 月 3 日拍发给日本驻美、德、苏、意等国大使的一份定为“国家机密”的绝密电报，核心内容就是在御前会议上决定下来的《适应形势演变的帝国国策纲要》，美国马上知晓自己之前的判断错了，日本马上要采取的行动不是北上而是南下。

日本南进的策略大出美国意外。罗斯福对日本不去进攻美国的新伙伴苏联感到宽慰，但是也对日本甘愿冒着与英美开战的风险向南进军感到震惊。罗斯福认为，以德国势如破竹的进攻势头以及当年俄国人对芬兰交战时的拙劣表现，斯大林很快就会被收拾掉。海军部部长诺克斯也说：“希特勒可能在 6 个星期至 2 个月内就干掉苏联。”如果日本北进，从东面进攻苏联，这个时间还会进一步缩短。苏联倘若被德国迅速击败，那么英国继美国就必定会成为踌躇满志的希特勒进攻的下一个目标。尽管民众中甚至有着希望希特勒尽快收拾斯大林的危险情绪，但作为政治家的罗斯福不能意气用事。他很清楚当务之急就是想方设法拖住日本，避免苏联腹背受敌，像法国那样很快倒下。用副国务卿韦尔斯的话来说就是，“欢迎团结起任何力量来反对希特勒主义，不论这些力量来自何方”。日本决定南下让罗斯福稍稍松了一口气。尽管在将苏联作为未来盟友的观点上与丘吉尔想法类似，但是罗斯福还不能像老丘那样上蹿下跳，他还要面对众多反战的美国民众，尚未参战的美国能做的事情也不算多。

罗斯福思索再三，还是出了招。1939 年苏联入侵芬兰之后，美国冻结了苏联在美国的 4000 万美元资金。6 月 24 日，罗斯福立即发布命令解冻了这笔款项。不仅如此，他还下令成立一个专门负责苏联所需物资和军事装备的工作组，准备根据《租借法案》再为苏联提供 5000 万美金的军需品。可惜远水解不了近渴，至少目前苏联还得不到这些东西。

与罗斯福积极的态度相反，美国军方的上层人士并不指望苏联能长时期经得起德国的进攻，他们对于向苏联输送大量作战物资并不十分热心，生怕这些物资一到苏联，很快就会落入德国人手中。

7 月 5 日，日本海军省召集了由海军高层人士参加的联席会议，会议由及川古志郎海军大臣主持。泽本赖雄海军次官宣布：“在 7 月 2 日的御前会议上，对进驻法属印度支那南部问题已作为一项国策决定下来。”这一决定立即遭到了与会海军高级将领的强烈反对。

航空本部部长井上成美海军中将认为此举必然导致同英美开战，一直反对与英美作战的井上厉声责问：“空军战备还未完成啊！如此重大的事情这样简单地决定下来，事隔三天以后才宣布，为什么事先就不能征求我们海军的意见呢？做出决定那一天虽说舰政本部部长出差在外，就不能提前打个电报让他回来吗？”

舰政本部部长丰田副武海军中将立即以他特有的刻薄挖苦说：“正如刚才井上君所言，舰政本部并非只是海军省的一件装饰品。不能你们一说这件事就这样决定了，我们只得随声附和：是，遵命。”

联合舰队司令长官山本五十六海军大将询问井上：“井上君，空军的战备工作做得如何？”

井上回答说：“航空本部正在拼命准备，但进行得并不理想。”

第二舰队司令长官古贺峰一海军中将也开始发泄不满：“像这样重大的事情连舰队司令长官的意见也不听一听就简单地决定下来，须知万一发生战争再叫舰队去应战，那是打不了胜仗的。”

古贺峰一又转向永野军令部总长：“军令部对这件事的看法到底如何？”

永野修身好像很轻松地把责任推了出去：“政府已经这样决定了，我能有什么办法？”听着永野这样不负责任的应答，古贺哑然，他简直不能相信这就是海军军令部最高长官的语言。

与会者在海军大臣官邸用完午餐后便走散了。井上成美刚回到航空本部部长办公室，古贺峰一就跟了进来，长吁短叹地说：“看看永野刚才都说了些什么吧，真不像话，永野根本不知道军令部的责任。”

这时候，山本五十六也怒气冲冲地闯了进来：“永野这个人没有一点用处！”

“像是有什么好吃的糖果似的！”郁闷的山本这样说了一句，井上便拿出别人送的巧克力与大家分享。山本只咬了一口便说：“这巧克力好像并不怎么高级。”几个人的情绪低落到了极点。

相比于海军的牢骚满腹，陆军的态度就积极得多。7 月 7 日，东条陆军大臣和杉山参谋总长入宫觐见天皇，要求批准动员 80 万兵力做好对苏作战的准备。裕仁责问二人：“向北部和中国派兵，又向法属印度支那分出兵力，这是八方伸手，你们还有处理‘中国事变’的信心吗？”但天皇还是根据御前会议的决定给予了准许。

一贯雷厉风行的东条，从皇宫出来后立即正式下令实施所谓的“关东军特别大演习”计划，第一次动员时间定在了 7 月 13 日。为了配合陆军对苏作战准备，海军也于 7 月 5 日新编了以两艘轻巡洋舰为主力的第五舰队。

按照参谋本部的作战计划，日军发动对苏进攻的兵力至少不能低于 25 个师团，而当时日本驻中国满洲、朝鲜的兵力仅为 14 个师团。因此还需要从本土调入 7 个师团，从中国关内调入 4 个师团，另外再从关内抽调 6 个师团作为预备队。在战略物资上，关东军当时所拥有的弹药仅可满足 30 个师团两三个月的作战消耗，粮食可供 16 个师团 2 个月之需，汽油可供 16 个师团 5 个月之用。因此，除了人员之外，还必须从本土调运大批作战物资。从 7 月至 9 月，参谋本部最大限度地利用各种手段把预计参战部队和战略物资运送到中国满洲和朝鲜。到 9 月份，关东军的力量已经达到了兵力 70 万、马 14 万匹、飞机 600 架，比动员之前扩充了将近一倍。为了掩饰真实的意图，日军特意把这次大动员称为“关特演”。

对北方西伯利亚地区行使武力要受季节的制约，最迟必须在9月上旬展开，在严冬季节到来之前结束预定作战。7月12日，参谋本部得到从前线发回的情报说，苏联远东兵力西移很少，特别是在日军准备重点攻击的乌苏里江流域和黑龙江流域尚无任何移兵迹象。8月9日，参谋本部负责对苏情报的第二部第五课根据7月底的形势，就德苏战争的发展情况提出了他们的判断，认为德国无法在1941年迫使苏联投降，以后战局的发展也未必肯定对德国有利，德军所面临的很可能是和日军在中国一样的局面。第五课的分析结论是，日本北进所期待的“熟柿”状态在1941年不会到来，即使到了1942年能不能出现也是个问题。因此，德苏开战后出现在参谋本部的那种兴奋情绪已经逐渐低落下来。

在第二次世界大战即将结束前，苏联出兵东北，日本曾经指责苏联无视《日苏中立条约》进攻满洲的关东军。实际上他们早在1941年就考虑过类似的事情，只不过条件不成熟，作案未遂而已。

既然北方不能立即采取行动，那就必须立即专注于南方。参谋本部于是做出决定：“无论苏德战场如何演变，取消1941年内解决北方问题的计划，专心致力于解决南方问题。”“关东军特别大演习”就此真正变成了一场军事演习。而后在参谋本部制定的《帝国陆军作战纲要》中规定：

一、在满洲和朝鲜的16个师团对苏严加戒备。

二、对中国继续执行既定的作战方针。

三、对南方以11月底为期限，促进对英美作战的准备。

参谋本部的决定立即通知了陆军省，并强调这个《帝国陆军作战纲要》只限于通知陆军，不要通知海军和政府。如此重要的决定不通知政府，说明在陆军眼里，政府不过就是个摆设而已，而不告诉海军更说明日本陆海军的矛盾对立，已经到了无法调和的地步。

北方暂时告一段落，南方对法属印度支那南部的进驻已是箭在弦上。为确保进驻成功，大本营陆军部于7月5日命令以近卫师团和独立混成第二十一旅团为骨干编成第二十五军，由饭田祥二郎陆军中将为军司令官。海军方面也相应组编了南遣舰队。为了能够按要求在7月24日从海南岛的三亚港出发，第二十五军开始了紧锣密鼓的准备，这项工作大约要持续20天。

军队加快准备的同时，外交工作一刻也不能停顿。7月10日，在收到美国对《松冈修正案》的回复近三周之后，联络会议重点研究了外务省就调整日美两国关系，特别是对赫尔口头声明所作答复的问题。由于此前赫尔针对外相的不信任声明，此时的松冈已近乎神经质，越发采取不妥协的态度。外务省和军部的位置好像颠倒过来了，松冈强烈要求立即停止与美国的谈判，军部却建议还是不要一下子破裂为好，导致会议最后不了了之。

7月12日联络会议再次召开，松冈照样大放厥词："赫尔的说法简直是荒谬绝伦、蛮不讲理，对于他的声明应该一接到就立即扔回去。野村虽然是我的好朋友，但也真是老糊涂了，这样的东西也能接？还敢把它发回日本？只要我还是外相一天，就不能接受美国的提议。美国人的秉性是弱肉强食，在这个口头声明中，美国是把日本当作保护国甚至属地一样看待。要求世界上强大的日本改造内阁这类事简直是骇人听闻。我在此提议，拒绝接受口头声明，对美谈判也不要再继续下去了。"松冈称罗斯福是"真正的煽动家"，他正试图把美国引入战争。

连一贯强硬的杉山参谋总长都看不下去了，代表军方出来表态："虽然我和外务大臣感同身受，但是作为军部，马上就要面临这样一种严重局势，在南方不久便要进驻法属印度支那南部，在北方又要加强关东军对苏联的战备。因此，在这种时刻同美国断绝关系是否太鲁莽？我感到还是为谈判留下余地较为妥当。"

陆相东条也站出来说话了："即使没有希望，我们也应该将和平谈判进行到底。我知道这样做存在很多困难。但只要我们真诚交流，传达我们日本人的想法，他们一定能体会到我们的苦衷。"

及川海相也难得地张开了嘴："海军内部认为，美国国务卿赫尔希望能避免太平洋战争，日本也不希望在太平洋打仗，这不正好有达成和平的希望吗？"

松冈依旧毫不让步："我认为，不管日本采取哪种态度，美国的态度都不会改变。美国人一贯欺软怕硬，我觉得此时还是采取强硬态度为好。你们军人怎么这么窝囊？"他还非常过分地表示，"你们这些穿军装的人不懂外交，因此不要多管闲事，安分守己地管好自己的作战就行"。松冈的言论引起军方的极度反感。

近卫首相也认为不应该把和谈之路一下子堵死，内阁成员纷纷赞同近卫的意见。由于近来松冈经常脱离内阁擅自对外发表言论，近卫也在试图通过军方来打压松冈。之前，他一直是通过松冈来牵制军部的。成了孤家寡人的松冈只好勉强接受了大家的意见。最后会议决定，拒绝赫尔的口头声明，同时向美国送去一份新的建议。

7月14日，松冈外相抱病起草了给美国的答复意见。再次强调，即使在德、意、日、苏四国同盟瓦解之后，日本也绝对不会抛弃《三国同盟条约》，万一欧洲战争蔓延开来，日本政府将完全根据本国的需要决定自己的态度。同时要求美国敦促蒋介石与日本进行和解，并且不能介入具体谈判过程。

正式回复很简单，松冈却用了冗长的篇幅指责赫尔的无礼行为，认为他的声明是“不全面和不适当的”，除非美国收回这个声明，否则日本将中止会谈。松冈提出将反对赫尔的声明先发给野村，几天之后再将对美国的完整回复发给华盛顿。近卫及其他内阁成员认为此举欠妥，因为单单驳斥赫尔的口头声明太过挑衅，可能会立即导致和谈的中断，因此要求将两个文件同时发给美国。

随后就发生了戏剧性的一幕。松冈不顾近卫的反对，指示外务省只把拒绝赫尔声明的文件电告野村，暂时压下日本对美国意见的回复。他在7月15日又把准备发给美国的文件发给德国，请求批准。

松冈此举彻底激怒了近卫，他直接越过松冈向大桥次官和外务省美国局局长寺崎下令，把日本的完整建议电告野村，正面冲突终于在首相和外相之间发生。

近卫被松冈弄得狼狈不堪，内阁已经出现了两种声音。近卫此时还没有和美国作战的决心和信心，但要继续和谈就必须搬掉最大的绊脚石松冈，此前近卫就曾有过这样的想法。纪律观念很强的东条认为，松冈的这种行为是绝对不能容许的。他向近卫建议，立即把松冈免职。

近卫还不想与松冈公开闹翻，《明治宪法》规定首相不能开除大臣。现在唯一可行的办法就是内阁总辞，然后排除松冈后大家继续上岗。近卫首先取得了平沼、东条、及川、铃木的同意。这样，7月16日18时30分，在首相官邸召开了决定内阁总辞的临时内阁会议。松冈有病在家无法参会，恰好借机把他避开。

除事先参与商量并已知道内阁总辞原因的内相、陆相、海相和企划院总裁之外，其他内阁成员都对突然发生的事情感到大惑不解。但大家听了近卫的解释后顿时释然，甚至没有讨论就一致举手同意总辞。看来大家对外相那喋喋不休的“演说”也实在是受够了，松冈在内阁已经是众叛亲离。接下来只剩下一个难题，如何巧妙地拿到因病在家的松冈外相的辞呈呢？接受任务的是富田健治书记官长，近卫特意嘱咐富田千万不要和松冈发生争论。

肩负重任的富田冒雨访问了潮湿而寂静的松冈私邸，难办的事情有时办起来反而会出乎意料地顺利。面对松冈准备畅论一番的架势，富田巧妙地避开了话锋，大失所望的松冈爽快地递交了辞呈。

当晚21时，近卫汇总了全体阁员的辞呈后冒雨前往皇宫，向天皇请安问候后呈递了辞呈，第二次近卫内阁就此宣告结束。

7月17日17时05分，天皇授命近卫重新组阁，18日下午组阁完毕。所有人员不变，只是换掉了外相松冈洋右。近卫先让大家都站起来，再坐下去的时候，一个新人坐到了松冈原来的凳子上，那就是新外相丰田贞次郎海军大将。

丰田外相也算是熟人，在日本签订《三国同盟条约》时丰田就是海军次官。要说这丰田也是个牛人，在“海兵”和“海大”都能以首席的成绩毕业，这可绝对不是一般人能办到的事情。贞次郎看来真有读书的天赋，在“海兵”时他有个同学就是后来的联合舰队司令官丰田副武，两人当时就被称为“两丰田——天才贞次郎和勤劳副武”。这位还曾经远赴牛津大学深造。按说这么高素质的人一般会淡泊名利，但丰田是一个十足的官迷，办一切事情的出发点就是如何保住自己的官位，更可笑的是他对外交几乎是一窍不通。

松冈终于离开了他恋恋不舍的政治舞台。许多人前来探望这位声名在外的“国民英雄”。虽然身体虚弱，情绪也低落到极点，松冈还是象征性地最后一次来到了外相官邸。从欧洲回来后，由于劳累和气愤，矮小的松冈体重下降了足足13公斤。他的离开让许多民众大惑不解，干得好好的，怎么说不干就不干啦？记者让他描述一下自己此刻的心情时，松冈拿自己不太多的头发自嘲，他一边抽着烟斗，一边咳嗽着告诉记者，“一个下雨天赶路的秃子狼狈地摔倒在路旁”。

松冈仅仅担任了12个月的外相，却让日本深深地陷入与美国的危机之中。由于坚持推行对美强硬的外交政策，他对日本造成的损害比其他任何人都深。难怪战后日本史学家把他与东条英机并称为使日本走向战争的两大罪魁祸首。

3个月后，太平洋战争爆发。松冈的顾问斋藤良卫博士拿着日美交战的新闻到松冈私邸，告诉了他这一惊人的消息。病容憔悴的松冈眼含泪水对斋藤说，“现在越发痛感缔结三国同盟是我一生中最大的失策。我主张建立三国同盟的目的是防止美国参战。但事与愿违，三国同盟竟成了太平洋战争的远因”。

差不多在同一时期，陆军参谋本部也进行了局部的人事调整。大家熟悉的服部卓四郎大佐就任作战部作战课课长，辻政信中佐就任兵站课课长，这一对胆大包天的黄金搭档再次联袂。加上力主开战的田中新一作战部部长，铁三角霸占了参谋本部的作战决策领域，他们都是提倡对美开战的强硬派。他们充满敌意的世界观给整个参谋本部笼罩上了一种末日来临般的悲壮气氛。

由于赫尔之前多次表示出对松冈的不满，新内阁中外相的更替甚至被误解为日本对美国的示好。在华盛顿，野村大使甚至为此感到了前景的乐观。对于松冈的下台，美国《纽约时报》曾经报道，“华盛顿高层希望，德苏开战可能导致日本出台新的政策，他们希望日本不但将在近期和轴心国决裂，而且会掉转矛头反对德国的战争”。后来事实证明，这些专家都看走了眼，这一近似示好的举动马上被随后的进驻法属印度支那南部完全抵消。

对于法属印度支那南部，原计划是和平进驻，无法实现时再行使武力，所以同法国的交涉从7月14日就已经开始，由加藤外松驻法大使直接和维希政府进行谈判。两天后才下台的松冈外相，命令加藤大使务必使法国同意以下几点。

一、日本要向印度支那南部派遣“必要数量的陆军、海军和空军”。

二、日军要占领位于柬埔寨和越南的八个空军基地，租借金兰湾和西贡两个海军基地。

三、日本军队在上述地区享有完全的行动自由。

松冈要求加藤大使向法国说明，如果维希政府同意日本的要求，东京将继续保证法属印度支那的主权和领土完整。如果拒绝，“印度支那的局势或许会发生严重的变化”，日本乐意通过武力来达到目的。最后强调，为了防止美国或英国先发制人，日军将在7月20日开始行动。从内容和口气来看，这无疑是一份最后通牒。

为了达到和平进驻的目的，日本很有必要取得盟友德国的帮助。早在6月

21 日，松冈就对德国大使奥特说，由于已经没有取得谅解的可能，日本不准备同荷属东印度恢复谈判。日本准备对南方进一步使用武力，为此必须首先取得法属印度支那南部的一些军事基地，“以使日本能对大不列颠和美利坚合众国进一步施加压力，作为日本对共同战线的宝贵贡献”。他保证说：“当你们德国人打仗的时候，我们日本人绝不会采取骑墙态度。”松冈同时命令大岛大使请求德国政府说服法国维希政府同意日本得到这样一些据点，德国政府对东京的提议态度冷漠。

毫无疑问，德国对日本之前拒绝一起进攻苏联一事一直耿耿于怀，对日本同美国进行和谈一事十分生气。希特勒多次表示，“美国在大西洋上正在进行反轴心国的猛烈扩张”，而作为盟国，“日本正在逃避参战的责任”。德国政府明确告诉大岛大使，由德国出面调解东京与维希政府之间关于法属印度支那的纠纷十分不恰当。上次协调入驻北部时，德国只是说自己能力有限，这次干脆给予拒绝。

7 月 14 日，加藤大使对法国维希政府提出了上述苛刻的要求。近卫假惺惺地给贝当写了一封信，信中说，“采取这一行动是出于日本自身的防卫需要，日本保证尊重法国对殖民地的主权和尊重这些殖民地的领土完整”。但是贝当却不肯轻易同意，他迅速把日本的要求告诉了美国大使莱希海军上将，试图在拖延时间的同时争取美国的支持。贝当还告诉日本人，他还要与德国政府商量。松冈则要求德国人不要给法国人任何支持，相反，应当劝告法国人接受日本的要求。这个不算过分的要求柏林倒是爽快地答应了，毕竟大家还算盟友嘛！

其间由于内阁改组，7 月 18 日才上任的丰田外相所做的第一件事就是在第二天再次电训加藤大使：要求维希政府在 7 月 23 日中午 12 时以前必须给予答复。限期一到，不管法国同意与否，日本军队都将义无反顾地开进去。由于得不到德国、英国、美国的有力支持，法国无法拒绝日本的要求。既然之前进驻北部都答应了，南部再答应也没什么丢脸的，破罐子破摔了。7 月 21 日，法国有条件地接受了日本的要求，双方就关于共同防御法属印度支那问题达成了谅解。7 月 29 日，加藤大使与维希政府代表达尔朗海军上将共同签署了《关于共同防御法属印度支那的议定书》。

加藤大使得意扬扬地给东京拍了一个电报：“法国人如此痛快地接受日本要

求的原因是，他们看出了我们的决心是何等坚决，我们的意志又是何等顽强。总之，他们除了让步之外，别无选择。”

由于协议事先已经达成，大本营立即向第二十五军司令官饭田祥二郎中将发出自7月24日从三亚港出发，开始进驻的命令。在签署批准行动计划的文件时，有人听到永野军令部总长在自言自语：“这意味着与美国的战争。”

早在7月14日开始，饭田中将的部队已经从广东乘船出发，一批又一批地向着海南岛的三亚驶去。接到命令后，饭田中将于25日率领满载着二十五军士兵的船队从美丽的三亚港起程。28日和29日两天，第二十五军约40000名官兵在法属印度支那南部逐次登陆，按原定计划完成了“和平进驻”。该地区八个空军基地和两个海军军港不费一枪一弹落入日本人之手。

华盛顿时间7月19日，美国的“魔术”破译了一份日本驻广东领事馆7月14日拍给外务省的电报。该电报声称，他们从当地日本陆军当局那里获悉到有关进驻法属印度支那南部的详细计划。电报提供了有关日军即将占领印度支那南部的具体情况，其中提到占领之后的目标是：“如果国际形势容许，就以法属印度支那为基地迅速采取行动，下一步计划就是向荷属东印度发出最后通牒。该地区的海空军基地将在今后占领新加坡时起到关键作用，我们要以航空部队和潜艇部队断然一举摧毁英美的军事力量。”电报明确指出，“此举是为将来进攻荷属东印度和新加坡铺平道路”。

7月25日，日本开始进军法属印度支那南部这一天，美国电台广播了“日本军舰出现在法属印度支那的金兰湾海面，并且有12艘日军运输舰正从海南岛南下”的新闻。

初看起来，占领了北部再占领南部似乎不是什么大问题，其实不然，日军占据法属印度支那南部等于将进攻出发点大大前移。一旦进军英属马来亚和新加坡的机会成熟，如果从海南岛及法属印度支那北部的日本基地起飞，轰炸机的续航能力无法满足实际需要，而从南部起飞就可以。日本此举使得英国在远东最重要的基地、号称“东方直布罗陀”的新加坡，以及荷属东印度、英属马来亚、缅甸，甚至美国领属的菲律宾都处在日本的直接打击之下，造成了对英美而言，犹如刀尖顶住喉咙一样的冲击。

日本政府在公开发表《关于共同防御法属印度支那的议定书》以前，就于7月25日特别训令野村大使，将日本进驻法属印度支那南部的意图直接通知给罗斯福总统，“日本的进驻只是出于自卫和经济目的而并非军事目的”，同时强调日本将努力改善正在举行谈判的日美邦交。这样滑稽的说法，简直让罗斯福和赫尔哭笑不得，这不等于在桌上讲廉政在桌下收钱吗？以为我们都是小孩子呀？

野村大使强烈反对日军对法属印度支那南部的进驻。他认为此举会给自己在美国的和谈工作带来重大的不利影响，也势必使日美关系走入死胡司。早在第一次向东京发回《日美谅解草案》时，野村就表明了自己反对南进的立场。他提醒国内，“美国已经开始认真考虑日美之间的战争问题，正准备动员全国的力量进行一场扩日持久的战争”。5月8日，他电告外务省，“美国正在采取措施加强其在太平洋上的军事力量，以应对同日本和德国开战的前景”。7月3日，他再次警告东京，“如果政府决心武力南进的话，日美关系就将无路可退”。他特别提醒，进驻法属印度支那南部即使不会立即带来战争，也必然会招致美国全面的贸易禁运。到底是身在现场离得近，野村看得还算比较准确。

对于野村多次发回的建议，很少有人表示过担忧。在7月24日的联络会议上，丰田外相曾提出，进驻南部如果带来美国的石油禁运，那将是个“大麻烦”，但在参谋本部的记录上却认为，野村的报告是“歇斯底里”的，丰田的担忧也属于杞人忧天。大家确信只要军事占领法属印度支那南部后不采取新的行动，美国就不会实行石油禁运和其他过激措施——就这点小事，何必生这么大的气呢？

7月18日，针对日本进驻法属印度支那南部的可能性不断加大，罗斯福召集内阁会议研究对策，会议原则同意加强对日本的经济制裁。争论的焦点就是要不要实施石油禁运，这一禁运会不会立即带来战争。代表海军发言的是战争计划部部长里奇曼·凯利·特纳海军少将，请大家留意一下这个名字，他在今后的主战场还会无数次被提到。特纳反对全面的石油禁运，因为这可能“在战争初期就把美国卷进去”，而美国海军尚未做好这种准备。海军认为就目前而言，金梅尔海军上将率领的太平洋舰队，不管实力还是技术能力，都不是山本五十六手下那支联合舰队的对手。

7月21日14时，第三次近卫内阁召开了首次政府与大本营联络会议。从这一天开始，所有的联络会议均移至皇宫内举行。

杉山参谋总长率先做了发言："社会上似乎有人在想，三国同盟会不会削弱？是不是要回到依靠英美的老路上去？这种情况绝对不应当出现，因为这不仅影响到国内的普通民众，也会对在第一线奋勇作战的官兵的士气造成重大打击，所以在政治上要特别注意。"

新外相丰田贞次郎随即说明，之前在7月19日已经向驻德、美、苏、意等国大使发出通报，在政治上要特别注意内阁更换造成的影响。特别是对德国和意大利，要充分向里宾特洛甫和齐亚诺说明，虽然外相更换，但日本的对外政策不变。

在这天的会议上，军令部总长永野修身的话格外引人注意。他指出，目前我们还有取胜美国的机会，但随着时间的推移，这种可能性会越来越小，到明年下半年日本就根本不能与对手相匹敌，再往后情况会越来越糟。美国恐怕会在完成军备之前通过谈判来拖延时间，因此拖延时间对日本极其不利。如果能够不打仗就解决问题，那是再好不过的了。最后，永野说，"但是我希望提醒大家知道，如果冲突确实难以避免，那么战争来得越快越好"。

同一天，美国"魔术"系统破译了外务省7月19日拍给日本驻德大使大岛浩的电报，内云："内阁的更迭纯粹是为了处理国内问题，并无其他用意。日本的对美政策不变，并将继续恪守《三国同盟条约》所确定的原则。"美国立即明白，改组后的第三次近卫内阁没有放弃亲德方针以及进驻法属印度支那南部的计划。

副国务卿韦尔斯立即约见了日本驻美公使若杉。韦尔斯提出："根据从各方面获得的可靠情报来看，日本在最近几天内将以武力方式占领法属印度支那南部。这种行动是明显背离日美两国间为维护太平洋和平而进行谈判这一基本精神的。"美国"只能认为日本政府打算推行武力政策和征服政策"，日本人"通过在南洋地区攫取更多的领土之后，马上就会在该地区开始推行极权主义的扩张政策"。韦尔斯接着说，赫尔国务卿认为此举导致他和日本大使所举行的会谈目前已失去继续进行的基础，并要求日本立即停止进驻活动。

若杉公使还想借机从韦尔斯嘴里套话，他明知故问："你所说的'可靠的情报来源'，指的是美国驻日使馆吗？"韦尔斯也不傻，当然不会说是我们的"魔术”系统破译的，他只是淡淡地说：“我们的情报是准确的。”若杉装出一副很无辜的样子，答应马上去落实此事并将韦尔斯的建议发回国内。

7月23日，已获悉日本南进计划详情的韦尔斯打电话给正在西弗吉尼亚州休养胜地白硫黄泉的赫尔国务卿。赫尔告诉韦尔斯，日军进驻法属印度支那南部“是为大规模攻击西南太平洋进行跳跃的最后阶段”。之前赫尔就曾跟韦尔斯说，“我就是要我们的人不要轻信他们所说的每一个字，但为了达到我们推迟他们采取进一步行动的目的，我们还要装成很相信的样子，能装多像就装多像”。韦尔斯随后约见了野村，表明美国“只能认为日本政府打算推行武力征服政策”，日本人“通过在南洋地区攫取更多的领土之后，马上就会在该地区推行极权主义的扩张政策”，因此，赫尔认为“他和日本大使所举行的会谈目前已失去了继续进行的基础”。这相当于宣布美日之间的会谈暂告终止。

第二天，韦尔斯向报界发表了一个声明，强烈谴责“日本的行动只能认为是侵略和征服南洋地区政策的确凿证据”，并断言“这种行动危害了美国采购必需物资的工作，并使邻近的太平洋地区包括菲律宾群岛的安全受到了严重威胁”。美国国务院也公开谴责这个行动预示着“进一步的更明目张胆的征服行动”。

似乎是为了配合美国的行动，7月23日英国外交大臣艾登爵士也不甘寂寞地发表了声明，提出日本指责“英国在策划侵略法属印度支那和泰国”的报道是毫无根据的。英国驻日本大使罗伯特·克莱琪访问了丰田外相，对日本进占法属印度支那南部表示强烈抗议。他以反常的过激语气告诉丰田：“你们总说我们在缅甸、马来亚、中国等地方策划包围日本，这根本就不是事实。如果你们继续这一占领的话，我们则必须拿出对付你们的新办法！”同一天，英国政府已经通知华盛顿并向各自治领政府、荷兰政府和自由法国提出了冻结日本资产的建议。两天后艾登宣称，日本在印度支那的行动是对英国领土的公然威胁，马来亚和新加坡正在采取和加强必要的军事防卫措施。

7月24日17时，野村在白宫的椭圆形办公室见到了罗斯福总统，当时斯塔克和韦尔斯也在座。罗斯福告诉满脸焦虑的野村，他很高兴地得知新外相丰田贞次郎是野村在海军的老朋友，这会给未来的会谈带来新的希望。罗斯福提出，美国政府猜测日本的南进政策是由希特勒主导的，之前他已经好几次这样告诉过野村。野村对此是坚决否认。罗斯福含蓄地指出，“迄今为止，我本人一直坚持说给日本石油是为了太平洋的和平。但是现在看到，日本还是再次扩大了自己的占领区”。罗斯福告诉野村，如果日本试图使用武力来取得荷属东印度的石油，美国给予日本的将不仅仅是包括石油在内的全面经济制裁，很可能就是战争。这是美日会谈以来罗斯福第一次明确表示美国会在什么条件下在太平洋发起战争。可以说，日本进驻法属印度支那南部的行动使罗斯福和赫尔对于日本内部所谓“温和派”能够有所作为的希望完全落空。

在接到野村大使关于继续进驻可能导致石油禁运的报告之后，无论是日本政府还是陆海军统帅部，对形势的估计均持盲目的乐观态度，大家都认为美国不会采取那样的措施。不就是从北部到南部吗？犯得着吗？据前外相币原喜重郎的回忆录记载，在满载着前往法属印度支那南部士兵的轮船起航两天后，近卫把这一情况告诉了他。币原立即断定“这势必会引起大规模的战争”，竭力劝近卫下令调回船只。近卫一脸疑惑地反问他：“为什么呢？我们仅仅是驻兵而已，又不是要打他们，至于吗？”这样幼稚的话，老酒听了都笑了。近卫的话，让币原无言以对，这就是近卫文麿，堂堂大日本帝国的内阁首相。这话要是被明治时代那些老鸟听到，估计能气得翻身活过来。

为了挽救迫在眉睫的危局，罗斯福甚至向野村紧急提出一项大胆的建议：如果日本放弃军事占领法属印度支那南部，或者在目前已经进驻的情况下愿意撤军，美国将向日本保证，尽一切可能协调中国、英国、荷兰一起发表联合声明，宣布法属印度支那成为像瑞士那样的中立国，日本也需要做出同样的承诺。他将努力取得保证，使印度支那法国当局将来不会受到戴高乐自由法国的干预。倘若日本人当时同意这个建议，美国也许会许可对日本输出某些物资，包括石油。

这是美国所能做出的最及时也是最大的让步，凸显了法属印度支那的战略重要性，占有该地，则进可攻，退可守。此处还向美国提供锡、橡胶以及其他重要战略物资，美国 90% 的橡胶和锡都是从东南亚进口来的。野村答应马上将罗斯福总统的新建议电告日本政府。

这边日本驻美大使野村忙得脚不沾地，那边美国驻日大使格鲁也不会闲着。格鲁大使已经 60 岁了，仅仅比野村小 4 岁。格鲁可以说与日本有着不解之缘，他不但在1932年就到了东京，而且他的夫人就是佩里准将的侄孙女，佩里就是《太平洋战争1：山雨欲来》开头率领舰队打开日本国门的那位。格鲁与罗斯福、韦尔斯都毕业于美国有名的格罗顿中学，在罗斯福眼里有着举足轻重的地位，战争后期还担任过副国务卿。他的外交履历极其丰富，在长达40年的外交生涯中几乎担任过美国外交领域所有级别的职位。在日本已经生活了8年的格鲁对东京有一种特殊的情感，他和野村一样为了日美和谈殚精竭虑，奔走呼号，最后仍以失败告终。战争爆发后，格鲁被日本扣押，次年春天与同样被扣押的野村和来栖交换遣送回国——一个换两个也不算吃亏。这些难忘的经历，使得格鲁战后的回忆录《使日十年》内容丰富，成为研究太平洋战争的重要著作。

罗斯福总统有关法属印度支那中立的建议在告诉野村的同时，也发给了东京的格鲁大使。到底是老同学，心有灵犀，敏感的格鲁马上理解了总统此举的重要意义。7月27日，收到电报的格鲁第一时间就拜会了新外相丰田，但是丰田根本不知道格鲁在说什么，这让格鲁大吃一惊。难道野村没有向国内发回如此重要的电报吗？

丰田让人马上查一下最近有没有从美国发回的相关电文，结论是没有。不知道是野村没有发，还是被主战人员故意隐藏了。格鲁无奈，只好自己向丰田外相解释罗斯福的方案，丰田对此似乎并不很感兴趣。他告诉格鲁，他只能非常遗憾地表示，罗斯福的建议来得太晚了，日本民众已经因为头一天美国冻结日本的资产而变得义愤填膺，日本政府也不会因此改变自己的立场。心有不甘的格鲁还想做出进一步的努力，他以非官方的身份提醒丰田，倘若接受罗斯福的建议，日本资产将会获得解冻。但丰田只对自己的官位感兴趣，不愿意去冒任何风险。

平时为了一点屁事就会召开马拉松一样的会议，但对于罗斯福如此重大的建议，竟然没有在任何会议上进行过研究。罗斯福的建议来得确实不算早，但近卫也没有抓住机会，在内阁中也没有一位大臣能够挺身而出，强行解除阻挡两国关系的障碍，而坐视两国的外交危机不断升级。这样一群酒囊饭袋，却要带领日本去进行史无前例的大规模战争。

罗斯福总统在下令冻结日本资产的前夕，曾在华盛顿民间国防局市民义勇委员会上作了如下演说："现在这里有个叫日本的国家。先不说这个国家、这个帝国这时是否怀有向南方扩张的侵略目的，反正在北方是没有一点点他们所需要的石油的。所以如果我们切断了石油，日本也许一年前就已经到荷属东印度去了，而且我们也许已经进行了战争。”罗斯福总统之前对野村提醒的切断石油和冻结资产，已经变成了冷酷的事实。

美国同时以海军作战部部长斯塔克和陆军参谋长马歇尔的名义向各地区拍发了一封电报，电报的接收者是太平洋舰队司令金梅尔、亚洲舰队司令哈特、大西洋舰队司令金以及巴拿马运河地区的海军指挥官。电报告诉这些前线将领，美国即将冻结日本的在美资产，同时强调：“海军作战部部长和陆军参谋长估计，日本不至于立即以军事手段采取敌对行动。但为了便于你们采取适当的警戒手段，防止可能发生的事态，特将此情报转告你们。”

7 月 26 日，美国政府宣布冻结日本所有在美资产，美日之间的金融、商业活动至此中止。接着，英国及英联邦各国加拿大、新西兰、澳大利亚等国也采取了同样措施，美国占据的菲律宾也不甘落后，荷兰也于 27 日照此办理。英国于同日通告废除 1911 年签署的《日英通商航海条约》、1924 年签署的《日印通商条约》和 1937 年签署的《日缅通商条约》，随后加拿大、新西兰、埃及也采取了同样的措施。一时间，各国的声明如天女散花，煞是好看。

7 月 28 日，作为报复，日本政府也宣布冻结美、英、荷等国在日本的资产。《纽约时报》同时撰文指出，这一措施“是除了开战以外的最严厉打击”。而日本舆论则认为，“两国在经济上已经宣战”，不难想象“下一步将会是什么”。

罗斯福手下的两大强硬分子也狐假虎威地跳出来，摇旗呐喊。6 月 30 日，美国海军部部长诺克斯海军上将在波士顿发表演说，“当前正是使用美国海军的时候”，接着在 7 月 23 日又公开声明，“为了推行美国的远东政策，美国海军可以断然采取一切必要的措施”。陆军部部长史汀生一直以怀疑的眼光看待赫尔和野村之间的会谈。他发现日本进占法属印度支那南部以后，心中窃喜，“看来赫尔已经拿定了主意，我们已到了任何可能的绥靖的尽头。”他也公开宣称，“对日本再也没有什么可说的，除了坚定的政策和武力本身”。

为了加强菲律宾地区的防务，美国在 7 月 26 日宣布正式设立美国陆军远东司令部，又一个牛人走上前台，已经退役被返聘为军事顾问的原陆军参谋长道格拉斯·麦克阿瑟中将被再次列入现役并出任美军远东总司令。罗斯福还从总统应急资金中拨出1000万美元供麦克阿瑟动员菲律宾的军队。归他指挥的部队有美国陆军菲律宾派遣军和在宣布紧急状态时可动员起来的菲籍部队。到开战前，菲律宾共有地面部队约13万人，其中美军1.2万人，菲律宾正规部队1.2万人，民兵11万人。

数量看起来似乎不少，但这些部队训练不足，战斗力低下，真正拉到战场上管用的也就是3万人左右。驻扎在菲律宾的亚洲舰队更加可怜，哈特海军上将手下只有老掉牙的旧式巡洋舰3艘、驱逐舰13艘、潜艇18艘。唯一让人欣慰的是空军，共有飞机140多架，其中有35架是最新式的B-17重型战略轰炸机，并且还将有更多的B-17来吕宋岛。麦克阿瑟得到承诺，到1942年2月，他将优先得到这样的飞机128架。这支武装部队连同位于珍珠港的太平洋舰队以及新加坡基地即将到来的英国"Z"舰队，成为盟军在远东对抗日军的三大打击力量！

7月29日，荷属东印度政府做出决定，停止《日荷石油协定》，向日本出口的一切物资必须经过政府特别批准。

7月31日，日本已经知道美国要禁止对日本的石油输出，天皇随即召见了参谋总长杉山和军令部总长永野。天皇关切地问道："听说美国要禁止对我们的石油输出，海军对此有何看法？"

永野挺直庞大的身躯，昂然说道："如果我们的石油供应被切断的话，两年内我们就将用完所有的库存。这还是在和平时期，如果战争爆发的话，我们的石油只能勉强维持18个月。为了在有限时间内使日本的存活概率最大化，我们除了向南进攻之外，别无其他选择。"

"我们能够打一场大胜仗吗？就像当初在对马海峡对付俄国人那样？"裕仁一脸关心地追问。

"我连获胜都不敢肯定，更别提在对马海峡取得的那种巨大的胜利了。"永野回答道。

"啊！那将是多么不计后果的一场战争啊！"裕仁的嘴一下子张得好大好大。

8月1日，美国正式宣布禁止向日本出口石油，日本的油管被彻底切断。赫尔在回忆录中写道："从此以后，我们与日本和谈的主要目的就是准备国防万争取时间。”正如美国历史学家罗伯特·布托所说，“在日本看来，石油禁运是ABCD国家对日本形成的包围链中最后的也是最重要的一环”。

离开皇宫的军令部总长永野公开对外宣称，“除了用战争来打破扼杀日本的铁索之外，别无选择”。

格鲁大使也在日记里写道：“现在已经进入了报复与反报复的恶性循环。除非世界上有什么奇迹出现，不然很难看到恶化的势头被遏制或将要持续多久，显而易见，最后的结局就是战争。”

日本军事和工业部门正以每天12000吨的速度消耗着国家的石油储备，如果找不到新来源，日本的石油储备将在第二年完全耗尽。用不了多久，那些威武的战舰就会像被抛上沙滩的鲸鱼一样动弹不得，任人宰割。日本就像是在一个不断漏水的池塘里的鱼，油表已经成为战争倒计时的时钟。

但是上层依然犹豫不决。日本基层军官中充斥着对政府和军界领导层强烈不满的情绪。陆军参谋本部战争指导班的《机密战争日志》上，有如下的记录：

> 没有新进展。
> 苦闷和沉思的日子仍在继续。
> 耽搁一天意味着浪费多少石油。
> 耽搁一天意味着要多付出多少流血牺牲。
> 然而那些人却仍在说，
> 我们绝不能和美国打一场百年战争！

热脸贴上凉屁股

虽然前外相松冈大人已经回家歇菜了，但之前由他和野村大使主导的美日谈判已经陷入僵局。入侵法属印度支那南部带来的严重后果已经使日本的战时经济陷入绝境，特别是石油。第二次近卫内阁最后的行动之一，就是近卫越级指挥，向野村发出了对美国6月21日建议的回复。野村也挺敢做主，他看了回复的内容后，根本就没有提交给赫尔。松冈现在已经下台了，他对赫尔口头声明的反击只会给自己今后的工作带来麻烦，不提交也不会有人来找事。对于美国的正式回复，野村照样没有交出去。野村的公开理由是，内阁变化可能会使原来的政策随之发生变化，其实真正的理由是野村认为那样的内容交出去也白交，美国根本不可能接受，只会把情况搞得更糟。在之前的7月23日，副国务卿韦尔斯已经代表赫尔宣布会谈暂时中止。

近卫首相在听到美国禁止向日本输出石油的消息后，一下子病倒，卧床不起，这可恶的美国竟然玩真的呀！8月3日，他终于向前外相有田八郎承认，他认为进驻法属印度支那南部不会招致美国禁运的判断是错误的。但是当新内阁组建时，海军的舰船已经出发，这就好像射出去的箭，已经没有办法让它停下来。他所能做的只有“祈求奇迹和天神的干预”。

在日本，反对向美国做出任何让步的激动情绪随着禁运而变得更加高涨，陆军和海军中越来越多的人要求停止日美会谈，发动战争，理由是美国政府只是以会谈为名拖延时间，以便完成自己的战争准备工作，同时用经济禁运不断削弱日本的力量。此消彼长，日本必须迅速开战，取胜的概率才最大。

8月4日，在联络会议连续召开了四次以后，内阁和大本营终于形成了对美国的另一份折中建议。这份建议对罗斯福关于法属印度支那中立的提议避而不作直接答复，如近卫所说，新建议只是想借此恢复一般性的会谈。新建议要点如下：日本同意不向法属印度支那范围之外进军，在侵华战争解决后从中国撤军，保证菲律宾的中立地位；作为交换条件，美国应停止它在西南太平洋地区的战备工作，撤销对日本的各项经济限制措施，为日中两国调停议和，承认日本在法属印度支那的特殊地位。这些意见很快电传给野村大使。

日本进驻法属印度支那南部，使得赫尔对与日本的和谈彻底绝望。8月2日，他从休养地打电话给副国务卿韦尔斯说：“看来对日本的侵略只有用武力才能阻止，问题在于将日美关系维持到欧洲的军事问题解决以前还需要多久。日本已意识到法属印度支那问题会使美国的经济制裁得以全面实行。我们必须知道美国的行动会带来危险，因而要时刻考虑采取一种恰如其分的措施来推迟日本的行动。为此，我打算对日本人讲的话装出一副表示相信的样子。”8月4日，赫尔结束休假，返回华盛顿，他现在所做的一切都是为了给战争准备争取更充足的时间。

8月6日，野村向赫尔递交了日本的新建议，附带口头声明说，“日本在法属印度支那采取的行动都是属于经济目的和自卫性质的”。赫尔对此深表失望，8月8日他给了野村一个正式答复，扼要地重述了罗斯福之前提出的中立方案，并指出日本的建议“没有对美国总统之前提出的建议做出反应”。也就是说，我以前给你的作业，你还没做，你现在提出的问题，我也不回答，等你把以前的作业补上来再说。野村只好把赫尔的意见发回东京。

对于这样的结果，近卫早有预料，会谈已经近乎在互相扯皮，继续走下去几乎没有达成谅解的任何希望。美国拖得起，而被掐断了油管的日本是万万拖不起的，眼前的烂摊子让近卫焦头烂额、疲于应付。近卫认为，现在能够尽快打开局面的唯一办法就是由他本人直接与罗斯福总统进行首脑会谈，他向富田书记官长说出了自己的决心：“我觉得现在必须说服军部。”近卫和富田都认为，现在和谈的最大障碍不是罗斯福而是军部。近卫为此私下找了内大臣木户幸一。木户赞同近卫的观点，两人甚至商定，一旦首脑会谈达成一致，就立即给东京拍电报，直接请天皇批准，不给军部反对的机会。

近卫再次把联合舰队司令官山本五十六叫到了私宅荻洼庄。近卫询问，如果开战，日本胜算几何？“我个人一直反对与英美开战。如果我们奉命必须这样做的话，”山本对首相说，“还是以前的那些话，我可以保证在头6个月顽强拼搏。但如果战争拖上一年或两年，我对事态发展就没有任何把握了，我希望首相能尽一切努力避免同美国交战”。山本的话更坚定了近卫与罗斯福直接会谈的决心。

因为和谈的压力主要来自军部，因此，在8月6日傍晚，近卫首相在私宅荻洼庄召见了陆相东条英机和海相及川古志郎。近卫提出，现在单靠外务省已经很难打开局面，他想通过亲自与罗斯福总统会谈，实现和维护太平洋的和平。近卫说：“如果罗斯福总统那时仍听不进道理，我当然会有充分的思想准备中止谈判，立即返回。”但他相信，如果双方都能“以宽广的胸怀”来对待高级会谈，达成协议的希望还是有的。他保证自己不会“急于求成”，而会“不亢不卑”，请两位大臣发表高见。

东条和及川都拒绝当场回答首相的问题，提出要回去和弟兄们商量商量。

海军对于战与和一直是摇摆不定，也缺乏与英美作战的信心，因此仅几小时后，及川海相就回了话，“完全赞成首相的意见”，并预祝会谈取得圆满成功。

东条陆相却颇为踌躇，他认为近卫主动要求会见罗斯福，本身就有点低三下四。他召集手下进行了商议，8 月 7 日，做事一贯认真的东条对首相的建议做出了正式的书面答复，主要内容有三点：

一、尽管首相出访美国会对三国同盟会造成不利影响，但鉴于目前的紧张局势，对首相亲自试图去打开僵局的决心表示崇高的敬意。

二、如果是首相亲自去谈，那谈判对象必须是罗斯福。其余人，比如赫尔、韦尔斯之流的免谈，丢不起那人。

三、若首相亲自出马同美国的会谈最终失败，就必须同意立即进行战争，而且这场战争应由近卫首相亲自领导。

也就是说，近卫不能以谈判不成功作为辞职的条件。之所以提出这一特别要求，是因为东条认为这很可能是近卫知难而退，为自己体面地辞职找借口。

在回复的结尾，东条提出了悲观的论调，“谈判八成会以失败告终”，“首相应该清楚与美国开战可能仍是最终的结果”，同时指出此举可能诱发国内的动乱。

既然陆海军都表示了赞同，8 月 7 日，近卫的提议在联络会议上自然就不会再有人反对。8 月 8 日，近卫首相入宫觐见天皇，禀报了自己准备亲自出马与罗斯福进行会晤的决心。裕仁脸上流露出一种感动的神色，他对近卫说：“我已经从海军那里接到了关于美国对日本实行石油全面禁运的消息。情势危急，与罗斯福的会晤应尽快举行。”裕仁希望首相的出访能够取得满意结果。

于是，外务省迅速向野村大使发出训电，训电指出，目前日美关系异常紧张，此种局面不能再持续下去，打破危局的唯一办法就是日美两国首脑直接进行会晤。若美国同意，近卫首相打算亲自前往檀香山与罗斯福总统举行友好会谈。

闻讯非常激动的野村大使立即马不停蹄地找到赫尔，提出希望举行首脑会谈的请求。对于这一新要求，赫尔的确要认真思量一番。赫尔认为，虽然近卫很听话地在第三届内阁中剔除了令人讨厌的松冈，但实际上日本的外交政策还是全盘沿袭松冈的方针，换汤没换药。赫尔对近卫的建议半信半疑，这时候，他想到了英国的张伯伦，想到了老张是如何在欧洲被希特勒玩成半身不遂的。

陆军部部长史汀生赞同赫尔的看法，认为近卫“向总统发出的邀请只不过是一块用来阻止我们采取断然行动的遮眼布而已”。大家对之前日本进驻法属印度支那南部的行动依然耿耿于怀。8 月 12 日，赫尔对陆海军两位部长史汀生和诺克斯表明：“太平洋的形势发展下去已不是什么外交问题了，随时都会发展成为军事冲突。”

赫尔对野村提出的首脑会晤并不十分感兴趣，可他没有拒绝，也无权表示拒绝。赫尔对野村说，现在还不行，最近罗斯福总统度假去了，我无法擅自做出决定，这事等总统回来再说吧。美国新闻媒体上也的确有类似的报道，“罗斯福总统为了避暑，乘游艇畅游大西洋”。看看人家过得多潇洒。

赫尔的话一半对一半不对。对的一半是此时罗斯福总统确实不在家，不对的一半是总统没有去度假，而是去赴另一次足以影响世界的重要会谈。

8 月初，罗斯福总统离开华盛顿，进行了一次重要的“钓鱼旅行”。最初，他在新英格兰沿海的“波托马克”号游艇上当众垂钓，之后就神秘消失在偏僻的纽芬兰沿海薄雾笼罩的“奥古斯塔”号重型巡洋舰上。8 月 9 日，英国最新式战列舰“威尔士亲王”号缓缓驶入了普拉森夏湾。尽管身上仍然带着德国“俾斯麦”号赏赐的累累伤痕，这艘壮观而美丽的战舰还是被美国同行赞不绝口。一位美国将军夸张地说，这艘舰太漂亮了，它根本不需要征战，只要开出来就能把所有人征服，“看见它的话，我们就无法战斗，只能选择投降”。可惜的是，德国人和日本人可没有美国人那么怜香惜玉。3 个月前，在大西洋，“俾斯麦”号就打得它伤痕累累、落荒而逃。没有最黑，只有更黑。4 个月后，日本人干脆一通轰炸，把这艘号称不沉的战舰直接送入海底。

“威尔士亲王”号在阿金夏村附近的海面上抛锚，和“奥古斯塔”号靠在了一起。几小时之后，美国总统将和英国首相举行首次会面，这就是著名的“大西洋会谈”，是对人类历史具有重大影响的一次会谈。

老罗和老丘都带来了一群大腕。罗斯福身边有陆军上将马歇尔和阿诺德、海军上将斯塔克和金，以及武装部队其他代表，还有副国务卿韦尔斯和特别顾问霍普金斯。丘吉尔的顾问包括英国三军参谋长庞德海军上将、迪尔陆军上将、空军元帅弗里曼，以及外交次官亚历山大·卡多根爵士。由于会议涉及美国对英国的援助问题，8 月 11 日，英国军需大臣比弗布鲁克勋爵也匆匆赶来参会。

按照美国海军的规定，军舰上是禁止饮酒的。这次为了接待丘吉尔，除了佳肴之外，罗斯福破例准备了美酒，这让丘吉尔异常高兴。酒喝不喝倒次要，难得的是这份破例的心意。

丘吉尔挖空心思，想尽快把美国拖入战争，罗斯福却无法给丘吉尔何时参加欧洲战争的承诺。他表示，美国参加欧战只是一个时间问题。这是谨慎的罗斯福能承诺的极限。罗斯福对欧洲目前做出的最大动作，就是批准美国的武装护航船只可以前进至冰岛海域。

面对远东日益紧张的局势，丘吉尔向罗斯福建议，由英、美、苏三国联合向日本发出最后通牒，威胁日本，如果它胆敢进攻英属马来亚、新加坡或荷属东印度，三国就要向它开战。罗斯福照样没有同意，因为目前他还做不到，美国还没有做好战争的准备。罗斯福指出，美国要继续与日本进行谈判，只要它答应不再进行新的侵略。他希望能借此赢得时间，哪怕是一个月也好。罗斯福认为有 30 天左右的时间，英国就可以在新加坡巩固阵地。他告诉丘吉尔："远东的事情就交给我吧，我想我能像哄孩子似的哄他们 3 个月。"

1941 年 8 月 13 日，在"威尔士亲王"号战列舰的后甲板上，举行了不算隆重的签字仪式，罗斯福与丘吉尔共同签署了联合宣言，这就是举世闻名的《大西洋宪章》，又称《罗斯福丘吉尔联合宣言》。之后，总统和首相在甲板上一起进行了礼拜仪式。

宣言于 8 月 14 日正式对外发布。宪章再次印证了"越是重要的，越是简单的"这一真理。尽管只有寥寥数百字，这却是第一个世界反法西斯同盟初步达成的宣言，也是后来《联合国宪章》的基础。

作为一个尚未正式参战的国家，美国与英国一起发表如此方向和目标明确的声明，对德、意、日轴心国无疑是个沉重的打击。大西洋宪章不仅标志英美两国在反法西斯基础上的政治联盟，也为后来联合国的成立打下了基础。后来干这事的主要就是赫尔，他除了获得诺贝尔和平奖之外，还赢得了"联合国之父"的荣誉称号，此乃后话。

苏联政府很快发表声明，"赞同宪章的基本原则"，同时明确表明了自己的立场：当前必须集中力量，尽快解放被希特勒奴役的各国人民，在战后必须彻底消灭法西斯。

尽管华盛顿的战略专家一开始就预测德国将迅速取得对苏战争的胜利，但是随着时间的推移，苏联开始展现出坚持不懈的韧劲。在美国的主流媒体上已经开始出现苏联的正面形象。罗斯福和丘吉尔都表示要支持苏联，罗斯福迅速派出特使霍普金斯到莫斯科会见斯大林。这预示着与德、意、日轴心国相对立，美、英、苏三大同盟国终于并肩站到了一起，所差的仅仅是美国找个合适的机会宣战。机会马上就要来了。

一个月后，欧洲有10个国家的政府在伦敦举行会晤，对《大西洋宪章》的原则提出支持，并承诺进行全力合作促使宪章生效。除了苏联，其余9个国家的国土都被侵略者占领。他们分别是比利时、捷克斯洛伐克、希腊、卢森堡、荷兰、挪威、波兰、南斯拉夫以及戴高乐将军领导的“自由法国”。宣言于9月24日由上述10个国家签署,《大西洋宪章》已成为同盟国进行反法西斯战争的共同纲领。

根据之前美英确定的“先欧后亚”的方针，罗斯福和丘吉尔协商两国分别对日本发出声明，以限制日本在远东的继续扩张。由于马来亚、新加坡、香港甚至缅甸、印度等殖民地受到的威胁越来越大，丘吉尔的态度十分积极，连美国的声明初稿都是由丘吉尔代为亲自起草的。8月15日，副国务卿韦尔斯携带这一声明先行回到了华盛顿。

为了尽快拉美国下水，丘吉尔措辞可谓严厉无比。赫尔国务卿和国务院的远东问题专家一起研究了这一声明后认为，过于强硬的语调可能引起日本的误解，军部甚至会把它当作挑战书，借机煽动国民情绪挑起战争。大家商量对文件进行适当的修改，使日本能够接受。这边踢一脚，那边就要发个糖，另外附加的一个声明就是告诉日本：美国准备提出一项公正的代用方案，寻求一条和睦相处的道路。也就是变相答应重新开启会谈。赫尔准备在8月17日罗斯福会见野村时把这两个声明一起交给野村。

相对于美国而言，英国已经完全没有收敛的必要。丘吉尔在8月24日回国后，立即在广播上猛烈地抨击日本：“虽然我们希望日美会谈能够取得成功，但是如果失败的话，我们当然会毫不犹豫地与美国站在一起并肩作战。”面对记者关于美国何时才能参战的提问，丘吉尔非常明确地回答道：“美国现在已经开始活动了，这点希特勒比谁都清楚！”这分明又是空话，连他自己都不清楚，希特勒又能清楚什么？

8月17日是个周末，但下午回到华盛顿的罗斯福还是和赫尔一起约见了野村，罗斯福和往常一样，以极其和蔼的态度与野村进行了会谈。他说，“我、国务卿和贵大使都念念不忘维护太平洋的和平，但有人却不是这样”。之后他表明了赫尔已经准备好的两大观点。

其一，美国、英国，也许还有苏联都希望太平洋是和平的。但有的国家却喜欢战争，这就是在太平洋上没有军舰的那个国家。这无疑是指德国。如果日本政府奉行以武力或武力威胁对邻国实行军事统治政策和计划，并在今后采取某些手段，那么美国政府就不得不立即采取它认为保护美国和美国人民的正当权益、保障美国安全所必要的一切手段。简单说就是，你再敢动，我就打你。这是半个月的时间里美国第二次向日本提出战争警告，并且是由罗斯福亲口说出。

其二，针对因日本进驻法属印度支那南部而已经中断的日美会谈，如果日本愿意改变态度停止领土扩张活动，并按照美国所主张的原则去商谈太平洋和平计划，美国可以考虑恢复与日本的非正式探索性会谈。

野村立即向总统提出近卫进行首脑会谈的请求，他说“近卫首相是渴望和平的”，希望能够在美国至日本中途的某个地方与罗斯福会晤，最好是檀香山。罗斯福的态度比赫尔要好得多。往往官越大，脾气越好。罗斯福从来不排斥这样一个观点，伟大的人物做伟大的决定，既能讲求实效又风度翩翩，就像他刚刚在大西洋和丘吉尔举行的会晤一样。他向野村表示，由于健康问题，他是被禁止乘坐飞机的，前往檀香山不太现实，而近卫首相前来旧金山或西雅图恐怕也有困难吧？罗斯福提议，阿拉斯加的朱诺10月中旬的气候不错，是比较合适的会晤地点。闻讯大喜的野村立即向东京发回电文，“勿失良机，速作回复”。

丰田外相也在为首脑会晤做着积极的努力，8月18日下午，他召见了格鲁大使。这位海军大将对格鲁说，相信大使先生是个通情达理的人，他现在是以一个海军军官而不是一个外相的身份在和格鲁先生坦率地谈话。日本进入法属印度支那南部的目的是要解决侵华战争而不是出于德国的压力，也不是为了扩张领土，但随后发生的冻结日本资金以及禁运的做法已在日美“长期和平的关系史上留下了一个污点”。目前最好的解决办法就是由两国领导人直接进行会晤，使问题能在“冷静和友好气氛中并在平等的基础上得到解决”。他说近卫不顾日本国内的强烈反对倡导这种会谈，体现了首相尽一切力量来维护和平的决心和勇气。丰田提议，为了使日本看来不像是在美国压力之下被迫提出这个建议，能否在举行会谈之前美国先停止其经济制裁措施，或者至少先把这些措施加以修改。

格鲁深为丰田外相的话所打动，他答应立即把上述意见发回国内，之前他并不知道野村大使已经向赫尔提出了举行首脑会晤的建议。格鲁认为，近卫和罗斯福都是出身名门、有教养的人，他们可使问题得到体面的解决。另外，他本人肯定要参加此次会晤，如果能够达成谅解，他格鲁的名字无疑也将被记入史册，这将是自己职业生涯中登峰造极的时刻。

会谈持续了约一个半小时。回到使馆后，格鲁立即给赫尔国务卿发了一封特急电报，指出日本提出首脑会晤的建议在历史上没有先例，近卫公爵与总统的会晤可能产生的益处是无可估量的，这是两国实现和平的最佳良机，“正如最近罗斯福总统与丘吉尔首相在海上会晤那样”。

几个月来，格鲁一直在警告华盛顿“日军惯于突然袭击”，日本有个传统，“民族的绝望心理会发展成为孤注一掷的决心”，用中国话形容就是“狗急跳墙”。他极力劝说华盛顿，鉴于日美之间爆发“一场全然无益的战争之可能性显然正在日益增加”，为了避免这场战事，应早日举行首脑会谈，不要对日本的建议“未经深思熟虑”就贸然拒绝。在 8 月 19 日的另一份电报中，格鲁说，近卫的建议反映了他高度的责任心和勇气，因为如果这个建议泄露出去的话，他随时有被刺杀的危险。

在这里，也不要忘记日本那几位热心的业余外交家。随着《日美谅解草案》被否决，一段时间来为和谈殚精竭虑的岩畔豪雄大佐和井川忠雄认识到，他们独自进行的外交活动已经失败。7 月 31 日，他们离开华盛顿回国。

回到日本的岩畔大佐深为东京各界人士的好战情绪而震惊，所有人都在谈论如何实施南进。一位海军军令部的军官告诉岩畔：“日本已被 ABCD 阵线包围，我们不能坐失良机，而今我们唯一的出路就是——打！”岩畔想起几个月前他去美国之前，海军还几乎一致主张和平解决与美国之间的问题，由此他得到了一个伤心的结论，“木已成舟”。

原来在陆军省时，岩畔大佐也是铁杆的激进派，经常和服部卓四郎、辻政信比赛谁是高唱南进打到新加坡的第一名。要说这次美国也真没白去，岩畔回国后，彻底变成了一个坚强的反战斗士。他开始四处宣传不能和美国开战的观点。岩畔不断地奔走于军界、政界和企业界的高层人士之间，极力呼吁继续进行谈判，如果发生冲突的话，日本必然以灾难和失败告终。在8月末的一次联络会议上，岩畔把美国与日本的军事潜力作了一个令人震惊而又无可辩驳的对比，他用数据说明美日两国钢铁的比例是20∶1，石油超过100∶1，煤1∶1，飞机5∶1，海运2∶1，劳动力5∶1，综合比例为10∶1。国力如此悬殊，日本纵有“大和魂”的强大动力也绝不可能取胜。东条陆相阴着脸，命令岩畔把他的发言整理成书面材料报给他。

第二天，当岩畔到陆相办公室呈上书面报告的时候，东条冷冷地告诉他，他需要马上到法属印度支那南部的柬埔寨去报到，“你不用再把我昨天要你写的报告交上来了”。既然你认为打不得，那就到最前线去当炮灰吧。

8月28日，岩畔大佐离开东京，前往饭田祥二郎的第二十五军报到，职务是近卫师团第六联队联队长。很多人都来为这位反战斗士送行，岩畔流着泪告诉大家，“你们这么多人都来送我，我很感动，不过当我再次回到东京时——如果我还能活着回来的话，恐怕我只能独自站在东京车站的废墟上了”。

就在岩畔出发的那天，8月28日，野村收到了来自东京的两份文件。一份是近卫写给罗斯福的亲笔信，一份是表明日本态度的文件。8月29日上午11时，野村访问了白宫，当时赫尔也在，野村把近卫信件亲手交给了罗斯福总统。

在这封私人信件中，近卫宣称，“当此世界动乱之际，掌握国际和平关键的最后两国即日美两国的关系如果继续这样恶化下去，不仅是两国本身的极大不幸，并且意味着世界文明的没落。我方希望维护太平洋和平，不单是为了改善日美邦交，也是为了维护世界的和平”。近卫认为，日美关系之所以恶化到如此令人痛心的地步，是因为缺乏相互了解，这一情况已导致互相之间的猜疑和误会，也助长了第三方面一些国家玩弄种种阴谋诡计。他说，继续举行非正式会谈并把会谈的结论呈交两国政府首脑批准的做法，“不符合当前形势的需要”，因为“目前形势正在迅速变化，有可能会发生出人意料的事故”。因此，近卫认为当务之急是举行首脑会晤，“以远大的胸怀来讨论日美之间，包括整个太平洋区域在内的一切重大问题”。次要的问题可以留到之后由低一级的会谈来解决。近卫最后提议，举行这种会晤越快越好，会谈地点以夏威夷最佳。

野村同时介绍了日本政府的态度：一、日本等到“日华事变”获得解决或远东和平得以实现后就立即撤军；二、日本进入法属印度支那南部并非准备继续南进；三、只要苏联不发动进攻，日本就恪守《日苏中立条约》。

赫尔提出，如果在夏威夷举行会谈，其间，罗斯福总统要在国内签署一项重要法案，根据美国宪法规定，法案必须在10天以内且必须由总统亲自签署，不容许副总统代签。如果会谈地点定为夏威夷，总统肯定赶不回来，所以仍然建议地点选在阿拉斯加的朱诺。罗斯福告诉野村，“大使是海军出身，对大海应该非常清楚吧。朱诺是个不错的地方，那里10月中旬的时候还可以航行。从日本到那里需要几天？”他甚至表示“很渴望能与近卫首相在那里谈上三四天”。喜出望外的野村立即表示，地点不是问题，可以和国内协商。野村还积极表示，近卫首相可以提前5天出发，以保证和罗斯福总统同时到达。在得知近卫首相能讲英语的消息后，赫尔也投桃报李地连连表示“这太好了”。看来，两国首脑会谈即将成为现实。

其间，野村暗示，中国问题能否暂不列入会议的议程，赫尔没有像韦尔斯那样拿哈姆雷特做比喻，而是直接做出了回答，“这是决定美日关系的关键问题之一”，除非这一问题能够“皆大欢喜地解决，否则将为未来留下不安定和麻烦的根子”。

在给野村拍去电报的同时，东京已经开始为即将举行的首脑会谈进行准备，诸如安排船只和挑选随行人员等。陆军方面派出的代表是大家已经久违的陆军大将土肥原贤二，他现在的职务是陆军航空总监，此外还有陆军省军务局局长武藤章少将等。海军方面的代表为已经康复的前海军大臣吉田善吾。

一切看似已柳暗花明，但意外总会适时地出现。高兴得有点过了头的野村在离开白宫时，无意中向记者透露了向美国递交近卫信件的消息，美国媒体马上开始就此大肆宣传。消息传到东京，立即在日本国内引起了轩然大波。各大媒体立即开始大造舆论，声称盎格鲁－撒克逊人一心想把日本变为三等民族，要求“立即停止软弱的近卫外交”。

本来是想避开军方的，这下可算捅了马蜂窝。反对和平会谈的军方人士立即闻风而动，千方百计欲阻止近卫与罗斯福的会谈。近卫遭到了死亡威胁，连可怜的格鲁大使也受到牵连。紧张的局势导致使馆人员要求格鲁大使出门时必须带上手枪，老头儿感觉这简直是胡闹，屁股上别手枪让他仿佛变成了置身于“野蛮西部”的美国牛仔。

已经有两个激进团队在谋划刺杀近卫。其中一个团队的策划者就是大名鼎鼎的辻政信，他准备采用当年河本大作爆破张作霖专列的方法来对付近卫。他找到了日本著名的右翼人士儿玉誉士夫，声称要用4颗定时炸弹将近卫送上西天。近卫如果去参加会谈，就必须到横须贺海军基地乘船。而横须贺与东京之间的公路路况不好，近卫很可能乘火车前往，那么东京城外的六乡桥就是埋藏炸药的最佳地点。

9月18日这天，近卫就遭到了袭击。当他离开荻洼庄准备前往首相官邸时，4条手持匕首和军刀的大汉忽然窜出，跳上了汽车两旁的踏板。由于车门紧锁，刺杀者没来得及砸碎车窗玻璃就被便衣警察制伏。刺杀者的水平也实在蹩脚，别说手雷和炸弹，难道连手枪都不会带一支吗？

在这之前，8月15日，近卫的重要支持者，前首相平沼骐一郎在家中遭遇暴徒袭击，身中6枪，其中包括头部中枪。别的不说，日本政治家在频频被刺的过程中，也练就了世所罕见的抗击打能力。已经74岁的平沼老头儿，受此重创，竟然奇迹般活了下来。他遇刺的原因，就是赞成日本与美国的会谈，曾经为了避免日美开战而奔走呼号，并且经常和格鲁大使眉来眼去。

对于举行首脑会晤，赫尔一直都不很赞同。赫尔认为“日本人总是说一套做一套”，他向罗斯福说明，从截获的电报显示，日本在进驻法属印度支那南部之后，不但没有丝毫收敛，反而不断向这一地区增派兵力，其目的不言而喻。他提醒总统，如果双方在核心问题“撤军和三国同盟”上不事先达成初步谅解，首脑会晤很可能无疾而终，并再次抛出了“赫尔四原则”。国防部日本问题专家巴伦泰提交的意见书也指出，首脑会谈虽然可以使日本的军事行动推迟，但英、中、荷等盟国的意见也不能不考虑。如果欧洲战场中苏联的抵抗能持续下去，日本很有可能向美国靠拢，当前同意举行首脑会谈对美方来说，并非上策。

罗斯福经过认真考虑，同意了赫尔的意见。但他提出要讲求策略，一边实际上拒绝会谈，一边还要让日本心存幻想。

9 月 3 日这天，罗斯福把他给近卫的复信交给了野村。罗斯福一面对近卫的“和平愿望”表示赞赏，一面又说“不能不注意到有一些迹象”，“日本有相当一部分人反对美国提出的意见，如果大家普遍都有这种观念，就有可能妨碍顺利地进行合作”。因此“为了确保我们所提议的会晤能获得成功，看来我们必须谨慎行事，对我们谋求达成协议的那些基本和主要问题设法马上进行初步讨论”。野村像被浇了一盆凉水，他马上意识到，近在咫尺的朱诺会谈瞬间变得遥不可及。

1946 年，赫尔在美国国会两院调查“珍珠港事件”联合委员会的听证会上，对未实现的罗斯福和近卫会晤问题做了以下说明：由于日本人在最近进行的为时数月的会谈中，“显示出无意放弃他们进行征服的方针，我们完全相信与近卫的会晤只能是导致另一个慕尼黑，或者是一事无成”。

9 月 4 日，赫尔会见了中国驻美大使胡适博士。胡适错误地认为，由于美国的制裁，日本的军事力量正在不断削弱，不久即将求和。赫尔告诉胡大使，美国同日本举行的探索性会谈仍在进行，但是还没有就谈判的共同基础取得一致意见。赫尔再次保证，在同日本开始明确的谈判之前一定先同中国以及其他盟国进行讨论。他承诺，“凡是允许日本在中国继续进行侵略的任何协议，美国过去不考虑将来也不会考虑，我们绝不会出卖原则并将继续帮助反抗侵略的国家”。

对于近卫首相来说，此时可谓是前有堵截后有追兵。前边罗斯福和赫尔狡猾地婉拒了进行首脑会晤的要求，后边军部开战的逼迫也一刻没有停过。

军部对于内阁主导的外交活动已经表现出越来越不耐烦的态度。军令部总长永野认为：“美国已经切断了我们的石油供应，我们在一天天地衰弱下去，最终必将无法支持。我觉得我们有把握在目前打一场胜仗，但随着时间的推移这个机会将会烟消云散。我们唯一的出路只有加速前进！”永野强调，“无论选择和美国开战还是屈服于它，日本都将不可避免地面临国家的毁灭，日本当然应该选择去战斗。我们宁愿战斗到底也绝不会卑贱地投降，因为那意味着在精神和物质上都被消灭了”。

针对永野的意见，陆军参谋总长杉山提出了一个新建议，就是对外交谈判应明确规定截止时间。他说："我们必须在10月10日前争取达到我们的外交目的，否则只能选择战争，不能老这样拖个没完没了。"此前陆海军的作战计划都已草拟完毕，海军和陆军将同时对美国珍珠港、中国香港、马来亚和菲律宾实施袭击。关于袭击珍珠港的说法陆军参谋本部也是只在几天前才偶有耳闻，陆军省内部也有极个别人知道。奇怪的是，陆军大臣东条英机并不在知情者之列。

8月16日中午，军方召开了陆海军部局长会议。会上海军方面提出了一项今后军方应采取的《帝国国策施行要领草案》。核心内容是：必须做好对美、英、荷开战的各项准备，其间外交活动可以同时进行，如果10月中旬外交尚未有打开局面的希望就断然诉诸武力。

8月22日、23日两天，陆军参谋本部在部局长会议上对海军的提议进行了研究，基本同意海军的观点，并于23日当晚将这一决定通知了东条陆相。

8月27日上午，日本"总力战研究所"的军事专家在首相官邸向内阁做了关于未来战争预期的专题汇报。根据他们的研究结果，"如果日美开战则日本必败无疑。日本很可能在最初的几场战役中占据上风，但随后将被拖入持久战，最后因资源耗尽而惨败"。这一结论跟山本大将和岩畔大佐可谓是不谋而合。

与中国的持久战已经大大削弱了日本的国力，大门口就有现成的实例。自4月以来，东京市中心那些著名的明治时代建筑的铸铁装饰栏杆都被拆掉了。东京市政府的大门也在6月23日被拆掉搬走，这一公共权威的象征化成了860公斤废铁，用于制造武器枪炮去支援中国战场。

对于专家的研究结果东条陆相并不赞同，他认为那一切不过是纸上谈兵而已，真正的战争并不像那些书呆子想象的那样。当年和大清以及俄国开仗的时候，很多人都认为日本打不赢，最后我们不是都赢得很漂亮吗？来自陆军省的堀场一雄说，"美国所缺乏的就是大和精神，这是我们最大的财富"。反对战争的海军省志村少佐马上反驳，日本人有"大和精神"，美国人也有自己的精神，只看到自己的长处而忽略对方的优点是不对的。

在日本人眼里，西方国家常常被描述为缺乏道德和价值观，英美两国的领导人罗斯福和丘吉尔被描绘成堕落的流氓。美国人只会大吃大喝和纵情声色，沉溺于物质享受，难于承受战争中的艰苦条件，他们善于赚钱，经常离婚，美国本质上就是个腐化堕落的国家。正因为他们有资源、有钱，所以美国公民没有什么值得牺牲生命去战斗的东西，这是将个人利益置于国家和社会利益之上的民主国家的固有缺陷。在“珍珠港事件”时还是少佐的千早正隆后来写道，我们觉得可以很容易就能解决掉美国人，一个沉浸于物质享受，专注于追求快乐的民族在灵魂上是堕落的。作战课课长中泽佑少将的观点也类似，认为美国是一个移民民族组成的复合型国家，缺乏团结，无法承受逆境和贫困，视战争如儿戏，所以一旦在开战之初就加以重创，他们就会失去斗志。

东条英机的大弟子佐藤贤了曾经在美国待过3年，自认为对美国了解颇多。他以专家的身份告诉大家：那些美国大兵根本没什么爱国心，他们最擅长嘴里嚼着口香糖去跳舞泡妞。看那些美国兵的训练，一个个懒懒散散，连个正步都走不齐，这样的国家是不可能举国去打赢一场战争的。

连对美国和日本同样了解的格鲁大使也说：“他们把我们看作一个被和平主义和孤立主义主宰了政府决策的颓废的国家。”

这就是狂妄自大的日本人，他们对于敌人的意志和能力总是低估。当年侵略中国时就低估了中国人的抵抗意志，才会陷入泥沼而不能自拔。现在对于美国的估计还是犯了之前的老毛病。他们不了解美国，也不了解美国人，尤其不了解美国人在技术创新、生产效率、组织能力等方面的特殊优点。一个国家能够在短短百余年成为世界经济第一，只有资源，没有一点精神，可能也是难以办到的吧。

8月27日和28日，大本营再次召开了陆海军部局长会议，对草案进行讨论。海军省军务局长冈敬纯少将依然对开战顾虑重重，表示即使在外交谈判破裂的情况下也要考虑欧洲的形势才能决定是否开战。大家开始一起对冈少将进行谆谆教导，最后勉强达成了一致意见。8月30日下午，陆海军第三次部局长会议终于就军部下一步要采取的举动形成了结论，那就是《帝国国策施行要领》，这一文件将提交政府与大本营联络会议研究审议。

9月1日，大本营海军部颁布命令，帝国海军全面实行战时编制。

9月3日，政府与大本营联络会议如期召开。会议从上午11时开到了下午18时，对大本营提交的议案进行了研究。大约17时，联络会议顺利通过了《帝国国策施行要领》。

以往开个一般会议扯皮三四天都很正常，而这个事关国家生死存亡的重大国策却只用了不到7个小时就大体按原提案顺利通过，不能不说是一种悲哀。近卫首相和丰田外相并没有深入考虑这一国策可能带来的现实危机，而是完全把希望寄托在通过外交谈判打开局面之上，简直是可笑之极。

《帝国国策施行要领》主要内容有三条：一、帝国为确保自存自卫，在不惜对美、英、荷一战的决心之下，大致以10月下旬为期完成战争准备；二、帝国在进行前项准备的同时，对美应尽一切外交手段力求贯彻帝国的要求；三、如果10月中旬外交谈判达不成最后的一致，则下定决心对美、英、荷开战。

在这天的会议上，永野总长再次重申了他的立场："当外交没有希望，战争不可避免的时候，我们必须果断决定开战"。之后他老调重弹地说：日本目前还有取胜的机会，但是这种机会会随着时间的流逝而流逝。如果敌人选择速战速决，日本就可以进行一次决定性的舰队会战，但美国十有八九会把战争拖入持久战，日本获胜的唯一办法就是"迅速开战并抓住主动权"。

军令部作战部部长福留繁海军少将也列举了必须尽快开战的一系列理由：一是季风季节将从12月开始持续到次年3月，在此期间开战这势必会增加登陆作战的困难；二是美国太平洋舰队和菲律宾的空军力量正在不断增强，已经对日本构成了严重威胁，英国也在积极向新加坡增派兵力；三是美国加大了舰船和其他武器的建造速度，目前日本海军的规模已经超过了美国的70%，这一比例之后将逐渐降低，一年之后就会猛降到50%以下；四是目前日本的石油库存仅仅只够一年半使用，十万火急。时不我待，此时不战，更待何时！

本次会议还就日美会谈起草了新的建议。日本同意以下各点：不从法属印度支那派遣军队去进攻任何邻近地区，也不无故向日本以南的任何地区进军；对于《三国同盟条约》，日本将自己做出解释；经过谈判努力与中国达成协议并恢复正常关系，随后尽快撤出军队；日本不限制美国在中国的经济活动，"只要这些活动是建立在公平的基础上"；日本遵循在西南太平洋地区的"门户开放"原则，并帮助美国在这个地区获得主要的原材料。作为交换条件，日本向美国要求：美国不得采取不利于解决"中国事变"的各种措施，停止在远东和西南太平洋地区的军事措施，在达成协议之后应“解冻”日本在美国的资产和恢复石油供应。这一建议作为《帝国国策施行要领》第二条外交谈判的附加条件。

这是日本首次在“原则上”同意撤军，上述内容立即电告野村并以此为基础会见赫尔，力促首脑会谈。

9月5日下午，近卫首相入宫向天皇上奏联络会议通过的草案。进宫前他首先在木户内大臣办公室稍事停留。木户看到近卫手中的草案，惊呼道：“你怎么能突然把这个提案呈给天皇！这是彻头彻尾的战争准备。天皇陛下甚至连考虑的时间都没有。把截止日期定在10月中旬，这太铤而走险了。”近卫支支吾吾地说：“这是联络会议上已经决定了的，我又能有什么办法呢？”

裕仁认真看了首相提交的草案，之后以一种颇难理解、略带不安的神情问近卫：“计划事项的顺序有点奇怪，为什么把战争准备放在首位，而把外交谈判放在第二位？”近卫不自然地解释说：“这一草案，在顺序上同把外交谈判放在首位一样，已把外交谈判的重要性也写了进去。”

由于天皇表示出对作战问题的质疑，18时，参谋总长和军令部总长立即进宫觐见天皇，当时近卫首相也陪同在座。天皇问南面的战争能否按计划取胜，两位总长立即滔滔不绝地启奏了对马来亚和菲律宾的作战计划，虽然很详尽，但仍不能使天皇释忧。

天皇问永野：“你认为我们能轻而易举地登陆吗？”

永野：“臣倒不认为能轻而易举，不过海军和陆军一直在不断地进行训练，臣对能成功登陆充满信心。”

天皇又转向杉山：“在九州举行的登陆演习中，不少舰只被‘击沉’了。如果真的发生这种情况，你打算怎么办？”

杉山有点仓皇失措：“那次是因为未把敌机击落前就出动护航舰只，臣相信将来不会发生类似的情况。”

天皇略带不满地继续问杉山：“陆军在多长时间确有把握解决南方问题？”

杉山鲁莽地回答说：“仅就南洋方面而言，打算3个月解决问题。”

听罢杉山的回答，天皇突然以一种极不愉快的语气质问道：“‘日华事变’时你是陆军大臣，我记得当时你曾对朕说，事变大约3个月时间就可以解决。可是现在已经4年多了，事变不是还没有解决吗？”

杉山大吃一惊，吃力地申辩说：“那是因为中国幅员辽阔，我们无法按预定计划进行作战。”

天皇忽然间提高了声调——恐怕这是40岁的裕仁从未用过的严厉语调——斥责杉山：“如果说中国幅员辽阔，那么太平洋不是更辽阔吗？你怎么就能确信3个月解决问题呢？”

杉山低头，无言对答，豆大的汗珠冒上了额头。

尽管陆海军总是在互相竞争，但永野、杉山两位总长的关系还是不错的。永野一看苗头不对，急忙从旁边帮伙计解释：“统帅部是从总的形势上来讲的。今天如果把日美关系比喻为一个病人，那么已经到了动手术还是不动手术的关键时刻。要是不动手术任其发展，恐怕就会逐渐衰弱下去。要是动手术，虽有很大危险，但绝不是没有希望解救。可以设想，此刻已处于要不要下决心动手术的阶段。作为统帅部来说，始终希望外交谈判能取得成功，但也认识到倘若谈判不成功，那就必须果断地动手术。从这个意义上说，统帅部是赞成这个草案的。”然后他又匆匆地补上一句，“当然外交是首要的”。

“啊，原来如此！朕明白了。”天皇很不自然地高声喊道。

杉山看出天皇仍在担心，再次解释道：“不打更好，我们认为应该尽力设法谈判，只有被逼得走投无路时才打。”

“那是不是说，最高统帅部同意把外交放在优先地位？”

两位大将一起忙不迭地点头，异口同声地回答：“正是！”

回答了天皇的质问后，两位总长战战兢兢地退回到休息室。里边的衣服全湿透了。

1941年9月6日上午10时，战前日本4次御前会议的第二次会议，在皇宫千种厅召开。这里曾经见证了日本的兴衰，决定明治、大正、昭和三个时代国家命运的重要御前会议几乎都是在这间大厅内举行的，本次会议是日本走向太平洋战争的里程碑。

这天的御前会议，一开始就气氛紧张。参会者个个正襟危坐，大气都不敢出。未来前途未卜，是战是和没人知道。但所有人都清楚，大日本帝国正处在决定生死存亡的十字路口。

枢密院议长原嘉道代表天皇宣布会议开始。近卫首相首先致开场白：“请允许我主持会议。”接着他回顾了紧张的国际局势。之后军令部总长永野率先发言，提出“应竭力进行谈判”，不过，“如果日本最低限度的要求仍不能得到满足的话，只能通过积极的军事行动加以解决，尽管美国处于难以击败的地位，有着强大的工业实力和丰富的资源”。

杉山参谋总长对永野的意见表示赞同，也希望谈判能够取得成功，但是军事准备一刻也不能放松。企划院总裁铃木贞一谈了国内资源令人担忧的情况，他表明即使实行严格的战时统制，液体燃料的储备也无法支撑长久的战争之需。

同天皇一样忧心忡忡的枢密院原议长做了提问，他的发言是天皇通过木户内大臣在会前特别授意的，也就是通常所说的“托”，这里应该叫“会托”。原议长强调必须全力以赴通过外交手段打开局面，他措辞尖锐地追问道：“我总览了一下草案，看上去似乎仍然是以战争为主，外交为辅。对草案的真意可否如此理解：始终以外交手段打开局面，倘若仍然无效，那就诉诸战争。”

正当杉山准备站起来进行答复时，已经知道杉山昨天受到天皇严厉训斥的及川海相危难之时显身手，站起来回答说：“起草时的意图和原议长的意见相同。不过，第一项战争准备和第二项外交谈判并没有轻重之分。”

这时，一贯以神一样的姿态出席御前会议的裕仁天皇，忽然以平常谁也未曾听到过的高亢声音说：“我认为原议长的质问是对的，事情极为重大，统帅部为什么不做回答？令人颇感遗憾！”

天皇在御前会议上发言向无先例，难道泥菩萨显灵啦？会议瞬间为之肃然，仿佛空气都凝固了一般，所有人都有一种无法呼吸的窒息感。死一般的沉寂中，大家都等待两位总长中的某一位能站起来讲话。可能是昨天被天皇训傻了，杉山和永野始终一言未发，像雕塑一样待在位子上，一动不动。

“非常遗憾，对此最高统帅部竟然无话可说。”裕仁缓缓从上衣口袋里掏出一张纸片，高声吟诵道：“四海之内皆同胞，奈何风雨乱人间。”

这是一首和平主义的挽歌，仅有 31 个日语音节，由明治天皇创作于日俄战争伊始。裕仁通过大声朗诵这首诗来表达对新计划的不安。他用颤抖的声音补充说："我经常拜读明治大帝的这首亲笔诗，努力继承先帝渴望四海和平的精神。然而当此决定是战是和的关键时刻，肩负重任的军部竟然无法决策。在此非常时刻，军部到底在想什么？"

闻听此言，众人都如受到自击一般，呆若木鸡。过了许久，永野站起来解释道："陛下所言甚是，统帅部为此而诚惶诚恐。"他的话有点结结巴巴，"及川海相刚才所言就是大家的意见，所以我们才保持沉默。军部的宗旨就是绝不放弃外交谈判，但同时为对美战争认真做好准备。"

"参谋总长意见如何？"

被点名的杉山立即站起来："臣与军令部总长意见完全一致。"

在这个过程中，本应该说话的近卫首相目光呆滞，始终一言不发。正午时分，他在"空前紧张"的气氛中宣布散会。

尽管天皇做了破例的发言，但统帅部和政府却对此佯作不知，蒙混过关，最后还是顺利通过了不辞对美、英、荷作战的《帝国国策施行要领》，留给近卫、丰田进行外交谈判的时间，只剩下短短的六周了。

回到陆军省的东条，在向下属描述天皇朗诵诗歌的情形时痛哭失声。他认为，天皇此举不是在反对战争，而是对军人战胜困难取得胜利的鼓励和期望。

御前会议将近卫文麿彻底逼上了绝路。为了能在规定的时间里与美国达成谅解，他必须尽快实现与罗斯福的首脑会晤，除此之外，别无良策。

目前对于近卫而言，除了军部和罗斯福之外，又增加了一个更可怕的敌人，那就是时间。9 月 6 日的御前会议刚刚结束几小时，近卫就匆忙在美容院里找到了他的情人，通知她马上整装去参加一个重要聚会，很快就会有车来接她。旋即，一辆车就将她接到了伊藤文吉家里。伊藤文吉是明治名臣伊藤博文的大公子。因为伊藤家没有用人，近卫只好让自己的情人冒充"房东的女儿"为会议服务。能冒充"女儿"，估计近卫的情人应该是比较年轻的。看来近卫也真急了，连情人都拉出来应场，可谓"舍不得孩子套不住狼，舍不得情人抓不住流氓"。

驻日美国使馆一辆摘掉了车牌的小车也很快赶到，从车里钻出来的是格鲁大使和杜曼参赞。按照一般惯例，除了正式国务活动，首相是很少与外交使团进行这种私下接触的，可见局势已经到了万分紧急的地步。

近卫向格鲁提出，为了解决两国之间的根本分歧举行首脑会晤是十分必要的。他说东条和及川两位将军都迫切渴望和平，如果会晤能够举行，他们都将派出军方的大人物一起前往。“我敢保证，如果能见到罗斯福总统，我们肯定能取得某些协议”，近卫承诺原则接受赫尔的四项原则，请求格鲁为两国首脑会晤做出积极努力，时间越快越好。近卫的话甚至有些悲壮，他说如果和平能够实现的话，即使他本人遭到暗杀也在所不惜，“对个人之生死我是不大在乎的”。深受感动的格鲁当即表示尽全力斡旋。

9 月 8 日和 9 日，杉山参谋总长再次来到皇宫，向裕仁介绍陆军的战术细节。天皇提出，和西方开战之后，万一再与苏联在“满洲国”交界发生冲突，怎么办？杉山向天皇解释说，冬天气候寒冷，北方发生冲突的可能性很小。就算真发生了冲突，陆军总是可以将在中国的军队派向北方，在此期间，在中国关内将保持相对的平静。事实上，杉山是在忽悠裕仁，就在他不负责任的话说完不到 10 天，日本就在中国的两湖腹地发起了第二次长沙战役。

尽管对首脑会晤勉强表示了赞同，但东条陆相仍在叫嚣开战的必要性。9 月 7 日，无奈之下的近卫，只好请求东久迩宫亲王出面说服东条，因为自由派的东久迩宫是反对战争的。东条对于天皇以及皇族成员有着宗教般的虔诚，有时候近乎奴颜婢膝，由亲王出面游说是再合适不过的了。

亲王很严肃地告诉东条，既然天皇和首相都赞成与美国人达成协议，作为陆军大臣就应该去执行，而不应该大放厥词。东条尴尬地表示，因为就此问题没有向天皇做出充分的解释深表遗憾。既然圣意如此，他作为陆军大臣，一定力促首脑会谈尽快实现。但他个人认为成功的机会不超过 30%，“尽管如此，只要还有最微小的成功希望，臣认为仍要进行谈判”。东条向亲王表示，“美国的目的就是让日本退出三国同盟而加入英美阵营。即使日本真的那样做，英美在打完德国之后一定会回过头来对付我们。”他认为东西方有色人种和白人之间的矛盾是永远无法调和的。

亲王表示，作为内阁的一员，理应执行政府的政策路线，如果无法执行，就应该辞职。东条当然清楚亲王是近卫的说客，他说“如果 ABCD 包围圈仍然存在，日本就注定要灭亡”，现在拼死一搏，还有一半的成功概率。与其等死，不如去争取那一半活下去的机会。最后他表示，陆军无意停止备战。

丰田外相也多次电令野村大使尽快落实首脑会晤。野村于9月6日向赫尔递交了9月3日联络会议提出的和谈条件。赫尔对此表示不满。他对日本提出自主解释《三国同盟条约》的措辞表示怀疑。赫尔特别反对日本在中国永久驻军。赫尔提出，日本必须同意在缔结和约两年之内，全部撤出在中国的军队，美国的态度逐渐变得越来越强硬。

这种态度的变化有多方面原因。首先，英、中、荷等国不断对美国施加压力，美国也有必要对盟国做出一些表示。其次，欧洲战场的形势发生了一些有利于盟国的变化，遭受了无数重拳打击的斯大林，没有像法国那样没出息地倒下，苏联坚持到冬天的可能性很大。一旦到了严寒季节，更适应在寒冷季节里作战的苏联人就会获得宝贵的喘息之机，这就大大减轻了美国在大西洋面临的沉重负担，美国已经没有必要在远东一味避战去迁就日本。最后，随着形势的不断恶化，美国民众的态度也逐渐转变，主张对日本采取强硬态度的人不断增多。从盖洛普舆论研究所的调查情况来看，主张不惜对日作战以阻止日本扩张的人，在两个月前的7月还只有56%，现在就已经超过了70%。

9月14日，丰田外相再次召见了格鲁大使，提出首脑会晤如果能举行，日本将会做出更大让步，甚至除在某些地区需要保留部队以帮助中国人“进剿赤色分子”外，撤退全部日军。格鲁将此新建议急报赫尔。

格鲁还利用与总统的私人关系给罗斯福写了一封言辞恳切的信，信中说：“久未修书，打扰您了。面对国内极端主义者和亲轴心国分子的反对，近卫正在为改善日美关系勇敢地工作着，我相信他是认真的。与过去几年的情况相比，我相信本届政府有更大的可能去履行现在可以承担的任何义务，这是个难得的机会。除了近卫之外，没有一个政治家能够控制陆军中的极端主义分子。现在除了达成协议外，只有极大地增加战争的可能性。如果战争爆发，我们将无疑取得最后胜利。不过，我怀疑把贫困的日本降至三等国的地位是否符合我们的利益。因此，本人最真诚地希望双方能够达成协议。”格鲁的信同此前的建议一样，几乎没有取得任何效果。5个星期后，格鲁才得到不冷不热的回音，“首脑会晤无法进行”。

军部仍然在继续逼宫。在9月25日的联络会议上，杉山参谋总长和永野军令部总长向内阁政府提出一项《关于有关政治与战争之转机、对日美外交谈判成功与否之估计以及最后决定开战时间问题的建议》——念这题目，几乎能把人给憋死。题目很长，内容却很短：由于气候，战争至少必须于11月中旬以前开始。因此在10月15日之前必须对是战是和做出最后抉择。

近卫首相听到统帅部要求的最后时限后震动很大。会议结束后，他连军部安排的午餐都没吃，立即带着出席会议的内阁成员鱼贯而出回到首相官邸。近卫提出："关于变政治为战争的时间问题，陆海军总长的建议果真是强烈的要求吗？"东条陆相立即回答："当然是强烈的要求。其实与其说是要求，还不如说是重复御前会议所决定的10月上旬而已，这是不容改变的。"近卫露出十分为难的表情。

9月26日下午，近卫在晋谒天皇后，同内大臣木户幸一进行了一个多小时的畅谈。身高只有一米五二的木户，与身高超过一米八的近卫，幼年时代就是同学和好友，一生都关系亲密。近卫向木户表示："如果军部一定要在10月15日前决定作战的话，我对此毫无信心，唯一的选择只有辞职。"

木户却不同意近卫那么做。由于是多年的好友，木户与近卫彼此间毫无拘束，在木户面前，近卫常抛弃一切掩饰，表露出真实的一面。木户告诫近卫"不要像个小孩似的"，既然御前会议已经做出了决议，首相什么都不干就贸然辞职，留下一个烂摊子，是不恰当的，"如果就这样逃之夭夭，那是不负责任的"。他建议近卫再次做出积极努力，实在不行了，再辞职也不迟。回去的路上，近卫对随从说，"我真想从政界引退，到寺庙去当一个僧人"。

辞别木户之后，沮丧的近卫连荻洼庄私宅都没回，直接离开东京到附近镰仓海边的休养地去了。9月27日至10月1日，近卫一直以痔疮疼为由闭门不出。他现在只有一根救命稻草，那就是尚存一线希望的首脑会谈。9月27日，他叫丰田外相恳请格鲁大使催促美国就与罗斯福会谈一事早日做出答复，同时电告野村大使："我方已做好随时出发之准备，现帝国政府期望美国政府对首脑会谈之日期问题尽快做出答复。具体时间我方认为以10月10日至15日为宜。"野村大使收到训令后，立即拜访了国务卿赫尔，催促从速举行首脑会谈。

9月29日，格鲁大使也给国内发回了报告。在报告中，他提出："首脑会谈如不能实现，近卫内阁就将垮台，随之上台的将是一个军事独裁政府。”格鲁大使警告华盛顿，近卫内阁的倒台“可能导致无法约束的行动”。英国驻日大使克雷吉也致电本国政府说，如果美国政府仍然采取以往的态度谋求拖延时间，并要日本在预备性会谈上做出明确保证的话，近卫内阁就无法维持下去，从而可能失去“最好的机会”。其实这也正是罗斯福想要的结果，以主动的态度和被动的姿态达到参战之目的，既要参加战争，又要做出一副很委屈的正当防卫的样子。用一句中国的俗话讲，就是“既想当婊子，又想立牌坊”，尽管如此不雅的语言用在我们的盟友身上似乎不太恰当。

10 月 2 日上午，野村大使再次拜访了赫尔国务卿，催促美国对首脑会晤的答复。你现在着急啦？你急了，那我就更不急！此时的美国就像一个钓者，日本恰似那条咬钩的鱼，在水面上被拖来拖去，而这条贪心的鱼，死活都不肯松掉已经到嘴的鱼饵，那无疑就是中国。赫尔当然不会忘记，在中国遭到蹂躏和《三国同盟条约》缔结时，近卫都是首相，他对野村的答复是：“如果事先没有达成谅解协定就举行两国首脑会谈是危险的。为了维护太平洋的和平，美国希望有一个明确的协定，而不是一种权宜之计的暂时谅解。”赫尔强调，日本必须答应全部撤出中国和法属印度支那，同时放弃《三国同盟条约》的实质性部分。野村的心几乎已经到了冰点，他知道赫尔的要求即使近卫能够接受，军部也一定不会答应的。这预示着近卫内阁很可能在短时间内就会垮台。战后，野村在他的回忆录《使美记》中愤慨地写道，“军人不受文人控制是日本的癌病”。

在 10 月 4 日的政府与大本营联络会议上，参谋总长杉山元再次叫嚣，“我们再也浪费不起时间了，如果不下定决心而浪费更多时间的话，我们最终将完全没有能力发动战争。不论是向南还是向北，我们不需要在今天做出决定，但是我们必须尽快做出决定”。杉山话音刚落，永野总长就挺身而出，再次重申他的一贯主张：“现在已经不是争论不休的时候了，希望赶快采取行动，我们应该马上为战争制定时间表。”

这天的会议上，照例没有及川海相的发言记录。及川认为，近卫正试图把阻止战争的责任推给海军，这使他变得更加警惕，所以嘴也比平时更严。本来就没有多少见识的及川不愿为避免战争而出头，更不愿承认自己缺乏信心是胆怯的表现。在这个领导团队中，有这样想法的绝不只及川一个。除了几个上蹿下跳的强硬派，其余很多人都这样徒劳地相互推卸责任。海军次官泽本中将在战后的1946年说，在那个决定日本生死存亡的秋天，一个人很难开口说，“海军没有能力打败英美”。因为这不但会极大地打击海军官兵的士气，也会让海军在陆军面前更加抬不起头。泽本次官的话也不完全对，因为敢说这话的米内光政、山本五十六、井上成美现在都不在关键的决策岗位上。

井上成美就认为及川完全有能力阻止滑向战争的趋势。“陆海军大臣现役武官制”是把“双刃剑”，这时候就可以成为反战的有力工具。及川可以向内阁提出辞职，然后海军拒绝派出新的海军大臣，就可以拖延开战的最后期限。但及川和其他海军领导人都没有去利用这一策略。及川性格上的懦弱显而易见，他在一次海军内部的会议上曾经提出，“是否由我斗胆去和陆军争吵”，永野一句“这样做极不明智”，就让他再次闭上了好不容易才张开的嘴。

10月5日上午11时，大本营陆军部局长会议在东条陆相的官邸召开，在日本本土的陆军各师团长都列席了会议。会议在19时形成结论：“已经没有用外交谈判解决问题的可能，必须上奏天皇召开决定开战的御前会议。”

海军方面却仍在犹豫。大本营海军部做出的决定是：“在首相的坚强决心下，明天与陆军大臣进行畅谈。要是尚有谈判余地，就延迟决定开战的日期，并就放宽前次御前会议上所定下的那些条件进行磋商。”

10月6日下午，大本营召开陆海军部局长会议。陆军认为日美谈判已根本没有达成协议的任何可能，海军方面依然认为，只要陆军同意从中国撤军，谈判还有成功的可能。陆海军意见出现明显对立。

10月9日，早已赋闲在家的前军令部总长伏见宫也不甘寂寞地出来呼吁开战。他对天皇说，“由于和美国的战争是不可避免的，所以还是越早开战越好。请立即召开御前会议决定开战”。伏见宫的说法让裕仁备感苦恼，他回答道：“此非开战之时，我们必须以最大努力通过外交手段解决。”

海军中犹豫不决的主要是一些高层。一大群主战的中下级官佐也开始给及川海相施加压力。10月10日深夜，石川信吾大佐和柴田胜男中佐带领一大群海军省和军令部的少壮派军官闯到了及川私宅，要求及川“必须负起海军大臣的责任”，对战与和迅速做出决定。及川的选择依然是“沉默是金”。

参谋总长杉山和军令部总长永野两个主战派倒是很快达成了一致意见：为了谈判而过于延迟日期只会贻误战机，对今后的作战造成困难，因此必须尽快决定开战时间。

所有的焦点都集中在了从中国撤军的核心问题上。近卫就此征求了陆相东条的意见：“能否以撤军为原则，而采取实质上的驻军呢？”这一观点就是先答应从中国撤军，然后以“防共”为名在中国的部分地区留驻一定兵力。

东条斩钉截铁地拒绝了近卫：“没有任何回旋余地。如果从中国撤军，满洲立即就有危险，下一步甚至连朝鲜都保不住。现在要是对此还有疑问的话，那就违背了9月6日御前会议的精神。”

10月12日凌晨零时30分，及川海相家里忽然出现了两位不速之客，及川穿着睡裤接待了他们。这两个人，一位是内阁书记官长富田健治，另一位是海军省军务局局长冈敬纯。富田带来了近卫首相的请求，让及川代表海军明确表态反对战争，这样首相才不至于难堪。

及川回避了富田的问题。他说战与不战是一个政治问题，做出决定的应该是政府而不是军人。如果政府决定开战的话，我们海军一定响应号召去奋勇战斗。要做出停止备战继续谈判决定的，只能是近卫首相自己。

及川一下把责任推得干干净净——这就是大日本帝国堂堂海军大臣的态度。

陆军在从中国撤军的问题上寸步不让，不同意撤军就无法进行首脑会谈，不谈就无法打开僵局，近卫首相就在这样的焦虑中迎来了自己的五十大寿。10月12日，他的生日这天，恰好是星期天，近卫将东条陆相、及川海相、丰田外相、铃木企划院总裁等人请到了荻洼庄私宅，就战与和的问题再次进行磋商，这就是战前著名的“荻洼庄五相会议”。

会议即将开始时，内阁书记官长富田健治塞给近卫一张由海军军务局局长冈敬纯少将刚刚送来的纸条。凌晨，他们两人去拜访过及川海相。纸条上写着：“海军内心不愿日美谈判中断，希望尽最大可能避免战争，但是我们没有可能在会上公开表达这个观点。”

会议从14时一直持续到18时，近卫要做最后的努力。他首先提出陆军应该在撤军问题上做出妥协。

东条毫不退让："在日美谈判中其他问题都可以商量，唯独驻军问题绝对不能让步。你们把军队从中国撤出来看看，共产党的军队会在瞬间占领整个中国，这是关系到亚洲是否被赤化的问题，因此必须坚持。作为一个职业军人，我认为撤军是耻辱的失败。"

尽管凌晨富田夜访海相没有任何结果，近卫还是把目光投向了及川："海军的意见呢？"从冈敬纯少将的纸条上，近卫看到海军内部还有人反对与美国的战争，希望海军能够对他有所帮助。太平洋战争海军无疑是主角，他希望海军能够勇敢地站出来用一句"无法战争"来阻止陆军。

及川心里非常明白，世界第三的日本海军肯定打不过排名前二的英美，德国和意大利的海军在远东不可能对日本有任何帮助。除了承认打不过会影响士气之外，及川更不想得罪主战的陆军。还有一个重要原因是，一直以来，日本海军都是以美国为假想敌占有比陆军更多的经费。平时钱都让你花了，这时候需要你危难之时显身手，你却说"对不起，我打不过人家"，那将是多么丢人的事情啊！海军马上就会成为陆军乃至全体国民的笑柄，海军经费也势必会被削减。

于是，海相及川说出了一段狗屁不如的话："现在我们正处于决心开战还是继续谈判的紧要关头。如果走谈判这条路，那就应该停止战争准备，坚持走谈判这条道路。但是我是说在谈判有希望的情况下。谈了两三个月，中途发生变化可不好办。总而言之，海军一切听候首相的裁决。"

内心不赞成战争的及川不肯明确说出来，他选择了推卸责任，从而丧失了最后一次表明海军反对战争立场的机会。糊涂的及川认为战与和应该是由首相来决定的政治问题，他忘记了海军大臣的职责正是要从海军的角度去评价战争的结果和胜负。听了及川的话，近卫气得差点背过气去。

后来有人给这位战前关键时期装疯卖傻的海军大臣辩护，说如果及川表态海军不能战斗的话，将导致陆海军的直接冲突，近卫内阁肯定倒台，国内局势就会出现动荡，迫使日本在四分五裂的状态下投入战争。但山本五十六反驳了这样的观点，因为"国内的变革不会导致国家的毁灭，而一场绝望的战争却会带来这样的结果"。事后天皇也对及川海相不能清楚地表明海军的立场感到非常痛心。

得不到海军支持的近卫只好说：“我的意见是继续谈判。”他又转身求助丰田贞次郎：“外相的估计呢？”

丰田：“陆军在中国驻军问题上如果一点也不退让的话，谈判就没有任何希望。”

东条、及川：“今天对于是战是和必须做出决定。”

近卫：“如果今天要做出决定的话，那我就选择继续谈判。”

“那不过是你的一厢情愿罢了，”东条刻薄地说，“你根本无法说服参谋本部。我要征求一下外相的意见，和谈真的没有任何成功的希望吗？”

丰田：“有没有希望的决定权在你们陆军。我刚才已经说过了，如果陆军同意从中国撤军就大有希望，反之则没有任何希望。”

东条：“除了这个问题，其他都好商量。中国驻军问题是陆军的生命，绝对不能让步。我们有无数将士的热血洒在了那片土地上，撤军如何能对得起逝者的在天之灵？一旦我们屈服于美国的要求，中国人就会对我们嗤之以鼻，让中国人瞧不起是最可怕的。全面撤军将会丢尽面子，还会导致共产主义的兴起。这就好比是银行挤提存款，不仅华北，连满洲和朝鲜都可能丢掉。”东条特别强调，包括参谋本部以及驻外的派遣军都持这样的观点。

东条明显在说谎，侵华日军总司令畑俊六大将就不这样想。畑俊六认为中日战争已经到了难以为继的艰难地步，日本的战争资源日渐枯竭，目前应当接受美国的条件，永久性地解决中国问题。畑俊六为此还专程派人回国就他的观点进行说明。东条当然不会让畑大将的使者有露面说话的机会。

近卫：“此际我们可以舍名而取实。形式上依美国要求做出退军的姿态，实际上却同样得到驻军的结果，这岂非良策？战争能否打胜我没有把握，除了外交谈判，没有别的办法可以克服目前的困难。至于战争，最好让一位有取胜把握的人去打。”然后他转向东条，“如果你坚持战争，我不能对此负责”。

东条：“9 月 6 日的御前会议不是已经决定外交谈判如果没有希望就决心开战吗？首相也是出席了那次会议的，当时也表示了赞成。想不到在决定是战是和的今天，竟然还有人说出如此不负责任的话，实在令人费解。如果有这样的想法，为什么在 9 月 6 日那天闭口不谈？撤军是一个事关陆军士气的问题，一步也不能退让。”

东条越说越气愤，他抛出了一枚重磅炸弹："如果不能按照御前会议的决定执行国策，内阁就应该引咎辞职。"

众皆默然，会议就在这样的尴尬中无果而终。

对及川海相的态度，近卫在会后气愤地说："海军一句轻飘飘的交给首相定夺就把责任推得干干净净。我本人并不知道海军有多少兵力，而这次战争是海军主导的战争，海军这种推卸责任的做法是卑怯的。"

气愤的不仅仅是近卫，海军内部也议论纷纷。10 月 15 日，米内光政对小林跻造海军大将说："已向及川建议，必须表明海军不能与美军开战的想法。"山本五十六也曾遗憾他说："如果我是海军负责人的话，我就会老老实实地说海军在对英美的战争中不可能取胜。"丰田副武也表示怀疑地说："日美战争主要是一场海军的战争，对此我们的海军负责人怎么可以说出如此不负责任的话呢？"

10 月 13 日 14 时，近卫入宫觐见天皇，陈述了内阁面临的危机。天皇听后，面带愁容地说："是不是再同陆军大臣商量商量？"裕仁的鼓励给了近卫信心和勇气，他决定再次做出最后的努力。在 10 月 14 日内阁会议召开之前，近卫单独约见了东条陆相，竭力劝他重新考虑从中国的撤军问题。

东条依然是毫不让步："没有任何余地。"

近卫是一脸痛苦的表情，他开始慢慢地回忆历史："当初我对'中国事变'负有很大的责任，这一问题经过了 4 年多，还没有解决，我无法再开展另一场看不到结局的战争。我们有时候必须妥协，来保持和加强我们的国力。"

东条："首相您太悲观了。这是因为您很清楚我们的弱点，您难道看不到美国也有很多弱点吗？"东条提出，哪怕只是为了维持军队的士气也需要进行一场战争，"只要战争一打响，枪声就会立即把国民团结起来"。东条曾经和松冈洋右一样非常敬重近卫，现在才知道近卫值得敬重的不过是他那显赫的出身而已。东条最看不惯的就是近卫的优柔寡断，这不是一个政治家应该具备的素质，特别是在国家处于生死存亡的关键时期。在他眼里，近卫已经变成了一个纯粹的精神障碍症患者。

"那不过是一种看法。"近卫接着说，"1904 年 2 月 4 日，明治天皇召见了伊藤博文，问他日本能否打败俄国。伊藤回答说，我们能够在朝鲜边境上抵挡俄军一年，同时请美国出来调停。明治天皇听后才觉宽心，于是便批准向俄国宣战。在目前情况下没有第三者出面调停，因此必须谨慎行事，特别是美国在物资方面有巨大优势时更应如此。”

最怕听到“谨慎”二字的东条已经气得毛发倒竖，当年和大清以及和俄国的战争大家都说打不赢，最后不都取得了辉煌的胜利吗？于是他挺直了身子，对近卫说出了一句很著名的话：“人要有勇气去做点不寻常的事，就像从清水寺的舞台上跳下去一样，两眼一闭就行了。”这句话成为东条英机催促开战的宣言，也是他战后作为甲级战犯被判处绞刑的主要证据之一。

清水寺是日本京都一座有名的寺院。其正殿前面是悬崖，建有楼间，称为“舞台”，供游客眺望。由于经常有人来这里投崖自杀，此处便成为日本的自杀“名地”。东条以此要求近卫要有决一死战的信心。

近卫的脸上掠过一丝痛苦的神色：“作为个人来说，这种场合一生中也许会遇到一两次，真那么做也未尝不可。但若考虑到两千六百年的国体和一亿国民的事业，作为一个身处领导地位的人，就不能干出这样的事。”

东条再次表示：“撤军绝不可能，至少在本届政府任内不可能。”

近卫回应道：“最终的实质是我们意见上的不同，我想请你再想一想。”

东条语重心长地说：“我倒认为这是我们性格上的不同。”

近卫劝告东条的努力再次宣告失败。

上午 10 时，内阁会议正式召开。东条再次在会议上大放厥词。“关于撤军，我半点让步也不会做！这样做会破坏军队的士气。”东条喊道，“这意味着美国把日本打败了——这会是日本帝国历史上的污点！外交的方法并不是老在让步，有时也需要紧逼。我们如果一味地让步，满洲和朝鲜就会丢失。”他把满肚子怒火都倾泻在海军特别是及川身上。在东条眼里，及川是个地地道道的懦夫，连坦率地表态能否打败美国都不敢。近卫和其他内阁大臣默默地坐着，被东条“炸弹般的发言”惊得目瞪口呆。

“陆军尊重 9 月 6 日御前会议所做的决定，我认为现在就应该中断与美国的一切交涉，向美国开战。”好不容易送走了喋喋不休的松冈，又来了个更加霸道的东条，会议基本变成了东条的独角戏。

东条和近卫已经彻底决裂，内阁意见分歧已成为公开的事实。会后，近卫喃喃地说：“我多想做个孩子……”他甚至通过沃尔什主教，最后向罗斯福发出进行会晤的绝望请求，遗憾的是还没等到回音就黯然下台了。

东条以做事果断著称。在白天内阁会议上投出了第一颗炸弹之后，当晚22时30分，东条就找到了他和近卫的共同好友——企划院总裁铃木贞一。他要求铃木去劝说近卫提出内阁总辞。在东条心中，天皇就像太阳一般无比神圣。既然御前会议做出的决定得不到执行，就必须有人对此承担责任，换句话说，就是参与做出决定的内阁必须引咎辞职，另由新内阁负责重新制定国策。

铃木询问东条由谁接任首相最合适，东条回答说，“我看除了东久迩宫亲王之外，没别的合适人选了。连近卫都解决不了的问题，只有请皇室成员出面了”。东条认为，如果决定对美妥协的话，那么皇室的东久迩宫稔彦王，正是既能实现和平，又不致在陆军中引起反叛的少数几个人之一，也只有带着军方背景的皇室成员，才能收回9月6日御前会议的决定。在分手前，东条告诉铃木，他不好再跟近卫见面，要不然他可能还会发火。

铃木赶到荻洼庄，带来了东条的第二颗炸弹。铃木告诉近卫他是替东条来传话的，东条要求内阁进行总辞。“本来我不愿意来的”，铃木说，“因为这样做只会伤害我们之间的感情”。早有辞职之意的近卫面无表情地听完了铃木的话，不但没有生气，反而长长地出了一口气。他认为自己尽了全力，对于辞职可以坦然地接受。

近卫问铃木，东条有没有提出继任的首相人选，铃木说东条的意见是东久迩宫亲王。近卫对此表示赞同。他甚至表示，“东久迩宫亲王这人好极了，我很了解他，他是反战的。明天进宫见驾时，我会向陛下奏明此事”。

10月15日17时，近卫入宫向天皇递交了辞呈。打倒近卫内阁的是以东条为首的陆军，而倒阁的起因则是“中国撤军问题”，当年决定扩大侵华战争的恰恰也正是近卫内阁，这也许就叫作“圆满”。近卫在辞呈中写道：“此际政府与军部正协同一致，尽最大努力促使对美谈判取得成功，中国撤军问题成为最大的障碍。臣曾推心置腹，努力劝说东条陆军大臣，对此，陆军大臣虽十分谅解臣之苦衷，然出于维护军队士气，对撤军问题表示实难同意，并一再主张此际应

不失时机地同意开战。臣虽与他畅谈四次，但终未取得他之同意。’

裕仁接受了近卫的辞呈。至此第三次，也是最后一次近卫内阁黯然倒台。近卫显然是个失败者，一个彻头彻尾的失败者。第一次内阁也发起了侵华战争，第二次内阁签署了《三国同盟条约》，第三次内阁又推进到法属印度支那南部，导致矛盾已经无法调节。他的贵族血统并没有成为他有效领导能力的保证。他做事往往前后不一，常常赞同他内心并不支持的提议。战后，近卫在自杀前曾自我评价道：“我是一个被命运摆布的不幸之人。战争前由于软弱遭军部欺负，战争中被别人斥为和平运动家，战争结束了我又成为罪犯。”

东条作为一个司炉工，不断挥臂往煤仓里加煤，导致火车越开越快，向着断崖飞奔而去。就在即将冲下去那一瞬间，司机近卫师傅成功跳车，司机变成了原来的司炉工东条。此时，东条就是想刹车，也已经无能为力，只好闭上眼朝着断崖冲了下去！

就在近卫入宫请辞的同一天，佐尔格的重要助手尾崎秀实被捕。没有人相信他会是苏联人的间谍。3 天后，理查德 · 佐尔格在清晨 6 时的美梦中被叫醒，十几个警察给他戴上了手铐，他穿着睡衣和拖鞋被带到了警察局。此时的佐尔格正在做着永远离开日本的准备。

日美关系的不断恶化使佐尔格十分高兴，因为这至少确保了日本不会马上进攻苏联。几天前，10 月 4 日，他刚刚庆祝了自己的 46 岁生日。就在同一天，他向莫斯科发出其一生中最后一封也是最重要的电报。这封电报是尾崎秀实在近卫首相的内阁会议中得到的绝密消息：“1941 年 9 月 15 日以后，苏联的远东地区可以认为是安全的，来自日本方面的威胁已经排除。日本不可能发动对苏战争，相反它将向美国开战。”最后的署名人是拉姆扎，拉姆扎就是佐尔格谍报小组的简称。之前，尾崎秀实已经在满洲发觉，关于关东军让 3000 名铁路工人协同攻击苏联的密令，已莫明其妙地取消了，这也成为佐尔格做出正确判断的主要依据。

对于日本南进还是北进的选择，斯大林和希特勒都急切想知道。斯大林正是因这封电报确定了决心，在危急关头下令从远东抽调了 11 个师，超过 25 万人的部队，增援西线，成功将德军的攻势遏制在莫斯科城下。

发完那封重要的电报之后，佐尔格真的感到厌倦了。他认为自己在日本待了

8 年，已经够长了，于是询问莫斯科自己能否回到苏联或者被派往德国。现在看来，那些地方都不用去了，他要去的地方是东京著名的巢鸭监狱，战后日本的那些重要战犯都关押在这里。

虽然受尽了严刑拷打，佐尔格还是否认与苏联有任何关系。受此事影响，西园寺公望的孙子西园寺公一、原首相犬养毅的次子犬养健等人都被牵连，连近卫文麿也受到调查。民间甚至传说近卫的辞职正由于此。

没有人去关心这位曾经的大功臣。意外的是，德国驻日本的奥特大使向外务省提出了抗议并要求会见佐尔格。见面后，佐尔格显得有点尴尬，奥特问他是否还有什么心事。佐尔格犹豫了一会儿，说："大使先生，我们要永别了，请代我向尊夫人及孩子们问好。"奥特最终醒悟到，他最信任的朋友背叛了他，两人相对无言，不知道有没有泪千行。佐尔格被带走后，奥特要求日本官员，"为了两国的利益要把这案子彻底查清，弄个水落石出"。不知道奥特是不是知道他的帽子早已是绿油油的了。

由于苏联政府和佐尔格本人都否认其苏联间谍的身份，佐尔格未能与日本战俘实现交换。1943 年 9 月 29 日，佐尔格被日本法庭判处死刑。在知道获救无望后，佐尔格向日本当局提出的唯一要求是，"希望在 11 月 7 日十月革命胜利纪念日这一天对他执行死刑"，日本还真答应了他的要求。

1944 年 11 月 7 日，佐尔格和尾琦秀实被秘密绞死。最初，佐尔格被埋葬在巢鸭监狱的无名墓地。战后，1949 年，他的一个叫石井花子的情人将他的遗体迁葬于东京多磨陵园，和他的战友尾崎秀实葬在了一起。石井花子在去世前经常前去扫墓，她在 2000 年死后，也被送到这里与佐尔格合葬。

20 年后，1964 年，莫斯科公开了佐尔格的秘密。同年 11 月 5 日，佐尔格被追授为苏联英雄并授予金星勋章。苏联媒体发表了一系列文章，颂扬他在第二次世界大战中对苏联做出的巨大贡献。莫斯科的一条大街、苏联的一艘油轮，分别以佐尔格的名字命名。1965 年春，苏联为纪念他还发行了一枚面值 4 戈比的纪念邮票，其红色背景是佐尔格的肖像和一枚苏联英雄勋章。

第四章 和？战！

东条英机横空出世

三度出任首相，三次带领日本深入迈向战争的近卫文麿，终于偃旗息鼓，退居幕后。国不可一日无主，况且是在内外形势如此严峻的情况之下。虽有天皇高高在上，但裕仁除了研究海洋生物之外，对具体政务并不很感兴趣，当务之急是尽快选出新的内阁首相。

对于继任首相的人选，陆海军统帅部颇感忧虑。他们担心内阁的更迭会出现国策执行上的空白状态，导致预定的作战准备摇摆不定。但是有一点他们是相信的，那就是不管谁出来组阁，都必须接受军部提出的开战要求。尽管这一点毋庸置疑，可万一选出来一个死活都不想打仗的内阁，那不还要耽误工夫把它推翻吗？后来的事实证明，军部的担心纯属多余。

按照惯例，产生新任内阁首相的顺序是首先召开重臣会议产生候选人，然后把候选人上奏天皇，如获批，则候选人入宫觐见接受天皇勉励抚慰，听一些冠冕堂皇的话，然后任命下达，新首相开始组阁成立新一届政府。从过往的经历来看，第一步产生候选人是最重要的。

在首相推选过程中，内大臣是一个关键的角色。内大臣是天皇的代言人，其责任范围几乎无限大，又不能过多抛头露面。国家事务主要由内阁总理大臣负责，内大臣虽然只是向天皇提出建议，但实际上发挥着决策者的作用，他的意见将直接影响天皇。

以前向天皇提出候选首相人选的是四世重臣，德高望重的西园寺公望。自1940年11月西园寺去世之后，这一任务就落到了内大臣木户幸一头上。木户幸一是著名的“明治维新三杰”木户孝允的孙子。孝允辅佐睦仁，幸一辅佐裕仁，“爷爷对爷爷，孙子对孙子”，也算专业对口。木户还是长州军阀的核心人物，有明治第一智将之称的儿玉源太郎的女婿，他的妹妹也嫁给了儿玉的儿子，可谓亲上加亲。他和近卫都是最后的元老西园寺公望的弟子。身材矮小的木户留着两撇小胡子，戴着金丝边眼镜，总是穿着无可挑剔的深色西装，看起来就是一个完美的侍臣。躲在天皇背影里的木户，实际上是操纵木偶的人。和东条英机一样，木户对天皇无比忠诚，以皇室守卫者自居并引以为豪。正如木户自己说的："我之对于天皇，就犹如哈里·霍普金斯对于罗斯福总统一样。"

近卫在向木户提出辞职的同时，推荐皇族的东久迩宫稔彦王出任新首相，还说这一建议东条英机也赞同。木户对此并不同意，他认为在这一敏感时刻让天皇的叔叔参与政治是不明智的。如果陆海军不能协调一致而避免战争，皇族成员就不能出面组阁。现在看来选择战争的可能性很大，战争就有失败的可能，皇族成员组阁就很可能牵连天皇。对木户来说，皇室永远凌驾于国家利益之上。

木户心中此时并没有首相的合适人选，但近卫所说东条也同意东久迩宫的话，让他突然想到了东条。他忽然觉得这个人就挺合适——这真是一个好主意。木户心血来潮，马上向近卫提议由东条英机继任首相。近卫对此颇感意外，这个人选，他以前和木户一样，想都没想过。

人想干一件事时，总会马上找到一大堆理由。在木户眼中，东条"有骨气，没有政治野心，直率，不耍阴谋"，几乎全身都是优点。木户紧接着对这一提议进行了解释："就目前来看，9月6日御前会议的决定看来是必须取消的，这简直就是一个毒瘤。取消这一决定应该在熟悉时局的人领导下进行，因此新首相不能是局外人，而必须是之前参与过辩论的人，这样可供选择的就只有及川和东条了。既然目前的危机是东条一手造成的，而及川又曾对战争结果表示怀疑，看来应该选及川才是。但实际主宰陆军的少壮派军官是不可能接受及川的，如果及川组阁，陆军很可能会拒绝派出陆军大臣，甚至可能酿成叛乱。"

木户接着解释，"东条拘泥于9月6日御前会议的决定，正是出于对天皇的忠诚。因此索性起用东条，利用他的忠诚就可以贯彻陛下极力避战的意图，同时也可以压制陆军的主战派，一旦开战，还可以不连累天皇"。木户忽然对自己一石三鸟的天才想法感到非常得意。事实表明，他与他爷爷看起来很类似，缺少的就是政治眼光。他只是一个对政治似懂非懂的小人物，见识也不过比老酒高出一点而已。

木户认为文官和武官之间没有严格的界限，历史上有很多伟大的军人最终成为杰出的政治家，也有不少伟大的政治家最终成为杰出的军事将领，比如拿破仑、格兰特。在这乾坤一掷的关键时刻，实际上是木户决定了日本的命运。他任内的最大“贡献”，就是推荐了两个把日本带向战争的首相——近卫文麿和东条英机。30年后，木户回忆起当时的情景时说，他推荐东条也是出于无奈。按照当时的形势，战争已不可避免，要制止战争，也只有鼓吹战争的东条能够做到，就是俗话说的“以毒攻毒”。

“东条内阁……”听了木户的解释，近卫顿时觉得木户的主意不失为一个好办法。他对木户的建议表示了认同：“我想他不至于一当上首相就推动战争。如果能得到天皇的劝导，他将会更为谨慎。那就召开重臣会议讨论一下吧。”

10月17日13时10分，决定继任首相候选人的重臣会议在皇宫西备用间召开。所谓的重臣，基本上就是那些曾经出任过首相的人。参加会议的7个人分别是：第二十三任首相清浦奎吾、第二十五任和二十八任首相若槻礼次郎、第三十一任首相冈田启介、第三十二任首相广田弘毅、第三十三任首相林铣十郎、第三十六任首相阿部信行、第三十七任首相米内光政。其中阿部是陆军大将、冈田和米内是海军大将，军人出身的前首相超过半数。由此可以看出军人地位的显赫。

除此之外，参加会议的自然不能少了担任会议主持的内大臣木户幸一，另外一个就是枢密院议长原嘉道。本来三次出任首相的近卫文麿也应该参加，他此时已经由首相变成重臣。他还必须向会议解释辞职的原因。

近卫以身体状况不佳为由拒绝参加会议，只是派人送来解释辞职的文件，由木户在会上代为宣读。这似乎对已经91岁，从遥远的热海被夫人、主治医生和护士抬到会场的老爷爷清浦奎吾有点不敬。大家对近卫也有些不满，都下台了，还摆什么臭架子？只有木户清楚其中的原因。近卫之前已经接受木户让东条出面组阁的建议，而他的内阁恰恰是被东条打倒的。要亲自去赞美那个刚刚打倒自已的人，对于刚刚卸任的近卫来说，也实在有点难。

相比于联络会议和御前会议的庄严肃穆（那些会议的发言顺序和会议决议

往往是事先拟定好的），重臣会议就显得轻松许多，毕竟参加会议的都是一帮离退休干部，发言也相对自由。大家先是瞎扯，诸如美日是否会开战，最近的经济形势，石油不够用，等等，聊了半天，才逐渐转到正题上。

“我经过多方认真考虑，认为最合适的人选是海军的伏见宫大人。”最先表态的是九一八事变中著名的“越境将军”林铣十郎。伏见宫4月刚刚从当了8年的军令部总长位置上退下来，是绝对的强硬派。林大将指出，“如果真要和美国开战，海军才是战斗的主力。如果决定不开战，也只有伏见宫大人才能压制住陆海军中的少壮派军人”。

木户当即表示反对，理由和之前反对东久迩宫亲王一样。“我不赞成。抛开伏见宫大人作为海军将领对政治一无所知不说，在此决定战与和的关键时刻不能让皇室的人参与，这可能会影响到天皇。”最后他补充道，“皇室成员只能在和平时期参政。”

“那内大臣的意见呢？”说话的是若槻礼次郎。

“我觉得东条英机就是合适的人选。”木户抛出了自己事先和近卫商量的结果，“东条充分了解时局的来龙去脉，同时是绝对忠诚于天皇陛下的人。目前这种状况，只有他能够压制和控制主战的陆军，并使陆军、海军之间能相互协作。”停顿了一下，木户接着说：“华盛顿那边也一直说，由一个文官出身的日本首相做出的任何保证都是毫无用处的，因为日本陆军会阻止他遵守这种保证，东条也是一位善于处理日美谈判的人物。”老酒真不知道木户最后这句话的理由是什么。

木户提出的是大家之前谁都没有想到的人选，会场一下子静了下来。

眼看冷了场，木户只好补充道：“东条具有很强的执行力，在此非常时期足以肩负重任。”

“我曾经听说有人要推荐东久迩宫大人，但我认为东条也是不错的人选，他毕竟是现役的军人。”清浦奎吾第一个表示赞成。

若槻礼次郎却不这么认为：“我觉着宇垣一成比东条更合适一些。不过这样的话陆军一定不会同意吧？”宇垣一成在第一次世界大战后曾主持过著名的“宇垣军缩”，裁减过陆军的4个师团，把娘家彻底得罪了。在陆军眼中，宇垣是个吃里爬外的家伙，让他组阁的话，陆军铁定反对。陆军要是不派出大臣，他连阁都组不起来，以前他已经有过一次这样的经历了。

“我反对东条继任，他必须承担近卫内阁倒台的责任。”说话的是在“二二六事件”中大难不死的冈田启介，“海军绝对不会允许东条来组阁，我和若槻一样，认为宇垣一成才是合适的人选。”

木户再次指出：“只有东条出任首相，陆军和海军才能真正合作，天皇也才会重新考虑9月6日御前会议关于外交谈判不成就开战的决定。”木户把天皇搬出来，使得这句话对在场的人都产生了巨大的影响力。

广田弘毅忽然发声：“新内阁准备让东条英机兼任陆军大臣吗？”

“是的，我想应该先从军队内部的控制做起。”木户回答。

“这样的话我没有异议。东条兼任陆相就能便于控制陆军中的激进分子。”广田弘毅的这一席话，成为他战后成为唯一被判处绞刑的文官代表的直接证据。

“我也觉得东条还不错吧。”受广田发言的启发，阿部信行也随声附和。

议长原嘉道也说：“我对东条不是非常满意，但也提不出更合适的人选，所以暂时支持这个提议吧。”

清浦、阿部、广田、原嘉道，加上木户本人，赞成东条的人占了大多数。事情稀里糊涂就这样定下来了。这就是日本的所谓“重臣”，他们明明知道东条主战并因此摧毁了试图求和的近卫内阁，但事不关己，高高挂起，反正已经退休了，谁当首相都无所谓。木户自诩为“霍普金斯”，也实在可笑，他比他爷爷和霍普金斯差远了。始终没有查到米内光政在会议上的发言记录。

15时35分，新首相候选人东条英机诞生——这是一个特别的历史时刻，东条英机横空出世，正式走上前台。日本发动太平洋战争已经成为一个时间问题。

一些清醒人士对东条的上台表示了忧虑。比如东条和近卫都赞成的东久迩宫本人，这位亲王对木户向天皇推荐东条大惑不解，认为此人是“如此好战”，天皇又怎么能轻易表示同意呢？

让东久迩宫颇感意外的是，极度信任木户的天皇认可了重臣会议的推荐。他告诉木户：“没有磨难就不会有收获，你说是吗？”这句话来自中国的俗语“不入虎穴，焉得虎子”。这里的虎穴指的是军部，那里有一群叫嚣着要求开战的军人，虎子当然指与美国达成和平。

此时的东条还一无所知。他正忙着把自己在陆相官邸的私人物品搬回家里，此时还在担心近卫内阁倒台是否会遭到天皇的训斥，将会调他去何方。陆军省的人都知道皇宫正在召开重臣会议以确定继任首相的人选，但没人想到首相就会从他们身边诞生。17 时 30 分，皇宫打来电话，让东条立刻进宫见驾，他将一些可以支持他主张的文件塞入公文包后，匆匆离开了陆相官邸。

原以为进宫定会挨骂的东条得到了意外的惊喜。裕仁授命东条："朕授命卿负责组建新内阁。目前时局紧张，事态严重，此时你应该切实把陆军和海军紧密团结起来。我随后会召见海军大臣跟他再说一下。"按照惯例，被提名者一般都要谦虚一下，说一些谢谢陛下，自己能力不足，给点时间让臣考虑一下之类的客气话。但因为之前绝对没有料到，东条愣在那里，连这些话都忘了说。等了半天，不见东条客气，裕仁只好主动说："我们会给你一些时间，让你好好考虑一下。"

就在东条回到西备用间休息时，海相及川奉诏进宫。天皇将及川叫到面前，要求海军务必与陆军紧密合作。

及川回到西备用间和东条会合后，木户内大臣紧跟着走了进来："我来传达陛下的旨意。"东条和及川马上起立立正。"陛下希望新内阁能尽快决定今后指导国家的基本政策，把陆军和海军紧密地团结起来。新内阁不必拘泥于 9 月 6 日御前会议的决定，要彻底分析内外时局，重新慎重考虑。"这便是今后要多次提到的"收回成命的御旨"——史无前例。过去从没有过天皇撤销御前会议的决议。东条受命要"还原到白纸上去"，重起炉灶，与美国议和。

自己摧毁了第三次近卫内阁，天皇不但没加怪罪，反而下令让自己组阁，东条对此可谓感激涕零。他的脑海里立即浮现出裕仁吟诵明治天皇亲笔诗的情形。他知道自己正面临崭新的生活，从今天开始，他必须以一个文官而不是一个军人的身份来思考问题，要按照天皇的旨意谨慎行事。他发誓要用新的座右铭来约束自己的言行，那就是"以吾皇为吾行动之借镜"。在东条眼中，天皇生来就公正无私，不属于任何阶级的，只反映国民的利益。目前他要做的就是遵从圣意为和平做出最后的努力，这是三天前东条还在逼迫近卫做出决定的问题，现在轮到他自己重新做出相反的决定。

在往届日本首相中，我们最熟悉的可能就是这个东条英机，原因就是他恰恰在太平洋战争开战前就位，在战争最关键的1941年至1944年掌舵，在战争进入不可挽回的绝境中下台。战后，东条和希特勒、墨索里尼被并称为“二战三大元凶”。其实比起那两位，老酒认为东条英机稍稍有些名不副实。

1884年12月30日，东条英机出生在日本岩手县的一个武士家庭，出生不久便举家迁往东京，所以说也应该算是城里人。其父东条英教，前文多次提到，是日本陆军大学的“首期首席”，是牛人中的牛人。据称，东条英教是日本陆军中能够看懂克劳塞维茨《战争论》的第一人——第二个就是“昭和三大参谋”之首石原莞尔。东条英教参加过甲午战争和日俄战争，在战争中的表现很好地诠释了“高分低能”这一词语。由于没有特殊的战功，加上长期受长州藩派系的压制，其最高职务只干到少将旅团长，退役时才被安慰性地晋升陆军中将。东条英机是英教的第三个儿子。前两个儿子出生不久就相继夭折，因此东条英机被郁郁不得志的父亲寄托了毕生未酬的壮志和希望。

为了儿子的教育，东条英教可说是煞费苦心。他强迫在贵族学校就读的东条英机自带饭盒徒步上学，聘请武士传授儿子武术。这样的教育使得东条英机自幼就立志成为一名帝国军人，驰骋疆场为天皇效命。少年时代的东条英机不是省油的灯，对学习丝毫不感兴趣，却以调皮捣蛋著称，在小学时期就赢得“打架王”的美誉。

1899年，东条英机进入东京地方陆军幼年学校学习，同学中就有同样大名鼎鼎的土肥原贤二。东条英教的出类拔萃似乎带走了家族的所有灵气，他的高智商没有遗传到儿子身上，资质平平的东条英机在校成绩非常一般。和其他陆军将领的经历类似，1904年5月，21岁的东条英机进入陆军士官学校第十七期，翌年4月以陆军少尉的身份参加了日俄战争。其间看不出东条有任何过人之处。

为了进入陆军部最高学府“陆大”深造，东条整整考了三次才如愿以偿。就这还有人说，是“陆大”最后实在看不下去了，看在他爹“首期首席”的面子才破格录取的。老酒窃以为，这很可能是有人故意出息他，凭东条能干到陆军大臣、内阁首相的能力，想考个首席或军刀组有点难，但考上“陆大”还是问题不大的。1915年，东条从“陆大”第二十七期毕业时已经31岁，距离他走出“陆士”已经整整10年。

“陆大”毕业后的东条进入了陆军省，接着被外放任日本驻德国使馆武官。要知道，日本陆海军中只有出类拔萃的青年军官才会获得外放镀金的机会，所以过分强调东条的平庸不一定合理。与东条一起外放的还有其同龄人山本五十六，不过山本是到美国使馆当的海军武官。在德国，东条有幸和永田铁山、冈村宁次、小畑敏四郎结识，成为“巴登巴登”四人组的一员，从此崭露头角。由于和永田铁山的观点近似，东条在永田被刺后，逐渐成为“统制派”的核心人物之一。

从欧洲回国后，东条先后当过陆军大学教官、陆军省军务局参谋等职。1929年8月，东条45岁时才成为步兵第一联队的大佐联队长。说大器晚成都实在勉强，晚也不能晚成这样啊。1931年8月，东条到参谋本部任整备局动员课课长。1933年3月，49岁的东条终于晋升为陆军少将。当时的陆军省军务局局长、“统制派”总瓢把子永田铁山以其敏锐的洞察力，说了一句足以让东条受用终生的话：“东条君是肩负大日本帝国陆军未来的扛鼎人物。”获得永田如此评价，东条欣喜若狂。

永田铁山被刺，没有成为东条英机后来平步青云的提携者。日本陆军内部对东条的看法，可谓毁誉参半。东条短于思考，长于行动，办事雷厉风行，以永田铁山为代表的一类人对其干练果断的执行力赞誉有加。但更多的人却对其思想能力提出质疑，其中最具代表性的人物便是被誉为“日本第一兵家”的石原莞尔。在石原眼中，东条不仅无德，而且无能。俗话说“仇人眼里出东施”，石原甚至连东条的相貌都难以忍受，背地里说东条的坏话那是张口就来。石原对东条的评价是：“他的能力只能保管好仓库里的20挺机关枪，超过20挺就无能为力了。他能不厌其烦地把所有资料全部记在笔记本上，但如何运用这些笔记的内容，就超出了他的智力范围。”石原曾当面讥讽当时已经晋升陆军中将的东条英机为“东条上等兵”，引得周围的人无不像石原的名字那样“莞尔”。战后东京审判时，盟军检察官问石原是否曾经和东条意见对立，石原的回答是：绝对没有，东条根本就没有自己的意见，和没有意见的人怎么可能发生意见对立？将两人的素质和经历做一对比可见，石原拥有谋略却缺乏机遇，东条办事干练却缺乏谋略。

相对于石原的恣意妄为和不修边幅，东条永远是一脸严肃，衣帽整齐，可谓站有站相，坐有坐相。日本陆军元老级人物宇垣一成与东条素来不睦，日本战败投降后，他曾经回忆说：“提起东条，我印象最深刻的就是他那一本正经的样子，动不动就拿出笔记本不停地记这记那，根本就无法想象这样一个人竟然也能当上一国的内阁总理大臣。”看来，石原“东条上等兵”的说法并非完全没有知音。

东条还真算有自知之明。青年时期的他就曾经说过：“我并不聪明，除非我特别努力，否则我不会成为伟人。”在成为高级将领后，他又说：“努力和勤奋是我终生的朋友，因为我只是一个平凡的人，不具备卓越的才能。”尽管资质并不出众，但东条相信“天道酬勤，勤能补拙”，无论做什么事情都兢兢业业、殚精竭虑。这样的人显然是缺乏个人魅力的。他对自己的要求就是遵守纪律和效忠天皇，他要求别人也必须这样做。他的名言就是：“军人每天的二十四小时，包括吃饭和睡觉在内，都在为天皇效忠。”他还有一句更著名的话：“天皇不是人，是神！”初听有点像骂人。

东条生活自律，为官廉洁，不抽烟不喝酒，也没有传出过任何绯闻，任用部属均以能力和经验为标准，放在当今，绝对是官员的楷模。他追求平等，鄙视裙带关系，反对特殊化，喜欢与下属吃一样的饭菜，对细节的关注几乎到了神经质的地步。东条最为人诟病的就是他的笔记强迫症。他每天都要在 3 个不同的笔记本上记录自己经手的所有事件，还按照时间对这些笔记小心翼翼地归类整理，梳理出哪些事情是正在做的，哪些已经结束，哪些需要向上级汇报，哪些要向下级训示。整理这些资料，东条从不要任何助手帮忙，这是他每天生活中必不可少的一部分。据说他在外驻军时，连给夫人的家信都要认真进行编号，以方便管理，防止丢失。在当了首相之后，他经常在早上抽时间去检查路边的垃圾箱，看看里边有没有鱼骨头，借以观察日本民众是否吃得好，是否有人在铺张浪费。对于东条的做法，有人赞赏，认为他是关心民众疾苦的亲民首相；也有人反感，认为他是在作秀，讥讽他为“垃圾首相”。

东条可以是一个杰出的行政官，却不是天才或目光远大的政治家和军事家。他的身上有很多普通人的缺点。他不邪恶，但小肚鸡肠、睚眦必报，对外界的批评非常敏感，会严厉报复那些批评他的人。有一次，军事参议官西尾寿造大将在回答记者提问时随口说了句：“这个事情我不知道，你去问那个每天早上翻垃圾箱的家伙吧，他清楚。”这显然是在讽刺东条，西尾很快就被打入了预备役。东条在和平年代可以是一个很好的官吏，但显然缺乏领导人能力和气质。借用咱们的一句古话，东条可以是“治世之能臣”，却无法成为“乱世之奸雄”。他可以当好一个执行力很强的市长，却当不了一个正确把握全局和方向的市委书记。

1934 年 3 月，东条回到母校陆军士官学校任教官，随后先后任职于步兵第二十四旅团和第十二师团司令部。东条是如此默默无闻，受忽略的程度甚至到了在第十二师团上不上班都没人关心的地步，师团连办公桌都未给他安排。如果是老酒，那就真美到姥姥家了，可以专心写帖子，还有人发钱。但东条的志向绝非老酒可比。1935 年 9 月，受尽委屈的东条受命到关东军当宪兵司令官。堂堂陆军少将去管宪兵，就像野战军干了武警、警察一样，一般人都嫌丢人。可东条不这样想，他不但欣然就任，还凭着强烈的责任心闯出了一片新天地。

在东条到任之前，关东军的宪兵队不到 200 人，基本上属于一支“舅舅不疼，姥姥不爱”的边缘队伍。在东条的苦心经营下，短短一年时间里，这支队伍的规模就扩大到了千余人，成为由他亲自编织和控制的势力网。东条还通过实施警宪统一等办法将伪满民政部的警察、日本领事馆的警察和关东厅的警察置于宪兵司令部的统一指挥之下。东条的这一“剃刀”作风，使得关东军内部许多对他持怀疑态度的人都刮目相看，也大大提高了他在关东军中的“威望”。

1936 年，“二二六事件”为蹉跎半百的东条提供了飞黄腾达的绝佳良机。“二二六事件”的消息传到满洲，关东军内部一片混乱，“统制派”和“皇道派”争论不休，局势随时面临失控的危险。东条从法治观念出发，认为这种“下克上”是绝对不可饶恕的。已经成为“统制派”中坚力量的东条危难之时显身手，当即声明支持平叛，并迅速利用其掌握的宪兵队伍对“皇道派”成员进行拉网式的大搜捕，在极短的时间内将关东军中所有的“皇道派”军官一网打尽。东条还不失时机地向天皇和军部发出通电，表明关东军坚决反对“兵谏”的立场，誓死支持和效忠天皇。东条的果断行动与东京的“平叛”行动遥相呼应，使“统制派”牢牢控制了这支“皇军之花”。凭借此次惊艳表现，东条赢得了天皇和军部上层的侧目。1936 年 12 月 1 日，东条晋升为陆军中将，并于翌年 3 月接替板垣征四郎坐上关东军参谋长的宝座。后来有评论家称：“从东京被踢到关东军对他来说，就像一个人掉进阴沟却捡到了一块金表一样。”

七七事变爆发之后，日本内部立即形成了强硬派与谨慎派两大派别，东条当然属于强硬派的中坚分子。战事扩大后，东条积极组织了对华北察哈尔地区的进攻，他率领的兵团也被称为“东条兵团”。听着很唬人，其实也就一个旅团加一些辅助部队而已。尽管兵力只有区区数千人，但东条凭借其“闪电战术”，竟然取得不俗的战功，迅速击溃数万中国守军，占领整个察哈尔地区。“东条兵团”在华北的行动成为关东军作战史上鲜见的亮点，连石原莞尔都给予有限的认可。当时的陆军省次官梅津美治郎对此禁不住赞叹：“关东军在华北取得的不朽功勋，实得力于干练果断的东条参谋长。”察哈尔之战带给东条英机的不仅仅是名声，也是对其作战能力的肯定。大本营为此向东条颁发了七七事变后侵华战争第一枚二级“金鸦勋章”。战场上的战绩，可不是像老酒这样动动嘴皮子就能吹出来的，此举更说明了东条绝非传言中的等闲之辈。

1938 年 5 月，板垣征四郎出任日本陆军大臣，东条英机取代梅津美治郎出任陆军次官，第一次进入了国家决策中枢。1938 年 8 月，中苏边界发生“张鼓峰事件”，板垣征四郎因此被天皇骂得狗血喷头。板垣也实在是有点冤枉，事实上主张“对苏中两国同时正面作战”的正是作为陆军次官的东条英机。1938 年 11 月 28 日，东条次官对外宣称日本要“对苏中两国同时作战，同时也准备同英、美、法开战”，快赶上慈禧老太太了。狂言一出，举国哗然，东京股票市场“飞流直下三千尺”，连战争狂人云集的参谋本部都无法忍受东条如此激进的观点。东条无奈下台，改任陆军航空总监。

1940 年 7 月，近卫文麿再次出山组阁，东条被起用为陆军大臣。1941 年 1 月 8 日，就在明治天皇颁布《军人敕谕》60 年之后，陆军大臣东条英机发布了《战阵训》。这部由今村均中将和岩畔豪雄大佐编制的“名作”，堪称昭和时代的《军人敕谕》和《教育敕语》，意在进一步对官兵灌输效忠天皇的思想，激发他们孜孜以求的自律品质。在文中，东条要求全军“攻必克，战必胜，勇往直前，百事不惧，沉着大胆，处理难局，坚忍不拔，以克困苦，突破一切障碍，一心为获得胜利而迈进”，号召全体官兵为天皇敢于战死，发扬武士道精神，“生而不受俘囚之辱，死而勿遗罪祸之污名”。《战阵训》中的“生而不受俘囚之辱”，是日军很少投降成为俘虏的主要理论依据。尽管当时日本严重缺纸，很多刊物停办，但《战阵训》被大量印刷成册，发给每一个士兵，普通民众也能在街上买到东条英机背诵《战阵训》的留声机唱片。

其后的经历前文已有所述，东条以“绝不从中国撤军”以及“尽快与英美开战”逼迫近卫第三届内阁倒台，大器晚成的东条意外走上前台。

相比同时代那些政治家，如罗斯福、丘吉尔、斯大林、蒋介石、希特勒、墨索里尼等，东条的背景和经验都相对浅薄，对世界的认知和了解更是有限。他无疑是其中最逊色的一个。这些人中，只有他在战争中途就被赶下了台——罗斯福逝世和丘吉尔下野时，战争大局已定。

除了能力的欠缺，东条还要与日本冗长、烦琐的决策程序做斗争。东条既不能像希特勒和斯大林那样一言九鼎，又不能像丘吉尔和罗斯福那样依赖民意。日本军政分离，陆军、海军又代表两个独立的对立集团，军种之内还有派系之争，意见和利益经常发生冲突。理论上天皇是最高统帅，但事实上他作为一个偶像几乎没有主动决策的能力，这也导致日本战时政府中没有一位真正的决策者来高瞻远瞩，一锤定音，更无法形成目标明确的统一大战略。这种情况属于长期自然形成，东条根本无力改变。就在东条组阁之时，日本陆海军的全部战争计划已制订完毕，帝国命运已完全掌握在军人手中。如果将当时的形势比喻成一颗定时炸弹的话，东条不过是引爆炸弹的引信而已。别说是能力并不出众的东条，就是西条、八条、幺鸡一起上，也同样如此。

东条不能被称为一个独裁者。他是被天皇挑选当上首相的，接受任命的前一刻，他还以为自己要被解除职务和面临惩罚。后来的战争进程，他照样无法把握。中途岛海战过去很久，东条才知道海军失去了最好的 4 艘航空母舰。1944 年，塞班岛失守后，失去天皇信任的东条连一点反抗能力都没有，只好背起行李黯然回家。没有希特勒的德国和没有墨索里尼的意大利肯定大不一样，但是没有东条的日本，不会有什么变化，甚至可能更加疯狂。

东条有“三大元凶”之名，却没有“三大元凶”之实，至少没有“三大元凶”之能或之权。老酒认为，东条能够“位列三甲”，有搞对称的嫌疑。同盟国这边搞出“三大伟人”罗斯福、丘吉尔、斯大林，轴心国的元凶最好也搞三个，对应起来。希特勒、墨索里尼，还差一个，拿东条英机凑数正好。如果西班牙参加轴心国作战，佛朗哥成了“四大元凶”的话，说不定咱们的蒋委员长也能上榜。

东条英机是左撇子。他对儿子异常严厉，对女儿却十分溺爱。他被国民诟病还有一个重要原因：他鼓励所有人去战斗牺牲，但他的三个儿子没一个从军。

东条上台后，参谋本部的《机密战争日志》中这样写道："虽然任何情况都可能发生，但是新内阁注定是一个战争内阁。开战，开战！此外没有陆军能走的路！"

最后的外交努力

离开皇宫之后的新首相东条英机没有立即返回自己的陆相官邸，他第一站去了明治神宫，第二站是东乡神社。在追忆了东乡平八郎海军大将的丰功伟绩之后，最后一站东条到了靖国神社进行拜祭，为自己的"不妥"之处表示"歉意"。

1941 年 10 月 18 日 15 时，日本第四十任首相东条英机向天皇呈交了新内阁的成员名单，改变日本历史命运的东条内阁就此诞生。此时，距太平洋战争爆发仅仅剩下 51 天。

时局紧迫，之前的陆军三长官会议决定由东条继续兼任陆军大臣。杉山参谋总长起初考虑长期兼任似乎不妥，但后来觉得暂时可以试一试。按照日本陆海军的规定，现役军官必须服役"定年"后才能晋升，规定的"定年"是中将四年、少将三年、佐官两年。1936 年 12 月 1 日，才晋升陆军中将的东条，离五年还差 40 多天，不具备晋升大将的基本条件。但杉山参谋总长提议特殊时期要办特殊之事，对于东条应作为特例予以晋级，如果当上首相，连个大将都弄不上，也实在不够意思。都是陆军自己人，大家纷纷表示赞成。这样，东条四喜临门，以陆军大将身份同时身领首相、陆相、内相之职。

即使在之前曾经无比强硬，也曾对近卫说过"眼睛一闭跳下去"的话，但真轮到自己跳的时候，东条还是把眼睛睁开了。他也清楚，日本一旦与美国开战，胜算甚微，裕仁也要求东条想尽办法"避免与美国的战争"，重新为和平做出努力。对天皇无比忠诚的东条下决心按裕仁的要求去做，在有限的时间内迅速扭转局面。目前要做的第一件事，就是尽快恢复早已陷入僵局的美日会谈。

新内阁的海军大臣变成了岛田繁太郎海军大将。选择岛田，除了他和伏见宫博恭王关系密切之外，还在于相比前任及川古志郎来说，岛田更加老实听话。在海军中，岛田以平易近人、和蔼可亲著称。在大家眼里，他似乎一点脾气都没有。伏见宫当军令部总长的时候，岛田在他手下当了多年的军令部次长和作战部部长，对伏见宫可谓言听计从。出任海军大臣之前，岛田离开东京已达4年之久，以前也从未接触过政治，说实话，根本就不是海军大臣的料。海军省千早正隆中佐对此曾说："岛田大将是一个具有东方式英雄特征的人，十分粗糙，缺乏周密的思考和明确的责任感。"战后，日本的海军参谋们曾有这样的说法："山本五十六和岛田繁太郎安反了位置。"意思是说，岛田应该去当联合舰队司令官，而山本则应该来当海军大臣，这样才适得其所。个人没什么主见的岛田是一个随大溜的附和者，一遇到问题就会立即去找同样毫无见识却积极主战的伏见宫。岛田和及川的更替，验证了中国的一句老话：老鼠下崽，一个不如一个。

裕仁曾经指示陆军出身的东条要努力搞好与海军的关系，东条也认为保持陆军与海军的团结非常重要，因此上任伊始就邀请岛田海相一起去参拜靖国神社，以便在国民面前表示出陆军与海军之间的"亲密关系"。这样明显作秀的活动当然不会少了记者随行，很快，两人共同参拜的照片就出现在各大媒体的头版头条。岛田顾虑到东条是首相兼任陆军大臣，在参拜时故意向后退了一步，没有敢和东条并列，因此在照片上就给人一种海军大臣追随陆军大臣的印象，岛田也由此得了一个"东条副官"的雅号。海军对陆军本来就是一肚子意见，现在自己的领导又成了人家领导的副官，心里是说多难受就有多难受。此举伤害了海军的感情，也进一步加深了陆军与海军的矛盾，算是弄巧成拙。

本来水平就有限，整天闭着嘴不说话的前海相及川还没有好好跟岛田交接。他告诉岛田，所有的文件都在柜子里，想看自己看去，然后就挥挥手，飘然而逝，回家研究《论语》去了。岛田翻看了那些文件，才了解了7月2日和9月6日两次御前会议的内容，异常震惊。就在这时，他接到了"海兵"同班同学山本五十六大将的一封信件。山本请求老同学，不能像他的前任及川那样随波逐流，必须担起海军大臣的责任，尽一切可能避免与美国进行一场毫无胜利希望的战争。信的结尾说，"当然做出这样的努力需要忍受难以言表的苦衷，还需要非凡的勇气和信心"。山本此举纯属死马当活马医，他非常清楚他的同学缺少的恰恰正是这些。唯一值得庆幸的是，岛田内心是反对与英美开战的，至少还不至于跳出来主战。

新内阁中，外相东乡茂德和藏相贺屋兴宣也都属于反战派人士。本来如果决心对英美开战的话，就是让老酒去当外相也不耽误事，但东条还想遵从圣意，通过外交来打开局面，至少也要将外交作为掩盖战争的手段，所以还是选择了外交经验丰富的东乡茂德。

新外务大臣兼拓务大臣东乡茂德，大家并不陌生，之前已经多次露脸，尽管大多是跑龙套的角色。比起前任丰田贞次郎来说，满头白发的东乡担任外相的确是合适和明智的选择。东乡是日本第二次世界大战期间经验丰富的职业外交家，在任驻苏大使期间，曾强力协调苏联停止对蒋介石的援助未果。他在日本终战投降前还要再次出场，恰好又构成了一个“圆满”。

在美国驻日大使格鲁看来，东乡属于冷酷的“超缄默型”。他不同于大多数外交家善于隐瞒自己的真实观点，而是坦率直白、直言不讳，给人有粗鲁之感。东乡娶了一个德国寡妇，也曾经研究过德国文学，但他不喜欢纳粹，不亲美也不亲德。和山本五十六与日本海军之父山本权兵卫没有任何血缘关系一样，东乡茂德和东乡平八郎也是八竿子打不着。他的先祖是姓朴的朝鲜人，作为陶工在16世纪被劫掠到日本。接到东条的邀请时，东乡一开始坚辞不就，坦率表示，“如果陆军方面继续对中国驻军问题采取强硬态度，外交交涉难以进行”，他认为陆军必须在中国驻军以及其他问题上“做出真正的让步”。东条表示，这些都不是问题，“包括中国驻兵问题，将就日美交涉的诸问题予以重新考虑”。得到承诺的东乡才答应重出江湖。

选择东乡茂德出任外相，等于同时释放出一种信号，因为东乡始终如一地致力于改善日苏关系，他的任命显然是为了向苏联表示和解的一种姿态，也是日本不打算联合德国进攻苏联的一种暗示，这是华盛顿十分关注的问题。不仅如此，连新外务次官西春彦也是日苏问题专家，曾经在苏联待过多年。

在“二二六事件”中被刺杀的高桥是清，曾经8次出任大藏大臣，但他遇到经济难题时都会以大臣之身屈尊去找手下一个年轻的小会计商量对策，这个年轻人的名字叫贺屋兴宣。有“理财圣手”之称的新藏相贺屋前边也露过脸。虽然并不是海军军官，贺屋却赞成海军中“条约派”的基本观点。伦敦裁军会议上代表大藏省参加会议的贺屋，因为赞成裁军差点被代表海军省的山本五十六打耳光。近卫第一次内阁时贺屋就是大藏大臣，他成功打造了中日战争时期的日本战时经济。

10 月 17 日夜，东条打电话力邀贺屋再度出山。贺屋知道，日本一旦对美开战，经济肯定陷入崩溃，此时出任大藏大臣无疑充满风险。他开门见山地问东条：“我是反对与美国开战的，你是否打算对美开战？政府经常以不扩大战争为方针，但军部总是一意孤行，不断扩大战争，如何控制军部我行我素的做法？”东条毫不含糊地回答：“我奉皇命组阁回避战争，作为日本军人，我绝对不会违背圣意。我发誓一定尽力压制军部的主战势力，力争和平，只要我兼任陆军大臣，就一定能够控制住军部。”贺屋还是不相信：“当初‘满洲事变’和‘中国事变’的时候，政府开始都是不赞成扩大的。但统帅权是独立的，军部当时听政府的吗？最后不照样都扩大了吗？”东条再次向贺屋承诺：“不允许陆军违反内阁的意愿来发动战争。”可惜说到的不一定能做到，东条显然小觑了军部的力量。在战后东京审判中，东条坦承，“最高统帅部的独立性是日本毁灭的主要原因”。

贺屋还不放心。尽管放下电话时已经是仲夜，他还是给刚刚下台的近卫文麿打了电话。近卫劝他接受邀请，鼓励他为实现和平而努力。贺屋这才最终答应入阁，管理国家的经济。

尽管主观上并不赞成战争，但之后贺屋独创的一系列财政政策使日本避免了战时经济的崩溃，可谓是日本的“萧何”或“李善长”。一直到了战后的 1963 年，贺屋还担任过日本的内阁法务大臣。一件小事可以说明贺屋的牛 ×。战后，东京巢鸭监狱被美军交还日本管理，战犯的伙食一下子差了下来，提抗议得到的回答是“没有钱，大藏省不给预算”。贺屋作为甲级战犯被关押在这里，亲自找他原来管的大藏省交涉，回答还是“真没钱，做不出来预算”。贺屋兴宣大怒：“八嘎！把预算拿来让老子做给你看。”结果大藏省还就把预算草案拿到监狱让老长官过目，这位也真就在牢房里穿着犯人服帮大藏省做起预算来——敬业呀。

10 月 23 日 16 时，东条内阁召开了成立以来的第一次政府与大本营联络会议。从此时开始一直到 11 月 2 日，除了东条和岛田作秀去参拜靖国神社停了半天之外，这样的会议连续召开了10次，每次都开得人筋疲力尽。与以前近卫内阁不同的是，大藏大臣贺屋和企划院总裁铃木贞一也都参加了会议。

第一次会议上，军令部总长永野修身和参谋总长杉山元分别就海军的状况和陆军进驻法属印度支那南部后的战况做了说明，强调了统帅部对政府的相关要求。

杉山："9月6日的御前会议已经决定军事与外交并举，一旦外交不能打开局面就付诸军事，此事久拖不决，已经超过了一个月。我们必须立即进行作战准备，不能再花费四五天时间来开会扯皮了，应该尽快做出决定。"杉山甚至威胁性地暗示，在陆军少壮派军人中，充满了东条背叛陆军的声音。

永野："现在已经是10月了，海军每小时都要消耗400吨石油。形势紧迫，下一步如何办，要尽快确定。"

参谋次长塚田攻："美国的意图很明显，他们已经计算了我们石油的不足，因而故意在拖延时间。如果这样下去的话，我们最后只能落入投降的境地。首相，外交已经没有任何余地了。"

以前都是东条坐在下边逼近卫，现在东条坐到了近卫的位置上，从施压者变成了受压者，也终于理解了近卫的苦衷。东条解释道："我能理解最高统帅部为什么如此紧催。不过政府还是要小心地、负责地把问题重新研究一下，因为海相、藏相和外相都是刚刚上任，在外交上日本还有多少让步的余地。"

新藏相贺屋兴宣列举了一系列数据，试图利用经济因素来阻止开战。负责物资组织和调配的企划院院长铃木贞一也用更加详细的数据对美日两国的差距进行了解释。但铃木随后却做了一个模棱两可的说明："预计一年之后日本的石油储量将剩下255万吨，第二年年底为15万吨，第三年年底7万吨。按照上述数字来说，战争十分困难，但也不是说就不能打。"不知道身为陆军中将的铃木说的仅仅依靠7万吨石油的仗，是怎么打的。

铃木和东条、近卫都是好朋友，东条一直以为铃木会支持他反对战争。他对铃木的表现略感失望。作为唯一活到平成时代才咽气儿的甲级战犯，1989年，铃木去世时已经101岁。1981年，他曾对媒体解释赞成开战的原因："我当时很沮丧，也感到很压抑，似乎他们已经决定了开战，我的任务只是拿出支持这一决定的数据而已。我内心反对开战，但是我无法说出来。”这就是所谓的日本精英政治家，连明确表达自己的观点都不敢。

外相东乡说话历来是开门见山，他提出：“日本与英美的战争几乎没有任何胜利的希望，我们必须为此做出最大的让步，包括从中国和法属印度支那撤军。外交努力依然要放在首要位置，为了争取和平做出这样的牺牲是值得的。我的意见是立刻撤军，越快越好！”东乡同时提醒，欧洲的战争形势已经发生了微妙变化，希特勒在莫斯科郊外已经停止了攻击，盟友德国能否在欧洲迅速获胜值得怀疑。

东乡的话，一石激起千层浪，立即引来了大家的一片指责。马上有人反驳道，这样的话，日本很快会沦落为一个三流国家，任由西方列强随意欺凌。

果真是不当家不知道柴米油盐贵，当初在近卫内阁时对于撤军绝不做丝毫让步的东条挪了屁股之后，态度似乎有了改变，他提出了一个以前近卫多次向他提过的问题：“能否用有条件的撤军来同美国进行交涉？”

现在好像是进行了交叉换位，原来主战的东条变成了主和的近卫，而杉山变成了原来主战的东条。杉山立即站出来说，陆军反对在撤军问题上做任何让步。

东条比近卫好一点的地方就在于他是现役的军人，还兼任陆军大臣，对陆军有着近卫所没有的影响力。在东条的坚持下，与会者开始了关于从中国撤军期限和区域的讨论。东条初步提议能否在 5 年内撤军。大家就开始漫天开价，有提 25 年的，有提效仿英国、葡萄牙在香港、澳门的租借期限 99 年的——要真那样，鬼子今天还没撤走哩。会议最后形成如下结论：如果美国要求日本提出从中国撤军的准确期限，日本计划在 1966 年之前，也就是 25 年之内，从满洲、内蒙古和海南岛撤出，其他地区在日本与中国达成协议后两年内全部撤军。至于法属印度支那，待该地区实现和平以及中国问题解决后全部撤军。

在 10 月 30 日的联络会议上，与会者决定绝不放弃《三国同盟条约》，对赫尔的四项基本原则也不愿意认可。东乡对此表示强烈不满，认为政府应该暗示接受四项原则，让美国看到日本渴望和平的意愿。在以上要点的基础上，会议初步形成下一轮对美谈判的两个方案——《甲案》和《乙案》。

《甲案》的主要内容是：

一、承诺国际通商的无差别原则。

二、日本自主决定和解释德、意、日三国同盟。

三、同意在1966年之前撤走在中国的包括防御共产主义部队在内的全部驻军。如中日双方达成协议，除中国满洲、内蒙古和海南岛之外，其他地区的日军在两年内撤走。

四、尊重法属印度支那的主权和领土完整，当中日两国恢复和平或当“中国事件”圆满结束时，日本军队将从法属印度支那撤出。

《乙案》的主要内容是：

一、日美两国都不得武力进入东南亚和南太平洋地区，日本可以把驻扎在法属印度支那南部的军队调往北部。

二、日美两国协力获得法属印度支那的物资。

三、日美通商恢复到资产冻结之前的状态，美国恢复对日本的石油供应。

四、美国不得干涉日本在中国的事务。

会议要求，在外交上首先对美国抛出《甲案》。如果美国不接受的话，再抛出作为底线的《乙案》。

以上内容初步形成《帝国国策施行要领》，并在11月1日的联络会议上做出最后决定。

联络会议召开的头天晚上，东条授意自己的大弟子、陆军省军务课课长佐藤贤了陆军少将私下去会见杉山参谋总长，劝他不要在次日的联络会议上坚持立刻开战。杉山用略带讥讽的口吻告诉佐藤：“请你转告陆军大臣，我唯一可能的回答就是战争。”

就在佐藤游说杉山的同时，东条首相在同一时间约见了海相岛田。已经到了决定死活的时候，岛田还是念念不忘先让我吃顿好饭——强烈要求增加对海军钢铁和其他战略物资的供应，在得到认可后才勉强答应东条，外交和谈可以和战争准备同时进行，这也是第二天东条准备在会议上抛出的第三个方案。

得到佐藤贤了游说未果的消息后，就像以前近卫在开会前首先约见自己一样，东条在会前也约见了杉山，希望能够亲自劝说杉山做出妥协。早上7时30分，杉山总长和次长塚田提前来到了首相官邸。东条告诉二人，他准备在上午的会议上抛出三种方案，即不开战，迅速备战并开战，继续外交并备战。他说海军大臣、大藏大臣和企划院总裁，还有他自己，都是赞成第三种方案的。还没顾上征求外务大臣的意见，估计东乡肯定也是在第一种和第三种方案之间做出选择。东条希望杉山也能选择第三种方案。对自己没有自信的东条，还试图拿天皇来压人，他告诉两人：“如果开战的话，这次战争的规模将远远大于日俄战争，天皇反对放弃外交活动和在南面发动战争。”

任东条说得天花乱坠，杉山稳如泰山，丝毫不为所动。他回答道：“只要美国仍顽固不化，那就既没机会，也无必要继续会谈下去，唯一解决的办法就是战争，我选择第二种方案！”还觉得不过瘾，杉山申斥东条：“你作为一名军人，怎么会站在文官一边？”东条也反唇相讥：“我首先是首相，其次才是陆军大臣，你的意见很难让陛下接受。”东条对杉山的态度非常失望，连他自认为能够控制的陆军都是这个态度，何谈海军？最后，他甚至对杉山说：“如果你有把握，就自己进宫见驾，我不反对。”

参谋本部对东条上台之后磨磨叽叽的做法极为不满，参谋本部在《机密战争日志》中有这样满腹牢骚的记录：“陆相倒阁竟然是毫无目的。事到如今还要继续奉行毫无目标的对美外交，试问动摇战争决心是否对国家有利？陆相到底还有没有骨气？”

参谋本部是铁了心要和美国人作战，10 月 31 日下午的部局长会议一直开到深夜，最后形成的结论是：“必须立即丢掉同美国谈判的念头，12 月初发动战争。今后同美国的谈判只能是伪装外交。”背后站着一群鼓噪开战的狂人，杉山对东条的回答，也实属无奈。

11 月 1 日上午 9 时，决定日本命运的政府与大本营联络会议在皇宫召开——这是自 1937 年侵华战争以来第六十六次联络会议，将就《帝国国策施行要领》草案进行讨论。会议持续了近 17 个小时，成为日本历史上最长也是最臭名昭著的会议。会议结束时，已经过了第二天的凌晨 1 时半。

东条率先抛出了事先拟定好的第三种方案。

一、如果新的提案（甲乙两案）美国不能接受，日本忍气吞声回避战争，接受美国提出的所有条件。

从此卧薪尝胆，韬光养晦，君子报仇，十年不晚。

二、决定开战，并立即执行战时政策。

三、在决定开战的基础上做好战争准备，同时积极进行外交努力。

东条在介绍第三种方案的主要内容后，要求与会者对此进行选择，同时亮明自己的观点："第一种方案是下下策。我个人赞成第三种方案，希望通过外交谈判带来和平。"东条的态度让杉山和塚田感到烦恼和迷惑，这东条怎么越来越像近卫了呢？

杉山参谋总长当即表示："坚决同意第二种方案，除了战争别无选择！我们已经为进军东南亚从本土和中国调集了二十多万人的军队，相比其他战场，这里才是最重要的。如果我们现在让这些斗志昂扬的将士回到原来的驻地，势必大大影响全军的士气。目前的局势是箭在弦上，不得不发！"

军令部总长永野修身敲着桌子说："美国正在日益强化战备，美国的舰队已经进驻太平洋了，而我们却在日渐地衰弱，这个时候不战，更待何时？一旦把选择战争的时机交给美国，我们将永远丧失战争的主动权。现在已经晚了，我可以说，如果五六月就开战的话，我们的胜算要比现在要大得多。"

贺屋马上提出疑问："如果现在开战，日本几年后还有力量继续作战吗？如果我们不挑起战争，美国三年后有可能主动进攻日本吗？你认为什么时间是最好的时机呢？"

永野斩钉截铁地回答："越快越好，最好的时机就是现在！随着美国逐渐缩紧对日本的包围圈并加大对蒋介石和苏联的援助，日本将死无葬身之地。机不可失，时不再来。这才是不入虎穴焉得虎子，置之死地而后生的明路。"他接着转向东条："你是军人，应该很清楚开战时机在战争中的重要性。"永野还列举了一系列数字，如果维持现在的状态继续训练，到 1942 年 7 月，海军的舰船将由于缺乏石油变成一堆堆废铁。

东乡外相已经预料到陆军的强硬态度，却没想到海军开战的欲望也如此强烈。眼看着永野在会上大放厥词，而岛田连个屁都不敢放，东乡假借出恭离开了会场。他让在外边房间待命的首相总领事加藤传次郎立即前往前首相冈田启介海军大将的私邸，请求冈田大将通过吉田善吾和堀悌吉说服海军赞成首相在会议上的发言。

没过多久，加藤就回来了，趴在东乡耳朵边说："他们说海军当局不让外人干涉，他们说什么这些人都不会听的。"东乡瞬间感到如坠冰窖。

杉山参谋总长接着对头一天参谋本部部局长会议做出的结论进行了说明，杉山说："必须立即丢掉同美国谈判的幻想，于12月初发动战争，外交谈判要把重点放在既要把握开战的表面理由，又要隐匿开战的真实意图上，这样做才是妥当的。"换句话说，就是将外交当作隐蔽开战的幌子。

东乡表示强烈反对："要我为掩盖战争去玩弄外交骗术，这简直是荒谬绝伦，我干不了！"看到杉山和永野在一唱一和，主战派的意见渐渐占据上风，东乡气得脸色苍白、双手颤抖："我强烈反对参谋总长和军令部总长的意见。本来就是承诺避战我才答应入阁的。我反对第二种方案，希望就其余两个方案进行讨论。"

相对于瘦削的东乡，略显肥胖的贺屋时常会因为激动而肌肉抽搐，他马上对东乡进行声援："同意东乡外相的意见。在过去的历史中，战前认为有必胜的把握，最后打起来却惨败的例子还少吗？不用说以前，'中国事变'就是摆在面前的现实例子。以前有人说三个月就能解决问题，现在打了四年还是毫无进展，这本来就是一个错误。与美国开战将是一个更大的错误。用一个更大的错误去掩盖原来的错误，只能说是草率而不负责任的行为。现在国民的生活已经接近底线，再这样下去，连国民都无法忍受。如果必须开战的话，不好意思，我立即辞职！"贺屋只顾说自己的，根本不管一边的杉山的脸已经气得跟猪肝差不多了——三个月征服中国，正是他以前当陆军大臣时吹的牛。

贺屋喝了口水接着说："如果战争打到第三年，我们赢得战争的机会仍然很大，那我就赞成开战。我坚信美国主动进攻我们的可能性甚小，目前开战绝非上策。"

永野马上进行反驳："未来是什么？未来是个问号，什么事情都可能发生。《孙子兵法》云，'无恃其不攻'，我们绝不能高枕而卧。我们的现实选择就是立刻开战，以后再也不会有这样的良机！三年后东南亚的形势将很难控制，敌人也会变得更加强大。"

东条颤抖着说："我赞成外相和藏相的意见，因此希望排除第二种方案，就第一种和第三种方案进行讨论。”

东条仍然认为自己的好友铃木会支持外交，但铃木的态度很冷漠，选择了有保留地支持开战，他本意反战，但又没勇气说出来。

可以说1941年日本的领导层明显缺乏勇气，绝大多数人都知道与美国开战凶多吉少，也认识到国家正在走上自杀之路，但没有人觉得自己负有足够的责任来阻挡这种趋势，他们都希望别人采取行动而自己能够明哲保身。

同样以尽量避免战争为条件入阁的海相岛田本应继承海军反战的一贯立场，但10月27日他的老上司伏见宫私下召见了他。已经66岁的强硬派伏见宫告诉岛田，“除非我们能立即决定开战，不然我们将失去最好的一个机会”。事情有时就是这么简单，反战的岛田马上出现动摇，从10月30日就开始倾向于支持战争，这时候距离他上任才仅仅12天，对复杂的局势和事情的来龙去脉根本就不清楚。他对伏见宫鼓吹战争的响应可比裕仁对和平的希望要快得多了。伏见宫和永野对岛田的表现非常满意。用岛田后来的话就是：“如果仅仅因为我个人的横加阻拦就葬送了战争的机遇，我将永远无法原谅自己。”

岛田还真不如原来的及川，及川还知道沉默是金，而岛田一出口就是一大串屁话，他和及川一样，根本没把自己当成海军大臣，也不知道海军大臣到底是干什么的。岛田后来解释说：“如果海军在最后阶段还强烈反战的话，国内就会出现冲突，我们就将会失去一切。为了避免陆海军出现无法调和的冲突，我们除了同意开战之外，别无选择。”这时候的岛田想起了精明能干的堀悌吉，他之前早已被“舰队派”清洗。战后岛田回忆说：“如果在战争爆发前由堀悌吉来当海军大臣，他一定能应付自如，日本也不一定就会走向战争。”

事实上，开战之后随着东条越来越强势，岛田海相逐渐沦落为东条的附庸，对东条不敢有半句反抗。由此除了“东条副官”之外，又赢得了“东条裤腰带”的光荣称号。

可是岛田也不愿意随便就同意开战，这样太便宜陆军那帮龟孙了，必须以开战为理由换回来更多的东西。堂堂的海军大臣此刻关心的竟然不是国家的命运，而是如何以同意开战为条件与陆军做交易。岛田向东条、杉山要求配属给海军更多的钢铁和物资，陆军也一直认为海军不下定开战的决心，是一种为了从陆军那里多分一杯羹的政治游戏。杉山反问道："如果海军能够如愿得到所需的钢铁，你们是不是就会赞成开战？"岛田点头说"是的"。

结果在1942年的军需计划中，海军获得的钢铁量为110万吨，而陆军只有79万吨。参谋本部的一位参谋在《秘密战争日记》中鄙夷地写道："海军不停地说，我们需要钢铁，我们需要铝，我们需要镍，除非你们把这些都给我们，否则我们无法打仗。如果海军主张和美国作战只是为了增加自己的预算，难道他们不是国家的叛徒吗？海军还是武士和军人吗？在这个将要决定国家命运的关键时刻，却像乞丐一样地乞讨物资，这难道不是他们不下战争决心却要求获得更多战争物资的惯用伎俩吗？毫无原则的海军简直就是一个女人！为了多得到30多万吨钢铁才同意开战，多么可怜的海军哪！呸！"

战后，海军次官泽本中将曾经对当时的日本军政领导写下过这样的评语：平庸之辈盛行，没有具有优秀能力的杰出领导者。来自下属的压力属于家常便饭，少壮军官不尊重前辈使得问题更加困难。每个人都想逃避责任，没有人有勇气牺牲自己来尽职尽责。当时的气氛助长了陆军和海军的狭隘和自私，国家的命运被放到了次要的位置上。每句话都可谓掷地有声。

会议不时爆发出激烈的争吵，只有当东乡和贺屋以辞职相威胁时，气氛才会稍稍平和一些。东乡提出："在下这样的决心之前，我们希望设法进行最后一次谈判。因为要在具有二千六百年历史的皇国的重大转折之际，豁出国家的命运搞欺骗外交未免太过分了，我干不了。"

为争取尽快对美作战而日夜焦虑的塚田次长，已经是面容憔悴、脸色苍白："首先应该决定的是两件事：一是决心立即开战，二是在12月初发动战争。否则统帅部就无能为力了。"

军令部次长伊藤整一："海军方面认为外交谈判可以进行到11月20日。"

一贯心直口快的塚田吼道："不行，那样太迟了。陆军方面认为谈判只能进行11月13日，这是最后的期限，再迟的话陆军就会出现哗变。"

东乡白眼一翻："就这点时间根本不可能取得任何结果，我无法胜任。干脆别谈了，你们打去吧。"

东条提议把开战的时间问题同第三种方案——"在决定开战的基础上做好

战争准备，同时积极进行外交努力”结合起来一起讨论。

“外交谈判不得妨碍作战准备，谈判最后期限定为11月13日。”塚田开始高声叫嚣，“外交期限必须严格地履行，11月13日之前可以寻求外交解决方案。但这一天之后任何举动都是对最高统帅权的侵犯。”

东条首相仍保持冷静，不时支持东乡和贺屋。陆军逐渐把火力集中到东乡身上。休息时，陆军向东条施加压力，“如果外相反对战争，我们只有把他换掉”。

就在会议桌上用过午餐后，东乡继续跟陆军辩论：“就给我12天时间？ 11月13日未免太苛刻了，海军不是说11月20日吗？”

塚田：“那是不可能的，谈判以到11月13日为宜，超过这个期限就会打乱统帅部的总体部署。”

于是，大家就外交谈判的期限展开激烈争论。眼看争执不下，东条决定休会20分钟，缓解一下紧张的气氛。会间休息时，陆海军统帅部都没闲着，两个作战部部长田中新一和福留繁都来到会场之外。总长、次长、作战部部长和军务局局长临时召开碰头会，同意做出最大的让步：外交谈判可以进行到11月30日。

会议继续进行。针对统帅部提出的新时限，东条提出：“是否可以定在12月1日？即使推迟一天也好，因为这样可以使外交谈判的时间长一点，行吗？”

塚田：“绝对不行，超出11月，一天也不行，这是最后的让步。”

岛田：“塚田，11月30日到几点为止呢？到午夜24点行吧？”

“那好吧。”塚田终于做出了让步，他冷冷地强调：“可以到午夜24点为止，再晚一分钟都不行。”就这样，外交谈判的最终期限就定在了1941年12月1日凌晨零时。

马拉松会议最终形成如下决议，也就是新的《帝国国策施行要领》。

一、帝国为打开目前之危局，自存自卫，建设“大东亚共荣圈”，现决心对美、英、荷开战。

二、发动武装进攻之时间定于12月初，陆海军应根据此时间完成作战准备。

三、对美谈判按《甲案》和《乙案》进行。

四、力求加强与德意两国之合作。

五、在发动武装进攻前，与泰国密切建立军事联系。

六、对美谈判若在12月1日凌晨零时以前获得成功，立即停止发动武装进攻。

接着，会议转入讨论外交谈判的条件，也就是对之前初步拟订的《甲案》和《乙案》进行研究。

代表陆军的杉山总长、塚田次长又开始强烈反对《乙案》。其理由是，不涉及关键性的中国问题，而单单从法属印度支那南部撤军是不可能的，万一我们撤了美国立即进驻怎么办？美国占据了这一地区，就会立即切断我们的补给线。他们不按照承诺向我们供应物资怎么办？这样，半年以后战机就会丧失殆尽。

杉山和塚田两人坚决主张只能按照《甲案》与美国谈判。

在合起来一起对付政府这一点上，海军和陆军倒是配合默契，永野马上跟过来凑热闹："赞同陆军的意见，反对用《乙案》与美国谈判。"

东乡外相也毫不让步："《甲案》是没有什么希望的，因此我希望根据《乙案》进行谈判。这个方案是尽最大努力进行外交谈判的最后途径。如果堵塞此路，那我无法承担外务大臣的责任。"

会议若在这样险恶的气氛中再继续讨论下去的话，就可能涉及东乡的去留问题。东乡辞职同样能导致内阁倒台。陆军军务局局长武藤章建议再休会10分钟，给大家一个开小会的时间。休息时，东条、武藤、杉山、塚田在旁边的一个小房间里进行了协调，东条规劝陆军将领要做出让步，因为天皇的意见也是要"还原到白纸上"。

大家认为如果继续坚持的话，东乡真的一拍屁股走了，东条内阁势必倒台。新内阁在决定开战之前还需要时间，可此时是不容许拖延时间的。最终，陆军勉强同意接受《乙案》，但提出必须补充附注：美国不能干涉日本与中国的和解过程。

杉山再三强调，必须在《甲案》美国不接受后才能抛出《乙案》，他担心陆军中的激进分子在得悉日本做出如此可耻的让步后出现哗变，东条承诺："如果那样的话，我有办法。"

在争取《乙案》的斗争中，东乡取得了胜利，但他知道，这个方案美国人接受的可能性也不大——后来，罗斯福还真对《乙案》动了心，差点酿成了"远东慕尼黑阴谋"。

东条还向东乡做出了庄严承诺：将全力支持外交工作，不论备战进行到何种程度，只要还没有打出第一枪，外交上一旦取得突破，就立即停止军事活动。

散会后，气愤难平的东乡连夜走访了前首相和四次担任外务大臣的老前辈广田弘毅。东乡告诉广田，这活儿他娘的简直不是人干的，实在不行的话就辞职。广田先是劝东乡冷静下来，然后提出，假如你和贺屋都辞职的话，今后一定会任命主战的外相和藏相。与其出现那样的情况，还不如你们留在内阁，抓住最后一线希望，将和平的努力进行到最后一分钟。

“这样说的话，您是不赞成我辞职啦？”

“这样明摆着就是让内阁另找支持战争的外相和藏相。”

“我们的辞职也是警告军部，能够再慎重商定国策，为日本的未来留一条活路。”

“太晚了，现在已经错过了最佳时机，军部已经被逼到了极限。”

“明白了，总之我先试试。”

“拜托您了，这都是为了我们的国家。”广田低下头，向东乡托付。

11月2日17时，东条首相偕同杉山、永野两总长一起觐见天皇，向裕仁奏禀了从昨天一直持续到今天凌晨的联络会议的经过以及会议最后的讨论结果。两位总长向天皇呈交了陆海军详细的作战计划，其中包括著名的奇袭珍珠港计划，开战时间暂定为1941年12月7日。

裕仁脸上再次露出一种奇怪的神情，再次重申了试图通过外交途径解决问题的意图：“我们希望通过外交谈判途径打开局面，即使谈判不成功，是否就只得下决心同美英开战呢？如果事态果真像你们所说的那样，那么加紧进行作战准备，也是不可避免的吧！”

裕仁紧接着对东南亚的天气表示了关心：“马来亚的天气怎么样？我们的部队能顺利登陆吗？”要说这天皇也真不是白吃干饭的。后来事实证明，山下奉文的第二十五军在马来亚和泰国的登陆确实差点因恶劣天气的影响而失败。

对美、英、荷同时开战，可谓事关重大，必须广泛征求意见。11月4日，在皇宫召开了陆海军军事参议官联席会议。这是自1903年明治天皇创设军事参议院制度以来首次根据天皇旨意召开的会议。会议将就《帝国国策施行要领》中有关国防用兵的条文，征求这些老军人的意见，条文主要内容是：帝国为打开目前之危局，实现自存自卫，建设“大东亚共荣圈”，现决心对美、英、荷开战，发动武装进攻之时间定于12月初。

起初，天皇提出召开的是由统帅部、内阁主要成员和军事参议官组成的联席会议，广泛听取主战与主和两派的意见。但东条考虑，参加会议人太多的话，势必再次陷入无休止的纠缠，如果会场出现混乱，那对天皇可是大大不敬。他建议采取统帅部两位总长联名上奏的形式，只召开陆海军军事参议官联席会议。裕仁接受了。

出席这次会议的，除了内阁政府的东条首相兼陆相，岛田海相，军部的杉山、永野、塚田、伊藤，其余全是军界的资深人士。陆军方面有闲院宫、朝香宫、东久迩宫、寺内寿一、西尾寿造、山田乙三、土肥原贤二等大腕，海军有伏见宫、百武源吾、加藤隆义、及川古志郎、盐泽幸一、吉田善吾、日比野正治等高级将领。从参会名单可以看出，参加人员事先可能也经过精心的挑选。一个简单的证据就是：一直反战的米内光政军事参议官出现在被邀请者之列。

会议由前参谋总长闲院宫陆军元帅主持。

军令部总长永野和参谋总长杉山分别就陆海军的作战事宜做了简要说明，接着，参议官向统帅部和政府提出质询，由统帅部和政府方面解答。与会的都曾经是军人，所以要求开战的议案很快就取得一致意见。军事参议官会议最终做出决议：我们一致认为，参谋总长和军令部总长提出之《帝国国策施行要领》中有关国防用兵之条文，是适当的。

头一天在联络会议上还信誓旦旦，声称要通过外交手段来打开僵局的东条首相，在这个场合又变成了勇敢的陆军大将。他在会议总结时，对众多参议官说：“面对危局，如果我们只能袖手旁观，坐视我们的国家倒退回三流国家的状态，我们将玷污大日本帝国两千六百年的辉煌历史！”

1941年11月5日10时30分，决定开战的御前会议，也就是太平洋战争爆发前四次御前会议中的第三次会议，在皇宫召开。参加会议的军政要员13人纷纷就位之后，面无表情的裕仁走了进来，会议室内弥漫着一种焦躁不安的气氛。

东条首相率先发言。他说9月6日御前会议的决议已经重新研究过，“因此我们的结论是，必须做好战争准备，军事行动的时间初定为 12 月 1 日开始，与此同时，要竭力通过外交途径来打开僵局”。

接着，东乡外相展望外交前景，显得毫无信心：“外交方面几乎没有什么回旋余地了，成功之希望令人深感遗憾地渺茫。”东乡是战前反对战争最坚决，也是做出最大努力的人，可此时局面已经失控，他渐渐失去了继续战斗下去的信心和勇气。

铃木贞一反复强调日本资源的危急情况：“我们仍在和中国交战，还将与英国、美国和荷兰打一场长期战争，从物资的筹备来看任务异常繁重。”但他总是显得首鼠两端，认为战争也是解决问题的一种途径，这总比“等待敌人向我们施加压力”要好。

永野的发言还是老论调，“越拖对日本越不利”。他对战争初期能够取胜信心百倍。“尽管如此，我们仍须面对打一场长期战争的准备”，日本能够“建立自己坚不可摧的战略地区并能把敌人挫败”。他强调大家对作战计划要保密，因为日本的命运如何，全靠开战头几个月能否取得决定性胜利。

永野提出，现有美日两国的实力对比及日本特有的地缘优势，将帮助日军获得足够的胜机。日本海军对美国海军的比例超过了 70%，而美国的舰队现在是 40% 在大西洋，60% 在太平洋。美国要花很长时间才能把位于大西洋的舰队调到远东，因此，日本能够在一次决战中摧毁他们。永野的话让大家都回想起世纪之初那场辉煌的对马海战。在那次战斗中，日本海军就是先摧毁了位于旅顺的俄第一太平洋舰队，然后以逸待劳，几乎全歼长途奔袭而来的俄第二太平洋舰队。

杉山的发言更加充满感情色彩，他现在就是近卫内阁时的东条，连说话的语气和内容几乎都与以前的东条一模一样。杉山认为“美国没有做一点让步，只是向日本提出强硬要求”。他谈到了中国驻军问题，“我们花了数百亿日元，派出了百万大军，付出的代价是十多万人的伤亡，无数家庭在忍受失去亲人的悲伤。我们历经四年的苦难才取得当今的成就，怎么能说放弃就放弃呢？如果我们把军队撤出，中国绝不会就此罢休，他们会得寸进尺地试图接管满洲、朝鲜和台湾！”

枢密院议长原嘉道询问美国对《甲案》《乙案》可能会做出什么样的反应时，东乡回答，两个方案都不会有成功的希望。时间只剩下半个多月，作为外相他将会不遗余力，“很遗憾，成功的希望不会超过 10%”。

虽然会场的气氛略显悲壮，但会议进行得还算波澜不惊，最终顺利通过了联络会议提交的《帝国国策施行要领》。

会议于 15 时 15 分结束。与 9 月 6 日御前会议不同的是，自始至终，天皇像木偶一样，一言未发。

并不是所有人都那么紧张。11 月 3 日，白天陪儿子逛了东京博物馆和旧城区的日本前驻德大使来栖三郎感觉到愉快和劳累，早早便上床休息了。

半夜里，忽然传来了急促的敲门声，来人声称是附近警察局的警察。来栖忽然想起家里的电话已坏了好几天了，明天一定抽时间去修。他万万没想到，此后很长时间他都没工夫去修那个破电话了。开门的时候，他突然意识到，是不是前段经常散布反战言论，警察来抓他啦？

“请速到外相官邸。”门口的警察说，这句话让来栖松了口气。

来栖是日本资深外交官，在菲律宾、中国、智利、比利时、意大利、德国从事过多年的外交工作，还担任过日本驻芝加哥的领事。作为日本驻马尼拉的首位总领事，来栖帮助缔结了日本与菲律宾的友好关系条约。这些还算小事，来栖最显赫的经历是在任日本驻德大使期间，作为日本的代表签署了举世闻名的《三国同盟条约》，尽管内心里他是反对这一条约的。来栖站在希特勒身边的照片出现在各国媒体的头版头条，使他被永久地钉在历史的耻辱柱上。在日本，同样叫“三郎”的来栖和野村都是公认的亲美派人士。来栖比野村还要彻底一些，虽然他的岳父母是英国人，但他的夫人艾丽丝·杰伊却是出生在华盛顿的美国人。

卢沟桥事变爆发时，来栖是日本驻比利时的大使，在布鲁塞尔，他试图让比利时和法国出面调解中国和日本的冲突。作为一个清醒的外交官，来栖认为日本与中国的战争是愚蠢的。日本没有清晰的战争计划，也不知道打到哪里才算结束。换言之，就是缺乏强有力的领导人。战争不断升级的原因是“政府总是被既成的事实牵着鼻子走，而没有长远的解决方案”，“陆军和海军内部缺乏协调，只想着保存颜面和逃避责任”。出任驻德大使后，他继续寻求利用德国调解侵华战争的途径。可愚蠢的近卫文麿对汪伪政权的承认让来栖的一切努力付之东流。

早在近卫内阁时期，身心憔悴的野村大使已经几次致电东京要求辞职回国。

就在东条内阁成立不久的10月22日，可怜巴巴的野村再次恳求新外相东乡免除自己的职务，准许他回家养老。野村声称美国政府虽然了解他的诚意，但也清楚他在日本国内是何等缺乏影响。他悲痛地说，“我不愿意这样伪善地干下去，欺骗别人”。野村认为自己不是职业的外交官，无法承担如此事关国家前途命运的重大谈判。他的几次请辞毫无例外地遭到了近卫和东条的断然拒绝。

军部的强势以及政府的无能让野村想起了一件事。在赴华盛顿上任之前，同为海军大将，比他小3岁的好朋友米内光政，曾经提醒他：“老兄此行请务必小心。今天这帮人扶着让你上去，当你爬上去之后，他们会毫不犹豫地从你身下抽走梯子的。”从现在的情况看，米内老弟说的是一点都不假呀！

东条和东乡对野村的回答是少安毋躁，坚守岗位。可以想象精疲力竭的野村老头得到这样的消息时多么失望。东京当然也有苦衷，抛开能力不说，现在连多一天的谈判时间都要从军部那里努力争取，哪有时间让你大老远地跑来跑去？就是想换人也没时间呀。

无奈的野村只好退而求其次，再三要求派出资深的外交专家出任特使，和他一起与美国斗法。8月4日，他在发给东京的电报中说：“希政府速派一名通晓国内外形势之外交前辈（例如来栖大使）暂来美国协助本大使处理工作，本大使工作已处于难以开展之地步，希政府研究后速派人前来。”

说实话，东乡外相对野村的评价并不高，他认为野村之前的工作出现过不少纰漏，对他派出助手非常必要。于是他想到了野村推荐的赋闲在家的来栖三郎。后来东乡回忆道，“在这一危机时刻没有时间将他解职，也没有时间犹豫不决”。来栖亲美且外交经验丰富，是出任特使的最佳人选，东乡只有寄希望来栖能够在关键时刻力挽狂澜，与野村一起完成最后的艰巨的谈判任务。当然官方对派出特使的原因，还不能说是野村能力不行，只能说他英语不好。

来栖连夜来到了外相官邸，深更半夜的外相官邸灯火通明。除了东乡之外，次官西春彦、对美事务局局长山本、对美事务局第一课课长加濑等要员均在座。个个正襟危坐，如临大敌。这让来栖感到了气氛的紧张。东乡话都不想多说，开门见山地告诉来栖，他必须受命立即赴美国进行和平外交，并简要介绍了他能带去的谈判砝码，也就是《甲案》和《乙案》的内容。东乡说，来栖只有天亮后一天的时间来熟悉情况和收拾行李，出发的时间是明天，谈判的最后期限是本月底。

“那就是说，如果真要去的话，我只能有二十六天的谈判时间。不，我到华盛顿至少也已经是 12 日或 13 日，我只能有不到两周的时间，对吗？”东乡点头。来栖立即明白，摆在他面前的，除了苛刻的条件之外，最可怕的就是时间。作为经验丰富的职业外交官，来栖明白，外交谈判扯起来就没完没了，何况是这种事关国家前途命运的重要谈判。

“我也知道非常勉强。”眼看来栖面有难色，同样是外交官出身的东乡说：“请您记住，这是赌上皇国命运的两周。天皇命令你立即赴美，天亮就办手续。我会通知岛田海军大臣，让他在关岛或香港准备飞机。我也会同时照会格鲁大使，让美国方面极力给予关照。”

离开的时候，来栖笑着调侃东乡道：“你不会跟我说，开战时留下两个人比留下野村一个人更让美国人放心吧？”对于来栖的玩笑话，东乡一脸严肃，一言未发。

来栖回到家里已是后半夜，他的美国籍夫人问他准备到哪里去，来栖回答“美国”。夫人给他冲了一杯咖啡。一旦被外边得知来栖要去与美国和谈，他随时有遭暗杀的危险。因此，夫人建议他从东京到横须贺的途中最好由他们在陆军当航空工程师的儿子陪同，别人会认为他是送儿子出差。来栖同意了。他告诉夫人，“我可能一去不复返了”。“珍珠港事件”之后，来栖在美国试图自杀未果，最后还是活着回来了，还受到英雄般的欢迎。不过，那已经是 1942 年 8 月的事情了。

第二天，来栖拜会了东条首相，两人之前从未见过面。相对于东乡的煞有介事，东条首相显得相对要轻松一点。他没有穿军服，而是穿着一身比较正式的和服来接待来栖。东条告诉他，对于他的任命已经禀报了天皇：“美国人民反对战争，美国的橡胶和锡的来源正在减少，请全力达成协议。我以前一直认为与美国达成协议的希望不超过 30%，但现在觉得要达到 50% 了。”东条的下一句话让来栖感到了一丝凉意，也更感到此行的艰险，“日本无法同意无条件撤军”。东条向来栖承诺，一旦外交有了突破，军事行动就会立即停止。

来栖认为，避免战争是他为了天皇和日本人民义不容辞要做的事情。他问东条："如果两国能够达成协议，您能顶住反对之声来支持外交吗？"东条答道："是的，我当然能做到！"这让来栖看到了黑暗中一丝微弱的亮光。"时间不能拖过11月。"东条最后说。他的话让来栖的心情像坐过山车一样忽上忽下、起起伏伏。

既然是去美国，还有一个老朋友一定要去看看。离开首相官邸的来栖拜访了美国使馆。格鲁大使对老朋友的来访非常热情，况且他目前还肩负如此重大的使命。"您有新的提案吗？"格鲁满怀期望地问来栖。来栖的回答是"没有"。格鲁看起来有点失望，但还是礼貌地祝来栖好运。

参谋本部已经得到来栖将赴美协助野村进行会谈的消息。但时间太紧，要想谋划干掉来栖已经来不及，大家只能一起恶意地诅咒，"希望来栖乘坐的飞机在中途坠毁"。

11月5日凌晨4时，来栖从东京乘头班车前往横滨，再乘坐海军的轰炸机前往台湾高雄郊外的冈山机场，从那里转赴香港，搭乘香港到旧金山的定期快速班机飞往美国。为了保证来栖在最短时间内到达美国，格鲁大使特意给华盛顿的远东事务处处长马克斯韦尔·汉密尔顿打了电话，让他说服泛美航空公司把飞机推迟两天起飞。当时这个航班每周才有一班。乘坐这次航班的人可算倒了霉了，不但晚点，还要附带上不少诅咒。

陆军的诅咒还有点灵。这架载着来栖的快速班机途中还真出现了小问题，在当时一个无名小岛做短暂停留时出现了机械故障。这个当时寂寞得几乎无人知的小岛，后来因为一场改变人类历史的海空大战而名扬天下，那就是我们今后要浓墨重彩加以渲染的中途岛。

战争已日益临近，中途岛的防务比和平时期有了较大的改观。过一段时间，美国太平洋舰队司令官金梅尔海军上将，还将安排"列克星顿"号航空母舰往这里再运送一批战机。一般外交官都兼具间谍的功能，为了给来栖特使留下兵力众多、防卫森严的印象，岛上的负责人香农陆军中校和赛马德海军中校——这两位老兄在中途岛海战中还要出来跑龙套，弗莱彻和斯普鲁恩斯联手重创了南云的机动部队，使他们彻底丧失了成为主角的机会——精心安排岛上为数不多的陆军和海军陆战队队员排成一字长蛇阵，缓步行进在通向来栖下榻的泛美饭店的路上。

当香农和赛马德的汽车陪伴来栖驶过这支队伍时，香农假装不经意地对来栖解释说，这只是“他属下的很小一部分人在进行例行的训练演习”。

事实上，为了凑齐这支“不成样子”的队伍，香农中校动员了岛上所有活着的人，连厨房的炊事员都换上军装，一身奶油味地站在了行进的队列里。

大洋彼岸的美国也时刻以警惕的目光关注着日本的内阁更替。对于东条的意外上台，美国并未感到乐观，谁都清楚近卫的下台是主战的东条导致的。华盛顿时间10月18日，“魔术”系统破译了东京于头一天拍发给野村大使的电报，从中获悉近卫内阁垮台的原因是“内阁意见分歧，其焦点在于驻军中国还是从中国撤军的问题”，这也印证了华盛顿之前的判断。

赫尔国务卿从东京陆续发给野村的电文中，做出了清晰的判断，那就是新一届东条内阁在对待日美谈判的态度上更加焦急。倘若双方不能尽快达成协议，急于求成的东条内阁有可能很快发起战争。在赫尔眼中，日本新任首相是“一个典型的日本军官”，“心地狭窄、直肠子、死心眼”，“相当愚蠢”。他认为之前从近卫那里得到的好处“不多”，而从东条这里得到的将“更少”。

罗斯福对东条接管日本政府十分重视，东条上台预示着美日谈判已临近最后摊牌。就在东条内阁宣布成立的第二天，罗斯福召开了战时内阁会议，参加会议的除了赫尔、史汀生、诺克斯、马歇尔和斯塔克等人之外，还有总统的私人顾问，被誉为“白宫二号人物”，有“影子总统”之称的霍普金斯——这是一个不敲门就可以随便走进总统房间的人。会议研究的结果是仍然按照“先欧后亚”的方针稳住日本，在太平洋暂取守势并时刻保持警惕。

会后，美国海军作战部部长斯塔克指示太平洋舰队司令金梅尔上将立即采取预防性警戒措施，但不要构成对日本的挑衅。他在10月18日写给金梅尔的信中说：“我们仍将力求在太平洋维持现状。能维持多久难以预料，不过总统和赫尔先生正在为此而积极努力。白宫经长时间的研究后认为，至少在日本的动向明朗化之前，我们必须保持足够的警惕。”

美国海军情报局在提交给斯塔克的《关于远东形势备忘录》中这样写道：由于东条内阁的上台，日本在对外强硬主义派的支持下，正在朝着同轴心国建立更加密切的关系方向发展。据说东条将军除担任首相外，还兼任内相和陆相，这显然是因为日本陆军业已掌握了政府的领导权。如果这是事实的话，那就清楚地意味着日本说不定会随时采取不利于美国利益的积极行动。

10 月 21 日，美国陆军部部长史汀生向总统保证，在菲律宾的美国 B-17 轰炸机“有可能成为一支强大的力量”，并且提出，“这支即使尚不完善的威慑力量，如果不会马上被日本人惊动的话，就有可能阻止日军南下并确保菲律宾和新加坡的安全”。

美国的麻烦事也不少。10 月底和 11 月初，蒋介石担心日军会进攻昆明以切断经过滇缅公路通往中国的补给线，他向伦敦和华盛顿发出了万分激动的呼吁，要求英美联合对日本采取强硬措施。蒋介石预言，如果滇缅公路被切断，中国的抗战就有全线崩溃的危险。越来越多的日本军队集结到法属印度支那，泰国也感到了紧张。苏联政府也担忧一直对北方念念不忘的东条可能会进攻海参崴。日本已经在满洲集结了 70 万的强大兵力，随时可能对苏联的远东地区展开攻势。斯大林也请求伦敦和华盛顿针对这一点向日本提出警告。

相对于罗斯福的犹抱琵琶，丘吉尔倒显得大方异常，不仅仅因为他已经参战，还在于这有利于保护大英帝国在远东巨大的殖民利益。丘吉尔渴望英美两国能以最严厉的措辞警告日本，并深信英美合力足以吓唬住东京的好战分子。“你们和我们的态度越坚决”，11 月 2 日他致电罗斯福说，“他们发动战争的可能性就越小”。英国已单独向日本提出警告，“如果日本向法属印度支那范围之外进军的话，英国将断然采取强有力的措施”。丘吉尔很清楚如果美国不出面，日本根本不会在乎他，所以力劝罗斯福也要积极做出呼应。

罗斯福没有答应丘吉尔的请求。马歇尔和斯塔克都反对美国对日本发出类似的最后通牒，他们认为当务之急是打败德国。如果对日战争不可避免，美国应继续在太平洋采取战略防御方针，直到打败德国为止，罗斯福对此表示赞同。11 月 7 日他告诉丘吉尔，“那种警告不会产生良好的效果”。蒋介石和丘吉尔对此都深感失望。尽管如此，丘吉尔于 11 月 10 日在伦敦市政厅发表演说时，仍在向美国示好，他说如果日美之间一旦发生战争，“英国将在一小时内接着宣战”，后来英国对日本宣战还真比美国早了两个小时。

对于美国来说，还有一个敌人就是时间。史汀生说，不到 1941 年 12 月，新的增援部队到不了菲律宾。斯塔克说。不到1942年2月，海军训练计划完不成。他们两个都请求罗斯福总统争取尽可能多的时间，同时要求总统给予蒋介石除参战之外所能给予的最大援助。

11月3日，格鲁大使在拍给赫尔的1736号电报中指出："我认为，如果日本在日美谈判中遭到失败的话，那么全体日本国民也许会以武士道精神与美国大干一场，一决雌雄。"跟往常一样，格鲁的电报在国务院几乎没人理睬。赫尔的顾问霍恩贝克，其少年时代是在中国度过的，生来就对日本没有好感，他认为格鲁是个守旧而又可敬的人，很容易轻信别人，对日本的同情心使他发自东京的每封电报都带有明显的亲日色彩。

11月7日，白宫召开了内阁例会。会议的气氛十分沉闷，远东形势的不断恶化让大家感觉到日益加大的压力。一开始，罗斯福就开门见山地问赫尔："你对远东的局势有何判断？"

赫尔作了大约15分钟的发言，他先谈了整个国际形势，接着详尽地汇报了同日本和谈的进展情况，最后用下面几句话结束了发言："形势非常严峻，不知我方何时何地会遭到日本的军事进攻，我们必须常备不懈。"

赫尔的警告使整个会场鸦雀无声。罗斯福开始一一征询内阁官员的意见，全体内阁官员基本同意赫尔对形势的看法。为了使美国人民对上述事态的发展能有充分的思想准备，内阁官员一致同意要对国民强调事态的严重性。

根据内阁会议形成的意见，11月11日，海军部部长诺克斯发表演说："我们不仅在大西洋面临着必须采取自卫手段的局面，而且在世界的另一地区，太平洋的遥远地方，也面临着可能是同样严峻的局面：我们必须在那里和在大西洋一样迅速做好防御准备。"

同一天，副国务卿韦尔斯在演说中发出警告："不论在东太平洋还是在欧洲，征服的浪潮正波涛汹涌，将要袭击我们美国的海岸。美国正面临着远比1917年更为严重的危机，或许在什么时候我们将被迫进行作战。"

这一天，罗斯福总统命令海军副官比亚多尔上校，要他今后在报送"魔术情报"时不能再像过去那样只上报情报的要点，他要认真察看情报的全文。

来栖三郎特使的路途还很漫长，在他到来之前，野村还必须孤军奋战。11

月7日内阁会议结束后，赫尔会见了野村大使，野村向赫尔提交了国内发来的《甲案》。提交只是名义上的，赫尔早已通过“魔术”知悉《甲案》和《乙案》的全部内容。他看着日本送达的公文，只是为了核对“魔术”系统的准确性而已。

赫尔假装认真地看了几遍文件，告诉野村，他需要一些时间来研究和考虑。11月10日，野村见到了罗斯福，罗斯福对之前野村提交的《甲案》闭口不谈，却用权宜之计来形容两国想要取得的成果。罗斯福说，贵大使、赫尔和我本人“在讨论两国关系及其他太平洋国家的关系上才花了仅仅六个月，保持耐心总是必要的，各国务必想到百年以后，尤其是在世界当前所处的时代更应如此”，换句话就是“别急，好事多磨”。关键是国内撵着屁股催，野村可磨不起呀！

11月14日，野村电告东乡外相，日本政府应当“耐心地等待一两个月以认清世界形势”，政府明智的做法是不要轻举妄动，姑且等待，以观望欧洲战争形势的演变。11月16日，东乡在复电中说，野村的建议是完全不可取的，结束日美谈判的原定限期不得改变。他命令野村要催促美国从速解决，不要“让美国转移我们的议题，把谈判无休止地拖延下去”。东乡当然理解野村的心情，但是身在华盛顿的野村绝对理解不了东乡所处的尴尬处境，他身后站的是军部。

11月15日，野村再次找到赫尔催促尽快答复，并询问目前两国之间的会谈是否可以看作正式的。赫尔回答，“不能算是”，因为“只有和英国、中国和荷兰商量后才能将之后的过程叫作正式谈判”。赫尔反问道，如果别的国家从报纸上读到美国不和他们商量，就与日本就牵涉的这些国家的问题进行谈判，那怎么能向老朋友交代呢？似乎感觉话说得有点重了，赫尔马上鼓励野村，只要日本在非歧视性贸易政策和三国同盟上展现出和平意图，“我们就能像亲兄弟一样坐下来解决日本在中国的驻军问题”。政治家的智慧不能不佩服呀！

就在同一天，东京外务省向日本驻美国、墨西哥、巴西、阿根廷、瑞士、土耳其、曼谷的大使馆拍出电报，通知在发生紧急事态的情况下销毁密码机的顺序和详细方法。这份电报，美国一直到11月25日才破译，美国方面从中领悟了日本直言不讳的暗示：“万一的事态——战争不久即将发生。”

《赫尔备忘录》

11 月 16 日夜晚，带着陆军诅咒的来栖三郎特使终于安全抵达华盛顿。来栖的来到被看作美日和谈的重大转机，美国媒体甚至这样形容，“他的到来好像是一线阳光刺破乌云，照亮了太平洋的海面”。

心力交瘁的野村的确是一个人在战斗，盼星星盼月亮，终于盼来了来栖兄弟，两个“三郎”在一起总算有个伴儿，他们将共同完成绝望的 14 天外交。

说实话，还不能不佩服重庆的蒋委员长，对于已经持续半年之久的美日和谈，他早就对其前景做出清晰的判断。他在 9 月 12 日的日记中写道：“惟余穷究此事所得之结论，美倭绝无妥协之可能”，“美国要求于倭者，第一退出三国同盟，第二退出越南，第三退出中国”，“倭对以上三个退出之要求，其中任何一个皆不可能允诺也”。蒋介石最后得出的结论是，“故余可以断定——美倭之谈判绝无结果也。最多乃为彼此间虚与委蛇，拖延若干时日而已”。

11 月 17 日，来栖特使和野村大使在白宫拜会了罗斯福总统和赫尔国务卿。55 岁的来栖看起来气质儒雅，有些灰白的头发整齐地梳在脑后，戴着金丝边眼镜，对任何人都面带微笑，彬彬有礼。来栖告诉罗斯福，他的到来不是为了施加压力，而是日本方面为了寻求共识所做出的更多努力。罗斯福对来栖的到来表示出似乎不减于野村的热情。大人物说话总是一语双关，他对来栖说了一句意味深长的话：“友人之间不会说永别。”

但赫尔不这样看，他第一眼看见来栖就得出此人不可靠的结论，“无论是他的外表，还是他的态度，都不能得到对方的信任和尊敬”——看来，一见钟情和一见绝情在现实中经常发生。赫尔认为来栖唯一的优点就是英语很好，“因为他娶了美籍秘书为妻”。1948 年，赫尔回忆，“他没有带来什么新东西，我一开始就认为他是一个十足的骗子”。

除了中国问题，罗斯福最关心的就是三国同盟。来栖表示，日本很难脱离这一同盟，至少不能做出公开正式的表态。不过美国和日本之间可以签订一个新和约，新和约的光辉将掩盖《三国同盟条约》，使之成为一纸空文。一把手的罗斯福注定要唱红脸，肯定不会轻易表态。一边的赫尔就要唱黑脸，当即对来栖的提议表示反对。他认为来栖的话只不过是“企图为三国条约辩解的华丽辞藻”而已。

11 月 18 日，赫尔、来栖和野村三人进行了长达三个小时的会谈。当赫尔提出对《三国同盟条约》的疑问时，来栖反复强调天皇派他来就是为了表示和平的诚意，同时指出日本可以自主地解释《三国同盟条约》，美国只要不极端扩大自卫权，日本绝对不会做出有损美国的事情。

赫尔表示，他不理解日本为何如此执着于履行与希特勒的协议，要知道，在遵守朋友协定方面，德国人并没有树立好榜样。赫尔在暗示，德国之前多次对日本隐瞒他们的企图。赫尔说，“只要日本还是德国的盟友，我不知道怎么能与日本达成令人满意的协议，美国公众舆论也会继续反对同日本妥协”。来栖只能重申，新达成的协议将优先于《三国同盟条约》，他请求赫尔理解，“大船不能立即掉头，只能慢慢地、一点点地转动”。

眼看双方又要陷入僵局，情急之下，野村打出了最后一张黑桃 A。“能否考虑日本先从法属印度支那南部撤军，两国恢复到 7 月之前的状态？”对于野村的新提议，赫尔好像有点心动，情况似乎有了一丝转机。

野村马上把这一转机电告东京。之后的两天里，情况似乎有所好转，11 月 19 日上午，民间和平大使沃尔什神父到使馆看望来栖，他可能通过邮政部部长沃克得到了一些内幕消息。他向来栖表示祝贺，因为美国可能接受野村提出的新建议。

但 11 月 20 日东乡的来电却充满了愤怒，他指责野村没有接到美国对《甲案》的答复，就贸然抛出《乙案》的部分内容，这是不可饶恕的错误，东乡认为野村给美国承诺的东西太多了。之前发出向美国提交《甲案》的电令时，东乡已经再三跟野村交代，没有得到美国对《甲案》的答复，不能抛出《乙案》的内容——他不知道两个方案的内容都在赫尔桌子上摆着呢。

当天，野村和来栖根据东乡外相的训令向赫尔提交了《乙案》。赫尔早已知道该方案的内容，还从东京 11 月 19 日的电报中获悉日本政府将这个方案视为“最后方案”，电文是这样说的，“如果美国不接受这一方案，谈判就只有破裂”。

对于日本提交的《乙案》，赫尔在心中暗暗咒骂：“这简直是一份无耻的备忘录，荒谬到没有一个美国官员会接受的程度！”从法属印度支那南方撤至北方的军队能在“一两天内”开回南方，日本提出的建议“毫无意义”。然而，为了避免日本人以此为借口退出谈判，赫尔压住心中的厌恶和不满对来栖和野村说：“美国将以同情的态度研究这份备忘录。”赫尔事后回忆起 11 月 22 日野村和来栖拜会他的情景时说：“看到这两位外交官笑容满面、态度谦恭、表面上十分亲热的样子，就觉得他们的戏演得是太好了。”老酒认为，赫尔的戏演得也不错，能把戏联袂演好的双方，必须是势均力敌的。

11 月 22 日，东乡在发给两位大使的电报中说：“希竭力贯彻既定方针，全力以赴实现我方所希望的解决办法。我们所以要求在 25 日以前解决日美关系问题，有着种种你们猜测不到的理由。但假如能够在这三四天内结束谈判，必须于 29 日签字（再强调一次是 29 日）。这个期限绝对不能再变更。过了这个期限，事态就会自行爆发。希你们了解这一点后能做出比以往更大的努力，以上情况只限于两位大使知道。”

第三天，也就是 11 月 24 日，美国方面又破译了东京拍发给野村的一份电报，该电强调：“11 月 29 日这一期限以东京时间为准。”看到这一消息的赫尔第一感觉就是，“这是悬挂在我们头顶上的达摩克利斯剑，而且是附有定时装置的”。

赫尔后来在谈到他这种感觉时说：“通过截获的电报我已获悉了日本的险恶阴谋，并且也知道野村和来栖已收到了同样内容的情报。但我很难顺着他们的意思谈下去。两人恭恭敬敬地躬身行礼后坐了下来。野村不时发出哧哧的笑声，来栖有时也笑得露出牙齿，但他们此刻心里翻来覆去所想的一定是：如果美国不答应日本的要求，那么日本在几天之内就发动新的侵略。而这迟早会给美国带来战争。”事实上，赫尔说得也不对，两个“三郎”也是冤枉的，他们并不清楚国内已经做出了限期开战的决定。为了把戏演得更真，东乡并没有把开战的真相告诉两人，其实准确的开战日期连东乡都是后来质问永野才知道的。

让人意想不到的是，罗斯福却对赫尔认为没有一个官员会接受的日本《乙案》表示了兴趣。其主要原因还是马歇尔和斯塔克请求总统务必为备战争取更多的时间，哪怕是 3 个月，甚至 1 个月也好。罗斯福据此提出一个新想法，就是双方能够签订一个暂行条约。他把条约的主要内容用铅笔书写后，交给了赫尔。忠于职守的赫尔尽管心里不情愿，还是很快根据总统的意见，让国务院远东司起草了一个暂行办法草案。

11 月 22 日，赫尔召见了澳大利亚、英国、中国、荷兰四国驻美大使，把日本 11 月 20 日提交的《乙案》以及根据罗斯福最新意见形成的草案交给大家传阅。后一文件包括的条款概括如下。

一、日本和美国承诺除非受到攻击，不得使用武力或以武力相威胁对外侵略。

二、日本立即从法属印度支那南部撤出军队，不能在该地区修建任何新的军事设施，北部的兵力也不能超过 25000 人。

三、美国和日本政府撤销各自的冻结措施，美国可以向日本供应部分石油。

四、美国调解中日会谈，建议地点在菲律宾。

五、暂行解决办法是一种临时性措施，其有效期不超过 3 个月，必须经过共同协议才能延期。

英、中、荷、澳四国大使均表示，这么大的事做不了主，必须向政府请示后才能表态。

11 月 22 日晚些时候，赫尔会见了野村和来栖，告诉他们，他已经同其他有关国家的政府代表讨论了日本的建议，这些大使必须得到政府的指示，因此在 11 月 24 日之前不能对日本做出明确的答复。他暗示，日本应从整个法属印度支那撤军而不仅仅是南部。这一建议激怒了来栖，他反驳说，美国只是让日本单方面做出让步，而自己一点让步都不愿意做。

胡适立即把美国试图与日本人妥协的消息致电重庆，蒋介石当然是怒不可遏。在 11 月 24 日的日记中，蒋介石这样写道，“我接到了美国所定的对日本放松妥协的条件，痛愤之至，何美国愚懦至此”，不提名地指出所谓的“帝国资本主义”只懂得损人利己，不讲信义。蒋介石还说，过去只是认为英国人不好，不讲道义，感觉美国人还不错，但是从今天看来，就知道美国人也不怎么样，“知世界道德之堕废”，中国的抗日唯有靠自己。

重庆政府深信日本正准备进攻昆明，蒋介石认为美国对日本的妥协将对中国的抗战产生极其不利的影响，甚至会导致军心涣散。你们站着说话不腰疼，那是因为战火还没有烧到你们头上，烧到你们头上，你们试试？他对美国的提议做出了激烈的反应，认为“现在美国同日本签订的任何‘暂行解决办法’都将严重损害中国人民对美国的信任”，并强令胡适告诉赫尔：中国政府对协议草案“反应相当强烈”，认为美国“欲以中国为代价姑息日本”。就差明着说是“远东慕尼黑阴谋”了。

11 月 23 日，赫尔再次召见 4 位大使，荷兰大使亚历山大·劳登博士表示已接到了国内训令，赞同和支持美国的建议。胡适根据蒋介石的指示提出了异议。中国认为美国在牺牲中国的利益来换取对日本的妥协，反对容许日本在法属印度支那北部留驻 25000 名日军，这支军队很可能用来进攻昆明。赫尔对此相当恼火，他告诉胡适，马歇尔将军认为就是留驻 25000 人也构不成威胁，然后重申这一措施只是为了赢得时间。他责怪 4 位客人说，你们的国家似乎从来只关心自己有关地区的防务而不以大局为重，“我对此深感失望”。

胡适对赫尔态度强硬，赫尔自然也不会对胡适客气：整天狮子大张嘴要东要西的，现在你还有理啦？他有点粗暴地告诉胡大使，拟议中的暂行解决办法不会使滇缅公路受到威胁。他让胡适转告中国那位陆海空三军大元帅，暂行解决办法将使整个南太平洋地区在 3 个月内不会受到日本的攻击。日本在这段时期内或许会得到一点点石油，但数量对于增强其战争潜力来说是无济于事的。赫尔最后威胁道，如果没有这一妥协，日本立即向南方进击，你们不要责备美国不向那一地区派遣舰队。

赫尔也是真急了，没有意识到这些话只能吓唬英国和荷兰，因为日本进攻他们才需要海军。对于中国来说，你派不派舰队关我屁事？反正我也没海军了。日本南进打英国和荷兰那才好呢，正好减轻我抗战的压力。不过，这话只能心里想，不能嘴上明着说。

英国对美国的做法当然也不是很赞成。11 月 24 日，英国大使递交了英国外交大臣艾登发出的备忘录。艾登认为应该要求日本从法属印度支那撤出所有的陆军和空军，并反对向日本恢复供应石油。他指出，“日本人除了军事上的需要之外，并不缺乏石油”。最后，他说英国政府对赫尔处理谈判一事完全信任，也就是说，我的意思已经说了，赫尔你自己看着办吧。

当时蒋委员长的大舅哥也在美国。蒋介石立即命令宋子文去做美国上层的工作，宋子文马上就去找了陆军部部长史汀生、海军部部长诺克斯以及财政部部长摩根索，这三位都是美国高层中铁杆的对日强硬派。宋子文告诉三位部长，“任何容许日本军队留驻或威胁中国的暂行解决办法，必然会使中国的抗战瓦解”。诺克斯当即表示，必须全力支持中国的抗战。摩根索对宋子文说，日美之间的妥协很难达成，对付日本这样的国家，唯一的办法就是武力制裁。据副国务卿韦尔斯后来讲，宋子文还通过“一位新近在华盛顿开业做律师的前政府官员”的关系，在美国报刊和国会议员之间制造许多美国抚慰日本的舆论，大喊大叫美国准备制造“远东慕尼黑阴谋”。连美貌的蒋夫人也通过广播向美国呼吁，“我们认为美国绝不会只顾自己的利益，也绝不会像法西斯国家那样认为牺牲弱小是正当的行为”，借此唤起美国民众的责任感和正义感。这些给了赫尔不小的压力。

眼看宋子文和胡适四处串联乱吆喝，罗斯福也觉得有点过意不去，他把宋、胡请到了白宫，亲自向二人解释。罗斯福打了一个比喻说，现在有两个强盗，一个强盗从西边来抢我的钱，另外一个强盗从东面来抢我的钱，我一个人要对付两个抢我钱的强盗，对付不了，那么只有先给其中一个强盗五块钱，让他多走几十里路，以便我腾出手来先收拾一个，然后再回头收拾第二个。这时候，罗斯福派往中国的顾问欧文也发来了电报，指出蒋介石对于美国试图与日本妥协反应强烈，“其激动之状实前所未有”，他认为美国的做法就同当初英国同意封锁滇缅公路一样。如果美国放松对日本的经济压迫，把冻结的日本的财产解冻或者继续供应石油，中国的抗日战争就面临着随时崩溃的危险。欧文指出，此时中国的军阀，如位于山西的阎锡山和云南的龙云，都在秘密跟日本人接触，万一美国此时釜底抽薪，这些人很可能倒向日本人或者汪精卫。

就在此时，蒋介石最讨厌的那个人站出来说话了。11 月 25 日夜间，罗斯福接到了丘吉尔的电报，丘吉尔委婉地说：“此时欧洲战场激战正酣，形势危急，中国战场千万不能垮掉。当然处理此事全在于你，而且我们的确不需要再多打一场战争。只有一点使我们不安，蒋介石怎么办呢？他不是吃不下饭吗？如果中国崩溃了，我们的共同危险将大大增加。我们确信，美国对中国事业的关心将支配你的行动。”这可能是丘吉尔一辈子对中国说过的屈指可数的好话之一。老丘当然有自己的目的，让中国不至于崩溃，死死拖住日本，就能减轻日本对远东英属殖民地的压力。

出于中国的反对、英国的劝阻，加之本身就不太愿意对日本妥协，赫尔认为有必要放弃这一暂行解决办法。11 月 26 日上午，赫尔向罗斯福呈交了备忘录："鉴于中国政府的反对以及英国、荷兰、澳大利亚三国政府半心半意的支持或者实际上是反对，我十分认真地建议，让我在召见两位日本使节时交给他们一份综合的全面和平解决的基本建议，同时撤销暂行解决办法。"赫尔后来在回忆录里写道，"罗斯福总统立刻就同意了"。

其实罗斯福立即表示同意另有原因，丘吉尔和蒋介石还没有那么大的面子。就在当天早上，罗斯福准备吃早餐的时候，史汀生打来电话告知，日本的大队人马从中国的上海港搭乘四五十艘运兵船，朝着南方浩浩荡荡驶去。接完电话，罗斯福的饭也凉了。闻听此信的老罗气得饭都没心思吃了。史汀生在日记中写道，总统"差不多发了爆火——可以说气得跳上了天"。史汀生显然在吹牛，罗斯福坐着轮椅，是跳不起来的。

日本向南方增兵彻底改变了整个局势，因为这是日本人毫无信用的明证。一方面为签订全面和约而谈判——从中国和法属印度支那南部撤军；另一方面却又向法属印度支那源源不断地派出大规模的远征军。

头一天，11 月 25 日，罗斯福在白宫召开了最高军事会议，国务卿赫尔、陆军部部长史灯生、海军部部长诺克斯、陆军参谋长马歇尔以及海军作战部部长斯塔克等军政头面人物悉数到会。赫尔首先发言，他说："同日本签订协定已没有任何希望，对继续举行日美会谈我已感到绝望。日本随时随地有可能以突然袭击的方式开始新的征服行动，保卫我们国家的安全问题掌握在陆海军手中。对不起，我想向军事首脑提一下，日本也许要把突然袭击的原则作为其战略的着眼点，他们有可能同时对几个地方发动进攻。"

史汀生后来在 1946 年美国国会调查听证会上接受调查时说："一个问题使我们十分为难。如果你知道你的敌人正要揍你，等待敌人跳将过来对你主动进攻那是颇不明智的。可是尽管有此种危险，我们认为为了得到美国人民的完全支持，那就需要确切地加以证明，日本人就是这样爱打人的一种人，这样谁也不会怀疑究竟谁是侵略者。我们在这次会议上讨论了可以对我国人民和全世界更清楚地解释我国立场的根据，那就是日本采取了某些突然行动，因此我们不得不投入战斗。”

马歇尔也在同一次听证会议上对一再盘问他的参议员富格森说：“调动日本人放第一枪是从外交意义上来说的，不是真正指用枪射击，只不过是用外交手段保护美国的利益，不让日本以危险的方式做更进一步的侵入。”马歇尔多次强调：“调动日本人打第一枪只是一个比喻，这不是一个军事命令。”

虽然罗斯福和他的专家都觉察到日本不久就要动手，但他们没有预料到日本会直接进攻美国，更想不到日本胆敢袭击珍珠港。罗斯福对霍普金斯说，他相信日本会设法尽可能推迟和美国的冲突。在美国和英国，人们都认为日本最初的进攻目标肯定是英属殖民地马来亚、中国香港或新加坡，或者是他们垂涎已久的荷属东印度，他们甚至不敢对美国的属地菲律宾动手。有些人甚至提出，如果日本人不直接进攻美国，美国怎样才能找到合适的“参战理由”——真是太小看日本人了。

罗斯福可没有那么乐观，他预示美国人本身就可能遭遇危险，因此指出：“日本人在不宣而战这点上素来臭名昭著，以前对中国人和俄国人都是这么做的。所以美国有可能在下星期一，也就是 12 月 1 日前后遭到攻击。”他要求大家研究一下应如何应付这种情况的发生。可是，接下来美国陆海军首脑面红耳赤地争论的主要课题，却是怎样对付日本即将对东南亚发动的进攻，如果日本首先进攻马来亚或泰国，美国应当以什么方式介入战争。他们丝毫没有意识到日本人会直接拿强大的美国开刀，认为打死他们，他们也不敢。

与日本冗长的决策程序相反，这样重要的会议，美国只开了一个半小时。最主要的原因是，美国党政要人的观点基本一致且保持了政策的连贯性，还有一个能够一锤定音、当场拍板的关键人物。

华盛顿的眼睛就这样牢牢盯在了南方，他们做梦也没有想到，就在军事会议结束 4 个小时之后——东京时间 1941 年 11 月 26 日清晨 6 时 30 分，由南云忠一海军中将率领的强大机动部队已经整装从集结地单冠湾拔锚起航，目标正是太平洋上最大的军事基地珍珠港。

当天下午，斯塔克给远在珍珠港的太平洋舰队司令金梅尔上将写了封信，信中发表了自己的高见：“我认为，日本向泰国、马来亚和滇缅三个方面采取行动的可能性最大。”与此同时，似乎是为斯塔克的观点作证，陆军部部长随后报告了日本运兵船南下的消息。这一情报加深了美国首脑关于日军主要攻击方向是东南亚地区的判断。

第二天，马歇尔和斯塔克写给罗斯福的备忘录，仍然强调拖延时间为备战争取时间的观点，并且进一步说明：“可观的陆海军增援部队已开到菲律宾，但仍没有达到所希望具有的力量，增援过程还在继续。21000人的陆军部队预定在1941年12月8日出发，他们的目的地是菲律宾，时间越往后拖，对我们越有利。”

野村大使早就预料到美国方面不会接受日本的《乙案》。他认为目前能从根本上改变局面的只有天皇和罗斯福总统两人，他于11月26日致电东乡外相：“我认为目前打开局面的唯一办法是，由总统就旨在维持太平洋和平的日美两国合作问题亲自致电天皇，并望天皇陛下亲自复电，由此改变一下两国间的紧张空气。”

外交本质上是需要耐心的，东京给两位“三郎”规定的最后期限，让野村和来栖的工作变得更加困难，他们只能在焦急中等待。11月26日16时45分，野村和来栖应赫尔的要求来到了国务院。赫尔一开口便对他们说：“我感到非常遗憾的是，对于日本方面于11月20日提交的《乙案》，我们经过慎重研究后，实难同意。”赫尔还耐心地对美国不能同意的原因进行了解释。

一、让美国停止对蒋介石的援助，就等同于停止对英国的援助一样，这是坚决抵抗德国武力侵略的美国绝对不能答应的条件。只要日本仍然同希特勒结盟和坚持在东亚推行所谓的“大东亚共荣圈”，美国就绝不会停止援助中国。

二、日本军队从法属印度支那南部撤退到北部，这些部队可以用来“在其他地区再进行同样令人讨厌的活动”，照样可以把以美国为首的其他国家的兵力牵制在西南太平洋地区，对美国来说毫无意义。

三、日本开出的条件丝毫不能证明其希望和平的诚意。

四、无论是日本希望得到不管是美国还是荷属东印度的石油供给，美国都要等待英、中、荷等国对诸多问题的回复，这是一个非常复杂的问题。日本如此一味地催促美国给予答复，让美国产生了被胁迫的感觉，心里非常不爽。

不等两人辩解，赫尔立即向两位大使面交了事先征得罗斯福总统同意的美国的正式答复。为了防止一直要求借和谈拖延时间的斯塔克和马歇尔的反对，答复的内容甚至事先瞒着这两个人。这就是著名的《赫尔备忘录》，其要点是：一、从中国和法属印度支那撤走一切军队；二、放弃在中国的一切特权；三、脱离《三国同盟条约》；四、不承认重庆以外的其他政权，包括汪精卫伪政权和伪满洲国。

野村愣得一句话都说不出来。来栖问道，这是不是就算美国对《乙案》的答复？赫尔说“是的”。他还指出日本接受以上方案后在经济上所能得到的好处，如资产解冻和重新签订贸易协定等。赫尔说，“对于日本的建议，我们目前所能做到的只能如此”。赫尔采取了一个达不到全部目的就什么也不要的态度，一下子把对手逼入死胡同。日本已经没有机会挽回面子，除了发动战争之外，别无出路。赫尔后来也承认说：“我们从未指望日本会接受这些提议。”

来栖认为，如果美国认为日本“会向蒋介石脱帽致敬并向他道歉”，那就不可能取得什么协议，他希望对能对《赫尔备忘录》再次加以讨论。

“我们只能做到这些，”赫尔夸张地说，“美国公众舆论是如此激烈，如果我同意把石油自由地输往日本，我会被愤怒的民众活活打死的。”

来栖还不死心，他指出，有时候凡“具有坚强信念的政治家”都会得不到公众的同情，卓识者才有远见，但有时却又壮志未酬身先卒，人生短暂，只有尽职罢了。他告诉赫尔，这一备忘录差不多意味着事情的终结。

赫尔没有接着来栖的话去说，他做出了进一步说明，这一建议只不过是把从谈判开始以来美国一直没有明白讲出来的态度在这时更加清楚地重申而已，提出的这些条件是不能变更的。这就等于告诉两位大使，美国要求日本必须做出抉择，要么公开放弃几年来在远东作战中所获得的一切利益，要么听任在经济上慢慢被扼杀。赫尔暗示，日本的窘境是他们从 1931 年 9 月以来一直不断对外侵略的结果，只能是咎由自取。一心指望美国能接受《乙案》的野村和来栖好像一下子从炎夏掉进了冰窟，他们都知道东京会把这个建议看成是挑衅和侮辱。

在赫尔发出照会的第二天上午，陆军部部长史汀生打电话给赫尔，他也知道赫尔好像在搞一个与日本妥协的暂行草案，史汀生问草案是否已发给日本。赫尔如释重负地告诉史汀生：“整个事情告吹了。我洗手不干了，现在要瞧你和诺克斯的了。”

史汀生接着就给总统去了电话，询问“是不是应向驻菲律宾的美国远东陆军司令道格拉斯·麦克阿瑟中将发出最终警报，要他做好随时应战准备”。罗斯福回答说“这个意见很好”，于是史汀生就请来了诺克斯和斯塔克，一起商量给可能受到攻击的地区发去提醒电报。

史汀生发给麦克阿瑟的战争警报写道：“对日谈判实际上似已结束，日本政府能回过头来提出继续和谈的可能性极为微弱。日方将来之行动无法预料，但敌对行动随时可能发生。如果敌对行动不可避免，美国希望让日本首先公开采取行动，但不应把这项政策理解为要你限于采取会危及你们防御的行动方针。”

发给夏威夷军区陆军司令沃尔特·肖特将军的电报内容类似，但提出“不要惊动民众，亦不可暴露意图”，这也就是后来珍珠港的陆军大局讥讽为“叫你干又不准你干”的电报。肖特中将错误地将电报理解为要“提防破坏活动”，为了能够确认自己的理解是否正确，还专门发了电报给华盛顿，遗憾的是没有人给他回话，也可能就没有人仔细看——事实上，肖特的理解是错误的。

斯塔克上将同时向位于菲律宾的托马斯·哈特上将和夏威夷的赫斯本德·金梅尔上将发出了内容相同的电报：“本电应看成是战争警报。为谋求太平洋局势的稳定而与日本进行之谈判已停止，数日内日本可望采取侵略行动，日军数量、装备及日本海军特遣部队之组成表明，或者是对菲律宾，或对泰国，对克拉半岛，也可能对婆罗洲实行两栖进攻。务请做好适当防卫部署。”其中没有提到珍珠港。

赫尔的答复传到东京的时间是 11 月 27 日上午。电报立即送进皇宫，那里正在召开联络会议。电报送到时刚好休会，大家都在吃午饭。东条首相阴着脸朗读了电报的全部内容。周围一片死一般的沉寂，良久，不知谁说了一句：“这是一份最后通牒！”

现场是愤怒、惊诧、激动交织在一起的紧张气氛。连对成功抱一线希望的东乡外相都惊得目瞪口呆。后来他回忆说，他的第一感觉是“天旋地转”，他嘴里喃喃地说了些什么，周围谁都没听清，他被赫尔的照会“完全梗住了喉咙”。他看见那几位陆军将领在一边幸灾乐祸，好像在说，不是早跟你说过谈判没希望吗？看看结果如何？东乡的心情变得更加沉重。

赫尔向野村递交备忘录时还告诉他“这并不是要求立即撤军”，但东乡外相已经没有余力利用赫尔的这种态度来重整旗鼓了。11月28日和29日，东乡连续给野村发去电令，认为《赫尔备忘录》“根本无视东亚的现实，极大地损害了日本的威信”，训令野村口头要求美方“自我反省”。其间东乡曾试图通过格鲁大使和英国驻日大使为和谈做出努力，皆无结果，在有限的时间里，东乡也算是尽力了。

对岛田海相来说，这也是一个“晴天霹雳”。后来他回忆，赫尔的答复是“断然的、不容更改的”，连日本已做了重大让步这个事实都不愿意承认，我们视其为一份最后通牒。军令部作战部部长宇垣缠少将后来也说：“我们的要求美国一个都没有接受，整个备忘录充斥着美国自私的要求以及中国和英国一厢情愿的条件。到了这个地步，还有什么继续和谈下去的必要？除了进攻之外，别无选择。”

即使一直反战的贺屋藏相也认为“赫尔的要求简直是荒谬绝伦”。赫尔所要的是从中国和法属印度支那全部撤军，这怎么可能？美国简直就是恶霸，打着中立的旗帜分别帮助蒋介石、斯大林和丘吉尔进行战争，让日本民不聊生，现在又要把我们往死路上逼，是可忍，孰不可忍！

后来在东京审判时，东乡这样说：“我们当时感到，美国对达成一项协议以和平解决争端显然不抱任何希望，也毫无诚意。因为我们明白，美国人当然更明白，《赫尔备忘录》是要求日本完全屈从于美国的主张来作为和平的代价。美国不仅要日本放弃多年来不惜牺牲而换来的一切利益，还要我们放弃作为远东一个强国所拥有的国际地位。在我们看来，放弃这些东西等于使国家自取灭亡。对付这种挑战和保卫我们自己的唯一办法，只有战争。”

1946年，远东国际军事法庭检察官凯南在审讯东条时，问他对《赫尔备忘录》是不是很熟悉，东条愤然回答道，“我一辈子都忘不了它”。

连最老牌的和平主义者，80岁的牧野伸显都对《赫尔备忘录》报以一声叹息：“这写得实在太过分！”尽管如此，他还是通过女婿吉田茂给东乡打气，要求他继续为和平做出努力，“倘若我们与美国开战，而我们自明治维新以来所取得的所有成就都将毁于一旦，你作为外务大臣，同样脱不了干系”。

吉田茂给东乡的建议是辞职以拖延开战的时间。但东乡显然已彻底泄气了，他认为自己是受到误解的英雄，美国欺人太甚，现在已经没什么可做的了。

没有人回想到19世纪末那耻辱的“三国干涉还辽”，也没有人有伊藤博文、陆奥宗光、山本权兵卫那样的智慧和魄力：当时他们知道对俄、德、法三国获胜机会渺茫，就主动屈服，避免了战争。

相比于东京的义愤填膺，华盛顿显现的却是另一番祥和。11月28日，罗斯福和赫尔在白宫接待了来访的野村和来栖。尽管已经知道日本将于不久开始对美国的攻击，他们还是热情地对两位大使的来访表示欢迎。两位“三郎”落座后，罗斯福特意给他们发了雪茄，并拿起火柴为二人点烟。因为在上海受伤使左眼失明，野村试图去寻找火光，罗斯福微笑着将火柴伸向野村健康眼睛的一侧，帮他点燃了雪茄——这是一个多么温馨的场面，连老酒都差点被感动了。在座的4个人都知道，很快两国就会兵戎相见，但谁也不知道是仅仅就在10天之后。为了将假戏唱得更真一点，东京根本没有将开战的日期告知两位大使。

现场气氛十分友好，他们开始聊天，聊到了罗斯福总统的度假，甚至聊到了野村和罗斯福之间长达30年的友谊。谈到会谈结果，野村对美国的提议表示遗憾，罗斯福对野村所做出的努力表示感谢，还开玩笑说日本对法属印度支那南部的进驻，就像让美国洗了个冷水澡，看现在日本的态度，美国担心会再洗一次冷水澡。到底是大人物，罗斯福竟然一语成谶，10天后，他的数千名官兵将在一次突如其来的“冷热水混合澡”中烧死、冻死。

野村试探美国有没有对《赫尔备忘录》进行修改的可能，赫尔当即表示没有任何余地。这位被后来史学家认为是美国历史上最伟大的国务卿的戏，已接近最后一幕。罗斯福当选第四任总统后，赫尔卸任，之后为联合国的创建立下不朽功勋，被誉为“联合国之父”，还由此实至名归地获得了“诺贝尔和平奖”。

11月28日，《纽约时报》的头版赫然写道：“美国与日本解决分歧的所有热情在昨天已经消耗殆尽。”

《赫尔备忘录》推动犹豫不决的日本领导人彻底走上了战争的不归路，他们心中剩下的只有愤怒，但是靠愤怒是不可能打赢战争的。美国打得起一场漫长的战争，即使还要同时在欧洲对付德国。丘吉尔对日本最后结局的预测是，“他们将被彻底碾成齑粉”。

在东京，日本陆军对《赫尔备忘录》恨之入骨，认为这是美国对日本的宣战书。日本海军看到《赫尔备忘录》也议论纷纷："这无疑就是最后通牒，罗斯福果真下决心了。陆军方面是绝不会罢休的。"《赫尔备忘录》似乎给参谋本部吃了一颗"定心丸"，陆军一直担心如果美国接受《乙案》，就会打乱在12月初发动进攻的作战部署，这下子，一切难题都解决了。

在日本国内，开战的呼声响彻云霄。日本媒体告诉民众，我们善良的外交官带着十二万分诚意去向美国求和，却被那个残废的罗斯福巧妙地戏弄了8个月，简直是岂有此理！在一次临时议会上，议员岛田俊雄在演讲台上振臂高呼："国民认为现在政府遇到什么问题就只会停步不前，希望政府能够在民众的呼吁下马上下定决心大踏步前进。我们不知道政府为国家和国民做了些什么，打算做些什么，准备做些什么，政府到底在怕什么。我们希望政府放弃所有的幻想，贯彻战争目的，停止去做那些无谓的事情。政府应该站起来，和我们一起，给美国人动动手术！"台下马上响起雷鸣般的掌声，经久不息！

参谋本部这天的《机密战争日志》如此写道："《赫尔备忘录》应该说是天助于我。从此帝国易于下定开战决心。欣喜！欣喜！"

1941年11月27日14时，日本自卢沟桥事变之后的第七十七次大本营和政府联络会议在皇宫召开，会议重点对《赫尔备忘录》进行了讨论。大家一致认为，如果日本接受美国的所有条件，不仅国家会颜面扫地，还要放弃日本自1931年之后经过"不懈努力"取得的来之不易的成果，连自身生存都会受到威胁，这无异于国家的失败。海军和陆军都认为备忘录是个"天赐的恩惠，确定了战争的命运，是一个痛快的结果"。之前一直反战的东乡和贺屋好像连说话的力气都没有了。会议毫无争议地形成如下结论。

一、《赫尔备忘录》显然是美国对日本发出的最后通牒。

二、我国完全不能接受所谓的《赫尔备忘录》。

三、可以断定美国已经下定决心对日本开战。

11月28日，外务省拍给野村和来栖的电报说，《赫尔备忘录》对日本是一个蛮不讲理的建议，日本政府绝不能以此作为继续谈判的基础。我方对此建议的答复将在两三天内送到你处，日美谈判可能因此而事实上中断。希望不要给美国方面已经准备停止谈判的印象，只对他们说"我们正在等待训令"。我们认为，日本政府的主张始终是正当合理的，日本已经为太平洋的和平做出了重大牺牲。

同一天的华盛顿也在召开军事会议，再度研究在即将到来的危机中应采取什么样的政治策略和军事行动。会上大家一致认为，如果容许日本远征军到达法属印度支那南端一带，预示着战争随时可能爆发，美国必须对此做出迅速反应。

一贯主张对日本强硬的鹰派大腕史汀生建议，为争取战争主动权抢先发起进攻，进攻的利器就是位于菲律宾北部克拉克机场那35架B-17远程战略轰炸机——这些宝贝玩意儿最后都成为日本人的盘中美餐。但罗斯福不同意史汀生的意见，他之前已经向美国人民保证过，除非美国先受到攻击，否则不会发生战争。即使日本进攻英国或者荷兰的属地，国会能够同意宣战，美国也不会举国投入战争。罗斯福认为最好由日本人首先采取公开行动。此时的美国就像一个深夜里站在路灯下惶恐不安的路人，明明知道附近黑暗处藏有随时出击的暴徒，却只能等对方出手后才能给予还击。

会议刚刚结束不久，美国就截获了上边提到的那份东京外务省发给野村和来栖两位大使的电文。赫尔认为这意味着日本开始行动的日期已近在眼前，他迅速将截获的密电抄报罗斯福总统。当晚，罗斯福拍电报给丘吉尔说："我们必须面对日本即将发动战争而且是在不久的将来这一事实。"丘吉尔闻讯，义愤填膺却心中窃喜，恨不能那"将来"就是第二天早上。

对于未来战争的前景，裕仁依然是忧心忡忡。11月29日中午，他邀请几位前首相，也就是之前提到的所谓"重臣"，同进午餐，共商国是。这次会议近卫文麿也积极参加了。现在全部重担都落到了东条身上，近卫显得很潇洒、很超脱，脸色也比以前好了很多，估计痔疮也不疼了。之前内大臣木户曾提议这个会议在御前召开，遭到了东条首相的反对。东条认为重臣并不肩负责任，让不担负责任的人来参加审议决定这种重大问题是不适宜的。最后才决定采取这种饭后谈话的非正式形式。这些前领导人内心不一定赞成开战，这可能是东条不赞成会议在御前召开的原因。其实东条多虑了，这些老家伙大多数不愿意直抒己见，自认为没有力量来改变政府和大本营的既定政策。

"我们正在经历最艰难的时刻，是吗？"天皇客气地引导大家说话。

虽然以前都曾经一言九鼎，可现在毕竟都属于已经下台的离退休干部，能在天皇面前发发言还是很有面子的，于是这些人开始争先恐后发表“高见”。

若槻礼次郎：“就我国国民的精神力量来说，对战争是无须担心的。不过在物资方面到底能不能长期坚持下去则必须予以慎重研究，如果单凭政府所做的说明，是很难令人放心的。”

平沼骐一郎：“我同意若槻的意见。”

若槻礼次郎问东乡外相：“是不是说再也没有谈判的余地啦？”

东乡显得有点有气无力：“再谈已没有任何用处。”

东条插话：“外交已无希望，此后外交只能用于‘使作战更有利’。”

若槻礼次郎：“是否放弃谈判后就要立即进行战争？”

东条：“直到今日，我们一直尽力求得外交解决，我们是极其谨慎的。但今天我们动员军力已问心无愧，这是一个尊严而正义的行动。”

冈田启介：“欧洲战局的情况如何？”

东条：“我们与德、意紧密提携，同他们订有条约，日本将西进与希特勒的军队会师，我们必须击溃英国，印度只是途中的一个目标。”

冈田：“把原料运送回国将是很困难的。我连做梦也不敢想 3 年以后的事。你对原料将如何处理？”

东条：“资源问题尽管危险，但我们能解决的，相信我们好了，我们有能力占领东南亚地区并取得足够的石油。”

冈田：“兵工厂你尽可以建，原料你哪里去找？”

东条：“我们将采取轻重缓急的原则。”

米内光政：“因为没有详细的资料，我提不出什么具体意见。这里请容许我用一句俗语来表达我的希望，不要贪小失大，愿陛下三思。可不能为了避免越来越穷，反而一下子变得一无所有。”

近卫文麿：“根据政府的说明，似乎只能得出这样的结论，日美继续进行外交谈判已无任何希望。不过我认为，不能因为初次的外交谈判破裂就立即诉诸战争，这究竟有无必要，须特别慎重考虑。我觉得在目前的情况下，即以卧薪尝胆的情况发展下去，是否还能找出一条打开局面的途径？关于这一点，我想随后再听听政府当局的见解。”

广田弘毅：“根据政府所做的说明，我感到日本目前正面临着外交方面的严重危机。但我认为外交谈判方面的危机一般都要经历两三次反复才能彼此了解对方的真实意图，不能因为遇到一次危机就立即诉诸战争，那样未免操之过急。”

林铣十郎：“我认为政府和大本营是经过充分合作、慎重研究后才决心开战的，所以我对此是有把握的，请相信政府。”

阿部信行：“我同意林的意见，我们要相信和支持政府。”

从林和阿部的发言就可以看出，在文官、陆军、海军出身的这些要员中，出身陆军的虽然大部分是光头，头发并不长，却见识最短。也可能现在是陆军出身的东条当政，阿部和林出于维护陆军的尊严才如此说。

最后若槻再次起立，作了结论性的发言：“我认为如果为了日本自存自卫而不得不开战的话，那么即使预见会战败，甚至会使帝国化为一片焦土，也要义无反顾地开战。但倘若仅仅为了追求理想，诸如建立‘大东亚共荣圈’、确保东亚的稳定势力等而推行国策，从而进行战争的话，那是万分危险的，所以望陛下慎重考虑。”

总而言之，这些担任过首相职务的重臣大部分认为，单凭《赫尔备忘录》就立即诉诸战争未免操之过急。尽管如此，东条首相没有丝毫动摇。一直一言不发，埋头做记录的木户内大臣意识到，“局面已不可收拾”，战争不可避免，天皇的影响已经不起作用，日本的兴废存亡全由神来决定了。

这一天，参谋本部的《机密战争日志》如此写道：“回顾国家兴亡之历史，兴国者均为少壮青年，而亡国者则皆为老人。重臣那种希望天下太平无事的心理也许是出于无奈。然而，皇国之命运绝不能托付于若槻、平沼等老朽者之流身上。吾人只有子孙后代永不停息地战斗下去。”——此时，老酒忽然想起了移山的愚公。

在午餐会之后，16时，政府与大本营联络会议随即召开，这是卢沟桥事变之后的第七十四次联络会议。会议上，陆海军均宣布战争已进入最后准备阶段，大家一致同意向“好朋友”希特勒和墨索里尼先打招呼，告诉他们日美谈判肯定破裂，战争危险迫在眉睫。到了这时候，作为外相的东乡甚至还不知道战争将在何时打响，他颇为愤懑地质问永野：“还有争取外交谈判的时间吗？”

“还有一些时间。”永野回答。

“到底军方准备在哪一天开战？除非我们知道最后的日期，否则外交工作无法进行。”东乡问。藏相贺屋也提出必须知道开战的具体日期，因为一旦战争爆发，股票市场行情必然狂跌，只有预先知道确切的时间才能采取有效措施避免崩盘。不仅仅这两位不知道，内阁中除了陆海军大臣之外，谁都不知道准确的开战时间，更别说在华盛顿的野村和来栖了。从中也可以看出日本政府对于未来的事情基本上已经无能为力。

永野不情愿地压低嗓门告诉东乡和贺屋：“是 12 月 8 日。你最好还是采取有助于我们在战争中获胜的外交行动。”

“我明白，”东乡说，“能不能通知我们在外的代表，我们已经下定决心？通知驻华盛顿的武官没有？”

“我们还未通知海军武官。”永野回答。

“不能总让我们的外交官什么都不知道吧？”东乡似乎有点愤愤不平。

“我们准备突然袭击。”永野无可奈何地说，接着就讥讽东乡，“外相为什么不能拿出投入外交的这股劲头来帮助我们去打赢战争呢？”

军令部次长伊藤整一中将在一边解释道，海军的意图是要让谈判拖延至敌对行动开始之前，以确保最初的进攻完全是突然袭击。

东乡竭力克制自己的情绪，冷静地告诉海军的两位大佬，除非日本把它的意图用应有的方式做出通知，否则日本将彻底失去国际信义。他认为海军的计划“是完全不能允许的，因为它与国际惯例相冲突”，要日本“采取不负责任、有损国家荣誉与威望的行动，是不可想象的”。

11 月 30 日上午，军令部参谋高松宫海军大佐进入皇宫拜见哥哥，他们之间有着 4 岁的差距。36 岁的高松宫告诉裕仁：“海军经受不起一场大规模的战争，很多人认为如果可能的话，还是尽量避免与英、美作战。”裕仁告诉弟弟，他也十分害怕日本最终战败。高松宫说正因为此，哥哥才更应该采取行动。压力巨大的裕仁说，“作为一个立宪君主，我无法反对政府和最高统帅部已经通过的决定”。高松宫说：“陛下是否把海军相关领导人再叫来问问？”裕仁听从了弟弟的建议。

15时，天皇首先传唤了东条英机。天皇问道："听说海军其实想避免战争，是这样吗？"

东条首相思索良久后，回答道："臣以为现在除了和美国作战之外，已别无选择，海军和陆军统帅部的意见也完全一致。不过本次战争，海军是主角，如果海军没有信心的话，那才是真正的大祸临头。建议陛下召见海军大臣和军令部总长，确认他们的真实想法。"

16时45分，军令部总长永野修身、海军大臣岛田繁太郎奉诏入宫。此时此刻被天皇召见，两人当然知道裕仁要问些什么。

海军两首长再次向天皇汇报了必须选择在12月初开战的理由。一是如果推迟到1942年，国内石油的储存量在某段时间就有变成零的危险。二是随着时间的拖延，日美之间的军备力量对比，特别是舰艇和空军力量的差距将会急剧增大。三是美、英在菲律宾、马来亚等地的战备正在迅速增强，而且美、英、荷、中的共同防御关系也在日益紧密，尽早开战较为有利。四是考虑到北方苏联的威胁，为了避免南北两线同时作战，最好在不适于北方作战的冬季结束进攻南方作战。五是为了袭击珍珠港，1月之后，日本舰队在北太平洋的远距离航行将十分困难。六是南洋的风浪情况，1月和2月两个月不利于登陆作战。

天皇："箭一旦离弦，将发展成长期持久的战争，能按预定计划进行吗？"

岛田："人力、物力都已做好了充分准备，只等陛下一声令下了，现在开始战斗，比任何时间都有利。"

永野："联合舰队司令长官山本大将有相当的信心，完全做好了开战准备。官兵士气高昂，特别是参加进攻珍珠港的机动部队。对于战争来说，谁先开炮谁主动，谁就能把握自己的命运。我们在对手挑战后还不还击，最终必然逃不过不战而降的命运。"

岛田："我们应该抓住开战的主导权，从初战开始就狠狠地教训美国人。"

天皇："如果德国不帮助我们怎么办？"

岛田："我们自己能行，我们根本没指望德国能够给予帮助。"

永野："不战必定亡国，战也许仍避免不了亡国。但是不战而亡，是丧失国魂的亡国，只有战斗到最后一兵一卒，才有可能死中求活。胜也好，败也罢，只要保留护国的日本精神，我们的子孙就可能再起，三起！”

天皇：“为什么要选在12月8日？”

永野：“12月8日是星期一，我们认为星期天已经疯狂娱乐一天的美国官兵都筋疲力尽，这时候发起进攻最好，所以才做了这个决定。”

永野显然是脑子瞬间短路了。对珍珠港的袭击选择在这一天，不是因为这一天是周一，而是因为是周日。永野忘记日本东京的12月8日是夏威夷的12月7日，闹出一个大笑话。后来，这段话不知如何就传了出来，永野除了“打瞌睡将军”之外，又得了个“筋疲力尽大将”的雅号。

就在这样忐忑不安的气氛中，1941年12月1日14时05分，决定开战的战前最后一次御前会议在皇宫千种厅召开。整个会场充满了紧张、决绝和压抑的气氛。东条首相表情严肃地宣布：日本不能屈服于美国提出的撤出中国和废除三国条约的要求，否则将危及日本本身的生存。“为了保存帝国，事态已发展到必须向美国、英国和荷兰开战的地步。”

永野总长立即起立，慷慨激昂地宣称，陆海两军官兵万众一心，都“热切希望以死报效天皇，尽忠报国”。

坐在御座上的天皇毫无表情，一言不发，只是偶尔点一下头，表示情绪还不错。杉山总长为此感到“诚惶诚恐，为天皇陛下的优雅而深深感动”。

反对战争的声音已经听不到了，赫尔的声明反而统一了大家的思想。连枢密院议长原嘉道也认为不应该再向美国做出让步。“美国的态度唯我独尊，顽固无礼。”之后他说：“看来战争已无法避免，而且我们在初期也能确保胜利。但如果陷入持久战，国内将无法承受。因此一定要避免陷入持久战，希望诸位能够在最短的时间里解决问题。”这也正是山本大将在战争早期就急于寻找美军决战，妄图一役决胜的根本原因——与富人相比，穷人可真是耗不起呀！

原嘉道还象征性地询问了与泰国的谈判以及东京的防空情况，被军方稀里糊涂地以已经有了防空洞搪塞过去。原嘉道也挺牛，已经预示到几年后的东京将在美国的狂轰滥炸之下化为一片废墟。

东条总结了大家的意见：“大日本帝国正处于光荣和败亡的十字路口。天皇陛下亲临会议，我们既惶恐又感激。如陛下决心开战，我们定将竭尽全力以报皇恩。政府与军方将更紧密地团结在一起，举国一体，确信必胜，不遗余力，实现国家目标，以慰圣虑。”

会议决议再次体现了“越是重要的，越是简单的”这一道理，写出来仅仅是一句话：“基于11月5日《帝国国策实施要领》，我们与美国的谈判并未取得结果，大日本帝国决定对美国、英国和荷兰开战。”

天皇面无表情地离开了会议厅。后来他对木户说，赫尔的要求太侮辱人，他也已经无话可说，只能答应选择战争。裕仁在具有重大历史意义的开战文书上盖上了御玺。

11月29日，东京外务省致电日本驻伦敦、中国香港、新加坡、马尼拉等地的领使馆，训令“停止使用密码机并将其销毁”。

11月30日，东乡指示驻德大使大岛浩通知希特勒和里宾特洛甫，英美两国正在进行军事调动，日本必须对此采取必要对策，“日本与英国、美国之间存在着极其严重的危机，战争可能通过某些武装冲突而突然爆发，而且爆发时间可能会比任何人的料想来得更快”。他指示大岛，如果里宾特洛甫提到让日本北上进攻苏联，应该回答“暂时还是不对它发动进攻为好”。他要求大岛必须向希特勒表明，日本与美国的谈判破裂，就是为了信守对德国和意大利的承诺。在东京，东乡也向德国大使奥特表达了类似的意思，询问如果事态发展到最坏的程度，德国是否会援助日本，奥特毫不迟疑地回答说，我们将尽一切可能帮助你们。

由于前方战事紧张，希特勒到苏德前线去了，里宾特洛甫告诉大岛，要等元首在12月4日回来后再做决定。大岛对东京决定开战的事情一无所知，他认为战争不一定会很快爆发。墨索里尼倒是于12月3日对日本做出保证，意大利决定进行干涉以反对美国，但保留同希特勒进一步商量的权利。

12月5日，里宾特洛甫告诉大岛，德国已正式接受了日本的要求，如果日美之间发生战争的话，德意两国也将参战，并将使用所有可以调动的兵力来作战。如果德国、意大利与美国之间爆发战争，日本也要同样参战。三国未经一致同意，不得单独媾和。万一日本与英国发生战争，也同样适用。

就像德国进攻苏联之前，日本一无所知一样，对于日本将要采取的军事行动，德国也是毫无察觉。在此过程中，日本一直未向德国和意大利透露攻击的准确时间，这显然是对德国进攻苏联之前不告诉日本的一种报复。你不告诉我，我同样也不告诉你！这就是所谓的轴心国联盟。

12 月 2 日晚，《日本时报》头版的大幅标题是“日本将重新做出努力以求得美国谅解”。

14 时，杉山参谋总长给南方军司令官寺内寿一陆军大将发了一封内容为“日出定为山形”的电报。“日出”是“开始作战日”，“山形”是“8 日”的代号。两天后，以马来亚和新加坡为攻击目标，准备在泰国和马来亚登陆的一支由 20 艘运输舰组成的大型运输船队，在一支舰队的护航下，从海南岛风光秀丽的三亚港拔锚起航。

17 时，永野军令部总长致电联合舰队司令部：“大海令第十二号拆封。”内容为：之前未定之 X 日确定为 8 日。

17 时 30 分，山本五十六海军大将在旗舰“长门”号战列舰上向南云机动部队发出了密电“攀登新高峰”——开战日定在 12 月 8 日，按原定计划对珍珠港实施奇袭！

这一天，南云忠一海军中将率领的庞大机动舰队即将跨越 180° 的国际日期变更线。

珍珠港已经越来越近了！

毫无胜算的国力对比

日美矛盾无法调和，战争已经不可避免，打起来已变成了一个时间问题。现代战争归根结底是国力之争，我们将通过一系列枯燥无比的数字来说明美日双方存在的全方位差距，日本对美国发起的这场战争根本没有取胜的可能。可以说，米内光政、山本五十六、东乡茂德、贺屋兴宣、野村吉三郎等清醒派人士之所以坚决反对与美国开战，并不是因为他们多么崇高、多么伟大、多么爱好世界和平。以米内光政为例，卢沟桥事变后，日本国内的强硬派急于扩大与中国的战事。尽管最初米内保持了矜持，但并没有看见他上蹿下跳地反对战争，甚至最后也赞成将战事扩大，还强烈要求出动海军，占领了中国的海南岛。在他们眼中，国力贫弱的中国想欺负就欺负一下，没啥大问题。但对于强大的美国，他们很清楚两国国力有着巨大的差距，一旦开战，日本没有任何获胜的机会。

从 19 世纪末超越英国一直到今天，美国在经济实力上一直是无可争议的世界老大。第二次世界大战之前，美国在国际社会的政治地位尚不十分显赫。第二次世界大战之后，随着一些老牌帝国如英国、法国的迅速衰落，美国无可争议地坐上了西方世界的头把交椅。第二次世界大战同样让苏联崛起，于是冷战开始。20 世纪 80 年代，苏联解体，美国变成了吆五喝六的世界警察。此按下不表，回到正题。

先从现代战争所需的最重要的物资石油说起。日本实施南方作战的终极目标是荷属东印度，因为那里有日本人垂涎三尺、梦寐以求的宝贵石油。战后有日本史学家说：日本为了石油而发动战争，又因为没有石油而输掉了战争。尽管我们清楚即使有了石油，日本也不可能最终赢得战争，但至少说明在日本人心目中，石油是他们最后战败的关键因素。可谓成也石油，败也石油！

美国是当时世界上最大的产油国。1930 年，美国的石油产量就达到了 12311 万吨，美国埃克森美孚石油公司就出产全球 2/3 以上的石油。美国的石油产量超过了日本 200 倍。当时世界上其他重要石油产区的产量为：苏联 1850 万吨，墨西哥 698 万吨，东欧的罗马尼亚和匈牙利 648 万吨，中东 516 万吨，荷属东印度 800 万吨。战前日本每年的实际需求量为 480 万吨，开战时的石油储备是 800 万吨。如果能够占领荷属东印度并占有那里的石油，日本就可以从根本上解决石油的供应问题。

但这马上就带来了一个死结。当时日本燃油的 80% 依赖于最大的潜在敌人美国，高级燃油如航空汽油，依赖程度更是超过了 90%。日本为了自给自足，去夺取荷属东印度的石油，又势必导致与美国的战争，真是纠结呀。

要说日本为了在本土和占领区寻找到宝贵的石油资源，也是煞费苦心。前文提过，日本第一兵家石原莞尔在他的《最终战争论》中，曾经提议要入侵并占领中国的山西。这并不是石原有多么仇恨阎锡山，唯一的原因是石原认为山西那一带可能有日本急需的石油。石原毕竟只是谋略家，而不是地质学家，他的判断是错误的。今天我们知道那里确实没有油，倒是有煤和很多煤老板。

用石油取代煤炭为动力燃料是当时的海上霸主英国人的功劳。1910年，时任英国海军大臣的丘吉尔组织在英国格林尼治海军学院进行了一项研究，研究的结论是石油燃料可以使舰队的航速提高至25节。这是20世纪人类取得的最重要的技术进步之一，与蒸汽船淘汰帆舟、航空母舰把战列舰从海上霸主地位拉下来一样，是在世界海军历史上具有里程碑意义的划时代大事件。从此以后，煤炭就逐渐退出了海运航行的舞台。

日本是典型的贫油国。20世纪30年代，在日本管理的范围内，具备石油开采价值的地方也有一些。包括本州岛北部的秋田、新潟，库页岛的南部，中国台湾的中央山脉以及北海道地区等。据1930年的数据说明，当年日本的石油产量为本州岛22.6万吨，库页岛19.3万吨，中国台湾3.2万吨，北海道7500吨，合计45.9万吨。日本也曾在中国抚顺利用油页岩提炼石油，但成本高、产量低，质量也满足不了实际要求。总数只有数十万吨的石油，对于日本来说，在和平时期正常使用都远远不够，更无法满足中国战场对石油的大量需求。日本只有走上对外寻找石油的道路。

20世纪20年代末，曾经盛传在中国东北发现石油的迹象，日本人于是下定决心要在这一地区寻找石油。当时日本东北帝国大学的高桥纯一教授是公认的石油专家，他的石油生成理论是所谓的“海底腐泥起源说”。根据这一理论，日本将找油重点放在了辽宁的南部，原因是这里靠近海边，而位于松嫩平原中部的大庆，理论上是“贫油”地区，所以不作为重点找油地段。当时驻扎在哈尔滨附近的日本陆军航空队的飞行航线就在大庆上空，飞行员经常看到草甸子的水面上漂着黑色的油膜状漂浮物，便向负责寻找战略资源的“满铁调查部”通报了此事。“满铁调查部”回答也很干脆：“那个地方根本不存在生成石油的条件。”

实际上，日本“满洲石油公司”曾在大庆油田的边缘地区打了一口1000米深的探井，流出来的是黏稠的含硫量很高的重油，而且流量很小。以当时日本的技术条件，发现并开采大庆油田也存在诸多难点。日本最后索性放弃了在满洲继续找油的计划。

油找不到，可以自己造。日本在1937年制订一个人造石油计划，又在1940年制订了《第二次人造石油制造振兴计划》，主要技术是德国人提供的。计划很宏伟，结果很可怜。原目标是在1945年达到年产量450万吨。实际上，在产量最高的1943年也才仅仅是20万吨，人力、物力、财力倒是投进去不少。看来这条路也不可行。

前文提及，日本人还是希望通过外交手段来取得荷属东印度的石油，但是由于荷兰的态度强硬最后未果，那就只好使用武力了。

石油很重要，但不是有了石油就能打赢战争。科威特石油多，一夜之间就被伊拉克给灭了。伊拉克石油也不少，最后萨达姆还是被美国人生俘。打赢战争，需要的是强大的综合国力。

在第二次世界大战期间，如果按绝对值来计算，美国所有的战争花费超过了其他国家的总和。有钱才能花，美国的巨大花费有其强大的经济实力做后盾。

1939年至1945年，美国的国民生产总值从800亿美元快速上升到2600亿美元，在6年间增长了3倍多。在所有的交战国中，美国是唯一有能力在一项从未测试过的武器技术中一次性投入超过20亿美元的国家，并且没有任何人能够保证对这个计划的投入能够开花结果，那就是著名的“曼哈顿计划”。美国对重型战略轰炸机B-29的专项研发费用，也超过了10亿美元。即使自身参与了战争，美国还能同时给苏联、英国、中国等在内的众多同盟国提供军事援助，美国的军事工业为同盟国提供了近2/3的军事装备。连斯大林都在德黑兰会议上公开承认，“如果没有美国的强大生产力，我们就会输掉这场战争”。即便如此，美国的国防开支在国民收入中的比例也从未超过40%。同样，在1944年，日本的战争支出就占到了国民收入的76%，国民经济已经到了崩溃的边缘。

相对于美国的地大物博，日本是个自然资源十分贫乏的国家。下列一组数字就可以显示日本当时根本不具备与美国进行长期大规模战争的资源条件。开战前夕，日本国内重要工业原料产量占其总消费量的比例分别是：铁矿石，16.7%；钢，62.2%；铝，40.6%；盐，31.3%。虽然所消费的煤有90%以上都是国内所生产，其中绝大部分来自在中国所占领的广阔地区。其中还缺乏可供炼钢之用的焦煤。至于某些战略性金属，比如镍，日本也完全依赖输入。日本虽能炼铝，但其原料铝矾土必须依靠进口。钢铁是战争必不可少的重要物资，日本虽已有相当规模的钢铁工业，但冶金技术还比较落后，对于制造武器或精密机器所需要的特种高级钢材，始终无法生产，其唯一来源仍然是从美国输入的废钢铁或成品。

早在 1941 年参战之前，美国未经充分动员的军事工业就能制造出价值 45 亿美元的武器。由于此前已经扩大了对中国的战争，此时日本的军工企业已开足了马力，也仅仅制造出 20 亿美元的武器。双方的比是 2.25∶1。两年之后，1943 年，当美国的军事工业开始全速生产时，这个比很快就达到了 9∶1。不说老美，即使是已经日薄西山的大英帝国，与日本的比也达到了 3∶1。作为同盟国主力的美、英、苏三国，有足够的财力、物力建设起大型的军械库，而轴心国的德、意、日就做不到这一点。

简单看看美日双方主要经济数据的对比。

国土面积：美国 937 万平方公里，日本 38 万平方公里（不含殖民地）。

人口：美国 13216 万人，日本 7314 万人。

工业总产值：美国 2000 亿美元，日本 90 亿美元。

钢产量：美国 3300 万吨，日本 580 万吨。如上所述，日本的钢铁生产严重依赖美国所提供的废钢铁。1929 年至 1932 年，日本从美国进口废铁 16 万吨，占其进口量的 36%。而到了 1938 年，日本购自美国的废铁 101 万吨，占进口量的 74%。

国民收入：美国是日本的 7 倍。

煤炭产量：美国依然是日本的 7 倍。

铜产量：美国是日本的 9 倍，日本 93% 的进口铜来自美国。

铝产量：美国为 85 万吨，是日本的 8 倍。

电力：美国为 1800 万千瓦，是日本的 45 倍。

汽车产量：日本顶峰时期为 1941 年的 47901 辆，而美国在 1943 年汽车产量达到了 621502 辆。美国相当数量的年轻人可以驾驶汽车，而汽车对于日本人来说，还属于奢侈品。可能不是日本人不喜欢开车，而是没车。会驾驶者和不会驾驶者去练习飞机驾驶，前者接受能力无疑更强。以前老酒曾经和 6 位同事一起去考驾照。人家都已经在高速公路上疾驰如电了，老酒还在驾校在教练的训斥下练侧方位停车。除了自身太笨之外，老酒与6位师兄最大的差别，就在于学车之前连自行车都没骑过。

工厂职工人数：美国为3400万人，是日本的5倍。

大口径火炮：1941年至1945年，日军只生产了604门口径大于105毫米的火炮，同一时期美国的产量是7803门。

小口径火炮：日本共生产70毫米~105毫米火炮6512门，同一时期美国却生产了27082门。1944年，日本迫击炮和小型武器的生产，只有美国的7%。

重型坦克：1941年至1942年，日本生产1065辆，而同时期美国生产了24997辆。

轻型坦克：1941年至1942年，日本生产了1024辆，而同期美国的生产量是4052辆。需要特别指出的是，第二次世界大战期间，日本的重型坦克，无论是火炮威力，还是装甲厚度，都只能相当于盟军的轻型坦克，如果按照吨位类比的话，差距更大。日本坦克除了在中国能够横行霸道之外，在与美国、苏联等军事强国的抗衡中，基本上都属于靶子。

飞机生产量：美国为12万架，约为日本的8倍。1942年，英、美、苏三国的飞机产量是德、意、日三国的4倍，在1945年达到了5倍。美国伊普西兰蒂—福特公司的一条装配线，在一个小时内就能将一架飞机所需要的100多万个零件焊接在一起。1944年，仅该厂的产量就达到轰炸机5000多架。而日本海军飞机的月产量直到1943年3月才第一次超过了500架。

造船能力：美国是日本的3倍。1941年后，美国除已有的造船厂，又陆续建了131个，平均每厂每天都有一艘舰船下水，且一直呈现增长态势。日本的造船量于1944年达到最高。1942年至1945年，日本新建的船舶吨位分别为66万吨、107万吨、174万吨、47万吨。而同时期被击沉的船舶数量分别为110万吨、207万吨、412万吨、159万吨。净沉没量为44万吨、100万吨、238万吨、112万吨。

就生产能力而言，日本最大的缺陷就是需要从海外进口大量的机械工具，多达60%的机床需要进口，国产机床金属切割的精确度有限，耐久性也不佳。

1941年至1945年，日本共生产和改造各型航母17艘，新建战列舰2艘、巡洋舰 9 艘、驱逐舰 63 艘和潜艇 147 艘。而在同一时期，美国生产改造航母（包括护航航母在内）147 艘，新建战列舰 10 艘、巡洋舰 48 艘、驱逐舰 355 艘、护卫舰 498 艘和潜艇 203 艘。人比人，气死人！

美国借助第二次世界大战获益颇丰，解决了之前两次经济危机导致的数百万人口失业问题。1939 年至 1945 年，美国新创造 1700 万个工作岗位。在纽约和芝加哥，居民收入增加了 50%，在华盛顿特区这一比例达到了 200%。企业的税后收入在 1940 年是 64 亿美元，到了 1944 年就增加到 108 亿美元。汽车厂虽然产量稍有下降，但是雇用超过 100 万的工人，每个月创造超过 10 亿美元的价值。美国《星期六晚邮报》一篇社论夸耀说，“日本为了一场毫无成功希望的战争耗尽资源，而美国正在为大规模就业、批量生产以及大规模分销和所有权的光明未来而努力”。

对于美国而言，尽管有上千万的年轻人背起枪支奔赴欧洲和远东参与同轴心国的作战，但美国的就业工人总数反而增加了 140 万人，战时经济需要工人付出更多的劳动，工作时间也由每周 40 小时增加到 90 小时。

战争促进了美国妇女和黑人的就业。到 1944 年 7 月，美国职工中有 1900 万女性，比战争初期增加了 50%，美国女性离开家庭出来工作的比例，从 1/4 增加到 1/3。第二次世界大战带来的巨大变化，使得美国公众“重新思考男性和女性在家庭、工作和国民生活中的角色”。同时期日本尽管有 1335 万的女性劳动力，但是其中 780 万人从事的是农业和林业，从事工业和军工生产的只有 225 万人。战争也使美国黑人的就业岗位增加了 3 倍，达到 70 万人。

由于华盛顿是首府，大批新雇用的政府职员让华盛顿的住房紧张程度堪比今天中国的“北上广深”。美国作战新闻处的一个记者讲过一个笑话。当时有一名男子不小心掉到了河里，就开始大喊“救命啊救命”。叫喊声引来了一位路人，他迅速跑过来问落水者：“你的名字叫什么，你现在的住址是哪里？”“我叫约翰·琼斯，住在南大街以北 14 号，你快来救我呀！”这名路人马上转身，以百米冲刺的速度跑到了南大街以北 14 号，告诉房东：“我要租约翰·琼斯的房间，他已经在河里淹死了。”房东很无奈地说：“实在抱歉，他的房间已经被刚才把他推入河中的人订走了。”

此外，美国工厂的现代化和自动化水平要高于欧洲和日本，美国人的生产管理是当时世界上最完善的。两方面结合起来，美国工人的人均劳动生产率也是当时世界上最高的。

在太平洋战争开始前，日本国内的军事、经济能力已经达到顶峰，基本已无潜力可挖掘，也就是说，如果日本不能利用现有的力量迅速消灭对手或者迫使对手屈服，而被对手拖入消耗战、持久战的话，则必败无疑。山本五十六急于寻求与美国决战，正基于此。

日本与美国的差距不仅仅在于国力，还在于其科技和创造力。一个简单的例子，第二次世界大战初期，美国海军舰艇上已经普遍使用了雷达，而日本只是到了 1943 年 9 月才开始在巨舰“大和”号上实验使用雷达，性能当然不可同日而语。这就好比盲人在和健康人比武，结果自然不言而喻。

开战初期，日本的“零式战斗机”从各种性能来说，都是一款非常优秀的战斗机，加上飞行员较佳的技术素质，在与盟军的拼杀中稳占上风，“零式战斗机”也就此成为盟军飞行员的梦魇。在阿留申战役中，美国成功缴获了一架几乎完好无损的“零式战斗机”（此节将在中途岛海战中详细介绍），随即运回国内进行解剖分析，针对性地对自己的战斗机进行改进，从而大大提高了战斗机的作战性能。到 1943 年，美国开发的“泼妇式战斗机”在性能上已经全面超越了“零式战斗机”。美国不仅在飞机数量上占了上风，还在战争中不断推出新的机型。到了战争后期，美军不仅在飞行员的素质上稳占上风，在飞机性能上也已经远远优于日军。

反观日本，在整个第二次世界大战期间，基本上都在使用“零式战斗机”或其改进型。资源缺乏导致日军在飞机生产上只注重飞机的作战性能，而忽略了自身保护，过量采用木质材料，使得“零式战斗机”在被击中后很容易起火燃烧而致机毁人亡。就如当今的日系车，在降低成本上可谓做到了极致，油耗也低，但是安全性能就不如美系、德系。

另外，在美国生产的飞机中，有 97810 架是多引擎轰炸机（双发或四发），而日本仅仅生产了 15117 架（基本上是双发机）。

到战争结束时，美国已经耗资 440 亿美元制造了 29.6 万架飞机、35100 万吨飞机炸弹、88000艘登陆艇、1250万支步枪、86333辆坦克。从美国的各大船厂开出了147艘航空母舰，总排水量达1400万吨的952艘战舰，总排水量为3900万吨的5200艘商船。美国除了为最后的胜利做出了巨大的财政和经济投入外，到战争结束前，还有1490万美国公民加入陆海空三军与轴心国作战。如果说英国和中国为战争的最后胜利赢得了时间，苏联为打败轴心国集团抛洒了热血的话，那么，是美国为大家制造了打败敌人的武器。

这么多的数字，大家也不用记，老酒也记不住，只是记在本本上而已。咱们只要记住美日双方差距很大就行了。

到了1945年，不管再怎么宣传，已经有68%的日本人认为自己必败无疑，战争已经严重影响到了国民的普通生活，生活品消费跌至国民收入的17%。1945年，日本每个公民摄入的热量狂跌至1800卡路里，远远低于保持人体健康所需要的基本量。到1945年夏天，由于李梅对日本本土实施战略轰炸取得成功，日本几乎所有大中城市都遭到毁灭性打击。仅仅1945年3月9日的一次轰炸，就将东京41平方公里的商业区、工业区和居民区化为灰烬。人们开始背井离乡，走向乡村，城市人口下降超过了40%，工业生产更是无从谈起。

由于资源短缺，不能大量使用枪弹，日本士兵很少配备冲锋枪，日本陆军步兵的主力兵器是我们经常提到的“三八大盖”。别以为这“大盖”是1938年生产的，这个“三八”是指“明治三十八年”，换算成公历是1905年，也就是日俄战争那年。同时代美、英、德、苏等军事强国的步兵部队基本上都配备了冲锋枪，而日军只有《亮剑》里山本一木大佐的特种兵才能配备冲锋枪。

日本为此找到了一个漂亮的借口：宁愿要一个百发百中的神枪手，也不要一百个百发一中的普通士兵。听起来真像那么一回事，做起来可真不是那么一回事。前文提到的诺门坎战役中，日军与苏军近身肉搏的场面就说明了一切。

在整个战争过程中，能看到很多这样的战例。饿死的日本士兵比战死的还要多，如在新几内亚、瓜达尔卡纳尔岛、英帕尔等地。而那些奢侈的美国大兵，不但吃得饱、穿得暖，还有香烟抽，有生日蛋糕吃。在日本有句名言，“辎重能算兵，蜻蜓也能变老鹰”。这其中固然有不重视补给的因素，但是资源缺乏也是不争的事实。这些都将在今后的战役中详细描述。

从诺门坎战役中可以看出，由于工业基础和技术能力上的差距，加上资源的匮乏，太平洋战争期间，日本陆军基本谈不上机械化，其重型装备供给量与实际需求相去甚远。威克岛是日军第一批进攻的目标，早在1941年12月26日即被日军占领。由于在反攻阶段美军实施了“蛙跳战术”，威克岛成为被抛弃的目标之一。一直到战争结束，威克岛仍然在日军手中，成为被日本占领时间最长的岛屿之一。战争后期，该岛已完全失去了补给，进入自生自灭状态。美军曾经拦截了一艘从在这里出发，往日本本土运送伤员的医疗船，登船检查之后美军判断，船上的补给使得至少有一半人不可能活着回到日本。美军的拦截对于他们来说真是幸运，他们因此活到了战后。

还是在威克岛。日本人占领该岛后，强迫数百个美国战俘修复战斗中被破坏的机场，还规定必须在一周时间内完成，否则“统统地死啦死啦”。美国俘虏一听就乐了：“就这点活儿，根本用不了数百人，也根本不需要七天。”几个美国工程兵俘虏开起挖掘机和推土机，不到一天时间就全部搞定。日本人傻眼了，迅速将推土机和挖掘机送回国内拆解、仿造。推土机倒是仿造出来了，但无法批量生产，挖掘机更是连仿造都没成功——这就叫差距。

瓜岛战役的最后阶段，日本人已经难以为继。1942年12月30日，裕仁天皇召开御前会议，研究日军从瓜岛撤退的问题。接受天皇质询的仍然是此前多次提到的参谋总长杉山元和军令部总长永野修身。

天皇：“好像美国人掌握着制空权。”

永野：“是的。”

天皇：“为什么我们不夺取制空权？”

永野：“我们的海军航空兵缺乏前进基地。”

天皇：“为什么不在附近岛屿建一个简易机场？”

永野：“那至少要一到两个月。”

天皇：“据朕所知，美国人只用很短时间就可以了。”

永野：“……”

天皇：“工兵部队不能加快施工进度吗？”

杉山：“陛下，卑职只能遗憾地向您禀报，我们修建机场的机械设备有限，竞争不过美国人。”

永野：“我们的工兵基本都是手工作业。”

天皇：“既然陆海军都尽力了，那就撤军吧。”

但是仅就开战之时而言，美日双方的战力在西太平洋地区差距并不大，日本还可以说是稍占上风。太平洋战争的主角是海军，开战前1941年12月美日海军的主要数字对比如下。

战列舰：美国17艘，合计534300吨；日本10艘，合计301400吨。日本是美国的56%。

航空母舰：美国8艘，合计162600吨；日本10艘，合计152970吨。日本是美国的94%。

重巡洋舰：美国18艘，合计171200吨；日本18艘，合计158800吨。日本是美国的93%。

轻巡洋舰：美国19艘，合计157775吨；日本20艘，合计98855吨。日本是美国的63%。

驱逐舰：美国172艘，合计239530吨；日本113艘，合计165858吨。日本是美国的69%。

潜艇：美国111艘，合计116621吨；日本65艘，合计97900吨。日本是美国的84%。

航空兵力：美国可用于与日本作战的飞机2600架；日本为1669架。日本是美国的64%。

合计作战舰只：美国345艘，总吨位1382026吨；日本235艘，总吨位975793吨。日本是美国的70.6%。日本海军梦寐以求30年的70%终于在战前实现——这是一个抛物线的最顶端。

尽管日本有大量的陆军滞留在中国战场，但是其海军可以集中精力来对付美国人。开战之时，美国采取的是“先欧后亚”的战略方针，海军有40%左右的力量部署在大西洋及其他地区，在太平洋局部战场，日本占据了一定优势。以海军主力舰只而论：日本航空母舰10艘、战列舰10艘、巡洋舰38艘、驱逐舰113艘、潜艇65艘；而美国相应只有航空母舰3艘、战列舰9艘、巡洋舰22艘、驱逐舰54艘和潜艇52艘。

在远东地区还有一些微弱的海军力量。英国起初只有重巡洋舰1艘、轻巡洋舰7艘和驱逐舰13艘，但主力舰一艘都没有，匆匆赶来的两艘主力舰“威尔士亲王”号和“反击”号刚一露头，就被日本人一通炸弹给送海底去了。荷兰在该地区有轻巡洋舰3艘、驱逐舰7艘和潜艇13艘，法国也有轻巡洋舰1艘。但是，这些军事力量原来只是为了维护殖民地统治，吓唬当地土著居民配备的，对于日本人来说，连大餐都算不上，不过是开胃小菜而已，更不足以从根本上改变双方的优劣势地位。

美军不仅在数量上处于劣势，质量上也略不如日军。双方在航空母舰的性能上不相上下。但是，美国太平洋舰队的战列舰基本上属于老式的战列舰，不说是爷爷，至少也是大叔。在考察舰艇的三大主要指标攻击力、防护力、机动性方面，前两项指标差强人意，勉强可战，但是机动性能比起日本的快速战列舰“比叡”号、“雾岛”号，以及即将下水的“大和”号和“武藏”号等新式战列舰来说，有着不小的差距。还好这些在后来的战斗中都没用上。

值得注意的一点是，虽然双方在大部分项目上差距并不是很大，但是日本在关键性武器——航空母舰方面却大占优势。日本舰队组织严密，训练良好，特别在夜战方面更是训练有素，而同盟国的舰队之间有着指挥和语言上的困难。同盟国的两个主要基地珍珠港与新加坡之间的海上距离，超过10000公里。一旦开战，很难实现协同。

战争前夕，美国拥有世界最强大的海军，陆军却落后很多。就数量而言，日本陆军有51个师团、58个混成旅团或支队，共计210万人，而同时期美国陆军只有269023人，排在罗马尼亚后边，列世界第十七位。

可惜这种优势仅仅是暂时的，如果算上动员能力的话，日本远远不是美国的对手。就好比一个瘦弱的小孩儿要和一个强壮的大人打架，小孩必须拿起石头出其不意一下把大人给砸死。若非如此，大人回过神来，回手一耳光就能把小孩儿给呼晕过去！

一个都不能少

就在政治家和军方首脑为了战与不战纠缠不休的时候，日本陆海军的参谋人员已经在为未来的战争做着积极的筹备。11 月 5 日，大本营综合陆海军意见，制定了《关于促进对美、英、荷战争的草案》，这一方案在 11 月 15 日的大本营和政府联络会议上获得通过。方案规定：战争的要领是帝国应实行闪电战，摧毁美、英、荷在东亚及南太平洋地区的根据地，确立战略上的优势地位，确保重要资源地区和主要交通线，形成长期自给自足之有利态势，同时用尽一切手段引诱美海军主力适时加以歼灭。

至于为何将美、英、荷全部列为下一步的作战敌手，日本内部也经过了长时间的争论。日本南方作战的终极目标是荷属东印度，如果以武力直取这一目标，其前进道路上的障碍就是两翼的菲律宾和马来亚，屁股后面还有个香港。香港处于日军的包围之中，还好说一点。马尼拉和新加坡却不容小觑，分别是美国和英国在远东最重要的军事基地。如果不和英、美作战，当然是好，但是荷兰败亡之后，荷兰政府已流亡伦敦，英、荷已形成不可分割的一体。对荷兰作战，也就是同时对英国作战，所以英国的属地都必须列入作战范围，再说那些地方的资源也非常丰富。剩下的就是考虑美国与英国、荷兰之间的关系，以确定是否把菲律宾列入南方作战的范围。

1940 年 7 月，在制定《适应世界形势演变的时局处理纲要》时，日本军部的出发点还是以美、英分离为前提。当时政府和大本营的考虑是，敦刻尔克大撤退后的英国本土岌岌可危，日本如果对英国动武，美国未必会为英国火中取栗。

随着欧洲战局的进展，美、英的关系也越来越亲密，美国开始不遗余力地援助英国，日本陆海军因此产生重大分歧。大本营海军部认为英美关系是密不可分的，在对南方行使武力时必须将菲律宾包括在内。而陆军的见识明显就差一点，认为打英国和美国不一定会参与进来，尽可能别惹美国这个瘟神，不赞成同时对菲律宾行使武力。

海军认为陆军的想法绝对是一厢情愿，理由如下：

一、假如抛开菲律宾进行南方作战，势必要遭到以菲律宾为基地的美军之侧击，南进的日军陆海军时刻处于危险之中，此乃兵家之大忌也。

二、确保爪哇、苏门答腊、婆罗洲等南方资源地带同日本本土之间的海上交通，对于未来的持续作战是绝对必要的，日本必须通过这里将南洋掠夺的石油和各种物资运回本土，菲律宾对这一海上生命线是致命的威胁。

三、再进一步说，为便于南方作战的顺利实施，把菲律宾作为作战中间基地和补给基地是非常必要的。

到 1941 年春天，随着日美关系的不断恶化，特别是日军进驻法属印度支那后美国做出的过度反应，大本营陆军部逐渐意识到，要想让美国置身事外好像已不可能。南方地区同样也是美国橡胶、锡等战略物资的主要来源地，日军占领新加坡和荷属东印度对菲律宾也造成了重大威胁，美国不参战也可能导致全面丧失对中国问题的发言权，因此罗斯福绝不会隔岸观火。不攻击菲律宾也许能让美国暂时不介入战争，但容许美国在西太平洋保留这样一个巨大的军事基地，等到其增援兵力到达后，将会对日军的继续作战产生致命的影响，日军连先发制人的机会也丧失了。既然如此，索性一不做，二不休，连你也一起干掉。陆海军的意见终于取得了统一。美、英、荷于 1941 年 4 月 21 日在新加坡召开的联合军事会议，更加坚定了日本将其作为一个进攻整体的决心。因此，在 9 月 6 日御前会议上通过的《帝国国策实施要领》中，美、英、荷已经成为一个整体。

要说这日本陆海军是故意抬杠，一点也不为过。在攻占南方地区的次序上，双方又开始争执不休。海军主张向右迂回从菲律宾方面向婆罗洲、爪哇、苏门答腊再到马来亚，陆军主张向左迂回从马来亚方面向苏门答腊、爪哇、婆罗洲再到菲律宾。最后商定的结果是都别迂回了，对菲律宾、马来亚两方面同时进行奇袭，最后在荷属东印度会合。当然，经过山本大将的据理力争，突袭目标中加上了珍珠港。

欧洲的战争爆发之前，日本陆军参谋本部一直未着眼于未来打大战，战斗行动一直局限于亚洲大陆。随着英、法相继卷入战争以及《三国同盟条约》的签订，1940 年年末，日本陆军统帅部开始着手制订对美、英、荷的作战计划。最初制订的仅仅是对马来亚、菲律宾等地的区域性作战计划，1941 年 4 月改为制订综合作战计划。在此期间，陆海军统帅部的作战参谋之间，始终保持着紧密联系。

到了1941年8月，陆海军已基本完成了各自作战计划的制订。

早于战争计划的战争准备早已展开。8月15日，日本联合舰队下令于10月上旬达到实战所需的战斗能力，根据要求，海军征用商船265艘，总吨位112万吨。9月18日，陆军发布南方作战的预备命令，陆军先后6次（5次在9月、1次在10月3日）宣布成立临时部队番号以及向南调兵的计划，预定参战部队开始向中国的南部、中国台湾、中国海南岛、帛琉群岛、法属印度支那等地区集结。同时在上述区域建立航空和海运基地，加紧对作战物资的储备。

1941年10月，随着空降部队的建立，日军开始了以占领巨港、巴厘巴板等油田及炼油设施为目标的针对性军事训练。为了防止敌军在逃跑前破坏油田及相关设施，在荷属东印度作战中，日本将首次使用伞兵突袭。

对于未来的作战，日本可谓是未雨绸缪。陆军参谋本部自1940年就开始组织力量对南方一些用兵要地进行实地考察，搜集军事情报。至开战前的这一段时期，从菲律宾到马来半岛，从马尼拉到新加坡，从关岛到缅甸，布满了日本陆海军派出的间谍。他们以商人、游客或者外交官的身份对当地的防务、机场、交通、桥梁、登陆海滩等进行考察，寻找当地潜在的合作者。英国、荷兰在这些地区的殖民统治不得人心，菲律宾也一直在与美国闹独立，所以这些情报人员得到了当地日侨和土著居民的大力帮助和支持。他们获得的宝贵信息源源不断地汇集到东京大本营。

举例说明。1940年夏天，陆军参谋本部作战参谋国武辉人少佐以外交官的身份进入马来半岛，重点对英国远东最大的军事基地新加坡进行考察。国武少佐经过实地考察后发现，新加坡这个岛屿与马来半岛顶端只有一条约1000米长的堤坝相连。这座号称东方直布罗陀的军事要塞，从海上进攻的确是困难重重，但若从陆上进行包抄，也就是从北面进攻的话，就能免去不少麻烦。国辉少佐还发现，尽管从地图上看从泰国边界到新加坡只有五六条河流，但实际上大小河流有250条之多。如果守军在后退时炸掉桥梁，就会极大地迟滞日军的进攻速度。在选择登陆地点和制订具体作战计划时，这些因素都给予充分的考虑。后来在实战中，日本选择不断在守军的后方登陆，导致英军的连续溃败。

1940年10月12日，陆军参谋总部对位于上海附近地区的第五师团下达了实施登陆作战训练的命令。12月6日，在中国华南地区的日军近卫师团、第十八师团、第四十八师团也根据参谋总部的命令开展了适应热带地区作战的军事演习。

接着，1940年12月中旬，日军在台湾成立了专门研究南方作战的中心机构——“台湾军”战术部，部长由林义秀大佐担任，但真正的推动力来自赫赫有名的豺狼参谋辻政信。战术部负责对各兵种部队在南方作战中的战斗、装备、军需、给养、卫生防疫、海岸地形、潮水涨落等事项进行研究。

1941年6月，由“台湾军”战术部主持，以步兵一个大队、炮兵一个中队为骨干的演习部队在海南岛举行了登陆之后的热带地区长距离机动演习。为了检验士兵在热带炎热环境下的生存能力，辻政信把全副武装的士兵装入闷热潮湿的船舱，让他们三人挤一张榻榻米，在近50摄氏度的高温下，只允许士兵喝少量的水，就这样关了整整一个星期。这些骨瘦如柴的士兵在如此恶劣的条件下，携带着马匹和装备，成功在开阔的海滩上登陆。演习环绕海南岛一周，行程1000公里，相当于从泰国南部登陆到新加坡的机动距离。辻政信中佐根据这次演习的研究结果编写了名为“热带丛林作战战务必读”的实战指南，在开战前分发给参加南方作战的全体官兵。

在此之前的1941年3月，陆军统帅部在九州岛也进行过一次参谋旅行演习，对有关参战部队的主要参谋人员进行关于登陆作战的战前训练。接着，自3月下旬至4月上旬，在大本营主持下，开展了以攻占新加坡为目标的大规模的陆、海、空联合演习。由在上海专门接受登陆作战训练的第五师团、驻满洲的第五飞行集团及联合舰队一部组成演习部队。演习方案是由长江口舟山群岛出发的登陆作战部队在海空军掩护下，一面摧毁敌海空部队的阻击，一面通过中国东海在北九州进行登陆，最终攻占佐世保海军要塞。这次演习的总指挥就是后来出任第十六军司令官，负责荷属东印度作战的今村均陆军中将。

为了使登陆作战和热带地区作战得以顺利进行，参谋本部对投入南方作战的地面部队匆忙进行了装备的改进。准备在泰国南部登陆向新加坡突进的第五师团，以及准备在仁牙因湾登陆向马尼拉进攻的第四十八师团等部队，改编为包括部分车辆、自行车在内的机械化部队，增强了部队的机动性。

1941年9月11日，以军令部总长永野修身和联合舰队司令长官山本五十六为首的海军将佐200余人，在海军大学开展了历时4天的图上军演。军演包含南方作战的各个区域作战，其中也包括只有极个别要人参加的奇袭珍珠港计划。10月1日，陆军参谋总长杉山元和负责南方作战的寺内寿一在陆军大学主持了陆军南方作战为期5天的图上演习，参加演习的包括准备参加南方作战而组建的各军参谋长、主要参谋以及参谋本部的作战幕僚。

10月4日，主要负责南方作战空中掩护的联合舰队陆基航空兵——第十一航空舰队也在九州进行了南方作战空中作战的图上军演。

到10月底，大本营陆海军部分别批准了各自的作战计划，杉山参谋总长和永野军令部总长分别于11月3日和5日将作战计划上奏天皇，11月5日天皇正式批准了陆海军的作战计划。

就在天皇批准作战计划的同一天，负责南方作战的南方军宣告成立，成为继中国派遣军、关东军之后第三个大型战区性突击军团。11月6日，大本营公布了南方作战各部队作战序列以及实施南方作战的准备命令。

南方军总司令官：寺内寿一陆军大将。

参谋长：塚田攻陆军中将（前参谋次长，其次长职务已由田边盛武陆军中将接任）。

第十四军司令官：本间雅晴陆军中将。

第十五军司令官：饭田祥二郎陆军中将。

第十六军司令官：今村均陆军中将。

第二十五军司令官：山下奉文陆军中将。

南方军司令部直属部队：第二十一师团、第二十一独立混成旅团、第四独立联队。

参加南方作战的第三飞行集团集结在中国南部和法属印度支那北部，佯装进行昆明作战，然后于开战前夕迅速转移至法属印度支那南部各基地，为第二十五军先遣兵团提供空中掩护。第五飞行集团和第二十一独立飞行队在台湾南部，配合海军第十一航空舰队先发制人，摧毁美军北纬16度以北的吕宋岛空军基地和战机，为第十四军在菲律宾的作战提供掩护。

第四师团和南海支队作为特遣队和预备队先后划归南方军直接指挥。

参加南方作战的还有驻中国广东的中国派遣军第二一三军，司令官就是曾当着何应钦的面随地撒尿的酒井隆陆军中将，其麾下第三十八师团将参加香港作战。

确切地说，南方军并不是一支新军，所部基本抽自其他战区的精锐兵团。来自中国派遣军的部队大多已有 4 年乃至更长时间的实战经验，特别是赫赫有名的第五师团擅长登陆作战，中日战争以来，转战各地，历经百役。原属关东军的第五飞行集团，参加过诺门坎战役。为了尽快达成战争任务，南方军编制内破天荒出现了 9 个坦克联队。放在苏、德、美等军事强国，这根本不算什么，但放在日本，就相当于下了血本，要知道，日本陆军总共才有 15 个坦克联队。

南方作战涉及区域的陆地面积超过 400 万平方公里，是日本本土的 12 倍，涉及人口约 1.5 亿。南方作战总称为“あ号作戦”，作战计划主要内容如下。

以海军第一航空战队、第二航空战队、第五航空战队为主力的机动部队对瓦胡岛珍珠港内的美国太平洋舰队发动奇袭，一举歼灭美国太平洋舰队主力。

奇袭珍珠港的同时，在菲律宾与马来亚两个方向同时发动进攻。

在攻克菲律宾和马来亚之后，接下来的目标分别是婆罗洲、苏拉威西、苏门答腊等要地，最终目标为爪哇岛。

此外，攻下香港、关岛、俾斯麦群岛、帝汶岛等地，扫清外围。在开战初期，也于泰国境内进驻大批军力，视战局进展情况进攻英属缅甸，在构成日军防线坚固右翼的同时，彻底切断中国抗日战场的补给线，促使蒋政权早日屈服。

缅甸被列入第二批重点进攻目标还有一个原因，除了荷属东印度之外，这里也有日本人急需的石油。

陆军作战任务细分到各个战区。

“M 作战”：攻取目标为菲律宾，任务执行者第十四军，下辖第十六师团、第四十八师团、第六十五旅团，集结地为马公、帛琉、奄美大岛、高雄和基隆。战役计划于 1941 年 12 月 7 日当天展开。

“E 作战”：攻取目标为马来半岛和新加坡，任务执行者第二十五军，下辖近卫师团、第五师团、第十八师团、第五十六师团，集结地为海南岛三亚。战役计划于 1941 年 12 月 7 日展开。

“H 作战”：攻取目标荷属东印度，任务执行者第十六军，下辖部队第二师团。随着香港和菲律宾战事结束，将第三十八师团及第四十八师团从香港和菲律宾战场抽调过来充实该军。战役计划于 1942 年 1 月 11 日展开。

“G 作战”：攻取目标关岛，任务执行者南海支队及第四舰队所属海军陆战队。战役计划于 1941 年 12 月 10 日展开。

“B 作战”：攻取目标英属婆罗洲，任务执行者第十六军第五十六师团，战役计划于 1942 年 1 月 11 日展开。

“C 作战”：攻取目标香港，任务执行者第二十三军第三十八师团，战役计划于 1941 年 12 月 9 日展开。

“R 作战”：攻取目标威克岛和俾斯麦群岛的拉包尔，任务执行者南海支队。战役预计于 1942 年 1 月 23 日展开。攻占拉包尔的目的在于掩护日本海军在中太平洋最重要的海空基地特鲁克。

好戏在后头，重头戏就是袭击珍珠港的“Z 作战”，全部由海军组成，战役计划于 1941 年 12 月 7 日最先展开。

陆海军统帅部根据几次图上演习，对攻占南方相关地区的进程做出如下估计：占领香港约 20 天，占领马尼拉约 50 天，占领新加坡约 100 天，而爪哇岛大约 150 天即能攻克。最大的不确定因素在珍珠港！

以兵力而言，日本人自认为拥有绝对优势，其海空兵力比起西方盟国在西太平洋的兵力较多，也较好，自信能确保取得制海权和制空权。海军为南方作战与袭击珍珠港投下了几乎全部兵力。准备用于南进的陆军虽只有 11 个师团，战斗兵员不到 25 万人，连同后勤部队总数约 40 万人，但都是从中国战场和本土调集的精锐部队，仅从中国关内抽调的就有 6 个师团。这些部队人员素质和训练水平很高。

同盟军人数较不准确，战争前夕，估计英军在香港有 11000 人，在马来亚有 88000 人，在缅甸有 35000 人，合计 134000 人；菲律宾群岛共有美军 31000 人、菲律宾军约 110000 人；荷兰有正规军 25000 人、民兵 40000 人。虽然在人数上盟军还稍占上风，但是因为日本能够取得制空权和制海权，常常会造成数量上的局部优势，特别在两栖登陆、丛林战和夜袭方面更具优势。而盟军在该地区的地面兵力虽人数众多，但国籍各异，分散极广，作为军官的白人与当地人士兵之间缺少精神上的团结，美、英、荷、中四国也很难发挥出协同作战的能力。盟军装备低劣，对于当地那些部队来说，唯一干得不错的动作就是敬礼，除少数美英部队以外，几乎不堪一击。

由于从中国关内抽调了大量兵力，日本大本营陆军部电令中国派遣军总司令官畑俊六陆军大将，实施南方作战期间，在中国关内暂取守势。

日本海军已于 1941 年 9 月 1 日改行战时编制，因此无须像陆军那样新编作战部队。为配合陆军对上述地区的攻击，海军作战的具体部署如下。

一、以六艘航空母舰为主的机动部队袭击美国太平洋舰队，之后返回基地休整。而后负责保卫南洋诸岛或支援南方作战。集结地为千岛群岛的单冠湾，司令长官南云忠一海军中将。

二、山本五十六海军大将和高须四郎海军中将率领第一舰队主力部署于濑户内海，支援总体作战，同时负责日本本土的防务。

三、第十一航空舰队（陆基航空兵）主力集结地在台湾南部，其余一部在帛琉群岛，任务是配合陆军占领菲律宾，司令长官塚原二四三海军中将。

四、第二舰队活动于菲律宾和中国南海一带，搜索并歼灭敌海上力量，确保陆军部队的海上安全，司令长官近藤信竹海军中将。

五、第三舰队主力集结在台湾，其余一部在帛琉，其任务先是为菲律宾作战提供海上掩护，之后参加爪哇岛作战，司令长官高桥伊望海军中将。

六、南遣舰队集结地在三亚，负责马来亚作战的海上安全，之后投入婆罗洲和西里伯斯作战，司令长官小泽治三郎海军中将。

七、第二遣华舰队（不隶属联合舰队）负责协助香港作战，司令官新见政一海军中将。

八、第四舰队主力集结地特鲁克，其余一部在塞班岛，负责攻占关岛、威克岛以及俾斯麦群岛的作战，司令长官井上成美海军中将。

九、北方部队也就是第五舰队在大凑展开，担任警戒北方水域，保护交通线和防止苏联的偷袭，司令长官细萱戊子郎海军中将。

十、第六舰队也就是所谓的潜艇部队，一部配合珍珠港作战，其余在菲律宾和新加坡一带配合水面舰艇作战，司令长官清水光美海军中将，司令官新见政一海军中将。

参加南方作战的各部海军由近藤信竹海军中将统一指挥。

从军事观点来看，日本人对于开战做出了精心的安排，对于战争初期的胜利也很有把握，以后的实际进程证明他们是对的：日本人不仅轻取了胜利，还迅速攻占其所想占领的一切地区。但是问题并未根本解决，所有的战争都不是难于开始，而是难于结束。

需要强调的是，日本并不敢奢望能速战速决，比起当初发动侵华战争时认为3个月即可征服中国来说，思想上已经有了很大的进步，他们确已有“长期战争的觉悟”，对未来的前途也不免有茫然之感。即将赴任南方军参谋长的塚田攻曾说：“没有人敢说陷入长期战争也不要紧。即使初战可以全胜也不能掉以轻心，至于5年以后的事情，谁也无法预料。”

美、英显然小看了对手的胃口和野心。就在罗斯福、丘吉尔认为发出最后通牒就能吓唬住好战的日本人，就在史汀生、诺克斯、马歇尔、斯塔克等人挖空心思地去分析日军的进攻点是菲律宾还是关岛抑或是威克岛的时候，日本的作战计划已经做出了响亮而清晰的回答：所有的地方都是我们的攻击目标。用句时髦的话，就是“一个都不能少”。

1941年11月10日，即将奔赴太平洋战场的日本陆海军高级将领举行了一次午餐会。刚刚从中国满洲回到东京出任第二十五军司令官的山下奉文陆军中将入座后，发现右边的椅子还空着。此时，走过来一个比他矮半头的小个子。

“山下君辛苦了，这次要攻下马来亚和新加坡可谓任务艰巨，信心如何？”这位小个子不但年龄比山下大了一岁，军阶也比他高。

山下急忙回答：“阁下才辛苦呢，您怎么样？”

“我把我一半的生命都压在了珍珠港，我确信一定会成功，你的马来亚那边呢？”这个叫山本五十六的人说。——老酒“十大日军杰出将领排行榜”上的状元和榜眼在这里戏剧性地碰面了。

“我认为，首先是双脚要站到陆地上，只要能登上去，我就一定能取得成功。

在登陆这一点上，我们陆军有很多无可奈何的地方。”

“实在抱歉，为了实施珍珠港作战，我是不得不如此呀。”由于主力舰队用在了珍珠港，参加南方作战的海军力量就难免不太竞裕。山本知道刚才山下是在变相抱怨海军护航力量的薄弱。

“二山”可谓是惺惺相惜。山下本以为山本会转移话题，没想到山本如此爽快地坦承了自己的无奈。他被山本的情绪感染，马上高兴起来：“我判断，在我们登陆之前，敌人不会动手，我一定会成功的。”

山本发出一阵爽朗的大笑：“对！英国人认为他们吓唬一下，我们就会退回去。他们错了！你的登陆行动一定会成功！”

两人一起举杯共饮。

今生不再入此门

大战在即，东京弥漫着一种莫名的紧张气氛，天空也仿佛笼罩了一层暗灰色，让人无端感到气闷、压抑和焦躁不安。

1941年11月29日上午，一个戴着黑色帽子，身穿浅灰色西装的中年人，乘玉川电车在世田谷的松阴神社下了车。在参拜了明治时代最伟大的思想家吉田松阴之后，他走进了神社对面左侧一点的若林町街道。

一群老百姓正热火朝天地挖着防空洞。据传闻说，与中国打仗，东京不会有遭空袭的危险，但是与美国人打仗就有。因为老美实力太强大，有航空母舰可以游到日本近海，修好防空洞是十分必要的。让大家略显纳闷的是，新闻报道上每次都说大日本帝国皇军在中国又取得了辉煌的胜利，都“辉煌”好几年了，怎么还没把中国打垮呢？既然连中国都打不垮，为什么又要和美国打仗呢？听说美国比中国厉害很多呢。

中年人貌似很关心地走了上去：“真辛苦啊，是为了防空演习吗？”

“当然是了，马上要跟美国人打起来了。”一个年轻人直起身，擦着额头的汗水，对中年人说。

“是真的吗？”中年人似乎不太相信。

“那当然了。”年轻人露出一副不屑的神情。

中年人默默地跨过壕沟，走进了路边的渡部牙科医院，口中嘀咕着：“日美开战，势在必然，看来民众也接受了这场本应避免的战争。”中年人思索着，他认为日本连对手的真面目都没有看清，就冒失地加入了《三国同盟条约》，国家失去了冷静，连民众都变得狂躁无比。在中年人看来，跟美国打仗，日本简直连一点胜算都没有，这场战争很可能将国家带向毁灭。

“我还能不能看到若林町这美丽的风景呢？”中年人不免有些伤感。

再往前，中年人敲响了一户普通人家的门：“打扰了，您还认识我吗？”

“是您呀，快请进。”家里的主妇看清了中年人的模样，赶紧往屋里让。中年人顺手把手里的小箱子交给主妇，箱子里面是带给老师家的礼物。这是他小学老师渡部与的家，老师已经在一年前故去，开门的是老师的女儿。

“军舰就停泊在附近，明天是老师的祭日，我顺道来看看故去的老师。”中年人面带微笑，语气平和地说。

“您百忙之中还能来看他，我父亲真是太幸福了。我想他就是在那边看见您这么有出息还来看他，也肯定会笑起来呢。”主妇看起来异常兴奋的样子。

在老师的灵前祭拜之后，中年人一边喝着主妇端上来的热茶，一边打量外边那熟悉的庭院，院子里也已经挖掘了防空洞。

“老师可真是个正直而严厉的人哪！”

“真的要和美国打起来了吗？”

“像老师这样的人真是很少见了呀！”中年人没有接主妇的话，而是故意岔开了话头，看来他不太想谈论美日两国开战的话题。

“果然要动手了吗？”主妇还是把话题引了回来。

“可能吧，因为对手一直在阻碍我们的行动。请放心，我做事绝不会畏首畏尾的。”两人对视了一下，互相点头。主妇忽然有一种可怕的想法，他此行不会是来告别的吧？

离开老师家后，中年人去了岳母家。

“妈，我回来吃饭了。”看来这里更熟悉一些，中年人一进门就大声吆喝起来。

中年人很自然地坐在餐桌前，问道：“妈，我这么一来，打乱了家里的食物配给吧，很难办吧？”

“没事没事，你好好吃，好好睡。”丈母娘看女婿，越看越欢喜，况且这女婿还这么有出息。岳母经常自豪地对四周的邻居炫耀：“这是我亲自挑选的女婿，绝不会错的。”

“真的要打仗了吗？”岳母的话和刚才老师女儿的一样。

女婿笑而不答，只是往嘴里扒饭。看来是真饿了，中年人狼吞虎咽，吃得很香。

“这次要演习很长时间吧？”

“估计短不了。”中年人笑着对岳母说。

天要黑透的时候，中年人来到了侄女京子家。京子是他大哥的女儿。中年人和大哥年龄差距很大，侄女京子比中年人还要大上一岁。

京子年轻时是一所大学里的护士，终身未婚。中年人年轻时，曾在20世纪之初那场与俄国人的大海战中身负重伤。当他伤势恶化，濒临死亡时，是京子的精心呵护和鼓励帮他渡过了难关，使他重新燃起了生的希望并最终恢复健康。中年人一直视京子为自己的救命恩人。“如果不是亲叔侄关系的话，说不定我们会结婚生子的。”中年人心里想。

因为未婚，京子看起来比实际年龄要年轻一些，但鬓间的白发也明显增多了。站在京子的两间平房前，中年人感到心如刀绞。看着站在门口的京子，中年人故作平静地说：“我明天要走了。”

“要上船了吗？”

“嗯。”

“这次要很久吧？”

“嗯。”

“别站在门口，进屋喝茶。”

“嗯。”

两人坐着，良久无言。半晌，京子才又问道：“最近很忙吧，要跟美国人打仗了吗？”

“嗯。”

平时已习惯了叱咤风云的中年人，在侄女面前显得格外温顺，也许两人之间很多事情已心照不宣，都觉得没必要说出来吧。

“这次要很久才回来吗？”京子不自觉重复了刚才的话。

“嗯。”

“是来告别的吗？”

中年人想到自己的亲人很快都要去迎接那场该死的战争，不由得心中升起一团无名之火。但他不会对京子表露出来：“别担心，不管过程多么曲折，但胜利肯定是属于我们的。请记住，我们必胜！”

京子把茶端上，中年人大口大口地喝下去。

“再喝一杯吧，听说喝一杯茶是不吉利的。”

“一杯就行。”中年人的目光忽然变得有点深邃，脸上的肌肉也开始抽搐。“一杯就行。记住，我永远要做第一，我会一直做给你看的。”

说完，中年人义无反顾地走出了家门，步履沉稳，很快就没入暗夜之中。“负国无颜入黄泉，无言以对万千灵。”中年人口中轻声念叨着，始终没有回头去看那扇他可能不会再有机会走进的大门。

“他还会回来吗？”京子倚门望着中年人的背影，喃喃地说。

这个消失在夜幕中的中年人，就是时任大日本帝国海军联合舰队司令长官的海军大将山本五十六！

参考书目

1. 钟庆安，柳茂坤．东亚霸主的野心［M］．武汉：武汉大学出版社，2013.
2. 侯鲁梁．偷袭珍珠港［M］．武汉：武汉大学出版社，2013.
3. 李春光，孟凡俊．肆虐的太阳旗［M］．武汉：武汉大学出版社，2013.
4. 钟庆安，陈培军．缅甸之战［M］．武汉：武汉大学出版社，2013.
5. 侯鲁梁．中途岛之战［M］．武汉：武汉大学出版社，2013.
6. 陈培军．瓜岛战役［M］．武汉：武汉大学出版社，2013.
7. 毛元佑．拉包尔之战［M］．武汉：武汉大学出版社，2013.
8. 周小宁．马里亚纳大反攻［M］．武汉：武汉大学出版社，2013.
9. 钟庆安，刘庆．重返菲律宾［M］．武汉：武汉大学出版社，2013.
10. 钟庆安，肖鸿恩．登陆日本［M］．武汉：武汉大学出版社，2013.
11. 侯鲁梁．帝国末日［M］．武汉：武汉大学出版社，2013.
12. 张越．偷袭珍珠港［M］．北京：外文出版社，2010
13. 张越．烽火东南亚［M］．北京：外文出版社，2010
14. 张越．决战中途岛［M］．北京：外文出版社，2010
15. 张越．血雨腥风战瓜岛［M］．北京：外文出版社，2010.
16. 张越．拉包尔风云［M］．北京：外文出版社，2010
17. 张越．马里亚纳海空战［M］．北京：外文出版社，2010.
18. 张越．重返菲律宾［M］．北京：外文出版社，2010.
19. 张越．莱特湾大海战［M］．北京：外文出版社，2010.
20. 张越．广岛上空的蘑菇云［M］．北京：外文出版社，2010.

21. [美] 利奥波德 · 罗森博格 . 偷袭珍珠港 [M] . 马俊杰编译 . 合肥: 安徽文艺出版社，2011.

22. [美] 约翰 · 克劳福德 . 席卷太平洋 [M] . 叶春雷编译 . 合肥: 安徽文艺出版社，2011.

23. [美] 汤森 · 华林 . 搏杀中途岛 [M] . 王永生译 . 合肥: 安徽文艺出版社，2011.

24. [美] 格里夫 · 科恩 . 血拼瓜达尔卡纳尔 [M] . 王永梅编译 . 合肥: 安徽文艺出版社，2011.

25. [苏] 伊万 · 谢苗诺夫 . 决胜东北 [M] . 胡海波编译 . 合肥: 安徽文艺出版社，2011.

26. [美] 肯尼斯 · 加尔布雷 . 日落东瀛 [M] . 王宏林编译 . 合肥: 安徽文艺出版社，2011.

27. 王恩泽 . 偷袭珍珠港 [M] . 哈尔滨: 哈尔滨出版社，2013.

28. 马晓奕 . 鏖战菲律宾 [M] . 哈尔滨: 哈尔滨出版社，2014.

29. 郭亮 . 中途岛战役 [M] . 哈尔滨: 哈尔滨出版社，2014.

30. 王海莹 . 喋血瓜岛 [M] . 哈尔滨: 哈尔滨出版社，2013.

31. [美] 卡尔 · 史密斯 . 珍珠港 1941: 美国的耻辱日 [M] . 金铠译 . 北京: 海洋出版社，2015.

32. [美] 吉姆 · 莫兰 . 威克岛 1941: 一场令众神哭泣的战役 [M] . 杨红梅译 . 北京: 海洋出版社，2015.

33. [美] 克莱顿 · 春 . 菲律宾的沦陷 1941—1942 [M] . 章放维译 . 北京: 海洋出版社，2015.

34. [美] 马克 · 斯蒂尔 . 珊瑚海 1942: 首次航母大对决 [M] . 李瑾译 . 北京: 海洋出版社，2015.

35. [美] 马克 · 希利 . 中途岛 1942: 太平洋战争的转折点 [M] . 彭莹译 . 北京: 海洋出版社，2015.

36. [美] 约瑟夫 · 穆勒 . 瓜达尔卡纳尔岛 1942: 战略反攻 [M] . 程艳译 . 北京: 海洋出版社，2015.

37.［美］马克·斯蒂尔．圣克鲁斯岛 1942：航母较量在南太平洋［M］．刘燕婷译．北京：海洋出版社，2015.

38.［英］德里克·赖特．塔拉瓦 1942：局势的逆转［M］．潘峰译．北京：海洋出版社，2015.

39.［美］戈登·罗特曼．关岛 1942：失而复得［M］．王小可译．北京：海洋出版社，2015.

40.［英］吉姆·莫兰，［美］戈登·罗特曼．佩莱利乌岛 1944：炼狱之战［M］．甘咏，许华菁译．北京：海洋出版社，2015.

41.［美］戈登·罗特曼．塞班岛与提尼安岛 1944：突破日军防线［M］．程艳译．北京：海洋出版社，2015.

42.［美］戈登·罗特曼．马绍尔群岛 1944：攻克夸贾林和埃尼威托克［M］．任远喆译．北京：海洋出版社，2015.

43.［美］伯纳德·爱尔兰．莱特湾 1944：史上规模最大的海战［M］．甘咏译．北京：海洋出版社，2015.

44.［英］德里克·赖特．硫黄岛 1945：星条旗在折钵山升起［M］．李瑾译．北京：海洋出版社，2015.

45.［美］戈登·罗特曼．冲绳岛 1945：最后的搏杀［M］．金铠译．北京：海洋出版社，2015.

46.［美］堀田江理．日本大败局：偷袭珍珠港决策始末［M］．马文博译．北京：新华出版社，2014.

47.［美］戴维·雷格．太平洋大海战［M］．张国良，言丹，马东敏译．北京：中国市场出版社，2014.

48. 张晓林，马骏．血战太平洋［M］．北京：海潮出版社，2012.

49.［英］约翰·戴维森．天下海战：铁血太平洋［M］．孟广林主译．南京：江苏人民出版社，2009.

50. 赵云峰．全景二战：血战太平洋［M］．昆明：云南教育出版社，2011.

51.［美］安德鲁·威斯特，格里高里·路易斯·莫特逊．血战太平洋［M］．穆占劳等译．北京：中国市场出版社，2010.

52. 西风 . 太平洋战争［M］. 北京：中国市场出版社，2011.

53. 张俊红 . 偷袭珍珠港［M］. 长春：北方妇女儿童出版社，2004.

54.［美］王书君 . 太平洋海空战［M］. 北京：海洋出版社，1987.

55. 何国治 . 南太平洋海战记：美日圣克鲁斯群岛航母对决［M］. 武汉：武汉大学出版社，2013.

56. 何国治 . 终极对决：美日马里亚纳航母大战［M］. 武汉：武汉大学出版社，2014.

57.［美］乔纳森・帕歇尔，安东尼・塔利 . 断剑：中途岛海战尚不为人所知的真相［M］. 蒋民，于丰祥等译 . 上海：学林出版社，2013.

58.［美］泰德・威廉・罗森 . 东京上空 30 秒［M］. 朱沉之译 . 北京：法律出版社，2012.

59. 张友筠 . 日军二战战场大解密［M］. 南京：凤凰出版社，2012.

60. 朱旭 . 血战太平洋大解密［M］. 南京：凤凰出版社，2012.

61.［英］温斯顿・丘吉尔 . 日本的猛攻［M］. 卢继祖，丁岳，冯刚译 . 南京：译林出版社，2013.

62.［美］本杰明・埃勒曼 . 二战经典战役全记录：鏖战菲律宾［M］. 杜秀娟编译 . 北京：北京联合出版公司，2014.

63. 朱旭 . 豪赌：太平洋战场的落日［M］. 南京：江苏人民出版社，2013.

64. 张友筠 . 狂徒：二战杀戮战场［M］. 南京：江苏人民出版社，2013.

65. 姜子钒 . 鬼祟：藏在暗处的死敌［M］. 南京：江苏人民出版社，2013.

66.《百年海战大观》编委会 . 奇袭珍珠港［M］. 北京：外文出版社，2015.

67. 刘小沙 . 瓜岛争夺战［M］. 北京：西苑出版社，2015.

68.［美］罗伯特・塞莱斯 . 血战太平洋［M］. 胡海波编译 . 北京：华文出版社，2010.

69. 吴焉 . 雄鹰猎日：菲律宾陆地战［M］. 武汉：武汉大学出版社，2015.

70.《全景二战系列》编写组 . 全景二战系列之太平洋大海战［M］. 北京：海潮出版社，2014.

71. 刘怡 . 联合舰队［M］. 武汉：武汉大学出版社，2010.

72. 刘怡，阎京生 . 菊花与锚［M］. 武汉：武汉大学出版社，2008.

73. 刘怡 . 日本海军联合舰队舰艇全览［M］. 武汉：武汉大学出版社，2010.

74. 西风 . 第二次世界大战太平洋战场［M］. 北京：中国市场出版社，2014.

75. 董旻杰，张凯伦，周明 . 太平洋战争：美日对决［M］. 武汉：武汉大学出版社，2008.

76. 张宇翔，等 . 宿命的败退：太平洋战场几场关键性战役［M］. 武汉：武汉大学出版社，2011.

77. 冬初阳 . 阻击日轮：从拉包尔到巴布亚［M］. 武汉：武汉大学出版社，2013.

78. 冬初阳 . 喋血环礁：吉尔伯特和马绍尔之战［M］. 武汉：武汉大学出版社，2012.

79. 冬初阳 . 长弓射日：决胜塞班岛［M］. 武汉：武汉大学出版社，2014.

80. 苏虹 . 天昏地暗：太平洋战争［M］. 北京：蓝天出版社，1994.

81.［美］爱德华・德瑞 . 日本陆军兴亡史：1853—1945［M］. 顾全译 . 北京：新华出版社，2015.

82. 俞天任 . 有一类战犯叫参谋［M］. 北京：语文出版社，2009.

83. 陈玉健 . 血声鹤唳太平洋［M］. 合肥：安徽人民出版社，2012.

84. 陈仲丹，周晓政 . 太平洋战场［M］. 北京：华夏出版社，2015.

85. 潘兴明 . 东南亚战场［M］. 北京：华夏出版社，2015.

86. 陈谦平，张连红，张生 . 中国正面战场［M］. 北京：华夏出版社，2015.

87.［英］道格拉斯・福特 . 太平洋战争［M］. 刘建波译 . 北京：北京联合出版公司，2014.

88.［美］杰夫・尚拉 . 最后的风暴［M］. 李春江译 . 长沙：湖南文艺出版社，2013.

89.《经典读库》编委会 . 二战风云录［M］. 北京：煤炭工业出版社，2014.

90. 光亭，天枢 . 二战中的美国［M］. 长春：时代文艺出版社，2015.

91. 光亭，天枢 . 二战中的日本［M］. 长春：时代文艺出版社，2015.

92. 鲁言 . 对决太平洋［M］. 北京：东方出版社，2014.

93. 胡烨 . 浴血绿色地狱：瓜岛之战［M］. 武汉：武汉大学出版社，2011.

94. 胡烨 . 太平洋战争：蒙达之战［M］. 北京：中国长安出版社，2014.

95. 胡烨 . 太平洋战争：布干维尔战役［M］. 北京：中国长安出版社，2015.

96. 余志和 . 回望二战烽烟：亚太厮杀［M］. 北京：经济科学出版社，2014.

97. 袁腾飞 . 战争就是这么回事儿：袁腾飞讲二战［M］. 长沙：湖南人民出版社，2013.

98. 孟松林，石映照 . 诺门罕战争［M］. 北京：新世界出版社，2010.

99. 关河五十州 . 当关东军遇上苏联红军［M］. 北京：现代出版社，2015.

100. 陆儒德 . 抗日战争中的中国海军［M］. 北京：海洋出版社，2015.

101.［英］拉纳 · 米特 . 中国，被遗忘的盟友：西方人眼中的抗日战争全史［M］. 蒋永强，陈逾前，陈心心译 . 北京：新世界出版社，2015.

102. 周明，王逸之 . 血肉长城：徐州会战［M］. 武汉：武汉大学出版社，2010.

103. 戴峰 . 血肉磨坊：淞沪会战［M］. 武汉：武汉大学出版社，2009.

104. 龚晓虹 . 徐州大会战 1938［M］. 贵阳：贵州人民出版社，2011.

105. 马正建 . 长沙大会战 1939—1942［M］. 贵阳：贵州人民出版社，2011.

106. 陶纯 . 太原大会战 1937［M］. 贵阳：贵州人民出版社，2011.

107. 明河在天 . 大转折 1937：中日全面战争爆发始末［M］. 广州：广东旅游出版社，2013.

108. 杨刚，冯杰 . 铁血远征：滇缅会战［M］. 武汉：武汉大学出版社，2011.

109. 曾凡华 . 最后一战：中日湘西雪峰山会战纪实［M］. 长沙：湖南文艺出版社，1993.

110. 倪乐雄 . 一个人的世界大战史［M］. 北京：光明日报出版社，2012.

111. 白虹 . 二战经典战役全记录［M］. 北京：中国华侨出版社，2013.

112. 钮先钟 . 第二次世界大战的回顾与省思［M］. 桂林：广西师范大学出版社，2003.

113.《一看就懂丛书》编写组 . 一看就懂的二战大事典［M］. 北京：农村读物出版社，2010.

114. 思不群．二战全史［M］．北京：中国华侨出版社，2011.

115.［英］李德·哈特．第二次世界大战战史［M］．钮先钟译．上海：上海人民出版社，2015.

116. CCTV《走近科学》编辑部．二战纪实：远东国际军事法庭审判纪实［M］．成都：巴蜀书社，2014.

117. 沧海满月．二战经典战役全记录［M］．北京：新世界出版社，2012.

118. 郑军，程景等．大溃败：世界经典失败战役全纪实［M］．哈尔滨：北方文艺出版社，2011.

119.［英］安德鲁·罗伯茨．第二次世界大战史［M］．李广才，崔喆，陈兰芳译．武汉：长江文艺出版社，2014.

120.［美］伊恩·霍格．二战最伟大的战役：经典的陆战［M］．董晓霞，满海霞译．北京：北京燕山出版社，2013.

121.［美］克里斯多夫·舒勒斯．二战最伟大的战役：经典的空战［M］．周夏奏，张婕译．北京：北京燕山出版社，2013.

122.《战典丛书》编写组．战典：海战［M］．哈尔滨：哈尔滨出版社，2011.

123.《战典丛书》编写组．战典：战舰［M］．哈尔滨：哈尔滨出版社，2011.

124.《战典丛书》编写组．战典：潜艇［M］．哈尔滨：哈尔滨出版社，2011.

125.《战典丛书》编写组．战典：空战［M］．哈尔滨：哈尔滨出版社，2011.

126. 查攸吟．日俄战争［M］．武汉：武汉大学出版社，2012.

127. 徐广宇．洋镜头里的日俄战争［M］．福州：福建教育出版社，2009.

128. 许华．再见甲午：蓝色视角下的中日战争［M］．北京：人民出版社，2014.

129. 刘声东，张铁柱．甲午殇思［M］．上海：上海远东出版社，2014.

130. 金满楼．重读甲午：中日国运大对决［M］．北京：人民日报出版社，2014.

131. 孙秀玲．一口气读完日本史［M］．北京：京华出版社，2006.

132. 北京电视台卫视节目中心《档案》栏目组．绝密档案背后的传奇［M］．北京：中共党史出版社，2010.

133. 毛正公 . 航空母舰发展百问［M］. 北京：海潮出版社，2011.

134. 蒋百里 . 国防论［M］. 杭州：浙江古籍出版社，2012.

135. 冯精志 . 苏联亡党亡国二十年祭［M］. 南昌：二十一世纪出版社，2013.

136. 吕宁 . 铁血兵王［M］. 昆明：云南教育出版社，2011.

137.［英］杰弗里·雷根 . 人类海战史上的重大失误［M］. 陈海宏等译 . 济南：山东画报出版社，2007.

138.［美］马汉 . 海权论［M］. 一兵译 . 北京：同心出版社，2012.

139.［德］克劳塞维茨 . 战争论［M］. 李哲译 . 北京：中国画报出版社，2013.

140.［美］E.B. 波特 . 蛮牛哈尔西［M］. 欧阳志元译 . 北京：海潮出版社，2013.

141.［美］托马斯·B. 比尔 . 沉默的勇士：海军上将雷蒙德·A. 斯普鲁恩斯传记［M］. 张尚悦译 . 北京：海潮出版社，2013.

142.［美］约翰逊·柯贝尔 . 尼米兹［M］. 高润浩编译 . 北京：京华出版社，2008.

143.［美］雷蒙德·戴维斯，丹·温 . 进攻日本［M］. 臧英年译 . 桂林：广西师范大学出版社，2014.

144. 赵渊，寿长华 . 海岛登陆战［M］. 北京：化学工业出版社，2013.

145.［美］约瑟夫·史迪威 . 史迪威抗战日记［M］. 骆伯鸿译 . 长沙：湖南人民出版社，2013.

146.［美］弗兰克·麦克林恩，章启晔译 . 缅甸战役［M］. 上海：上海三联书店，2015.

147.［日］麻田贞雄 . 从马汉到珍珠港［M］. 朱任东译 . 北京：新华出版社，2015.

148.［美］威廉·曼彻斯特 . 再见，黑暗：太平洋战争回忆录［M］. 陈杰译 . 北京：作家出版社，2014.

149.［美］王书君 . 太平洋大战：风暴［M］. 北京：海洋出版社，2015.

150. [美]王书君. 太平洋大战：激流[M]. 北京：海洋出版社，2015.

151. [美]王书君. 太平洋大战：落日[M]. 北京：海洋出版社，2015.

152. 冯精志 .63 个结点：第二次世界大战[M] 南昌：二十一世纪出版社，2015.

153. 殷占堂. 图说太平洋战争[M]. 漓江：漓江出版社，2014.

154. 刘才干，李奎. 美日激战太平洋[M]. 北京：团结出版社，2015.

155. [英]伯纳德·爱尔兰.1914—1945 年的海上战争[M]. 李雯，刘慧娟译. 上海：上海人民出版社，2005.

156.[美]约翰·托兰. 日本帝国的衰亡[M]. 郭伟强译. 北京：新华出版社，1982.

157.[日]服部卓四郎. 大东亚战争全史[M]. 张玉祥译. 北京：商务印书馆，1984.

158. 王树增. 抗日战争（全 3 卷）[M]. 北京：人民日报出版社，2015.

159. 俞天任. 浩瀚的大洋是赌场（全 3 册）[M]. 北京：东方出版社，2013

160. 王晓华，戚厚杰. 抗日战争正面战场档案全记录（全 3 册）[M]. 北京：团结出版社，2009.

161. 房兵. 大国航母（上、下）[M]. 北京：中国长安出版社，2011.

162. 郑维和. 二战八政要巨头谋略秘档全公开（上、下）[M]. 北京：京华出版社，2005.

163. 侯鲁梁. 二战十六大战役战事秘档全公开（上、下）[M]. 北京：京华出版社，2005.

164. CCTV10《探索·发现》栏目组. 世纪战争（上、下）[M]. 北京：中国民主法制出版社，2006.

165. [日]山冈庄八. 太平洋战争（全 3 卷）[M]. 兴远、金哲译. 北京：金城出版社，2011.

166. 张洪涛. 国殇：国民党正面战场抗战纪实（上、下）[M]. 北京：团结出版社，2005.

167. 陈冠任. 国殇（第二部）：国民党正面战场抗战纪实（上、下）[M]. 北京：团结出版社，2011.

168. 张召忠 . 百年航母（上、下）[M] . 广州：广东经济出版社，2012.

169. 关河五十州 . 战争从未如此热血：二战美日太平洋大对决（全 4 册）[M]. 长沙：湖南人民出版社，2013.

170. 宋宜昌 . 燃烧的岛群（上、下）[M] . 济南：山东人民出版社，2010.

171. [日] 加藤正秀 . 山本五十六（上、下）[M] . 郭宏军编译 . 北京：北京联合出版公司，2014.

172. [美] 约翰 · 伦德斯特罗姆 . 航母舰队司令：弗兰克 · 杰克 · 弗莱彻在珊瑚海、中途岛和瓜达尔卡纳尔（上、下）[M] . 胡毅秉译 . 北京：中国长安出版社，2013.

173. 何国治 . 残阳如血：美日恩加诺角海战 [M] . 武汉：武汉大学出版社，2016.

174. 冬初阳，胡烨 . 浴血雨林：英帕尔战役 [M] . 武汉：武汉大学出版社，2016.

175. 韩文宁，冯春龙 . 日本战犯审判 [M] . 南京：南京出版社，2005.

176. 兵人 . 鹰击烈日：菲律宾战役 [M] . 哈尔滨：哈尔滨出版社，2016.

177. 杨竞 . 日本盟军战俘营 [M] . 福州：福建教育出版社，2015.

178.《兵器》杂志 . 兵器：二战航母的不同命运 [M]. 北京：人民邮电出版社，2015.

179. 兵人 . 海战霸主：世界经典航空母舰 [M] . 哈尔滨：哈尔滨出版社，2015.

180. [美] 约翰 · 托兰 . 美国的耻辱：珍珠港事件内幕 [M] . 李殿昌，孟庆龙，郝名玮等译 . 北京：中国社会科学出版社，2012.

181. 秦忻怡 . 坚不可摧：日军战俘营的盟军战俘 [M] . 重庆：重庆出版社，2014.

182. 梅汝璈 . 东京大审判：远东国际军事法庭中国法官梅汝璈日记 [M] . 南昌：江西教育出版社，2015.

183. 金东吉 . 苏联出兵中国东北纪实 [M] . 成都：四川人民出版社，2015.

184. 鸿儒文轩 . 轮椅总统罗斯福［M］. 北京：中国书籍出版社，2012.

185. 鸿儒文轩 . 海上骑士尼米兹［M］. 北京：中国书籍出版社，2015.

186.［美］黄仁宇 . 缅北之战［M］. 北京：新星出版社，2008.

187. 赵丽娟 . 驼峰航线：一条改变太平洋战区格局的悲壮航线［M］. 北京：中国友谊出版公司，2007.

188. 朱晓艳，班惠英 . 侵华日军主要将帅的最后结局［M］. 北京：华文出版社，2005.

189. 杜川云 . 豪赌太平洋：山本五十六［M］. 北京：同心出版社，2011.

190. 杨少丹 . 二战巅峰战役［M］. 北京：北京联合出版公司，2013.

191.CCTV《走近科学》编辑部 . 二战纪实：航母史话［M］. 成都：巴蜀书社，2014.

192. 陈书方 . 二战大海战：海魂之梦［M］. 北京：中国长安出版社，2005.

193. 朱军 . 海战［M］. 北京：新星出版社，2005.

194.［英］安迪・罗森 . 日本法西斯的末日［M］. 刘国伟译 . 北京：当代中国出版社，2014.

195. 严明贵 . 麦克阿瑟［M］. 北京：中国华侨出版社，2015.

196.［美］杰弗里・佩雷特 . 麦克阿瑟（上、下）［M］. 王泳生编译 . 北京：北京联合出版公司，2014.

197.［英］温斯顿・丘吉尔 . 第二次世界大战回忆录（上、下）［M］. 史雪峰译 . 北京：中国画报出版社，2015.

198.［英］温斯顿・丘吉尔 . 战争临到美国［M］. 韦凡、丁岳译，谢德风校译 . 南京：译林出版社，2012.

199. 兵人 . 战争的终结：轰炸日本［M］. 哈尔滨：哈尔滨出版社，2016.

200.［美］詹姆斯・斯科特 . 轰炸东京：1942，美国人的珍珠港复仇之战［M］. 银凡译 . 北京：民主与建设出版社，2016.

201.［英］戴维・乔丹，安德鲁・威斯特 . 地图上的第二次世界大战（下）［M］. 穆强，金存惠译 . 北京：中国市场出版社，2015.

202.［日］儿岛襄 . 太平洋战争［M］. 彤彫译 . 北京：东方出版社，2016.

203. 高润浩 . 尼米兹［M］. 汕头：汕头大学出版社，2015.

204. 尹洪举 . 经典登陆战［M］. 汕头：汕头大学出版社，2015.

205. 潘越 . 日本航空母舰全史［M］. 北京：中国长安出版社，2016.

206. 徐焰 . 苏联出兵东北［M］. 北京：解放军出版社，2015.

207.［英］马克斯・黑斯廷斯 . 日本帝国衰亡［M］. 周仁华译 . 武汉：长江文艺出版社，2016.

208.［日］栀林秀，一木壮太郎 . 美日航母太平洋海战［M］. 贾璞，李楠主编 . 西安：西安地图出版社，2015.

209. 金东吉编译，薛衔天审订 . 苏联出兵中国东北纪实［M］. 成都：四川人民出版社，2015.

210.［美］奥利弗・诺斯，乔・马瑟 . 制霸太平洋：从珍珠港到东京湾［M］. 闻立欣译 . 北京：团结出版社，2015.

211. 侯鲁梁，侯荷洁 . 日美岛屿争夺战［M］. 北京：外文出版社，2015.

212. 唐茜，从丕 . 太平洋战争中的日本陆军联队全史［M］. 北京：台海出版社，2016.

213.［美］艾迪・鲍尔，从战略大轰炸到莱特湾海战［M］. 郭玮译 . 北京：中国市场出版社，2016.

214.［美］詹姆斯・D. 霍恩费舍尔，莱特湾大海战［M］. 余渭深，王旭译 . 重庆：重庆大学出版社，2015.

215. 王国林 .1942：轰炸东京［M］. 北京：生活・读书・新知三联书店，2016.

216. 唐茜 . 风花雪月：日本海军名舰全史（全 3 册）［M］. 北京：台海出版社，2016.